»ETWAS FEHLT«

D1640048

jour fixe initiative berlin (Hg.)

»ETWAS FEHLT«
Utopie, Kritik und Glücksversprechen

jour fixe initiative berlin: Bini Adamczak, Hartmut Amon, Titus Engelschall, Klaus Holz, Dagi Knellesen, Krunoslav Stojaković, Elfriede Müller, Felicita Reuschling, Alexander Ruoff, Kerstin Schoof, Stefan Tschoepe und Stefan Vogt.

Veröffentlichungen der jour fixe initiative berlin:
Kritische Theorie und Poststrukturalismus | 1999
Theorie des Faschismus | 2000
Wie wird man fremd? | 2001
Geschichte nach Auschwitz | 2002
Kunstwerk und Kritik | 2003
Fluchtlinien des Exils | 2004
Klassen und Kämpfe | 2006
Daniel Bensaïd: Eine Welt zu verändern | 2006
Enzo Traverso: Gebrauchsanweisungen für die Vergangenheit | 2007
Gespenst Subjekt | 2007
Krieg | 2008
Souveränitäten | 2010

www.jourfixe.net

jour fixe initiative berlin (Hg.): Etwas fehlt
1. Auflage | 2013 | ISBN 978-3-942885-40-9
©edition assemblage | Postfach 2746 | D-48014 Münster
info@edition-assemblage.de | www.edition-assemblage.de
Mitglied in der *assoziation Linker Verlage aLiVe* und der Kooperation *book-fair*
Umschlaggestaltung und Satz: kv | Druck: CPI Clausen & Bosse Leck

Inhalt

jour fixe initiative berlin
Einleitung 7

Bini Adamczak & Guido Kirsten
If...then...else 13
Historische Potenziale, konkrete Utopien, mögliche Transformationen

Klaus Holz
Ethik der Utopie 31
Posthumanismus Marx zufolge

Volker Weiß
Antiemanzipatorische Utopien 63
Ernst Jüngers *Heliopolis* und Oswald Spenglers *Der Mensch und die Technik*

Michael Koltan
Utopischer Marxismus 79
Henri Lefebvres Entwurf eines revolutionären Romantizismus

Krunoslav Stojaković
Sozialistischer Humanismus 105
Zur konkreten Utopie Jugoslawiens

Thomas Seibert
Humanismus nach dem Tod des Menschen 127
Flucht und Rückkehr des subjektiven Faktors der Geschichte

Felicita Reuschling
Domestic Utopias 151
Erst der Abwasch und dann die Revolution

Mike Laufenberg
Utopisches Begehren 177
Vorrede zum Queer-Werden

Bill Ashcroft
Die mehrdeutige Notwendigkeit der Utopie 197

Bernhard Schmid
»Arabischer Frühling« 2011/12: 215
Versuch einer vorläufigen Bilanz der Umbrüche
in Nordafrika und auf der arabischen Halbinsel

Willi Hajek
Das Ende der Geschichte ist vorbei 227

Annette Schlemm
Was fehlt? 241
Crashtest für Schönwetterutopien

Christian Siefkes
**Freie Quellen oder
wie die Produktion zur Nebensache wurde** 255

Michael Mayer
Der Anspruch der Toten 273

Die Autor_innen 286

Einleitung

Die Feststellung, dass eine andere Welt möglich ist, sagt noch nichts darüber aus, wie diese in ihren Grundzügen strukturiert werden soll. So klar die Kritiken an den herrschenden Verhältnissen sind, so unklar ist die Vorstellung der Alternativen. Was bedeutet das Begehren nach dem »ganz Anderen« theoretisch und praktisch?

Ihrem Begriff nach sind Utopien in der Ferne liegende, auf die menschliche Existenz in ihrer Gesamtheit bezogene Entwürfe eines anderen, eines glücklichen Lebens. Durch ihr Glücksversprechen transzendieren Utopien die bestehende soziale und politische Ordnung. Was unter einem glücklichen Leben aber verstanden wird, sind Projektionen der Gegenwart.

Politische Sehnsüchte, Wünsche und Hoffnungen müssen sich nicht im Detail ausformulieren lassen, sie motivieren gleichwohl das politische Handeln. Sie entstammen der gegenwärtigen Wirklichkeit, stellen ihr aber eine andere entgegen. Utopien artikulieren die Sehnsucht nach dem ganz Anderen und die reale Möglichkeit der Gestaltbarkeit der Zukunft. Schwindet das utopische Bewusstsein, verkümmert das Potenzial der Kritik. Das Unmögliche nicht zu fordern heißt, sich mit dem Möglichen zu begnügen, sich den bestehenden Regeln zu unterwerfen. Erst der Ruf nach dem Unmöglichen, Inbegriff des Utopischen, ermöglicht dagegen, das Bestehende kritisch zu hinterfragen und ihm zu widerstehen. Emanzipation bedarf eines Dritten jenseits von Gegenwart und Vergangenheit.

Herbert Marcuse behauptet, dass auf der Grundlage der entwickelten Produktivkräfte die politische Umsetzung des Utopischen bereits in unserer Gegenwart erfolgen könne und damit »das Ende der Utopie« gekommen sei. Alle materiellen und intellektuellen Kräfte, die für die Realisierung einer freien Gesellschaft notwendig sind, seien vorhanden. Dass sie nicht dafür eingesetzt werden, sei nur der Mobilisierung der bestehenden Gesellschaft gegen ihre eigene Befreiung zuzuschreiben. Die Abschaffung von Hunger, Armut und vielen Krankheiten sei längst möglich. Der politische Skandal bestehe darin, dass diese Menschheitsträume trotz ihrer Realisierbarkeit immer noch ins Reich des Utopischen verbannt würden.

Marcuse sucht Bedingungen der Möglichkeit des Utopischen im Reich der Notwendigkeit. Auch wenn die technologischen Grundlagen zur Sicherung des Lebens heute vorhanden sind, bleibt die Entwicklung neuer Technologien und Produktionsweisen jedoch ein integraler Bestandteil von Utopien. Utopische Gesellschaftsentwürfe, die die materielle Versorgung ihrer Mitglieder auf der Grundlage von Atomkraft und Massentierhaltung zu sichern suchten, lassen sich kaum als emanzipatorische bezeichnen.

Wäre aber eine Gesellschaft, die keinen Hunger mehr kennt, schon das Ende der Geschichte – oder nur eine neue Gegenwart, über die erneut hinausgegangen werden müsste? Sollten Utopien nicht nur über das in der Gegenwart Machbare, sondern auch über das in der Gegenwart Vorstellbare hinausweisen? Theodor W. Adorno bestand in einem Gespräch mit Ernst Bloch darauf, dass Utopie nicht isoliert auf die Realisierung von Freiheit oder Glück, sondern in letzter Konsequenz auf die Abschaffung des Todes zielen muss. Damit macht er deutlich, dass Utopie immer ein Element von Transzendenz beinhaltet. Dieses Element verbindet die Utopie mit der Religion: der Erlösung, der Auferstehung von den Toten, dem ewigen Leben. Linke Theorie der Utopie muss sich der Religion als Problem stellen. Ist es möglich, das religiöse Denken radikal zu säkularisieren, kann die Abschaffung des Todes materialistisch gedacht werden? Oder bleibt die Utopie konstitutiv auf ein Jenseits verwiesen?

Die Utopie beinhaltet aber nicht nur die Gefahr, von einer machbaren Praxis abzulenken, sondern auch die, in eine falsche politische Praxis zu münden.

Bereits in seinen philosophischen Grundlagen war der emanzipatorische Charakter utopischen Denkens nicht immer eindeutig. Die fundamentale Kritik am Rationalismus der bürgerlichen Gesellschaft, die am Ende des 19. Jahrhunderts aufkam und in nicht geringem Maße von Friedrich Nietzsche beeinflusst wurde, war ein wesentlicher Bezugspunkt für die Kritische Theorie der Frankfurter Schule. Zugleich jedoch war sie die Grundlage eines politischen Irrationalismus, der in der ersten Hälfte des 20. Jahrhunderts zur Entstehung faschistischer Ideologien beigetragen hat.

Gleichzeitig konfrontiert uns die Geschichte der sozialistischen Utopien mit einer ganz anderen Gefahr: auch eine emanzipatorische Utopie kann in der Praxis repressive Effekte zeitigen. Ein solch repressives Moment bisheriger Versuche, eine andere Gesellschaft zu schaffen, war die Verknüpfung von »neuer Gesellschaft« und »neuem Menschen«. Wenn die neue Gesellschaft einen radikalen Bruch mit der alten bedeuten soll, dann dürfen auch ihre Träger_innen nicht mehr von der alten Gesellschaft »infiziert« sein, sie müssen davon »gereinigt« werden. Historisch hieß das bislang: Umerziehung, Gulag, Mord.

Bedeutet der Neue Mensch einer wie auch immer gearteten Utopie nicht prinzipiell die Abschaffung des alten? Negiert die Idee des Neuen Menschen nicht auch diejenigen, die für eine neue Gesellschaft kämpfen? Ein Topos der Science Fiction ist die Figur des Gefangenen, die nur frei werden kann, wenn sie ihre gesamte bisherige Persönlichkeit aufgibt und jede Erinnerung an ihr jetziges Leben, ihre komplette Vergangenheit auslöscht. Die Befreiung wäre dann das Ende der Geschichte, ein Erwachen ohne Erinnerung.

Drohen Utopien, wenn sie das Machbare in den Blick nehmen, in technokratische Alpträume umzuschlagen, in denen nicht die Individuen selbst über ihr Leben und ihr Zusammenleben entscheiden, sondern einem wissenschaftlichen Realisierungs- oder Entwicklungsplan gehorchen und bei mangelnder Einsicht zu ihrem »Glück« gezwungen werden müssen? Verlangt ein einmal aufgestellter Plan zur Umsetzung der Utopie danach, mit autoritärem Gestaltungsanspruch umgesetzt zu werden – und so den emanzipatorischen Gehalt der Utopie zu zerstören? Während das Scheitern des Realsozialismus im Jahr 1990 die Möglichkeit emanzipatorischer Utopie zu widerlegen scheint, hat sein frühes Scheitern bereits deren Wünschbarkeit in Zweifel gezogen. Der Stalinismus lastet schwer auf der Unschuld des Traums von einer besseren Welt; die Angst, er könne wiederum als Alptraum wahr werden, ist welthistorisch begründet. Seither muss sich jede Utopie die Gulag-Frage stellen lassen: Wie hältst du es mit der realen Existenz?

Aber lehrt die Erfahrung des real existierenden Sozialismus nicht das Gegenteil? Nach Maßgabe der Machbarkeit wurde die freie Assoziation der Produzent_innen der Produktivkraftentwicklung untergeordnet, die internationale Solidarität der nationalen Sicherheit geopfert, die geschlechtliche und sexuelle Emanzipation der staatlichen Biopolitik und die ästhetische Moderne der Staatskunst. Liegt das Scheitern der real existierenden Sozialismen weniger an einem Zuviel als vielmehr an einem Zuwenig von Utopie?

Denn auch in der Vergangenheit des Kalten Krieges wurde das emanzipatorische Potential der marxschen Theorie von Personen und Gruppen verteidigt, die heute vergessen sind, denn Geschichte wird von den Siegern geschrieben. Kann der utopische Marxismus von Henri Lefèbvre oder der *Praxis*-Philosophie die aktuelle Utopiedebatte beleben?

In diesem Sinne fragen wir nach dem Stand und der Perspektive utopischen Denkens in der Linken, nach den Träger_innen von Utopien in sozialen Kämpfen und nach dem Begriff der Utopie selbst. Lassen sich in der Gegenwart soziale und politische Bewegungen finden, in deren Praxen eine andere Gesellschaftlichkeit aufscheint, andere Reproduktionsformen, Subjektivitäten und eine andere Alltäglichkeit?

Hat aus ganz anderer Perspektive Eduard Glissant mit dem Prozess der Kreolisierung der Karibik einen utopischen Prozess beschrieben? In der neuen kreolischen Identität sieht er die alten – kolonialen und nationalistischen – Identitäten aufgehoben. Glissant verweist auf eine globale Perspektive, die sich als eine Weiterentwicklung des Internationalismus der Arbeiter_innenbewegung erweisen könnte, aber auch die Gefahr einer neuen kulturalistischen Identität in sich trägt. Die Autorin Marge Piercy erzählt in ihrer Prosa von einem utopischen feministischen Sozialismus, der eine technische mit einer sozialen Utopie verbindet und einen Beitrag zur feministischen Utopie darstellt. Piercys Cyborg, der auch ein Golem ist, erweitert ähnlich Glissants Prozess der Kreolisierung klassische moderne Identitätskonstruktionen und unterstreicht dabei ihre Komplexität, auch um das Konzept des Neuen Menschen – ein Grundbaustein der Geschichtsphilosophie des 19. und 20. Jahrhunderts – zu überwinden.

Wären Utopien bloß latente Gegenwart, realistisches Ziel, wären sie nicht utopisch. Sie bezeichnen einen Ort, eine Zukunft, wo noch nie jemand war: Glück ohne Schuld, Leben ohne Tod, Differenz ohne Angst. Utopien schießen über realistische Ziele hinaus. Sie sprengen das Kontinuum der geschichtlichen Zeit. Doch die Gegenwart einer herrschaftlichen Gesellschaft bindet so sehr, dass sich kein adäquates Bild einer herrschaftsfreien machen lässt. Wie also ist das Verhältnis von Utopie und Gegenwart zu fassen, damit die Möglichkeit einer radikalen Veränderung erhalten bleibt? Wie ist das Utopische vorstellbar in einer Zeit, in der die notwendige Bewahrung vorhandener sozialer Errungenschaften die Sehnsucht nach einer besseren Zukunft als naiv erscheinen lassen muss? Gelangen wir Schritt für Schritt ins Paradies, oder durch Brüche und Sprünge? Kann die Zukunft heute noch in Momenten der Gegenwart gefunden werden, die über diese hinausweisen – oder muss sie zuvor aus den Momenten der Vergangenheit gelöst werden, in denen sie stecken geblieben ist?

Einen utopischen Blick in diese Vergangenheit werfen Bini Adamczak und Guido Kirsten in ihrem Beitrag *If...then...else. Historische Potenziale, konkrete Utopien, mögliche Transformationen*. Sie unternehmen dabei den Versuch, die Zukunft, die wir noch nicht, mit der Vergangenheit, die wir nicht mehr wirklich kennen, zu überblenden. So fragen sie nach den Bedingungen des Gelingens des Kapitalismus, um die Bedingungen seiner Überwindung zu erkunden. Klaus Holz knüpft an diesen utopischen Blick an und trennt die materialistische Kritik von der Utopie. In seinem Beitrag *Ethik der Utopie. Posthumanismus Marx zufolge*, stellt er fest, dass die Kritik der bestehenden Verhältnisse nicht genügt, um eine zukünftige Gesellschaft und den Weg zu ihr zu begründen. Vielmehr bedürfe es einer Theorie und Ethik des Möglichen. Hierzu verknüpft Holz den kantischen kategorischen Imperativ mit Marx, Althusser, Marcuse, Bloch und Adorno.

In seinem Essay *Antiemanzipatorische Utopien* geht Volker Weiß der Frage nach, ob auch im Faschismus und Nationalsozialismus utopische Vorstellungen entwickelt wurden und ob es überhaupt antiemanzipatorische Utopien gab und geben kann. Seine Antwort ist eindeutig: In den faschistischen Ideen einer neuen Ordnung und eines neuen Menschen, die als radikale Alternative zum Bestehenden konzipiert wurden, finden sich utopische Elemente. Deren Kern ist jedoch die Rückbesinnung auf einen Mythos.

In seinem Beitrag *Utopischer Marxismus* skizziert Michael Koltan das Verständnis, wonach Marxismus wissenschaftlicher Sozialismus und keine Utopie sei. Dagegen bezog sich die antistalinistische Linke auf die »Frühschriften« von Marx und begründete in den 1950er Jahren einen humanistisch-existentialistischen Marxismus mit utopischem Anspruch. Koltan legt hier den Schwerpunkt auf Henri Lefebvres Theorie der Momente und Symbole und das Konzept eines revolutionären Romantizismus.

In der interessantesten Variante des Realsozialismus, in Jugoslawien, ermöglichte es das utopische Denken, eine Brücke zu schlagen zwischen der Assoziation der freien Produzent_innen und der nie vollständig erreichten Arbeiterselbstverwaltung. Krunoslav Stojaković schreibt in seinem Beitrag *Sozialistischer Humanismus. Zur konkreten Utopie Jugoslawiens* über die Utopiediskussionen der philosophischen Zeitschrift *Praxis* und deren Sommerschulen. 1971 stand die Sommerschule unter dem Motto »Utopie und Realität«.

In *Feuerbach_eins. Die Utopie des subjektiven Faktors* verknüpft Thomas Seibert utopisches Denken ganz im Sinne der *Praxis*-Schule mit dem subjektiven Faktor, ohne den es keine Geschichte und keinen Materialismus gibt. Er entwickelt seine Kritik am bisherigen Materialismus anhand wichtiger linker Theoretiker_innen wie Foucault, Negri u. a.

Dem kontroversen Beziehungsgeflecht zwischen architektonischen Utopien und emanzipativ inspirierten Wohnformen widmet sich Felicita Reuschling mit *Domestic Utopias. Erst der Abwasch und dann die Revolution*. Bisher als progressive, mit utopischem Gehalt gefüllte oder vorgestellte Architekturkonzeptionen, wie etwa das Bauhaus, entpuppen sich bei näherer Betrachtung als Orte einer weiteren Verstetigung geschlechtlicher Arbeitsteilung.

In seinem Beitrag *Utopisches Begehren. Vorrede zum Queer-Werden* fragt Mike Laufenberg nach einer möglichen queeren Kollektivität, die die Erinnerung an Vergangenes und das Bedürfnis nach Identität erlaubt und zugleich dem utopischen Begehren nach einem Ende allen Identitätszwangs folgt. Die Kennzeichnung von queer als das Unbestimmte steht in einem Spannungsverhältnis zum gesellschaftlich vermittelten Bedürfnis, eine Sexualität zu »haben« und ein Geschlecht zu »sein«.

Bill Ashcroft beschreibt in seinem Essay *Die mehrdeutige Notwendigkeit der Utopie* die Versuche der postkolonialen Literatur, die drei grundlegenden

Widersprüche utopischen Denkens auf produktive Weise aufzulösen: zwischen Utopien und Utopismus, zwischen Zukunft und Erinnerung und zwischen Individuum und Kollektiv. Das utopische Potenzial entdeckt Ashcroft im »antizipatorischen Bewusstsein« dieser Literatur, das sich gegen eine Verfestigung der Vorstellungen von Ort, Zeit und Kollektivität zur Wehr setzt.

Bernhard Schmid reflektiert die *Ursprünge und Dynamik der Umbrüche 2011 in Nordafrika und Nahost*. Dabei trägt er den unterschiedlichen sozialen Strukturen und Staatsformen in der Region Rechnung, um den revolutionären Prozess zu beschreiben. Die sozialpolitischen Inhalte, die Akteure und die Perspektiven des Prozesses stehen im Zentrum.

Ebenfalls neue Subjektivitäten beschreibt Willi Hajek in seinem Beitrag *Das Ende der Geschichte ist vorbei*. Er widmet sich Krisenprozessen mit Beispielen aus Tunesien, Guadeloupe und Frankreich. Die kapitalistischen Zwänge bringen bisher nicht gekannte Widerstandsformen hervor, die der Autor an kollektivem Verweigern und ungehorsamem Alltagshandeln festmacht.

Annette Schlemm verbindet in ihrem Text *Was fehlt? Crashtest für Schönwetterutopien* den blochschen Begriff der konkreten Utopien mit der gegenwärtigen ökologischen Zerstörung, die weite Teile der Menschheit katastrophenähnlichen Zuständen aussetzt bzw. auszusetzen droht. Der auch in der Linken weit verbreiteten dystopisch unterlegten Annahme, dass Gesellschaften unter lebensbedrohlichen Katastrophenbedingungen fast zwangsläufig in totalitäre Herrschaftsstrukturen zurückfallen, setzt sie die bereits konkret gelebten utopistischen Ideale der Commons und Peer-production entgegen.

In dem utopisch konkretesten Text dieses Bandes führt Christian Siefkes das Gedankenspiel fort und leiht seine Stimme eine_r Bewohner_in einer nicht allzu fernen Zukunft, in der die Ideen der common based peer production über die Welt des Internets hinausgewachsen sind und auch im real life Produktion wie Reproduktion dezentral, nicht hierarchisch und auf Freiwilligkeit basierend organisieren.

Michael Mayer fragt schließlich in seinem Beitrag *Der Anspruch der Toten*, ob das gute Leben, das in der Utopie vorgestellt und gefordert wird, nicht auch eine andere Beziehung der Lebenden zu den Toten voraussetzt. Seine These ist, dass der Einschluss der Toten in den Kreis derjenigen, die Subjekte menschlicher Ethik und emanzipatorischer Hoffnung sind, die Voraussetzung für die Verwirklichung dieser Hoffnung ist.

jour fixe initiative berlin

Bini Adamczak & Guido Kirsten

If...then...else

Historische Potenziale, konkrete Utopien, mögliche Transformationen

Am 14. April 2011 berichtete CNN, die Regierung der sogenannten Volksrepublik China habe soeben ein Gesetz verabschiedet, welches das Zeitreisen verbiete – oder zumindest dessen filmische, literarische usw. Darstellung. Die neuen Richtlinien der State Administration of Radio, Film and Television richteten sich auch gegen fantastische, bizarre und mythische Handlungen und sollten allgemein »positives Denken fördern«. Aber das explizite Verbot von Zeitreisen stach heraus, denn gemeint waren hier vor allem Reisen in die Vergangenheit mit dem Zweck, die Geschichte zu ändern.

So lange es die Sowjetunion gab, war es ein Lieblingssport der Linken, darüber zu debattieren, wann die Revolution gescheitert sei. In diesem Streit nahmen die Maoistinnen eine Sonderposition ein, denn sie behaupten fest, dass die Sowjetunion 1967 kapitalistisch geworden sei – ein Jahr, in dem sich nichts von welthistorischem Belang ereignete: kein Kronstadt, kein Oppositionsverbot, kein Hitler-Stalinpakt, keine Geheimrede – nichts, außer vielleicht, dass China Außenhandelsbeziehungen zu den kapitalistischen USA aufnahm, was nach einer ideologischen Legitimation verlangte.[1] Die Erbinnen des Maoismus mögen es uns daher verzeihen, wenn wir ein ebenso arbiträres Datum wählen, um zu behaupten, dass China eben mit dem Verbot von Zeitreisen seine Transformation zum Kapitalismus gänzlich abgeschlossen habe. Denn was der chinesische Staat hiermit verordnet, ist genau jenes Modell von Zeitlichkeit, das laut Moishe Postone kennzeichnend ist für die kapitalistische Ökonomie: eine abstrakte, homogene und leere Zeit, die unumkehrbar und von Ereignissen unberührt im immer gleichen Takt gleichmäßig abläuft und für welche Vergangenheit und Zukunft nichts anderes bedeuten als vergangene oder zukünftige Gegenwarten.[2] Es ist, als hätte die nominalkommunistische Regierung im Zuge ihrer realkapitalistischen Politik erkannt, dass die

---

1 Vgl. Marcel van der Linden, Von der Oktoberrevolution zur Perestroika. Der westliche Marxismus und die Sowjetunion, Frankfurt am Main 1992.
2 Vgl. Moishe Postone, Zeit, Arbeit und gesellschaftliche Herrschaft, Freiburg 2003.

wahre utopische Drohung für die Gegenwart nicht aus einer unbestimmten Zukunft, sondern aus einer ihrer Bestimmung und Bestimmtheit entkleideten Vergangenheit kommt. Als hätte sie erkannt, dass die herrschende Gegenwart nur dann gerechtfertigt ist, wenn die Geschichte mit hegelscher Notwendigkeit abrollt, dass zertretene Blumen den Weg zur Freiheit ebnen[3] und sämtliche Toten sinnvoll auf dem Altar des Fortschritts geopfert werden.

Während andersherum die Gegenwart der Herrschaft sich in dem Moment in ihrer ganzen Hässlichkeit zu erkennen gibt, in dem deutlich wird, dass es neben der tatsächlichen Geschichte auch noch alternative mögliche Geschichten gibt, denen es zu ihrer Realisierung vielleicht nur an einem Winzigen fehlte und die zu einer vielleicht etwas – vielleicht aber auch völlig – anderen Gegenwart hätten führen können.

Die Gefahr, die für die realkapitalistische Regierung Chinas vom Zeitreisen auszugehen scheint, ist genau die Gefahr, die uns interessiert. Unser utopischer Blick in die Vergangenheit soll ein doppelter sein: ein Blick zum einen auf jene Momente, die rückblickend wie Weggabelungen aussehen, an denen der reale historische Verlauf eine bestimmte Richtung eingeschlagen hat, er jedoch auch eine andere Ausfahrt hätte nehmen können. Vielleicht, wenn nur der Weg besser ausgeschrieben oder weniger verstellt gewesen wäre. Wir wollen nicht das Scheitern vieler Kämpfe bestreiten oder beschönigen, aber mit Emphase darauf hinweisen, dass das Scheitern oder die Niederlage keinesfalls den Versuchen schon notwendig eingeschrieben war. Die Potenzialisierung der Realität geht der Realisierung der Potenzialität voraus.

Mit diesem utopischen Blick in die Vergangenheit folgen wir unter anderem Ernst Bloch, der 1966 in einem Radiovortrag die Frage aufgeworfen hat, ob das Vergangene nur Tradition in rein reaktionärem Sinn sei oder ob es auch utopische Elemente enthalte, ob es also »Zukunft in der Vergangenheit gibt«. Er antwortet darauf unter anderem mit der Erinnerung an die deutschen Bauernkriege im 16. Jahrhundert:

> »Von der Utopie der Vergangenheit gesehen, in Zeiten, die selber revolutionär sind, erinnert man das Lied der Bauern nach der Niederlage bei Frankenhausen 1525: ›Geschlagen ziehen wir nach Haus', unsere Enkel fechten's besser aus.‹ Hier ist also der Inhalt dessen nicht vergessen, was in den Bauernkriegen gemeint war, unabgegolten blieb und nicht etwa widerlegt wurde. Wenn die Tatsachen dem widersprechen,

---

3   G.W.F. Hegel, Vorlesungen über die Philosophie der Geschichte, Frankfurt am Main 1986, z. B. S. 49.

dann gilt der Satz: Um so schlimmer für die Tatsachen, dann müssen wir sie ändern. Der Ruf geht fordernd weiter und schafft ein anderes Verhältnis zur Vergangenheit und eine gänzlich andere Tradition.«

Wir sind, so ließe sich hier mit Walter Benjamin anschließen[4], auf dieser Welt erwartet worden. Enkelinnen vorangegangener Generationen von Kämpfen um eine andere Zukunft stehen wir in einer Tradition utopischer Potenzialitäten, die unabgegolten auf ihre Realisierung warten. An die sich andersherum erinnern und anknüpfen lässt, um einer weitgehend utopielosen Gegenwart die verschütteten Versprechen der Vergangenheit abzutrotzen. Denken wir an die proletarische Revolution von Haiti, die die egalitären Ideale der französischen Revolution gegen die bürgerlichen und kolonialistisch-rassistischen Verengungen ihres Ursprungslandes zu verteidigen suchte, denken wir an die Pariser Commune oder an den Kronstädter Aufstand von 1921, der die russische Revolution als Revolution selbstverwalteter Räte gegen die Korrumpierungen der Parteidiktatur verteidigen wollte. Oder denken wir an die Spanische Revolution, jene von 1936, von deren mannigfachen internationalen Unterstützerinnen wir nur einen, George Orwell, kurz in Erinnerung rufen wollen. Rückblickend beschreibt Orwell seine Ankunft in Barcelona im Winter 1936 mit folgenden Worten:

> »Every shop and café had an inscription saying that it had been collectivised; even the bootblacks (Schuhputzer) […]. Nobody said ›Señor‹ or ›Don‹, everyone called everyone else ›Comrade‹ and ›Thou‹, and said ›Salud!‹ instead of ›Buenos días‹. […] Practically everyone wore rough working-class clothes, or blue overalls or some variant of militia uniform. All this was queer and moving. There was much in it that I did not understand, in some ways did not even like it, but I recognised it immediately as a state of affairs worth fighting for.«[5]

Ein anhaltendes Versprechen proletarischer Egalität, für das es sich zu kämpfen lohnt. All die genannten Revolutionen, die dieses Versprechen gaben, scheiterten nicht, sondern erlitten Niederlagen. Sie wurden besiegt vom Rassismus der Kolonialherren, der internationalen Solidarität der Bourgeoisie, dem leninistischen und stalinistischen Alleinherrschaftsanspruch und den

---

4 Walter Benjamin, Thesen über den Begriff der Geschichte, These II http://www.mxks.de/files/phil/Benjamin.GeschichtsThesen.html
5 George Orwell, Homage to Catalonia, London et al. 2000 [1938], S. 3.

faschistischen und nazistischen Flugzeuglegionen. Es waren äußere Bedingungen, die den Potenzialitäten den Weg verstellten.

Aber ließe sich die Perspektive nicht auch umdrehen? Statt nach den Bedingungen der Niederlage der Revolution, könnten wir nach den Bedingungen des Sieges der Konterrevolution fragen. Statt nach den Bedingungen des Scheiterns des Kommunismus, nach den Bedingungen des Gelingens des Kapitalismus. Dieser Blick in die Geschichte könnte vermeintlich utopisches Potenzial gerade dort finden, wo unsere moderne Misere begann: in der Emergenz, Entstehung und Durchsetzung eben des Systems, aus dem wir heute aussteigen wollen. Wir können den Prozess dieser Emergenz mit dem Ziel betrachten, aus den *Entstehungs*bedingungen des Systems etwas für seine *Vergehungs*bedingungen zu lernen.

Eine solche Betrachtung der Geschichte kann nur experimentellen Charakter haben. Sie geht davon aus, dass es möglich ist, die Zukunft, die wir noch nicht kennen, mit der Vergangenheit zu überblenden, die wir nicht mehr wirklich kennen. Die Überblendung hat die Form einer losen Analogie der beiden Produktionsweisen, um die es uns geht: der kapitalistischen und der kommunistischen. Eine Art kommunistischer Produktionsweise existiert heute nur in Ansätzen, und zwar – diese Überlegung übernehmen wir unter anderem von Christian Siefkes und Annette Schlemm[6] – vor allem im Bereich des Programmierens freier Software. Sie basiert auf zwei wesentlichen Faktoren: erstens dem Bestehen eines Gemeinwesens, also eines Bestands an materiellen und ideellen Ressourcen, die gemeinschaftlich genutzt werden können – den sogenannten *Commons*. Zweitens auf der kooperativen Produktion und Reproduktion solcher Commons in Form von *Beiträgen*, die die Mitglieder eines entsprechenden Projekts freiwillig leisten.

Analogisieren lassen sich diese Faktoren mit den beiden wesentlichen Faktoren, die die kapitalistische Produktionsweise bestimmen: dem Kapital sowie der privatwirtschaftlichen, marktorientierten, und auf verschiedenen Formen der Ausbeutung basierenden Warenproduktion.

Sowohl für Kapital wie auch für Commons gilt, dass sie zu verschiedenen Zeiten und an verschiedenen Orten bestanden haben und immer wieder neu entstehen können. Nur unter ganz bestimmten Bedingungen haben sich daraus jedoch entsprechende Produktionsweisen gebildet, und noch seltener sind diese zu dominanten Produktionsformen geworden.

So hat es Frühformen von Kapital, Warentausch und Lohnarbeit etwa im alten Rom gegeben, ohne dass die kapitalistische Produktionsweise dominant

---

6 Vgl. deren Beiträge in diesem Band.

geworden wäre. Während des tausendjährigen europäischen Mittelalters ist Kapital weitgehend verschwunden, bis verschiedene Entwicklungen im Spätfeudalismus zwischen dem 12. und 15. Jahrhundert zu einer neuen Emergenz von Kapital führten: die Entstehung von Städten mit relativer Autonomie von lokalen Feudalherrinnen, das Handwerk, in dem sich vereinzelt Frühformen späterer Klassenstrukturen zeigten und das Verlagswesen, das im Unterschied zum Handwerk keine zunftmäßigen Beschränkungen kannte. Die sogenannten Verleger waren Kaufleute, die Produkte von in Heimarbeit produzierenden Handwerkern verkauften. Oft lieferten sie den Produzentinnen das benötigte Rohmaterial, so dass diese bis zur Produktion der Erzeugnisse in ihrer Schuld standen. Die Kauffrau verfügte damit gewissermaßen über Kapital, das sie in die Heimwerkstätten investierte.[7]

Dass mit dem Verlagswesen das Kapital zunächst in der Zirkulationssphäre entstand, wie Handelskapital überhaupt die älteste Form des Kapitals darstellt (im Altertum: Sumerer und Phönizier), kann uns als erste Folie für eine Überblendung zu aktuellen Formen der Commons dienen. Denken wir an die Praxis des Filesharings, bei der – oft ursprünglich für den Markt produzierte – Güter durch die Praxis digitalen Kopierens von ihrer Warenförmigkeit und damit ihres Tauschwerts befreit werden »Alles für alle – und das umsonst.« Diese schöne kommunistische Forderung findet sich im Filesharing bereits verwirklicht. Ein gigantischer Pool an Commons (Musik, Filme, Bücher, Programme, Lexikoneinträge, Kochrezepte usw.) ist so in den vergangenen 20 Jahren entstanden – und zwar ebenso wie im Verlagswesen und im Fernhandel des Spätmittelalters zunächst in der Zirkulationssphäre.

Keineswegs gesagt ist damit, wie sich dieser digitale kommunistische Reichtum in naher Zukunft entwickeln wird. Sabine Nuss weist in ihrem Buch *Copyright & Copyriot* auf verschiedene Strategien der Lobbyistinnen des Kapitals hin, den Datenfluss zu kommodifizieren.[8] Neben der Entwicklung verschiedener Bezahlmodelle wie ITunes und Co. heißen die Mittel der Wahl Urheberrecht, Kriminalisierung und Repression (wie in den Prozessen gegen Napster, Kazaa, Pirate-Bay, Lime-Wire, Megaupload, Rapidshare etc.). Eine

---

7   Vgl. Georg Fülberth, G Strich. Kleine Geschichte des Kapitalismus, Köln 2008, S. 102–114. Für eine präzisere Darstellung der Entstehung des Kapitalismus, die auch der Bedeutung des Kolonialismus und der Kontingenz der Kämpfe Rechnung trägt, siehe: Edward P. Thompson, Die Entstehung der englischen Arbeiterklasse. Frankfurt am Main 1987 [1963] und Peter Linebaugh u. Marcus Rediker, Die vielköpfige Hydra. Die verborgene Geschichte des revolutionären Atlantiks. Berlin 2008
8   Sabine Nuss, Copyright & Copyriot. Aneignungskonflikte um geistiges Eigentum im informationellen Kapitalismus. Münster 2006.

wichtige Aufgabe kommunistischer Politik wäre es, diese Angriffe abzuwehren und die Commons zu verteidigen; die Proteste gegen das ACTA-Abkommen sind ein erfolgreiches Beispiel.

Weiter lässt sich aber auch fragen, wie der Übersprung der Commons aus der digitalen Enklave aussehen könnte. Momentan scheint wenig dagegen zu sprechen, dass Peer-to-peer-Tauschbörsen und freie Software im Internet das Schicksal der spätfeudalen Handelsstädte in Oberitalien teilen. Namentlich in Genua, Florenz und Venedig waren zwar bereits zwischen dem 13. und 15. Jahrhundert das Handwerk und der Handel protokapitalistisch organisiert, diese Strukturen setzten sich jedoch nur innerhalb der Stadtstaaten durch. Sie konnten nicht auf das Umland übergreifen und verloren schließlich an Einfluss. Einer der Gründe dafür war nach Georg Fülberth, dass der Frühkapitalismus dieser Städte ein unvollständiger, nämlich auf die Zirkulationssphäre beschränkter geblieben war, während die nicht-kapitalistische Produktion weiterhin dominierte.[9]

Formen von Protokapitalismus gab es auch in Japan, Indien, Teilen der islamischen Welt und China. Dass sich der Kapitalismus nur in Westeuropa tatsächlich durchsetzte, liegt an einer Reihe von Ereignissen und Bedingungen, die sehr heterogener Art sind: Neben den Institutionen der Städte und des Handwerks sowie des Verlags- und des Manufakturwesens sind in diesem Zusammenhang zu nennen: 1. die Praxis der doppelten Buchführung, die eine rationale Gewinn- und Verlustrechnung ermöglichte; 2. wissenschaftliche Entdeckungen und Erfindungen produktiverer Werkzeuge und neuer Maschinen; 3. eine neue mentale Formatierung der Subjektivitäten (etwa die von Max Weber beschriebene protestantische Ethik).[10] Um schließlich zur dominanten Produktionsweise zu werden waren 4. außerdem massenhafte Enteignungen auf dem Land notwendig – die von Marx beschriebene »ursprüngliche Akkumulation«.[11] Bäuerinnen wurden massiv von ihren Ländern vertrieben, damit ihrer Subsistenzmittel beraubt und zu doppelt freien Lohnarbeitern gemacht. Nicht zuletzt liegt der Entstehung des modernen Kapitalismus die gewaltsame Einhegung und Aneignung von Commons zugrunde.[12]

Was lässt sich aus diesem kurzen Blick auf die verschiedenen Einflussfaktoren der Emergenz des Kapitalismus für eine mögliche Transformation zum

---

9 Vgl. Fülberth 2008, S. 114f.
10 ebd., 126.
11 Karl Marx, Das Kapital. 1. Band, MEW 23, S. 741–791.
12 Karl Polanyi, The Great Transformation. The Political and Economic Origins of Our Time. Boston 2001 [1944/1957], S. 35–44.

Kommunismus lernen? Zunächst verweist die Heterogenität der Faktoren darauf, dass alle Erklärungen des vergangenen wie des zukünftigen Übergangs, die nur technisch, nur politisch, nur ideologisch argumentieren, offenbar zu kurz greifen. Das Fehlen der einen oder anderen Bedingung hätte die Entstehung des Kapitalismus vielleicht verhindert, verlangsamt oder in ganze andere Bahnen gelenkt.

Das macht die Annahme wahrscheinlich, dass auch die breite Etablierung und Durchsetzung kommunistischer Produktionsweisen eines Zusammenspiels heterogener Bedingungen bedarf. Eine neue Produktivkraft allein wird so wenig ausreichen wie soziale Kämpfe allein, Krisen oder allein ein neues Bewusstsein. Die utopische Nachricht besteht darin, dass wir zur Verallgemeinerung von heutigen Keimformen kommunistischer Produktion eine Vielzahl ergänzender Bedingungen brauchen. Wobei selbstverständlich gilt, dass es verschiedene mögliche Übergänge von vorhandenen Commons zum Kommunismus gibt.

Darauf insistiert ausgerechnet Karl Marx in einem Entwurf für den Brief an die russische Marxistin Vera Sassulitsch. Diese hatte Marx gefragt, ob es seiner Meinung nach stimme, was viele russische Marxistinnen Ende des 19. Jahrhunderts behaupteten, dass Russland die gleiche Entwicklung wie England zu durchlaufen habe – dass der Weg zum Kommunismus also notwendig die kapitalistische Industrialisierung durchlaufen müsse. Marx antwortet darauf:

»Wenn die Dorfgemeinde im Augenblick der Bauernemanzipation von vornherein in normale Umstände versetzt worden wäre; wenn ferner die ungeheure Staatsschuld, die zum größten Teil auf Kosten und zu Lasten der Bauern abgetragen wird, mit den anderen Riesensummen, die vom Staat den ›neuen Stützen der Gesellschaft‹ gewährt werden, die sich in Kapitalisten verwandelt haben; wenn alle diese Aufwendungen der *Weiterentwicklung* der Dorfgemeinde gedient hätten, dann würde heute niemand über die ›historische Unvermeidlichkeit‹ der Vernichtung der Gemeinde grübeln: Alle würden in ihr das Element der Wiedergeburt der russischen Gesellschaft erkennen und ein Element der Überlegenheit über die Länder, die noch vom kapitalistischen Regime versklavt sind.«[13]

---

13 Karl Marx, Entwürfe einer Antwort auf den Brief von V.I. Sassulitsch (Februar–März 1881). Erster Entwurf, in: MEW 19, Berlin, S. 385.

Dieses Zitat outet Marx als relativ *unmarxistischen* Konditionaldenker des Konjunktivs (wenn – wenn – dann würde). Die Frage, ob vor dem Kommunismus notwendig der Kapitalismus samt Industrialisierung und Expropriation der Bäuerinnen kommen müsse, verneint er eindeutig.[14]

Ganz praktisch hätten die Kommunistinnen in Russland nach der siegreichen Revolution an Marxens Idee anknüpfen können: Statt die Mehrheit der bäuerlichen Landbevölkerung im Namen einer eisernen Teleologie der Geschichte als rückständig zu verdammen – und sie später nach Sibirien zu verbannen –, hätte eine kommunistische Politik gerade an das Gemeindeeigentum der Obtschina, also an die Commons der Dorfgemeinde anknüpfen können. Denn diese kannte kein Privateigentum an Land, sondern nur temporären Besitz, der nach einem egalitärem Schlüssel kryptodemokratisch an patriarchale Familienhaushalte verteilt wurde.

Auf formaler, das heißt hier geschichtsphilosophischer Ebene, besteht die Pointe darin, dass gerade die Spezifik der russischen Dorfgemeinde, gerade das Abweichen von den universellen marxistischen Gesetzen der Geschichte und des Fortschritts, eine – unerwartete – Passage zum Kommunismus ermöglicht hätte. Dieser Vorschlag von Marx wurde in der russischen Revolution bekanntlich nicht angenommen,[15] und so eine Passage – Abkürzung oder Schleichpfad – lag prinzipiell nicht auf dem Weg der sozialistischen Utopie. Dieser sah für die Bäuerinnen vor, dass sie durch Industrialisierung und Kollektivierung zu Lohnarbeiterinnen in städtischen Fabriken oder ländlichen Kolchosen werden würden. Dieses Emanzipationsmodell war insofern universell war, als es allen Menschen den gleichen – egalitären – Subjektivierungs- und Vergesellschaftungsmodus versprach. Das lässt sich noch präziser zeigen auf dem Gebiet sexueller und geschlechtlicher Verhältnisse. Die

---

14 Dass die Dorfgemeinde zugleich Zeitgenossin der kapitalistischen Produktion ist in westlichen Ländern, die wohl bald eine sozialistische Revolution sehen dürften, hält Marx für einen »weitere[n] für die Erhaltung der russischen Gemeinde (in ihrer Entwicklung) günstige[n] Umstand« (ebd.).

15 Die Schuld daran trägt laut Neuer Marxphilologie wie immer Friedrich Engels, der in seinen Korrespondenzen mit russischen Linken die Position von Marx als überholt bezeichnete. Vgl. Ulrich Knaudt, Über die folgenschwere Folgenlosigkeit der Einschätzung der russischen Bauerngemeinde und ihres Verhältnisses zur Revolution in Westeuropa durch Karl Marx. Die Differenz zwischen Lenin und Marx über die Revolution in Rußland, 2009. www.marx-gesellschaft.de/Texte/1003_Knaudt.pdf. Eine ausführliche Erklärung bietet Hartmut Mehringer, Permanente Revolution und Russische Revolution. Die Entwicklung der Theorie der permanenten Revolution im Rahmen der marxistischen Revolutionskozeption 1848–1907, Frankfurt am Main, Bern, Las Vegas, 1978, S. 51–62.

russische Revolution, die am 6. Internationalen Frauentag ausgebrochen war, legalisierte Abtreibung, entkriminalisierte Homosexualität und verabschiedete die progressivsten Ehe- und Familiengesetze, die die moderne Welt je gesehen hatte – für Scheidungen reichten jetzt handgeschriebene Zettel. 1922 erklärte ein sowjetisches Gericht die Ehe zwischen einer Cisfrau und einem Transmann/einer Butch für rechtens – unabhängig davon, ob es sich dabei um eine gleich- oder eine transgeschlechtliche Heirat handelte –, denn sie sei einvernehmlich geschlossen worden. Die russische Revolution war offenkundig nicht nur ihrer, sondern auch unserer Zeit voraus, sie war – auch – eine queer-feministische Revolution. Es lässt sich allerdings fragen, ob die Entscheidung des Gerichts nicht auch deshalb so positiv ausfiel, weil das infrage stehende Geschlecht ein trans*männliches* war.

Während Transweiblichkeit – schwule Effeminierung etwa – als bürgerlich-dekadent, als Bedrohung etwa des Militärs gefasst wurde – die sich durch mentale Infektion verbreiten kann, wurde Transmännlichkeit zwar als übertriebene Form von Geschlechtergleichheit kritisiert, aber Transmänner zugleich als revolutionäre Bolschewiki, als nützliche Mitglieder der Roten Armee im Besonderen wie der sozialistischen Gesellschaft im Allgemeinen respektiert. Evgenij Fedorovitsch etwa, der Transmann, dessen Heirat das sowjetische Gericht 1922 für rechtmäßig erklärt hatte, war Mitglied der Tscheka, der sowjetischen Geheimpolizei.[16]

Diese Privilegierung von Männlichkeit mag alle patriarchalen Gesellschaften kennzeichnen, sie liegt aber auch völlig auf der Linie des generellen sozialistischen Emanzipationsdiskurses. Er konzipiert von Engels über Bebel, Zetkin und Kollontai geschlechtliche Emanzipation im Rahmen einer Kritik der Familie, die – materialistisch – als Produktionseinheit aufgefasst wird. Das sozialistische Emanzipationsmodell sieht vor, sämtliche in der Familie verrichten Arbeiten zu vergesellschaften (zu verstaatlichen). Wenn nicht nur Textilien und Lebensmittel in Fabriken hergestellt werden, sondern auch das Aufziehen der Kinder von großen antiautoritären Institutionen übernommen wird, Essen nicht mehr in Kleinküchen, sondern in öffentlichen Kantinen zubereitet wird, die Pflege von Alten und Kranken wie auch die Reinigung der Wohnungen nicht mehr privat organisiert wird, dann ist die Familie gänzlich

---

16 Vgl. Dan Healey, Homosexual Desire in Soviet Russia. The regulation of Sexual and Gender Dissent, Chicago, London 2001, S. 57 und S. 68f. Bei Healeys eindimensionaler Lesart der Butch/des Transmanns Evgenij Fedorovitsch als Lesbe, die wegen Homosexualitätsverbot zum Mann werden muss, handelt es sich um eine nicht unübliche homonormative Verkennung.

überflüssig und stirbt ab. Und mit ihr die geschlechtliche Arbeitsteilung, also die Grundlage der Geschlechterdifferenz. Diese wird überwunden, indem sämtliche weiblichen Arbeiten, die als rückständig und unproduktiv gelten, nach dem Modell männlich codierter Lohnarbeit, die als fortschrittlich und produktiv gilt, rekonstruiert werden. Die Gleichheit, die der traditionskommunistische Emanzipationsdiskurs also meint, ist eine Gleichheit mit einem männlichen Universellen, einer universellen Männlichkeit. Kurzum, so wie alle Bauern zu Arbeitern werden, werden alle Frauen zu Männern. Alle Menschen werden Brüder (allerdings nur in begrenztem Umfang warme, eher kalte Krieger, Revolutionäre, Arbeiter).

Ein Witz, den Westfeministinnen über Ostfeministinnen nach 1990 erzählten, illustriert, wie sich diese Emanzipationsperspektive bis zum Ende von Sowjetunion und Warschauer Pakt hielt und auch die feministische Sprachpolitik strukturierte: »Eine Arbeiterin aus der DDR sagt: ›In meinem Betrieb arbeiten 10 Mann – davon sind 9 schwanger‹.«

Es ist unschwer zu erkennen, wie sich die Bedeutung des Witzes aus queerer Perspektive verschiebt seitdem Männer wie Matt Rice, Thomas Beatie und Scott Moore Kinder geboren haben. Die Frage wird sein, wer zuletzt lacht.

Dass der Witz in einem westfeministischen Kontext überhaupt funktionieren konnte, liegt daran, dass die universelle Utopie der weltrevolutionären Sequenz von 1917 in die Krise gestürzt worden war und dies wohl nicht zuletzt von der weltrevolutionären Sequenz von 1968.

Wie die 1917er Revolutionswelle, die – Lenins Imperialismustheorie folgend – am schwächsten Glied der imperialistischen Kette begann, um im (deutschen) Zentrum schnell zu verebben, begann die 1968er Revolutionswelle mit einer Serie von antikolonialen Befreiungskriegen in der Peripherie und kulminierte erst im Herzen der Bestie: ungefähr gleichzeitig in Paris und Prag, Berkeley, Belgrad und Berlin. Aber diesmal ging diese Peripherialisierung der Revolution auch mit einer Dezentrierung der Emanzipation einher. Das heißt zu einer Befreiung der Emanzipation aus dem engen Korsett einer universellen Norm (eines streng und eng normierten Fortschrittsglaubens) und damit zu einer Pluralisierung des utopischen Potenzials.

Dies lässt sich sehr deutlich an den marxistisch-feministischen Texten der 1970er Jahre zeigen, die aus dem Aufbruch von 1968 und gleichzeitig in Abgrenzung zu dessen Maskulinismus hervorgegangen waren. Etwa bei Mariarosa Dalla Costa, die solidarisch mit Bauern und Hausfrauen die jenen angebotene Entwicklungshilfe – im Ergebnis Industrialisierung und Lohnarbeit – mit den schönen Worten zurückwies: »Die Sklaverei des Fließbands ist keine Befreiung von der Sklaverei des Spülbeckens.«[17] Während Dalla Costa diese Alternative als eine falsche ablehnte, gingen die Differenz- und Ökofeministinnen der »Bielefelder Schule« noch einen Schritt weiter. Statt die Hausarbeit in der Lohnarbeit aufgehen zu lassen, wollten sie die gesamte Gesellschaft nach dem Modell der Hausarbeit reorganisieren, die als nachhaltige Subsistenzwirtschaft konzipiert und so mit einer Ökonomie des Trikonts analogisiert wurde.[18] Verkürzt gesagt etabliert sich bei diesen Marxistinnen eine Utopie, die wie ein Spiegelbild der traditionskommunistischen wirkt. Statt Bauern zu Arbeitern und Frauen zu Männern war die revolutionäre Parole jetzt »Frauen suchen Bauern«. Anders gesagt: Wo »1917« versuchte, das Private abzuschaffen, die Reproduktion zu maskulinisieren, das Emotionale zu rationalisieren, das Sexuelle zu zivilisieren, menschliche Beziehungen zu ökonomisieren und so fort, versuchte »1968« das Private zu politisieren, die Rationalität zu kritisieren, die Kultur zu sexualisieren, die Produktion zu feminisieren und die Ökonomie zu vermenschlichen. (Wobei die Frage, wie der universalistische Anspruch des Kommunismus gerettet werden könnte, ohne seine maskulinistische Norm zu reproduzieren, unbeantwortet blieb.)

Zwei Schlussfolgerungen lassen sich aus den weltrevolutionären Konstellationen von 1917 und 1968 ziehen. Erstens, dass die Emanzipation sich nicht einfach kraft eines dialektischen Automatismus aus der bestimmten Negation ergibt, dass Utopie also ein Moment des kreativ-schöpferischen Überschusses hat, das nicht allein in der Kritik der bestehenden Verhältnisse aufgeht. Es lassen sich offensichtlich verschiedene oder gar entgegengesetzte emanzipatorische Antworten auf ein in etwa gleiches gesellschaftliches Problem geben. Zweitens, dass beide Utopien, so verschieden sie aufgrund ihrer historischen Kontexte auch ausfallen, Antworten auf das gleiche Problem zu geben versuchen: auf die gesellschaftliche Spaltung in Produktions- und Reproduktionssphäre, Öffentlichkeit und Privatheit, Rationalität und Emotionalität. Es ist

---

17 Mariarosa Dalla Costa, Die Produktivität der Passivität. Die unbezahlte Sklaverei als Grundlage für die Produktivität der Lohnsklaverei, in: Jutta Menschick (Hg), Grundlagentexte zur Emanzipation der Frau, Köln 1976, S. 277.
18 Vgl. Veronika Bennholdt-Thompson, Subsistenzproduktion und erweitere Reproduktion. Ein Beitrag zur Produktionsweisendiskussion. In: H.-G. Backhaus u.a. (Hg), Gesellschaft. Beiträge zur Marxschen Theorie 14, Frankfurt am Main 1981 oder Claudia von Werlhof: Frauenarbeit, der blinde Fleck in der Kritik der politischen Ökonomie, in: Beiträge zur feministischen Theorie und Praxis, Bielefeld 1978 (Heft 1). Darin deutlich (aber keineswegs die drastischste Formulierung): »Nicht die Frauen haben den Status von Kolonien, sondern die Kolonien haben den Status von Frauen. Oder: Das Verhältnis von 'Erster' und 'Dritter' Welt entspricht dem von Mann und Frau.« (S. 30).

weder die eine noch die andere Seite, die inhärent kapitalistisch oder nichtkapitalistisch, progressiv oder reaktionär wäre, sondern – hier stimmt Veronika Bennhold-Thompson mit Wendy Brown überein[19] – es ist diese Spaltung selbst, die der heterosexistische Kapitalismus der Gesellschaft aufzwingt. Beide Seiten der Spaltung beeinflussen und konstituieren einander.

Deshalb sollten wir uns hüten, in der nichtmonetären Hausarbeit Residuen nichtkapitalistischer Arbeit auszumachen. Diese Arbeitsform hat sich in ihrer entfremdeten Isolierung nicht nur historisch erst mit dem Kapitalismus entwickelt, sie stellt auch – unentlohnt – Waren her: Arbeitskräfte, die sie produziert und reproduziert. Das bedeutet, dass es nicht ausreicht, sich ein utopisches Modell für eine neue Produktionsweise auszudenken, dieses muss vielmehr integriert sein in die Utopie neuer Arten solidarischer, emotionaler, libidinöser Beziehungen der Menschen zueinander. Während die romantische Zweierbeziehung das typische private Refugium gegen die kalte Welt der Arbeit und des Warentauschs ist, müsste die Aufhebung der Trennung dieser Bereiche andersartige Verbindungen ermöglichen. In den Worten Alexandra Kollontais wären das gesellschaftliche Bindungen, die von solcher Zärtlichkeit wären, dass eine Flucht in die Ehe und das romantische Liebeskonzept nicht mehr vonnöten wäre.[20]

Eine queerkommunistische Utopie fokussiert also die Abschaffung der Spaltung von Liebes- und Lohnarbeit – so, wie sie auch andere gesellschaftliche Spaltungen wie jene zwischen Innen und Außen aller nationalen Konstruktionen angreifen muss. Eine utopische Potenzialität für die Überwindung letzterer eröffnete sich ausgerechnet kurz vor dem »Ende der Geschichte« 1989/90. Formuliert wurde sie von Hermann Gremliza, der nicht gerade für Utopismus bekannt ist. Seine Spezialität ist eher die Behauptung, die Zukunft vorausgesagt zu haben, also schlauer gewesen zu sein als die Wirklichkeit, deren Gesetzmäßigkeiten er seit Jahren besser als deren Exekutorinnen zu kennen behauptet. Dennoch hat dieser Pessimist sich von einer besonders pessimistisch stimmenden Situation animieren lassen, vom Determinativ in den Konjunktiv zu wechseln. Im November 1989 schrieb er der Führung der SED einen offenen Brief, in dem er ihr einen »Vorschlag zur Güte« unterbreitete. Um ihre Staatsmacht noch einmal dazu zu nutzen, wenigstens die kapitalis-

---

19 Wendy Brown, What Is To Be Done: Towards a Post-Masculinist Politics, in dies.: Manhood and Politics. A Feminist Reading in Political Theory, Totowa 1988, S. 189.
20 Alexandra Kollontai, Thesis on Communist Morality in the Sphere of Marital Relations, o. O. 1921. http://www.marxists.org/archive/kollonta/1921/theses-morality.htm, S. 7.

tischen Nachbarn zu ärgern, sollten sie in der Tat endlich die Grenze öffnen, allerdings in beide Richtungen. Dann würden zwar all jene, die die DDR für ein armes Land neben der BRD hielten, auswandern, aber stattdessen kämen dankend viele Menschen aus Irland, Ghana, Palästina, Chile usw., für welche die DDR die zehntreichste Industrienation der Welt wäre. Dem Arbeitskräftemangel wäre damit abgeholfen und die deutsche Bourgeoisiepresse würde in Wutgeschrei ausbrechen – »Luthers Stadt von Kanaken erobert.«[21]

Heute ließe sich fragen, welche Potenzialität wir in unserer heutigen Situation erkennen können und welchen Vorschlag wir ihr aus unserer begrenzten Perspektive unterbreiten können: Ansetzen ließe sich bei den Protesten der letzten Jahre in Nordafrika, Spanien und Griechenland. Wie die Revolutionen von 1917 und 1968 hat auch diese neue Sequenz an der Peripherie begonnen und zieht wie eine Spirale Richtung Zentrum. Die Zirkulation revolutionärer Zeichen und Politikformen wie praktische Solidarisierung und Vernetzung verweisen bereits auf die Überschreitung nationaler Politikrahmen. Und eventuell lassen sich an diesen Protestbewegungen auch Bedingungen für die Entstehung einer neuen Form von Vergesellschaftung ablesen: die Nutzung neuer Medien zur Organisation des Protests und gleichzeitig der Bruch mit der medialen Logik der Repräsentation – das heißt Führungs- und Gesichtslosigkeit der Bewegung. Hinzu gehören vor allem Forderungen, die sich nicht mehr mit der Kritik spezifischer Missstände oder dem Sturz einer spezifischen Regierung zufrieden geben, sondern mit Slogans wie »Que se vayan todos!« oder »Democracia Real Ya« auf die Gesamtheit der politischen Klasse und das parlamentarische System des Kapitalismus als solches zielen.

Auf den Plätzen in Athen lautete einer der Slogans: »Wir verkaufen nichts, wir schulden nichts, wir zahlen nicht.« Während mancherorts spekuliert wird, was passieren würde, wenn Griechenland aus dem Euro aussteigt und zur Drachme zurückkehren würde, stellen wir uns den Ausstieg viel konsequenter vor: Als Exodus aus jedwedem monetären System. Gegenüber Gläubigern aus dem In- und Ausland könnte die neue griechische Gesellschaft ihre Zahlungsunfähigkeit mit folgenden Worten erklären: Tut uns leid, aber wir haben kein Geld mehr – vorher hatten wir auch keins, aber jetzt haben wir wirklich keins mehr – nicht weil es ausgegangen ist, sondern weil wir es abgeschafft haben. Einem nackten Land greift man nicht in die Tasche.

Tatsächlich werden Modelle alternativen Wirtschaftens in Griechenland seit einiger Zeit erprobt. Da staatliche Infrastrukturen teilweise zusammengebrochen sind und auf dem Markt die Preise so gestiegen sind, dass sich ein

---

21 Hermann L. Gremliza, Krautland einig Vaterland, Hamburg 1990, S. 38–42.

großer Teil der Bevölkerung nichts mehr leisten kann, haben die Menschen begonnen, andere Wege der Versorgung auszuprobieren. So wurde zum Beispiel die »billige Kartoffel« erfunden: Ohne Umweg über Zwischenhändler und Supermärkte werden Kartoffeln direkt von den Erzeugerinnen zu Konsumentinnen geliefert, die ihre Bestellung über eine Plattform im Internet aufgegeben haben. Nach diesem Vorbild wird auch der Verkauf von Mehl, Olivenöl, Linsen, Bohnen und anderen Lebensmitteln organisiert. Oft helfen Freiwillige bei der Organisation und Auslieferung.

Gleichzeitig sind Initiativen entstanden, die Menschen helfen, die kaum noch Geld haben: Sozialsupermärkte und Kleidermärkte und Apotheken, die nach dem Prinzip des Umsonstladens funktionieren: Leute geben ab, was sie nicht mehr brauchen, und andere können sich bedienen. In anderen Tauschnetzwerken wird mit alternativen Währungen experimentiert, oder es werden Dienstleistungen in Arbeitszeiteinheiten gegeneinander getauscht.[22]

Diese neuen (und alten) Formen des Austauschs sind aus der Not geboren. Sie sind keine utopischen Formen, die den Kapitalismus transzendieren. Aber mit ihnen scheint eine neue Art des sozialen Miteinanders, des gemeinschaftlichen Experiments zu entstehen. Die Krise hat den Staat und die kapitalistische Ordnung diskreditiert und lässt gleichzeitig deren Strukturen als veränderbare, als durch andere Strukturen ersetzbare erscheinen. Die Experimente mit alternativen Wirtschaftsformen haben begonnen. Gleichzeitig beweisen Plötzlichkeit und Geschwindigkeit mit der die griechischen Faschistinnen an Einfluss gewonnen haben – ebenso wie rechtsradikale Parteien überall in Europa und islamistische Bewegungen in Nordafrika –, dass im Moment der Krise auch die Tradition der reaktionären Krisenlösungsstrategien wieder aktualisiert wird. Die Suche nach utopischen Auswegen auf internationalem Terrain gewinnt dadurch an Dringlichkeit.

An dieser Stelle lässt sich eine Beobachtung von Slavoj Žižek – auch wenn sie von den Bewegungen bereits überholt ist – aufgreifen, dass nämlich die spanischen Revolutionäre einerseits dem gesamten System parlamentarischer Repräsentation ihr Misstrauen aussprächen, ihre konkreten Forderungen (nach Ausbildungsplätzen usw.) aber weiter an den Staat adressierten. Vielleicht ist es nur ein letzter Schritt, der hier fehlt, und das utopische Modell der peer-to-peer-Ökonomie könnte helfen, ihn zu gehen. Die Bewegung müsste nur auf sozialer und ökonomischer Ebene viel konsequenter wagen, was sie auf politi-

---

22 Vgl. dazu die Radiosendung »Not macht erfinderisch« von Margarita Tsomou. http://www.swr.de/swr2/programm/sendungen/tandem/-/id=8986864/nid=8986864/did=9831018/1s8xr6e/index.html

scher Ebene bereits tut: sich an den traditionellen Institutionen (Gewerkschaften, Parteien, Staatsbürokratien, kapitalistische Märkte) vorbei zu organisieren. Die Medien dieser politischen Organisation heißen Twitter, Facebook und Tahir, Placa de Sol, Syntagma. Die Medien der ökonomischen und sozialen Organisation können To-do-Listen, rote Links, Stigmata, Betriebs- und Stadtteilräte heißen. (To-do-Listen, Rote Links, Stigmata markieren im Internet unbearbeitete Stellen oder zu behebende Mängel in laufenden Projekten, noch zu programmierende Programmteile oder – in Wikipedia – zu schreibende Artikel.) Diese Zeichen bezeichnen mit anderen Worten unerfüllte Wünsche, sie artikulieren Bedürfnisse, welche von der Arbeit anderer befriedigt werden wollen. Die spanischen Griechinnen können auch jene Wünsche, die über Wikipedia und Linux, Regierungssturz und Antirepressionskurs hinausgehen, in entsprechenden Foren im Internet veröffentlichen, auf die alle Menschen Zugriff haben, sofern sie über irgend eine Form des Internetzugangs verfügen und des Lesens mächtig sind. Die Wunschlisten brauchen dann nur mit dem vermittelt werden, was die Produktionsprojekte herzustellen in der Lage sind. Der Unterschied wäre minimal: Die dezentrale und repräsentationslose Vernetzung würde außer zur allgemeinen Kommunikation, zum Austausch von Information und zur politischen Mobilisierung, auch noch zur Organisierung von Produktion und Reproduktion verwendet werden. Das schließt selbstredend neben der Aneignung der öffentlichen Plätze und ihrer politischen Institutionen auch die Aneignung der ökonomischen Orte und ihrer privatkapitalistischen und sexuellen Institutionen mit ein.

Diese Aneignung wird nicht ohne Auseinandersetzungen vonstattengehen, wie die polizeilich-militärische Reaktion sowohl der kapitalistischen Staaten wie der islamistischen und faschistischen Bewegungen in Erinnerung gerufen haben. Unserer Überzeugung nach kann der Kampf gegen Repression und Reaktion im Moment der Krise aber nur erfolgreich sein, wenn er sich nicht auf die Negation beschränkt. Weder auf die ›bolschewistische‹ der Eroberung der Staatsmacht noch auf die ›republikanische‹ des *Anti*-Faschismus. Gegen die neoliberalen Versprechen individueller Partizipation und die islamistischen oder faschistischen repressiven Sozialprojekte muss die Linke eine utopische Offensive setzen. Der Angriff ist dann ein *positiver* – ein Kampf nicht gegen den Kapitalismus, sondern für den Kommunismus –, der gegen die Reaktion *verteidigt* wird.

Und dann? Wie produzieren, wenn nicht in privatwirtschaftlichen Fabriken? Nehmen wir einfach an, die tunesischen Spanierinnen und griechischen Ägypterinnen machen zunächst einfach weiter wie bisher: die Bäckerinnen backen weiter Brote, die Sex- und Hausarbeiter sorgen sich um andere, die

Olivenölproduzentinnen pressen weiter Öl aus den Oliven, die Filmwissenschaftlerinnen gucken weiter Filme. Nur tun sie dies nicht mehr, weil sie dafür Geld bekommen und deswegen müssen, sondern weil es eben das ist, was sie am besten können oder am liebsten wollen.

In der commons based peer production ist diese Freiwilligkeit zum Prinzip erhoben worden. Ganz wie im Bereich freier Software können sich Menschen freiwillig in solchen Projekten betätigen, von denen sie meinen, dass diese Arbeit ihnen Spaß macht und dass dort ihr jeweiliger Beitrag sinnvoll ist. Ausgangspunkt sind immer die gesellschaftlichen Bedürfnisse, die auf Befriedigung hoffen, und deren Spaltung in überkommenen Arbeits- und Subjektivierungsteilungen aufgehoben wird. Stellen wir uns der Einfachheit halber also eine einzige Plattform vor, auf der das Bedürfnis nach Bügeleisen oder Altenpflege friedlich neben dem Bedürfnis nach Stahlwalzen und Liebesarbeit steht. Eine gesellschaftliche Produktions- und Beziehungsweise nach dem universellen Modell der Kontaktanzeige. Es handelte sich um eine gesellschaftliche Organisation von Tätigkeiten, die nicht auf solche Arbeiten beschränkt bleibt, die der sogenannten Produktionssphäre zugeordnet sind, sondern auch den Bereich umschließen muss, der als »Reproduktionssphäre« gefasst wird. Schließlich arbeiten wir nicht nur in Fabriken oder Büros, sondern auch in der Küche und im Bett. Wir stellen nicht nur Lebensmittel her, sondern bereiten sie auch zu, wir basteln nicht nur Windeln, sondern wickeln sie auch.

In Gesellschaften mit heterosexistischer Produktionsweise werden pflegende, sorgende, sexuelle, amouröse Arbeiten in den Bereich des Privaten verdrängt, was ihre Ausübung wie ihre (unentgeltliche) Aneignung unsichtbar macht. Dies gelingt umso besser, insofern eine Gruppe von Menschen konstruiert wird, die den Anschein erweckt, als fände sie in diesen Tätigkeiten die Entsprechung ihres natürlichen Charakters (und »arbeite« also gar nicht). Historisch sind die Warenbeziehung und die Liebesbeziehung gleichen Ursprungs.[23] Während der eine Tätigkeitsbereich versachlicht und objektiviert wird, wird der andere Tätigkeitsbereich personalisiert und subjektiviert.

---

23 Sheila Benhabib/Linda Nicholson, Politische Philosophie und die Frauenfrage, in: Fetscher, Iring/Münkler, Herfried (Hg), Pipers Handbuch der politischen Ideen, Bd. 5: Neuzeit. Vom Zeitalter des Imperialismus bis zu den neuen sozialen Bewegungen, München 1987, S. 513–562. Karin Hausen, Die Polarisierung der »Geschlechtscharaktere«. Eine Spiegelung der Dissoziation von Erwerbs- und Familienleben, in: Werner Conze (Hg.), Sozialgeschichte der Familie in der Neuzeit Europas. Neue Forschungen, Stuttgart 1976, S. 363–393. Gisela Bock/Barbara Duden, Arbeit aus Liebe – Liebe als Arbeit: zur Entstehung der Hausarbeit im Kapitalismus, in: Frauen und Wissenschaft. Beiträge zur Berliner Sommeruniversität für Frauen Juli 1976, Berlin 1977, S. 118–199.

Das sozialistische Emanzipationsmodell wollte diese bürgerliche Spaltung aufheben, indem es sämtliche Arbeiten des Reproduktionsbereiches nach dem Vorbild der öffentlichen (Lohn-)Arbeit zu rekonstruieren versuchte. Damit wurde die Bekämpfung der Geschlechterklassen zum einen auf den Tag verschoben, an dem der Staat weit genug entwickelt sein würde, um diese »Sozialausgaben« zahlen zu können, zum anderen wurden die sogenannten weiblichen Tätigkeiten als rückständig angesehen, die im Sinne des industrialisierenden Fortschritts zu überwinden seien. Eine kommunistische Perspektive, die es ernst meint, kann es sich hier leichter machen. Sie braucht nur auszusprechen, dass sämtliche Arbeiten, die zur Befriedigung der assoziierten Bedürfnisse nötig sind, auch als gesellschaftlich notwendige anerkannt werden wollen – um solidarisch befriedigt zu werden.

Ohne auf die strukturellen Schwierigkeiten einzugehen,[24] die sich mit der nachkapitalistischen Organisation hoch arbeitsteiliger Produktion und hoch partizipativer Gestaltung des sozialen Lebens ergeben, können wir hier kurz und knapp unsere konkrete Utopie formulieren: Wir wollen eine Gesellschaft, die ihre Strukturen zur radikaldemokratischen Revision bereit stellt; in der die Menschen in dem Maß, in dem sie von Entscheidungen betroffen sind, an diesen beteiligt werden. Zu deren Bau und Umbau die Menschen ihren Fähigkeiten und Vorlieben entsprechend beitragen; in der sie Dinge für einander herstellen und Dinge für einander tun, weil sie die Bedürfnisse der anderen kennen, sie verstehen und Abhilfe schaffen können. Wir wollen neue Produktions- und Beziehungsweisen; wir wollen den Exodus aus dem heterosexistischen Kapitalismus und den Einstieg ins Leben der *common based queer production*.

---

24 Vgl. hierfür die scharfen Überlegungen von Meinhard Creyd, z. B. in: ders., Sozialismus heute. Notwendige Essentials einer nachkapitalistischen Gesellschaft, Berlin 2008 (http://www.meinhard-creydt.de/archives/297). Noch genauer ders., Strukturelle Probleme der emanzipatorisch verstandenen nachkapitalistischen Gesellschaft. Unveröffentlichtes Papier zur Diskussion »Ei des Kommunismus« am 14.2.2012 in Berlin.

Klaus Holz

Ethik der Utopie

Posthumanismus Marx zufolge

Utopisches Denken hat seine Unschuld im 20. Jahrhundert verloren. Wir stehen auf den Trümmern des Sozialismus und Kommunismus. Handelte es sich nur um Niederlagen wie im Fall der Pariser Commune, wäre das unproblematisch. Aber es handelt sich wesentlich auch um ein Scheitern. Im Namen des »großen Sprungs« in die Zukunft wurde jedes nur erdenkliche Verbrechen legitimiert und verübt. Der Mord an den Kronstädter Matrosen und an Genossen wie Sergei Kirow oder Andrés Nin, der Hungertod von Millionen (angeblicher) Kulaken, die Auslieferung deutscher Kommunisten durch die Sowjetunion an den Nationalsozialismus …, aber auch die tausendfache Leugnung dieser Verbrechen durch Kommunist/innen überall in der Welt. Nicht die Niederlagen, sondern dieses Gestern raubt die Hoffnung auf ein Morgen.[1]

Wie auch immer dies im Einzelnen zu analysieren wäre, mir drängt sich ein Ausgangspunkt für das Nachdenken über Utopie auf: Die Zukunft ist in der Gegenwart durch die real existierende Geschichte der großen Utopie des 19. und 20. Jahrhunderts verstellt. Mir scheint – als zunächst intuitiver, ethischer Impuls – zwingend zu sein, die Fortsetzung utopischen Denkens an die Prämisse zu knüpfen: Dieses historische Scheitern darf nicht verlängert werden. Zu ignorieren oder abzutun, was Kommunist/innen im 20. Jahrhundert zu verantworten haben, und sich mit der (natürlich berechtigten) Kritik des Antikommunismus aus der Reflexion des Scheiterns kommunistischer Emanzipationsversuche herauszumogeln, verlängert diese Schuld in die Gegenwart hinein, weil sie nicht einmal im Rückblick in der warmen Studierstube der Ermordeten zu gedenken vermag. Sicherlich unzureichend, aber als Allergeringstes ist zu fordern: Die real existierenden, gescheiterten Versuche, Utopie zu realisieren, müssen selbstreflexiv und selbstkritisch ins Zentrum utopischen Denkens eingearbeitet werden.

Der Versuch, diesem vortheoretischen ethischen Impuls nachzugehen, hat mich zurück zu Grundfragen der marxistischen und kritischen Theorietradi-

---

1   Bini Adamczak, Gestern Morgen. Über die Einsamkeit kommunistischer Gespenster und die Rekonstruktion der Zukunft, Münster, 2007.

tion geführt. Im Kern stehen zwei ineinander verschachtelte philosophische Problemkreise: Erstens die materialistische und kritische Marginalisierung des Utopiebegriffs. Marx zufolge muss man den Utopiebegriff vom Kopf auf die Füße stellen. Es geht nicht um das Ausmalen einer zukünftigen Gesellschaftsform, sondern um die Bestimmung der gegenwärtigen Möglichkeit der Veränderung. Ich diskutiere zunächst diesen Punkt, mache mir den Begriff der Möglichkeit zu eigen, werde aber zeigen, dass dies einen *Übergang zur Ethik*, zu einer Ethik des Möglichen, zu einer Ethik der Utopie zwingend werden lässt. Hieran schließt sich der zweite Problemkreis an. Für eine Ethik der Utopie ist der Humanismus ein ebenso unverzichtbarer wie unzureichender Ansatz. Bei Marx und im Marxismus stellt sich dies sehr verzwickt dar, da die frühen Schriften Marx' humanistisch, die späten aber ahumanistisch sind. Dieses Problem kann man gerade nicht auflösen, wie es in der Regel versucht wurde, indem man die Frühschriften (mithin Hegel) in das Spätwerk zu integrieren versucht. Ich schlage eine andere Denkrichtung vor: Mir scheint die ahumanistische Kritik der politischen Ökonomie viel eher mit dem humanistischen Ansatz der Kantschen Kritik der Ethik verknüpfbar zu sein. Der theoretische Kern ist die Frage nach dem Verhältnis von Humanismus und Ahumanismus. Ich werde zum einen den ahumanistischen Ansatz der Marxschen Gesellschaftstheorie verteidigen (ohne allerdings das Fehlen einer Theorie der Subjekte bei Marx zu übergehen), zum anderen den Begriff der Utopie schwächen und stattdessen den Begriff der Möglichkeit, der Kritik und der Ethik stärken. Im Ergebnis formuliere ich als Präambel einer Ethik der Utopie einen *posthumanistischen Imperativ*, der von Kants kritischem Humanismus und Marx' kritischem Ahumanismus zehrt: Alle von Menschen selbst geschaffenen Lebensverhältnisse, die Menschen verwehren, sich selbst wie die anderen auch als Zwecke zu behandeln, sind abzuschaffen.

Es ist im Folgenden an vielen Stellen offensichtlich, dass ich auf manche jüngere Theorie anspiele und von diesen profitiere. Das bleibt fast immer implizit. Ich möchte die ganze Aufmerksamkeit in diesem Essay auf einen materialistischen, ethisch reflektierten Begriff der Utopie konzentrieren und werde nur die Präambel einer Ethik der Utopie begründen. Ein Grundgesetz müsste viel, viel weiter ausgearbeitet werden.

Objektive Möglichkeit von Utopie

Die klassischen Utopien platzieren ihre Gesellschaftsentwürfe nicht im »Nirgendwo« (u-topisch), sondern bestimmen sehr wohl den Ort der Handlung:

Sie spielen an einem Ort außerhalb der gegenwärtigen Gesellschaft, außerhalb ihrer Geschichte. Sie gleichen einem Spiegel, der der Immanenz der Gesellschaft von außen vorgehalten wird. Hegelianisch gesprochen sind sie unbestimmte Negationen der Gegenwart, die ihre Kritik der Gegenwart nicht durch die Bestimmung der Gegenwart entwerfen. Versteht man dies unter »Utopie«, so ist dies offensichtlich nicht geeignet, ein marxistischer oder kritischer Begriff zu sein. Will man den Utopiebegriff bewahren, lautet stattdessen die erste notwendige Bestimmung: Utopien sind verortet, weil sie an die inhaltlich bestimmte Kritik der gegenwärtigen Welt zu binden sind.

Mit diesem Argument eröffnet Herbert Marcuse seinen im Juli 1967 in Berlin gehaltenen Vortrag »Das Ende der Utopie«. Die Umgestaltung der Welt ist »eine reale Möglichkeit [… und] ihr Topos ein geschichtlicher«.[2] Der Ort oder die Verortung der neuen Welt ist als Möglichkeit bereits real. Diese anscheinend evidente, unmittelbar einleuchtende These verpflichtet dazu, das Utopische im Hier und Jetzt aufzuzeigen als Realität, nicht als bereits manifeste gesellschaftliche Organisation oder Verfasstheit der Subjekte, aber als reales Potential der Gesellschaft resp. der Subjekte. Das Aufzeigen dieser verborgenen oder unterdrückten Potentiale ist Aufgabe der Kritik.

Marcuse scheint diese Schlussfolgerung zu teilen. Denn er diskutiert gleich einleitend, in welchem Sinne denn von der »Unmöglichkeit der Verwirklichung des Projektes einer neuen Gesellschaft« die Rede sein könne. Unmöglich sei nur, was »feststellbaren wissenschaftlichen Gesetzen widerspricht«, z.B. die »uralte Idee einer ewigen Jugend«.[3] Die objektiven Faktoren für eine sozialistische oder kommunistische Umgestaltung der Welt dagegen sind für Marcuse offensichtlich gegeben. Mithin seien die »Abschaffung der Armut und des Elends, […] die Abschaffung der entfremdeten Arbeit« möglich.[4]

Diese These wird weithin von marxistischen Autoren geteilt. Viele sahen in der Sowjetunion die beginnende Realisierung einer besseren Welt, so dass sich die Frage nach dem utopischen Potential des Kapitalismus eigentlich bereits erledigt hatte. Aber auch die kritischen Theoretiker – wie etwa die der Frankfurter Schule oder der jugoslawischen Praxisphilosophie – entwickelten keine Theorien der objektiven Möglichkeit einer besseren Welt, die über die Kritik der politischen Ökonomie hinausgingen. Auch bei ihnen bleibt es im Wesentlichen beim Verweis auf die historische Gewordenheit der gegenwärtigen Verhältnisse und der dem Kapitalismus innewohnenden, sich aus objektiven

---

2 Herbert Marcuse, Das Ende der Utopie, S. 11, Berlin, 1967.
3 Ebenda, 12f.
4 Ebenda, 14.

Widersprüchen speisenden Dynamik. Eine nähere Bestimmung der objektiven Möglichkeiten unterblieb, da das Hauptproblem in der Bestimmung des subjektiven Faktors verortet wurde: Das designierte Subjekt der Revolution erfüllte seine objektive Bestimmung nicht. Dieses Rätsel rückte in den Mittelpunkt: Warum streben die Elenden und Entfremdeten nicht nachdrücklich genug nach ihrer Emanzipation?

Bevor ich dieser Frage nachgehe, ist der Begriff der objektiven (oder besser: gesellschaftlichen) Möglichkeit noch in zwei Hinsichten näher zu bestimmen. Zum Ersten, das Mögliche ist nicht zugleich das schon Bestimmte oder eindeutig Gewünschte. Vielmehr eröffnet sich eine Mehrzahl von – auch widerstreitenden – Möglichkeiten. Sozialismus und Faschismus waren und sind möglich. Auch rückblickend gilt: Es war mehr möglich, als manifest wurde. Es gab Alternativen zur Oktoberrevolution, zur Niederschlagung der Rebellion der Kronstädter Matrosen, zur Rücknahme der revolutionären Geschlechterpolitik, zur Zwangskollektivierung, zum Hitler-Stalin-Pakt. Dieser Begriff der Möglichkeit hat nicht nur empirische Belege für sich, aus ihm folgt eine Kritik der Hegelschen wie der so genannten materialistischen Dialektik.[5] Wenn dieser Begriff Offenheit, Pluralität, also Unbestimmtheit, einschließt, ist zu folgern, »dass die Emanzipation sich nicht einfach kraft eines dialektischen Automatismus aus der bestimmten Negation ergibt, dass die Utopie also ein Moment des kreativ-schöpferischen Überschusses hat, der nicht in der Kritik der bestehenden Verhältnisses allein aufgeht. Es lassen sich nämlich offensichtlich verschiedene oder gar entgegengesetzte Antworten auf in etwa ein und dasselbe Problem geben.«[6] Man benötigt also Menschen, die diese oder jene Antwort geben können und wollen. Diese potentielle Freiheit und Vielfalt der »subjektiven Faktoren«, zuweilen als Voluntarismus praktiziert resp. denunziert, versuchte man ein ums andere Mal in Begriffen der historischen Notwendigkeit (vulgo: Sachzwänge), der Klasse, der Partei, des Staates einzufangen. Der philosophische Ausdruck dieses Gefängnisses ist der Objektivismus der bestimmten Negation. Sie ist nicht vielfältig, sondern ein-

---

[5] Der Begriff der Möglichkeit ist, so Bloch und Adorno übereinstimmend, »bei Hegel schlecht behandelt. Sie musste bei ihm schlecht behandelt werden, wegen dieser alten Vorstellung: Es gibt nichts Mögliches, was nicht wirklich geworden wäre.« Theodor W. Adorno und Ernst Bloch, Etwas fehlt ... Über die Widersprüche der utopischen Sehnsucht. Ein Rundfunkgespräch mit Theodor W. Adorno (1964), in: Ernst Bloch, Gesamtausgabe, Ergänzungsband: Tendenz – Latenz – Utopie, S. 350–368, hier: 356, Frankfurt/M., 1978.

[6] Bini Adamczak / Guido Kirsten in diesem Band.

fältig.[7] Wir benötigen stattdessen Kriterien, die im Raum der Möglichkeiten differenzieren. Das gilt gerade auch für die Frage, was für einen Sozialismus man denn für möglich *und* wünschenswert hält. Der objektive Begriff der Möglichkeit führt also auf die Notwendigkeit subjektiver Wahl im Raum der Möglichkeiten, die ethische Entscheidungen einschließt.

Zum Zweiten: Da der Raum des Möglichen als historische und gesellschaftliche Realität eben gerade nicht als u-topisch bestimmt ist, kann er empirisch untersucht werden. Im Bereich der marxistischen Theorien hat sich nur Ernst Bloch diese Frage systematisch gestellt. Ansonsten dominiert ganz und gar ein Theorem in der Bestimmung des Möglichen: die bestimmte Negation des manifest Realen. Das Mögliche wird gemäß dieses hegelianischen Theorems der Dialektik als inhaltlich bestimmte Negation des manifest Realen ausgewiesen. In dieser Perspektive ist der Sozialismus die Konsequenz der Kritik des Kapitalismus und nur soweit diese Kritik trägt, können über den Sozialismus Aussagen getroffen werden.

Bloch ist über diesen Ansatz hinausgegangen, indem er das zukünftig Mögliche als Realitätsdimension des Gegenwärtigen auffasste. Die mögliche Zukunft liegt als Vorschein, als Noch-Nicht, als Antizipation bereits vor. Bloch sucht deshalb in Märchen wie in der hochkulturellen Literatur, in der Architektur wie in der modernen Physik nach den Möglichkeiten einer besseren Welt. Genau diesen Zug der Blochschen Philosophie halte ich für bewahrenswert: Die empirische Analyse des Realen hinsichtlich seines immanenten Überschusses an Möglichkeiten. Deshalb ist die gegenwärtige Diskussion über peer production und commons wichtig für die Bestimmung von Utopie.

Dieser Ansatz findet sich nicht bloß bei Bloch, aber im Kontrast etwa zu Adorno ist der Unterschied offensichtlich. Adorno verflüchtigt positive Bestimmungen der Möglichkeit bis auf ein letztes, nicht aufgebbares Moment selbst noch negativer Dialektik, während Bloch in weiten Teilen seines Werkes das Utopische als Vorschein im Realen zu explizieren trachtet. Benjamin (und Marcuse, dazu gleich mehr) dagegen nimmt eine mittlere Position ein, indem er auf die verschütteten Möglichkeiten der verlorenen Kämpfe insistiert. Dem Verweis auf Bloch muss der auf Günther Anders zur Seite gestellt

---

7   Eben deshalb ist Althussers Kritik eines hegelianischen Marxismus weiterführend als die Versuche, die Leerstellen im Marxschen Spätwerk mit Hegel und dem Junghegelianer Marx zu füllen (Louis Althusser, Für Marx, Frankfurt/M., 1974; vgl. Klaus Holz, Historisierung der Gesellschaftstheorie. Zur Kritik marxistischer und kritischer Erkenntnistheorie, Pfaffenweiler, 1993). Und eben deshalb ist es kein Zufall, dass der marxistische Strukturalist Althusser Lehrvater manch eines Poststrukturalisten wie z.B. Michel Foucaults war.

werden. Was bei Bloch als »Noch-Nicht« auf die Zukunft verweist, ist bei Anders das »Nicht-Mehr«, das als Geschichte die Möglichkeiten der Zukunft bereits verbraucht hat. Das Prinzip Hoffnung seines Freundes Bloch hält er für eine »eigentlich feige Attitüde«, die die Geschichte nicht wahr haben will, die viel eher ein Prinzip Verzweiflung begründe.[8] In dem Paragraphen »Die Zukunft hat schon geendet« heißt es:

Prinzip Verzweiflung oder einmal etwas Anders
ernst bloch spricht:
›wir sind noch nicht.‹
ernster als bloch
wäre: ›gerade noch.‹
anders wär:
›nicht mehr.‹[9]

Dieser scharfe Kontrast wird nirgendwo deutlicher als in der Beurteilung der technischen Möglichkeiten insbesondere der Atomphysik.[10] Während Bloch sie als Vorschein sozialistischer Naturbeherrschung zum Wohle der Menschheit feiert, sieht Anders die Menschheit in einer Endzeit ohne Messias und neues Reich angekommen: »Die Möglichkeit unserer endgültigen Vernichtung ist, auch wenn sie niemals eintritt, die endgültige Vernichtung unserer Möglichkeiten.«[11] Utopie ist bei Anders tatsächlich ein Nicht-Mehr, ein historisch überholtes Damals.

Mir geht es im Moment nicht darum, in diesem Streit Position zu ergreifen. Vielmehr ziele ich auf ein metatheoretisches Argument: Der Begriff der Möglichkeiten meint in einer materialistischen und kritischen Theorie die historisch gewordenen Möglichkeiten. Die Beurteilung dieser Möglichkeiten, das zeigen die Analysen von Bloch wie Anders, ist ethischer Natur und kann nur als Ethik begründet werden. Bloch wie Anders sind sich darin einig, dass eine solche Ethik nicht allein mit Blick auf die objektiven Möglichkeiten der gesellschaftlichen Verhältnisse begründet werden kann. Anders z. B. begründet seine Ethik im Ver-Alten der Menschen gegenüber den von ihnen

---

8 Günther Anders, Günther Anders antwortet, S. 101, hrsg. von Elke Schubert, Berlin, 1987.
9 Günther Anders, Die Antiquiertheit des Menschen, Bd. 1, S. 278, Anm. 12, München, 1987 (1956).
10 Siehe Ernst Bloch, Das Prinzip Hoffnung, Bd. 2, S. 767–817, Frankfurt/M., 1982 (1959); Anders, ebenda, Bd. 1, S. 233ff.
11 Günther Anders, Die atomare Drohung, S. 7, München, 2003.

geschaffenen Lebensverhältnissen. Deshalb ist neben der Frage, ob Utopien als historisch gewordene, gesellschaftliche Möglichkeiten real sind, zu fragen, wie es um die subjektiven Möglichkeiten einer besseren Welt steht.

Ist Utopie subjektiv möglich?

Während Marcuse 1967 die objektive Möglichkeit des Sozialismus ohne weiteres für gegeben hält, bereitet ihm die Frage, ob auch die subjektiven Bedingungen gegeben seien, weit mehr Kopfzerbrechen. Um z. B. Elend abzuschaffen, bedürfe es eben nicht nur hinreichend entwickelter Produktivkräfte, sondern einer qualitativen Umgestaltung der gesellschaftlichen Verhältnisse, was nicht weniger als eine »neue Anthropologie« erfordere. Denn die »Individuen reproduzieren in ihren eigenen Bedürfnissen die repressive Gesellschaft, selbst durch die Revolution hindurch, und es ist genau diese Kontinuität der repressiven Bedürfnisse, die den Sprung [...] verhindert hat.«[12] Damit erhält der »subjektive Faktor« in dieser Strömung der kritischen Theorie und des Marxismus eine fundamentale Aufwertung im Vergleich sowohl zum späten Marx als auch zum Mainstream des ahumanistischen Marxismus. Denn Marcuse stellt zu Recht fest, dass die Individuen aufgrund ihrer Vergesellschaftung in die bestehenden Strukturen eingepasst sind. Wir reproduzieren damit den Konstitutionszusammenhang von Subjekten und Gesellschaft, demzufolge die Subjekte die Gesellschaft machen und mit ihr sich selbst, als einen Teufelskreis: Wie sollten Subjekte möglich sein, die die repressive Gesellschaft grundlegend überwinden wollen? Wenn selbst noch die Revolution – gemeint ist offensichtlich die russische – diesen Teufelskreis nicht sprengen konnte, vielmehr die Revolution (auch) daran scheiterte, unterstreicht dies nur die Frage nach den Subjekten.

Die »neue Anthropologie«, die »Notwendigkeit der Entwicklung qualitativ neuer menschlicher Bedürfnisse«, versucht Marcuse mit einem hegelianisch daher kommenden, weniger Hegel als dem jungen Marx entsprechenden Schachzug herzuleiten: »Die neuen Bedürfnisse, die nun wirklich die bestimmte Negation der bestehenden Bedürfnisse sind, lassen sich vielleicht summieren als die Negation der das heutige Herrschaftssystem tragenden Bedürfnisse und der sie tragenden Werte.«[13] Diese These ist schon allein logisch nicht akzeptabel: Die neuen Bedürfnisse, die die Negation der beste-

---

12   Marcuse, ebenda, S. 15.
13   Ebenda, S. 17f.

henden Bedürfnisse sind, sind die Negation der herrschenden Bedürfnisse. Da die bestehenden Bedürfnisse, wie bereits zitiert, die repressive Einpassung der Subjekte in die bestehende Gesellschaft sichern, ist dies also eine schlicht tautologische Aussage.[14] Dieser Negation Marcuses fehlt die Bestimmtheit, mithin die empirische Analyse. Marcuse nennt im Folgenden einige herrschende Bedürfnisse wie z. B. das Bedürfnis »nach dem Existenzkampf« und postuliert schlicht deren Negation, er ersetzt sie recht willkürlich durch positive Bestimmungen der Bedürfnisse »des neuen Menschen« wie z. B. einem Bedürfnis nach Frieden, Privatheit, Ruhe und Glück.[15]

Die Aufwertung des »subjektiven Faktors« angesichts der objektiv gegebenen Möglichkeit des Sozialismus kontrastiert auffällig mit der Unbestimmtheit der Subjekte. Marcuse kann auf diesem Weg nicht plausibilisieren, wie in der herrschenden Gesellschaft Subjekte als die entscheidenden Faktoren entstehen könnten, die die objektiv gegebenen Möglichkeiten der gesellschaftlichen Umgestaltung nutzen können und wollen. Die Frage der subjektiven Möglichkeit der Emanzipation bleibt offen, der Möglichkeitsraum der Subjekte unbestimmt. Das heißt: Marcuse bietet höchstens eine halbe Theorie der Subjekte an, in deren Fokus der eindimensionale Mensch steht. Diese halbe Theorie erklärt – wie die Analysen des »Autoritären Charakters« –, wie die Menschen in den Kapitalismus eingepasst werden, sie bestimmt aber nicht, ob und wie dieser repressive Zirkel gesprengt werden könnte. Man muss deshalb für die kritische Theorie insgesamt bilanzieren: Sie ist die Ausprägung des Marxismus, die sich am Stärksten den Subjekten theoretisch zuwendet, sie hat aber keine Theorie der Subjekte, die der Theorie der Gesellschaft vergleichbar wäre, vorgelegt.[16]

Ansätze hierzu hätte es gerade für Marcuse aufgrund seiner Sympathie für die APO gegeben. Immerhin reiste er im Juli 1967 nach Berlin, um seine Vorträge über das »Ende der Utopie« und über das »Problem der Gewalt in der Opposition« zu halten, Vorträge, die offensichtlich in die außerparlamentarische Bewegung hineinwirken sollten. Genau darin läge ein Ausgangs-

---

14 Es mag sein, dass Marcuse mit dem auffälligen Widerspruch zwischen den beiden Adverbien »wirklich« (das den strikten Zusammenhang betont, den die Negation zwischen alten und neuen Bedürfnissen herstellt) und »vielleicht« (das eben diesen Zusammenhang vage erscheinen lässt) diese Tautologie abzuschwächen suchte. Genau so gut kann sein, dass diese Unschärfe dem Umstand geschuldet ist, dass es sich um die Mitschrift eines mündlichen Vortrags handelt.
15 Ebenda.
16 Klaus Holz, Marx und die Theorie der fehlenden Subjekte, in: jour fixe initiative berlin (Hg.), Gespenst Subjekt, S. 13–38, Münster, 2007.

punkt für eine kritische Theorie der Subjekte, die über den »eindimensionalen Menschen« hinausgeht, der nur noch konforme Bedürfnisse kennt: Allem Anschein nach gibt es rebellische Subjekte, ist die Möglichkeit gegeben, dass Menschen anderes begehren als das, was die Gesellschaft für sie vorsieht. Das wäre ein Ausgangspunkt, um – so wie es Bloch und Anders in anderen Fragen vormachten – empirische Analysen anzustrengen, die die Negation repressiver Subjektivität hätte anleiten und bestimmen helfen können und müssen. Insgesamt aber bleibt die kritische Theorie dabei stehen, die subjektiven Strukturen offen zu legen, die die Menschen in den Kapitalismus einpassen. Der Vorschein einer darüber hinausweisenden Subjektivität wurde gelegentlich vermerkt, aber nicht rekonstruiert.

Dem stimmt Marcuse selbst zu. In der Diskussion über seinen Vortrag fordert Rudi Dutschke, man müsse »den subjektiven Faktor als einen völlig neuen Faktor in der geschichtlichen Periode, in der wir stehen, begreifen« und ihn nicht mehr als »Voluntarismus« denunzieren, wie dies Habermas mit seinem Angriff auf die APO (Stichwort »linker Faschismus«) getan habe.[17] Marcuse führt diesen Gedanken fort: Gerade weil die objektiven Möglichkeiten gegeben seien, käme es darauf an, »das Bewusstsein dieser realisierbaren Möglichkeiten zu befreien«. Dasselbe liest man bei Adorno, der vom »abgesperrten Bewusstsein der Möglichkeit«[18] sprach, aber nicht so weit ging wie Marcuse: »Ich halte die Entwicklung des Bewusstseins, wenn sie so wollen: diese idealistische Abweichung, heute in der Tat für eine der Hauptaufgaben des Materialismus, des revolutionären Materialismus. […] Eine der Aufgaben ist es, den Menschentypus freizulegen und zu befreien, der die Revolution will.«[19]

Es blieb bei der Forderung. Aber immerhin können wir zwei Hinweise festhalten. Erstens der empirische Hinweis auf die Existenz von rebellischen Subjekten. Er ist natürlich über die APO hinaus weit zu fassen und schließt all die Menschen ein, die an den unterschiedlichsten Kämpfen beteiligt waren

---

17 Marcuse, ebenda, S. 28.
18 Adorno und Bloch, Etwas fehlt, S. 353.
19 Marcuse, ebenda, S. 29. Den »Revolutionär« empirisch, statt wie Lukács in »Geschichte und Klassenbewusstsein« hegelianisch-marxistisch, zu bestimmen, stand auch ganz zu Beginn der Frankfurter Schule in deren Zentrum (z.B. Erich Fromm, Arbeiter und Angestellte am Vorabend des Dritten Reiches, hrsg. von Wolfgang Bonß, Stuttgart, 1980). Dieses Vorhaben verwandelte sich allerdings im Folgenden zur Frage, warum sich die Subjekte in die Gesellschaft einfügten oder gar eine »faschistische Persönlichkeit« entwickelten – so der ursprüngliche Titel des Projektes, das dann als »Authoritarian Personality« veröffentlicht wurde.

und sind. Allerdings ist an Paul Parins Einsicht zu erinnern, dass aus »der Praxis der Kampfgemeinschaft [der titoistischen Partisanen] der Neue Mensch nicht entstanden« sei.[20] Es geht eben gerade darum, die rebellischen Subjekte zu untersuchen, ob und inwiefern sie Vorschein emanzipierter Subjektivitäten sind. Damit bin ich beim zweiten Hinweis, Marcuses Forderung, am Bewusstsein zu arbeiten. Er nennt dies signifikant eine »idealistische Abweichung«. Da die objektiven, materiellen Bedingungen gegeben seien, ist eben das Bewusstsein von und der Wille zu diesen Möglichkeiten das fehlende Moment, um sich auf den Weg der Realisierung zu machen. Damit wird kritische Theorie tatsächlich, d. h. begründet aus dem Begriff der objektiven Möglichkeit, auf ein *idealistisches* Projekt verwiesen: Bildung von Bewusstsein. Da es aber nicht bloß um ein Bewusstsein objektiver Möglichkeiten, sondern um die Unterscheidungsfähigkeit, welche dieser Möglichkeiten die besseren wären, geht, schließt die Arbeit am Bewusstsein die Arbeit an der ethischen Urteilsfähigkeit ein.[21]

Eben dies hat meines Erachtens die Linke in Theorie und Praxis vernachlässigt. Ethik wurde philosophisch stiefmütterlich behandelt und meist als bloß bürgerliches Herrschaftsinstrument abgetan. Sie wurde, identifiziert mit vermeintlich bürgerlicher Moral, so sehr zum Popanz, dass Rülpsen als Ausdruck revolutionärer Gesinnung erschien, während man sie zugleich in Wohngemeinschaften, alternativen Projekten und offenen Beziehungen kaum los wurde. Das Abtun von Ethik korrespondierte mit dem kleinbürgerlichen Mief, den sich manche/r Genoss/in im Namen revolutionärer Selbst-Proletarisierung antat. Und wer hat sich wann getraut, auch nur im engsten Freundeskreis die Praxis der RAF ethisch zu reflektieren? Was wäre ethisch zum Mord

---

20 Paul Parin, Der Knopf an der Uniform des Genossen. Ein ethnopsychoanalytischer Exkurs über die Veränderbarkeit des Menschen, in: Kursbuch 53, Utopien II, Lust an der Zukunft, S. 185–194, hier: S. 186, Berlin, 1978. Über die Schwierigkeiten der Selbstbefreiung und die Bedeutung politischer Auseinandersetzungen für sie siehe auch Peter Brückner, Selbstbefreiung. Provokation und soziale Bewegungen, Berlin, 1983.

21 Hinzuzufügen wäre außerdem: der Wunsch und Wille zur Veränderung. Denn es wäre ein falscher Idealismus anzunehmen, dass ethische Einsicht allein genügt, um auf Veränderungen zu drängen. Man müsste also neben einer Ethik der Utopie auch den Willen und das Begehren der Utopie bedenken, zumal dies alles ineinander verschränkt ist. Ethik ist zwar definiert als Reflexion von Moral, Moral aber ist nicht bloß Moralbewusstsein, sondern schließt die intrinsische, affektive, biographische Bindung an Moral ein. Abgesehen davon würde ein Subjektbegriff, der Menschen auf ihr reflexives Bewusstsein zentriert, poststrukturalistischen wie radikalfeministischen Kritiken verfallen.

an Schleyer im Kofferraum – oder gar zum Mord am Soldaten Pimental – zu sagen gewesen? Klammheimliche Schuld? Oder die Moral der autonomen Szene, so borniert und rigide, dass darüber zu reflektieren fast einem Ausstieg (oder Ausschluss) gleich kam. Am ehesten können noch der radikale Feminismus und Teile der Schwulenbewegung aus dieser Kritik der verweigerten ethischen Reflexion ausgenommen werden. Denn sie gingen, ausgehend von der Kritik der auch links dominierenden Männlichkeit, weiter zur Kritik der Arbeits- und Sexualmoral, der Geschlechterkonstruktionen, der Normalitätsdispositive, des souveränen Subjektes.

Ethik war und ist trotz Lyotard und dem späten Foucault weithin ein blinder Fleck der Linken. Unter Ethik verstehe ich die Reflexion von Moral, unter Moral verstehe ich die Normen, denen man sich intrinsisch verbunden fühlt, die mit anderen Worten affektiv in unserem »Über-Ich« oder »Gewissen« durch unsere Lebensgeschichte verankert sind. Ethik will Moral begründen, will angeben, warum diese moralische Norm besser als jene sei. Geht es um die Frage eines besseren Zusammenlebens, ist die Antwort notwendig auch ethisch, implizit oder explizit, reflektiert oder nicht. Ethik ist nötig, um das Gute im Möglichen erkennen und reflektiert wollen zu können. Ethik ist keine hinreichende, aber notwendige »idealistische Abweichung« vom kapitalistischen Materialismus.

Kritischer und ethischer Begriff der Möglichkeit

Der Begriff der Möglichkeit kann also durch drei Momente bestimmt werden: Erstens definiert bestimmte Negation einen Möglichkeitsraum der Realität, zweitens ist dieser Möglichkeitsraum empirisch eine Dimension der Realität, mithin empirischen Analysen zugänglich. Unter ›Kritik‹ verstehe ich das Zusammenspiel dieser beiden Momente[22]: Denn Negation, soll sie bestimmt sein, bedarf ›materialistisch‹ der empirischen Analyse der gesellschaftlich-historischen Gewordenheit der Realität. Das kann man nirgendwo besser sehen als im »Kapital« in den langen Kapiteln über die Entwicklung des Arbeitstages, der Manufaktur und Industrie, der ursprünglichen Akkumulation. Drittens bedarf der Begriff der Möglichkeit als Grundbestimmung von »Utopie« der Unterscheidung zwischen gewünschten und abgelehnten Entwicklungsmöglichkeiten, bedarf also der ethischen Begründung. Da bestimmte Negation nicht normative Position ist, ersetzt Kritik nicht Ethik. Vielmehr beruht

---

22 Das dritte konstitutive Moment von Kritik unterschlage ich hier: Ideologiekritik.

›materialistische‹ Ethik auf Kritik, also auf der ausgewiesenen Möglichkeit, dass es anders sein könnte, als es ist. Sonst gäbe es keinen Platz dafür, dass es anders sein sollte.

Ich versuche mit anderen Worten einen materialistischen, ethisch reflektierten Begriff der Utopie zu formulieren, indem ich das Utopische im Begriff der gesellschaftlichen und subjektiven Möglichkeiten verorte, die durch kritische Theorie aufgedeckt und durch ethische Reflexion bewertet werden. Damit platziere ich den Begriff der Ethik neben dem der Kritik, ich ordne nicht das eine dem anderen unter. Vielmehr handelt es sich um eine Konstellation von Begriffen, die ich hier im Blick auf das Utopieproblem zu entwickeln suche. Dennoch ist Ethik in einer Hinsicht der Kritik nachgeordnet: Was auch immer als gut oder schlecht reflektiert wird, beruht auf dem Verständnis von Gesellschaft und Subjekten. So wird zum Beispiel die Norm »niemand soll hungern« sehr unterschiedlich begründet sein und ebenso unterschiedliche Handlungsanweisungen nahelegen, je nachdem wie ich die Gesellschaft und die Subjekte verstehe. Geht man vom späten Marx aus, ist offensichtlich eine diakonische Einlösung dieser Norm nicht möglich, weil sie die Ursache des Hungers außer Betracht lässt. Dennoch darf man diakonisch handeln, muss sich keineswegs dem Mitleid verweigern, kann aber zugleich um die Begrenztheit solcher Fürsorge für die Armen wissen.

Man kann mit guten Gründen das Verhältnis von Kritik und Ethik anders konzipieren. Insbesondere kann man den Kritikbegriff wie bei Foucault weiter fassen, so dass er selbst Ethik einschließt.[23] Die Gründe, warum ich dies weniger überzeugend finde, kann ich hier nicht systematisch entwickeln, will aber wenigstens zwei benennen. Erstens, die Trennung der beiden Begriffe fördert die Klarheit, was jeweils von Kritik bzw. Ethik zu fordern und zu erwarten ist. Es geht mir gerade darum, Ethik als meist fehlende oder stiefmütterlich behandelte Reflexion sichtbar zu machen, deshalb will ich sie nicht im allgemein geachteten Begriff der Kritik verstecken. Das macht zudem deutlich, dass für kritische Theorien gilt, was für alle Theorien gilt: Sie sind grundlegend dem Kriterium der Wahrheit, nicht der normativen Richtigkeit zu verpflichten. Auch wenn mir die ethischen Konsequenzen Günther Anders' nicht passen mögen, ist doch die erste Frage, ob seine Analyse zutrifft. Eben diesen Anspruch auf Wissenschaftlichkeit hat der späte Marx nicht aufgeben wollen.

---

23 Jan Weyand, Gerd Sebald, Der historische Charakter der Kritik. Adorno, Foucault und die Übermacht systemischer Zwänge, in: Volker Weiß, Friederike Faß, Sarah Speck (Hg.), Herrschaftsverhältnisse oder Herrschaftsdiskurse?, S. 36–79, Münster, 2007.

Und eben deshalb ist die Rede von einem »wissenschaftlichen Sozialismus« eine contradictio in adjecto: Wissenschaftlich kann maximal die Kritik der kapitalistischen Gesellschaft sein. Der Sozialismus dagegen kann nicht wie z. B. der Begriff des Mehrwertes wissenschaftlich ausgewiesen werden. Denn Sozialismus bezeichnet bislang eine Möglichkeit, es sei denn, man hielte die Sowjetunion für sozialistisch. Die Möglichkeit des Sozialismus bedarf der normativen Entscheidung für diese Möglichkeit im Kontrast zur Gegenwart und zu anderen Möglichkeiten. Der Begriff des Mehrwertes dagegen ist keine Frage normativer Entscheidung, sondern eine Frage der Wahrheit.

Zweitens, mit der Trennung von Kritik und Ethik positioniere ich mich implizit in einem sehr weiträumigen und kontroversen Feld der Theoriegeschichte. Die Trennung legt u. a. ein bestimmtes Verständnis von Marx, insbesondere eine grundlegende Unterscheidung zwischen seinen Frühschriften und dem späteren Werk nahe (dazu gleich mehr). Zudem ist die vorgeschlagene Differenzierung von Kritik und Ethik an Kant zustimmend, an Hegel ablehnend orientiert. Kant differenziert streng zwischen Fragen der Wahrheit und Fragen der normativen Richtigkeit, während Hegel ausdrücklich gegen diese Kantsche Unterscheidung einen totalen Vernunftbegriff entfaltet.[24] Für Kant ist Vernunft nicht nur differenziert in theoretische und praktische Vernunft, grundlegender noch ist, dass alle Vernunft für Kant konstitutiv begrenzt ist. Und genau diese Begrenztheit drückt Kant mit dem Begriff der Kritik aus: Kritisch ist die Kantsche Philosophie darin, dass sie explizit die Grenzen des – sei es theoretisch, sei es praktisch – Erkennbaren zu reflektieren trachtet. Kritik der theoretischen Vernunft meint: Was sind die Bedingungen der Möglichkeit theoretischer Erkenntnis? Die Folge ist: Alles, was nicht diesen Bedingungen unterliegt, entzieht sich der theoretischen Erkenntnis. Ich favorisiere diesen Kantschen Kritikbegriff, weil er die selbstreflexive Einsicht in die Begrenztheit der Erkenntnis festhält. Das scheint mir einer kritischen Theorie auch nach Marx gemäß zu sein und wäre philosophisch im Verhältnis zu zeitgenössischen poststrukturalistischen Kritiken von Erkenntnis und Wahrheit zu diskutieren.[25] Die Hegelsche Philosophie dagegen ist notwendig auf Totalität aus, auf die Einheit von Vernunft und Wirklichkeit und hat gerade deshalb keinen Platz für die Offenheit und Möglichkeit einer Zukunft, die nicht bereits in

---

24 Georg Wilhelm Friedrich Hegel, Enzyklopädie der philosophischen Wissenschaft (1830), § 40–§ 60, Hamburg (Meiner), 1991; Ders., Phänomenologie des Geistes, Werke Bd. 3, Frankfurt am Main, 1986.
25 Michel Foucault: Was ist Aufklärung?, in: Eva Erdmann u. a. (Hg.), Ethos der Moderne. Foucaults Kritik der Aufklärung, S. 35–54, Frankfurt/M. u. a., 1990.

der Gegenwart beschlossen liegt. Hegelianisch kann deshalb kein Begriff der Utopie resp. der Möglichkeiten formuliert werden, der einerseits in der Gegenwart verortet ist, andererseits aber nur die offenen, wesentlich unbestimmten, ethisch gegensätzlichen Möglichkeiten einer anderen Welt bezeichnet. Eben diese Fassung des Begriffs der Utopie resp. der Möglichkeiten hat die Vorteile: materialistisch zu sein, insofern die Utopie in der gegenwärtigen Realität verortet wird; kritisch zu sein, insofern diese Verortung auf das Mögliche begrenzt ist, dieses eben nicht gleichsetzt mit dem möglicherweise irgendwann Realen; differenziert zu sein, insofern sie das Mögliche als Potentialität der Realität nicht dem ethisch Überzeugenden gleichsetzt.

Der frühe und der späte Marx: Humanismus und Antihumanismus

Die frühen Schriften von Marx bis zur »Deutschen Ideologie« sind humanistisch, die späten nicht. Mit ›Humanismus‹ bezeichne ich Theorien resp. Ethiken, die den Menschen als Grund, Wesen und/oder Telos der Welt konzipieren. Humanistische Theorien sind Theorien vom Vorrang des Menschen. Die frühen Schriften von Marx sind ein Zyklus von Kritiken an der Philosophie Hegels, der Junghegelianer und Feuerbachs, gegen die Marx einen radikalen Humanismus zur Geltung bringen will.[26] 1844 definiert Marx den Kommunismus als »Reintegration oder Rückkehr des Menschen in sich« und als »wirkliche *Aneignung* des *menschlichen* Wesens durch und für den Menschen«.[27] Oder: »Radikal sein ist die Sache an der Wurzel fassen. Die Wurzel für den Menschen aber ist der Mensch selbst.«[28] Solche, oft sehr schönen und blumigen Formulierungen sind allgemein bekannt, nicht zuletzt, weil gerade diese Formulierungen immer wieder zitiert werden, um gegen einen erstarrten, dogmatischen, objektivistischen Marxismus Einspruch zu erheben. Was aber ist daran theoretisch nicht mehr begründet, was ist mit anderen Worten unwahr an einem marxistischen Humanismus?

---

26 Diese summarische Behauptung wäre mit Blick auf die Frühschriften im Einzelnen zu differenzieren. Siehe hierzu Klaus Holz, Historisierung der Gesellschaftstheorie. Zur Erkenntniskritik marxistischer und kritischer Theorie, S. 39–100, Pfaffenweiler, 1993.

27 Karl Marx, Ökonomisch-philosophische Manuskripte aus dem Jahre 1844, in: MEW, EB I, S. 536.

28 Marx, Zur Kritik der Hegelschen Rechtsphilosophie. Einleitung, in: MEW 1, S. 385.

Erstens: Kritik expliziert, so habe ich in Anlehnung an Kant gesagt, die Bedingungen der Möglichkeit von etwas, hier: des Menschen. Kritik des Humanismus bedeutet zu klären, ob und welchen wesentlichen Bedingungen das Mensch-Sein unterliegt. Diese Bedingungen sind zum einen die naturgeschichtliche Evolution der Lebewesen, zum anderen die Gesellschaft, die co-evolutiv als Lebensform von Menschen entstand. Deshalb ist einerseits die Wurzel des Menschen nicht der Mensch, sondern die Natur, andererseits gibt es den Menschen nur, insofern er in Gesellschaft lebt. Das wiederum hat zwei fundamentale Konsequenzen: Die Rede von dem Menschen ist eine falsche Abstraktion, denn es gibt den Menschen nur in der Gesellschaft von anderen Menschen und diese Gesellschaft ist nicht statisch, sondern historisch. Eben deshalb ist ›der Mensch‹ oder ›das Gattungssubjekt Mensch‹ kein kritischer Grundbegriff. Denn dieser Begriff übergeht die fundamentalen Bedingungen menschlicher Existenz: Die Natur als Voraussetzung und eine historische Sozialität als Lebensweise, die Menschen nur als vergesellschaftete, mithin historisch unterschiedliche Menschen kennt. Deshalb kann eine kritische Theorie nicht zureichend als humanistische Theorie angelegt werden. Vielmehr sieht sich die Kritik in der Bestimmtheit der Bedingungen, also Natur und Gesellschaft, an einen ahumanistischen, ›materialistischen‹ Ansatz der Theorie menschlicher Existenz verwiesen.

Zweitens: Es geht keineswegs nur um die inhaltliche Bestimmung der Bedingungen, also um die Frage, ob der Mensch oder Natur und Gesellschaftsgeschichte die Bedingung des Menschen sei. Es geht vielmehr zugleich um ein Problem der Logik von Theorie, um logisch andere Denkmodelle: Ist von einem – wie auch immer inhaltlich bestimmten – absoluten Ersten resp. Letzten, einem Wesen, einer Substanz, einem Subjekt auszugehen (statt von Bedingungen, die nur Bedingung sein können, insofern sie das Bedingte nicht in sich bereits einschließen)? Der junge Marx, genau darin bleibt er Hegelianer, bejaht diese Frage bei variierenden inhaltlichen Bestimmungen, was das Erste und Letzte sei. »Die Kritik der Religion endet mit der Lehre, dass der *Mensch das höchste Wesen für den Menschen* sei« und eben nicht Gott.[29] Thomas Seibert kommentiert zu Recht: »Der radikale Humanismus zielt auf die Einnahme des Ortes des toten Gottes durch den Menschen ohne Gott.«[30] Genau deshalb ist solche Kritik der Religion nicht radikal: Sie lässt den Ort Gottes bestehen, besetzt bloß die Rolle Gottes neu.

---

29 Ebenda.
30 Thomas Seibert, Krise und Ereignis. Siebenundzwanzig Thesen zum Kommunismus, S. 91, Hamburg, 2009.

Dem entspricht drittens, dass die ethischen und politischen Schlussfolgerungen des jungen Marx nicht mehr schlüssig sind. Die Utopie des jungen Marx ist nicht von materialistischer Kritik und Ethik getragen, sie ist vielmehr eine säkularisierte Religion, die – um nur ein Beispiel zu zitieren – unter Kommunismus die allumfassende Versöhnung versteht: »Dieser Kommunismus ist als vollendeter Naturalismus = Humanismus, als vollendeter Humanismus = Naturalismus, er ist die *wahrhafte* Auflösung des Widerstreites zwischen dem Menschen mit der Natur und mit dem Menschen, die wahre Auflösung des Streits zwischen Existenz und Wesen, zwischen Vergegenständlichung und Selbstbestätigung, zwischen Freiheit und Notwendigkeit[31], zwischen Individuum und Gattung.«[32] Diese Voll-Endung kassiert alle Unterschiede, sie ist so total wie Hegels alles vereinnehmender Geist. Solche Voll-Endung kann nicht durch Kritik begründet werden. Ihr Sinn ist vielmehr, ein Letztes, Allumfassendes zu bezeichnen, das alle seine Bedingungen in sich selbst hat, also kein Bedingtes ist, also keine Bedingungen hat. Das wiederum ist nichts anderes als eine Umschreibung Gottes resp. des souveränen Subjekts. Solcher Kommunismus wäre wahrhaft unbedingt, radikal totalitär, deshalb notwendig unkritisch. Zum Glück ist solcher Kommunismus nur als Ideologie möglich.

In den elf »Thesen über Feuerbach« und in der »Deutschen Ideologie« verlassen Marx und Engels den Boden des Humanismus. Begriffe wie der Mensch, das Subjekt, das Gattungswesen usw., die sie selbst noch kurz zuvor affirmativ verwendeten, werden nun einer nach dem anderen zurückgewiesen. In meinem Argumentationszusammenhang ist am Treffendsten die sechste These: »Feuerbach löst das religiöse Wesen in das *menschliche* Wesen auf. Aber das menschliche Wesen ist kein dem einzelnen Individuum innewohnendes Abstraktum. In seiner Wirklichkeit ist es das ensemble der gesellschaftlichen Verhältnisse. Feuerbach, der auf die Kritik dieses wirklichen Wesens nicht eingeht, ist daher gezwungen: 1. von dem geschichtlichen Verlauf zu abstrahieren […] und ein abstrakt – *isoliert* – menschliches Individuum vorauszusetzen.« Feuerbach könne zweitens das menschliche Wesen »daher nur als ›Gattung‹, als innere, stumme, die vielen Individuen *natürlich* verbindende Allgemeinheit« fassen.[33] Feuerbach »sagt ›*den* Menschen‹ statt die ›wirklichen historischen Menschen‹«.[34] Analog dazu sucht Feuerbach das »»wahre Wesen‹

---

31 Nebenbei: Im »Kapital« liest man genau das Gegenteil über das Reich der Freiheit und der Notwendigkeit, basierend auf der Kritik notwendiger Arbeit (MEW 25, S. 828).
32 Marx, Ökonomisch-philosophische Manuskripte, MEW EB 1, S. 536.
33 Marx, Thesen über Feuerbach, in: MEW 3, S. 5–7, hier: S. 6.
34 Marx und Engels, Die Deutsche Ideologie, in: MEW 3, S. 42.

der Dinge« zu erfassen, das es für Marx und Engels (als eine unverrückbare Ontologie des Seienden) gar nicht mehr gibt.[35]

Marx und Engels lösen in diesen Schriften humanistische Theoreme gleich in mehreren Hinsichten auf. Das ist zwingend nötig, um eine neue kohärente Perspektive für Theorie formulieren zu können: Der Gattungsbegriff ›der Mensch‹ wird in den Plural ›die Menschen‹ aufgelöst. Ihre Bestimmtheit als Gattung liegt nicht in einem Wesen oder Abstraktum, sondern darin, eine Geschichte zu haben, indem sie sich praktisch auf die Natur, aufeinander und auf sich selbst beziehen. Eben deshalb sind sie kein Erstes, sondern Produkt ihrer Geschichte, und kein Letztes, solange sie Geschichte machen. Deshalb ist das Wesen der Menschen, sofern man diese Formulierung nicht besser ganz fallen lässt, die durch ihr eigenes Tun geschaffenen, historisch immer wieder neu geschaffenen gesellschaftlichen Verhältnisse. Kurz und in den Worten der zehnten Feuerbach-These: Der Standpunkt des neuen Materialismus ist »die menschliche Gesellschaft oder die gesellschaftliche Menschheit«.[36] Ich füge (ich denke, im Sinne Marx') hinzu: unter der Bedingung der Natur.

Während sich Marx und Engels in der »Deutschen Ideologie« ganz diesem neuen Grundtheorem verschreiben,[37] wird dieser neue Ansatz einer kritischen und materialistischen Theorie in der Kritik der politischen Ökonomie vereinseitigt. Im »Kapital« spielen die Menschen als konkrete, handelnde Personen eine nachgeordnete Rolle. Natürlich sind auch sie in der Analyse des Kapitals konstitutiv, ohne sie würde nicht gearbeitet und getauscht, akkumuliert und konsumiert werden. Aber der Fokus der Analyse liegt auf dem Kapital als dem prägenden gesellschaftlichen Verhältnis dieser Gesellschaftsform. Denn die Handlungen z. B. eines Kapitalisten sind »Wirkung des gesellschaftlichen Mechanismus, worin er [der Kapitalist] nur ein Triebrad ist«.[38] Deshalb stellt Marx immer wieder im späten Werk fest: Meine »*analytische* Methode [geht] nicht von *dem* Menschen, sondern der ökonomisch gegebenen Gesellschaftsperiode« aus.[39]

Dieser Vorrang der gesellschaftlichen Verhältnisse vor den in ihnen vergesellschafteten Menschen ist allerdings nur begrenzt, insbesondere methodolo-

---

35 Ebenda, S. 43.
36 Ebenda, S. 6f.
37 Denn die zentrale Gegnerin in der »Deutschen Ideologie«, die Marx und Engels zur (leider implizit bleibenden) Selbstkritik anstachelte, war die Subjekttheorie Max Stirners. Siehe Holz, Historisierung, S. 76ff.
38 Marx, Das Kapital, Bd. I, in: MEW 23, S. 618.
39 Marx, Randglossen zu Adolph Wagners ›Lehrbuch der politischen Ökonomie‹, in: MEW 19, S. 371.

gisch begründet. Ein Vorrang der Gesellschaft schlechthin vor den Menschen wäre angesichts des Konstitutionszusammenhangs von handelnden Menschen und vergesellschaftenden Verhältnissen nicht zu begründen. Marx' Kritik an seinen eigenen Frühschriften mündet in die These eines (empirisch-evolutiven wie logischen) Konstitutionszusammenhangs von Menschen und Gesellschaft. Menschen machen die Verhältnisse und mit den Verhältnissen sich selbst. Dieses Theorem verpflichtet kritische und ›materialistische‹ Theorie auf zwei Referenten, die nicht ineinander aufgelöst werden können: die Menschen und die Gesellschaft. Im Spätwerk hat Marx eine Theorie der gegenwärtigen Gesellschaft als Kritik der politischen Ökonomie vorgelegt, aber keine kritische Theorie der Menschen. Eine umfassende Theorie der Subjekte, die dem Spätwerk gemäß wäre, hat auch der kritische resp. humanistische Marxismus nicht entworfen.[40] In diesem Sinne stimme ich Louis Althusser zu, der Frühwerk und Spätwerk scharf trennt, und für das Spätwerk einen »theoretischen Antihumanismus« konstatiert.[41]

Althussers Antihumanismus

Die philosophisch konsequente Kritik des Humanismus hinterlässt keine Leerstelle, die durch ein wie auch immer geartetes neues Subjekt als Grund, Wesen und Ziel der Welt besetzt werden könnte. In diesem Sinne stimme ich Althussers Marx-Verständnis zu. Beim späten Marx gibt es ein solches Subjekt nicht mehr. Aber diese Kritik hinterlässt eine neuartige Frage, befreit vom philosophischen Humanismus: Wie werden und was sind diese Menschen? Althusser verpasst mit seiner Kritik des Humanismus diese Konsequenz. Er schafft nicht nur die spezifisch humanistische Antwort, sondern die Frage nach den Menschen ab. Marx hingegen hinterließ eine Leerstelle, die durch eine kritische und ›materialistische‹ (d.h. historisch-soziale und naturale Bedingungen reflektierende) Theorie der Subjekte zu füllen wäre. Der theoretische Anti-Humanismus ist also gerade nicht, wie Althusser meint, die »absolute Bedingung« marxistischer Philosophie und Politik.[42] Er ist nur die philosophische Grundlage des »Kapital«, allgemeiner: der kritischen und

---

40 Allerdings ist manches in der »Deutschen Ideologie« erörtert, die aber eine Schrift des Übergangs vom Früh- zum Spätwerk blieb und nicht Ausgangspunkt eines reifen Werkes wurde. Sie wurde bekanntlich der nagenden Kritik der Mäuse überlassen.
41 Louis Althusser, Marxismus und Humanismus, in: Ders., Für Marx, S. 168–195, hier: S. 179, Frankfurt/M., 1974.
42 Althusser, ebenda, S. 181.

marxistischen Gesellschaftstheorie. Die bestimmte Negation dieser Theorie mündet in ein Desiderat: die fehlende, einer solchen Gesellschaftstheorie angemessenen Theorie der Menschen. Deshalb ist auch die Bezeichnung »theoretischer Antihumanismus« unzutreffend. Es handelt sich beim »Kapital« um eine theoretisch ahumanistische, nicht aber antihumanistische Schrift.

Der KPF-Ideologe Althusser dagegen erklärt, jeder Versuch eines an Marx orientierten Humanismus sei »*theoretisch* nur Asche«, praktisch aber gefährlich, weil er die Kommunist/innen in »Sackgassen« der Geschichte ziehen könne.[43] Das ist eine unverkennbare Drohung an die »gewisse[n] Marxisten«, die derlei versuchten, wie z. B. Sartre oder die zeitgleich begründete Praxis-Gruppe.[44] Althusser dagegen hält eine Lobrede auf die Sowjetunion – wohlgemerkt 1963 –, »die in der Periode steht, die sie vom Sozialismus (jedem nach seiner Leistung) zum Kommunismus (jedem nach seinen Bedürfnissen) führen wird«.[45] Die Sowjetunion sei gerade dabei, den »sozialistischen Humanismus« zu verwirklichen, womit dann auch der bürgerliche Humanismus aufgehoben sei und sich das »prophetische Versprechen von Marx erfüllt: [...] Dieser Kommunismus ist als vollendeter Naturalismus = Humanismus = UdSSR.«[46]

Angesichts dieser Apologie der UdSSR ist es nicht verwunderlich, dass Althusser das Festhalten am Humanismus und die Versuche, ihn marxistisch wiederzubeleben, für verdammenswert hält. Wer am Humanismus, gleich welcher Prägung, festhält, bestreitet, dass die real existierende Sowjetunion bereits den Humanismus aufgehoben habe und kurz vor der Vollendung stehe. Althusser versucht dem Humanismus den Boden zu entziehen, weil tatsächlich eine der wesentlichsten – ich neige dazu zu sagen: die wesentliche – Dimensionen der Kritik an den kommunistischen Parteien im Allgemeinen und der Sowjetunion im Besonderen humanistisch wäre. Sie haben fast alle das Ziel – »die volle und freie Entwicklung jedes Individuums«[47] – ins Gegenteil verkehrt und die Individuen der Herrschaft von Partei und Staat geopfert.

Althusser gelingt es nicht einmal, seine Apologie der Sowjetunion oberflächlich durchzuhalten. Seine Miss- und Verachtung des Humanismus bricht sich im Lauf seiner Abhandlung Bahn. Denn die humanistische Ideologie, die sich nun in der Sowjetunion realisiere, sei notwendig, damit sich die Men-

---

43 Ebenda, S. 179.
44 Die Praxis-Gruppe wiederum lehnte die Veröffentlichung gerade des Artikels von Althusser ab, der das ahumanistische Marx-Verständnis begründete.
45 Ebenda, S. 168.
46 Ebenda, S. 170.
47 Marx, Das Kapital, Bd. I, MEW 23, S. 618.

schen den Bedingungen ihrer Existenz anpassen, genauer: angepasst werden. Da sich die Bedingungen ständig ändern, »müssen die Menschen ununterbrochen verändert werden«. Da dieser Anpassungsprozess der Menschen an die gesellschaftlichen Bedingungen nicht »der Spontaneität überlassen werden kann, sondern ständig angenommen, beherrscht und kontrolliert werden muss«, sei Ideologie notwendig. In der humanistischen Ideologie »und durch sie verändert [die klassenlose Gesellschaft der UdSSR] das ›Bewusstsein‹ der Menschen, d. h. ihre Haltung und ihr Betragen, um sie auf die Ebene ihrer Aufgaben und ihrer Existenzbedingungen zu bringen.«[48] Das ist Klartext und heißt: Sozialistischer Humanismus ist berechtigt als Rechfertigung der Anpassung des alten und Schaffung des neuen Menschen nach Maßgabe der Herrschaft. Damit hat Althusser das böse Zauberstück vollbracht, die Verkehrung kommunistischer Ziele in der Realität der Sowjetunion nicht bloß zu legitimieren, sondern diese Verkehrung als sozialistischen Humanismus zu verkaufen. Einen verkehrteren Humanismus kann es nicht geben: Er legitimiert, dass die Menschen angepasst, kontrolliert und beherrscht werden, damit sie den herrschenden, von Partei und Staat herbeigeführten Bedingungen genügen. Hier sind die Menschen tatsächlich weder Erstes noch Letztes, sie sind bloß Material. Dass Althusser sein Verhältnis zum Humanismus zu einer Frage der Taktik erklärt, womit die ganze Abhandlung endet, verwundert nun nicht mehr. Ich finde diesen und umliegende Texte von Althusser so empörend, weil er knallharten Stalinismus mit theoretischer Brillanz verknüpft (allerdings und zum Glück: nicht theoretisch, geschweige denn ethisch und politisch, überzeugend verknüpft). Theoretisch möchte ich festhalten: Die Theorie des späten Marx ist nicht einem anti-, aber einem ahumanistischen Ansatz verpflichtet. Die Differenz ist: Bei Marx fehlt die Theorie der Subjekte, sie ist aber nicht verzichtbar, wie allein schon die unendliche Suche nach dem revolutionären Subjekt belegt. Schon gar nicht wird sie von einem tatsächlich begründeten anti-humanistischen Ansatz ausgeschlossen, demzufolge Theorie allein auf die Gesellschaft referieren könne. Politisch möchte ich festhalten: Der taktische Umgang mit dem Humanismus ist Indiz eines Herrschaftsanspruchs, hier der kommunistischen Parteien. Stattdessen wäre das Erbe des Humanismus auf neuer theoretischer Grundlage anzutreten.

---

48 Althusser, ebenda, S. 187.

Posthumanismus

Aus der Geschichte des real existierenden Sozialismus, der eben keiner war, ist die ethische und politische Konsequenz zu ziehen, dass jedwede Theorie und Praxis der Emanzipation humanistisch zu sein hat. Althusser repräsentiert so krass wie exemplarisch die ethische und politische Missachtung des Gehaltes des Humanismus im Namen des Kommunismus. Diese historische Erfahrung, diese wirkliche Bewegung des Kommunismus begründet die ethische und politische Notwendigkeit, den Humanismus zu bewahren. Der Zweck der Emanzipation sind die Menschen, die Utopie sind glückliche Menschen. Der Zweck ist nicht, die Veränderung der Gesellschaft um ihrer selbst (oder der Partei) willen, sondern um der Subjekte willen. Sollte es je eine »höhere Gesellschaftsform« als die des Kapitalismus geben, dann ist »deren Grundprinzip die volle und freie Entfaltung jedes Individuums«.[49]

Aber der Humanismus genügt ethisch und politisch nicht, er ist nur eine conditio sine qua non der Ethik von Emanzipation, der Ethik von Utopie. Ich habe soviel Nachdruck auf die Kritik am frühen Marx gelegt, weil dadurch das Problem erst in ganzer Schärfe hervortritt: Eine humanistische Ethik ist gleich in doppelter Weise mit der ahumanistisch zu verstehenden Gesellschaft konfrontiert – ohne dass diese Konfrontation als ›dialektischer Widerspruch‹ besänftigt, als ›Aufhebung‹ eines immer-schon-seienden Wesens Mensch in der Realisierung seines ›Noch Nicht‹ beruhigt werden könnte. Solcher Dialektik haben wir mit der Abschaffung des Abstraktums Subjekt den Boden entzogen und an seine Stelle nichts gesetzt. Wir haben stattdessen mit Marx einen neuen Ausgangspunkt bestimmt: die empirischen Menschen in der Geschichte der Gesellschaften.

Die doppelte Konfrontation dieses humanistischen Ausgangspunktes mit ahumanistischer Theorie bedeutet zunächst schlicht: Diese empirischen Subjekte sind bloß als vergesellschaftete, historische zu denken. Sie sind kein Erstes, kein Grund in sich selbst, sind Akteur und Medium der Gesellschaftsgeschichte und deren Resultat. Umgekehrt aber geht ihre Bestimmtheit in ihrer historisch-sozialen Qualität nicht gänzlich auf. Denn das ahumanistische Verständnis der Gesellschaft heißt gerade nicht, die Gesellschaft als autonome Maschine, die Menschen bloß als Rädchen zu verstehen. Vielmehr benötigen die gesellschaftlichen Prozesse ihren Durchgang durch die Subjekte. Der Kapitalist erklärt nicht das Kapital, aber ohne seine Handlungen bliebe der Automat Kapital einfach stehen. Des Kapitalisten »Tun und Lassen [ist] nur

---

49 Marx, Das Kapital, Bd. I, MEW 23, S. 618.

Funktion des in ihm mit Willen und Bewusstsein begabten Kapitals«.[50] In gesellschaftstheoretischer Hinsicht ist das Handeln des Kapitalisten (der Menschen) bloße Funktion eines Systems, in subjekttheoretischer Hinsicht braucht dieses System (angepassten) Willen und Bewusstsein der Menschen. Die Menschen sind funktional notwendig für das Kapital und die kapitalistische Gesellschaft. »Sie wissen das nicht, aber sie tun es.«[51] Eben deshalb habe ich gesagt: Die ahumanistische Theorie des »Kapital« verweist auf eine Theorie der Subjekte, die deren Anpassung rekonstruiert, aber sich nicht darin erschöpfen kann. Wille und Bewusstsein (und manches mehr) sind Qualitäten der Subjekte, selbstverständlich gemachte Qualitäten, die aber weder der Gesellschaft noch einem metaphysischen Subjekt zukommen. Kurz, ich halte für eine »materialistische« und kritische Theorie für begründet, von einer doppelten Referenz – den Subjekten und der Gesellschaft – in einem Konstitutionszusammenhang (unter der Bedingung der Natur) auszugehen. Das heißt insbesondere: Diese beiden Referenzen sind nicht aufeinander in dem Sinne rückführbar, dass es nur einen Referenten gebe, aber sie sind grundsätzlich nur miteinander zu verstehen, eben als »die menschliche Gesellschaft oder die gesellschaftliche Menschheit«.[52] Diese doppelte Referenz stellt das Erbe des Humanismus und Ahumanismus nebeneinander. Sie wären neu aufeinander zu beziehen.

Die zweite Konfrontation liegt in der Verfasstheit der kapitalistischen Gesellschaft. Die ahumanistische Theorie des »Kapital« birgt doch ein antihumanistisches Moment – allerdings gerade nicht als Voraussetzung der kritischen Theorie, sondern als Ergebnis der Analyse. Sie zeigt den Vorrang der Gesellschaft vor den Subjekten, deren Handeln weithin vorgestanzt und dessen Folgen vorgegeben sind. Die Subjekte als Kapitalisten wie als Arbeiter sind »Wirkung des gesellschaftlichen Mechanismus«, der »rücksichtslos die Menschheit zur Produktion um der Produktion willen« anstellt.[53] Der Vorrang der Gesellschaft vor den Subjekten drückt sich darin aus, dass die gesellschaftlichen Verhältnisse zugleich die Verhältnisse der Subjekte sind und nicht sind. Sie sind es, weil es keine anderen Subjekte gibt. Sie sind es nicht, weil die Warenproduktion die gesellschaftlichen Verhältnisse der Personen als Verhältnisse der Waren organisiert.

---

50 Marx, Das Kapital, Bd. I, MEW 23, S. 619.
51 Ebenda, S. 88.
52 Marx und Engels, Die Deutsche Ideologie, MEW 3, S. 6f.
53 Marx, Das Kapital, Bd. I, MEW 23, S. 618.

Dieses antihumanistische Ergebnis ahumanistischer Theorie hat offensichtlich eine ethische und politische Bedeutung: Im strikten Gegensatz zu Althusser ist dieser Antihumanismus nicht notwendiger Ansatz der kritischen Theorie, sondern Ergebnis der Kritik, die die bürgerliche Gesellschaft als antihumane kenntlich macht. Die politische und ethische Konsequenz dieser Kritik liegt auf der Hand, Marx zieht sie umstandslos (z. B.) an der gerade zitierten Stelle: Wie auch immer eine »höhere Gesellschaftsform« aussehen mag – das wäre eine Frage der Utopistik, der Marx nicht nachging –, deren »Grundprinzip« folgt aus der Kritik der antihumanistischen Gegenwart: »die volle und freie Entwicklung jedes Individuums«.[54] Das aber heißt: So lange wir in der gegenwärtigen Gesellschaftsform leben, ist *Antihumanismus* eine in und durch die gesellschaftlichen Verhältnisse erzwungene *Konstitution der Subjekte*. Sie sind nicht, was eine humanistische Theorie der Subjekte vorgibt: Subjekte ihres Lebens.

Ich gebrauche als Begriff für diesen doppelten Zusammenhang die Bezeichnung ›Posthumanismus‹.[55] Er soll die bislang erörterte Gemengelage aus begründetem Ahumanismus und Humanismus bezeichnen. Diese Gemengelage lässt sich nicht ›sauber‹ sortieren, etwa indem man den Humanismus für die Ethik reserviert, das würde das Fehlen einer ›materialistischen‹ Theorie der Subjekte vergessen; oder indem man den Ahumanismus für die Theorie reserviert, das würde die Begründung des ethischen Humanismus aus der kritischen Theorie der Gegenwart übersehen.

Die Bezeichnung ›Posthumanismus‹ verweist also auf die Unterscheidung eines Verbundenen – kritische Theorie und Ethik – und gibt dieser Unterscheidung und Verbindung einen spezifischen Inhalt. Der Posthumanismus ist Post im Zugleich von Humanismus und Ahumanismus. Das heißt, er ist Post im Sinne eines Vorscheins: Auch wenn das »Grundprinzip« einer emanzipierten Gesellschaft humanistisch ist, so wird sich dieser Humanismus nur gesellschaftlich entwickeln lassen. Er ist Post, weil er selbst für die Utopie eines verwirklichten Humanismus nicht das schlechthin souveräne Subjekt, sondern vergesellschaftete Menschen in Aussicht stellt. Er ist Post, weil er Subjekte und Gesellschaft nicht mit der falschen Frage, nämlich der auf Letzt-

---

54 Ebenda.
55 Ausnahmsweise scheint mir das Präfix »post« angemessen – und zwar im Sinne der »Notiz über die Bedeutung von ›post-‹« von Jean-Francois Lyotard (in: ders., Postmoderne für Kinder. Briefe aus den Jahren 1982–1985, Wien, 2000). ›Post-‹ bezeichnet dort gerade kein »Danach«, keinen eigentlich überholten Zustand, sondern die Durcharbeitung dessen, was auf das Präfix »post« folgt. Posthumanismus also heißt: Durcharbeitung des Humanismus.

begründung zielenden Frage konfrontiert, wer den Vorrang habe. Er ist Post, weil dem Humanismus kritischer Theorie die gottgleiche Stellung der humanen Subjekte (auch noch beim jungen Marx) auszutreiben ist. Kritisch kann ein Humanismus nur noch sein, der *das* Subjekt für tot erklärt. Erst durch den Tod *des* Subjektes wird der Humanismus zu einer denk- und wünschbaren Utopie einer menschlichen Gesellschaft.

Posthumanistischer Imperativ[56]

Posthumanismus ist also auch eine Bezeichnung für den in der Gegenwart gründenden Vorschein von Utopie. Dieser Vorschein gründet in Kritik und Ethik. Ich werde den ethischen Sinn des Posthumanismus noch ein Stück weiterentwickeln, lasse alle anderen Fragen beiseite. Denn die bisherigen Überlegungen lassen sich zu einer Reformulierung des kategorischen Imperativs von Kant *und* dem jungen Marx verdichten, ein Imperativ, der meines Erachtens als Bestimmung von Utopie dienen kann, ohne sich in einer Utopistik zu versuchen.

In einer Variante des Kategorischen Imperativs bei Kant heißt es: »Handle so, dass du die Menschheit sowohl in deiner Person, als in der Person eines jeden anderen, jederzeit zugleich als Zweck, niemals bloß als Mittel brauchest.«[57] In Kants Formulierung steckt eine doppelte humanistische Bestimmung. Jeder Mensch soll selbst Zweck, nie bloßes Mittel für sich oder andere sein. Der Einzelne soll auch Zweck für andere, soll Zweck für sich selbst sein. Zugleich knüpft Kant diese Anerkennung jedes Einzelnen daran, dass jeder Einzelne Repräsentant der Menschheit ist. Der Einzelne ist zugleich ein je besonderer Mensch und Repräsentant eines Allgemeinen, der Menschheit. In der Besonderheit jedes einzelnen Menschen soll das Allgemeine, die Menschheit, Zweck an sich selbst, beides, Besonderes und Allgemeines, Mensch und Menschheit nicht gegeneinander auszuspielen sein.

Kants Begriff der Menschheit ist gerade nicht durch »Gesellschaft« zu ersetzen, sondern durch »vergesellschaftete menschliche Gattung«. Anders

---

56 Den ersten Teil dieses Abschnitts übernehme ich fast wörtlich aus der Einleitung meines Artikels »Marx und die Theorie der fehlenden Subjekte« (in: jour fixe initiative berlin (Hg.), Gespenst Subjekt, S. 13–38, hier S. 13f., Münster, 2007). Dort ist die Frage: Was durchkreuzt, dass die Subjekte nach Emanzipation streben – was ermöglicht, dass die Subjekte nach Emanzipation streben?
57 Immanuel Kant, Grundlegung zur Metaphysik der Sitten, in: Ders., Werkausgabe, Bd. VII, S. 7–102, hier S. 61, Frankfurt/M., 1974,.

formuliert: Menschen wie Menschheit existieren nicht für sich, sind kein unbedingtes Erstes oder Letztes. Ihre Bedingungen sind die je historischen und gesellschaftlichen Verhältnisse (unter der Voraussetzung von Natur). Moralisch handeln können nur sozialisierte Subjekte, also unter der Bedingung von Gesellschaft. Kants kategorischer Imperativ ist darin falsch abstrakt, dass er diese Kritik der Ethik nicht zureichend darlegt. Denn Kritik der Ethik heißt in unserem Zusammenhang: Die Bedingungen der Möglichkeit moralischen Handelns, des Behandelns aller Personen als Zwecke, liegen in der historisch-gesellschaftlichen Konstitution der Einzelnen wie der Menschheit. Kants humanistischem Imperativ fehlt der Ahumanismus, er muss posthumanistisch reformuliert werden.

Ein posthumanistischer Imperativ zielt auf das Problem, wie eine Gesellschaft verfasst sein müsste, in der der Kantsche Imperativ realisiert werden könnte, in der also kein Mensch dem anderen abspricht, auch Selbstzweck zu sein. Auch dann noch richtet sich der Imperativ an die Menschen als Einzelne, denn nicht die Gesellschaft, sondern Menschen handeln. Aber es liegt nicht im Belieben des Einzelnen, Mittel und Zweck nach seinem Gewissen zu scheiden, mehr noch, der »Unterschied von Mittel und Zweck ist gesellschaftlich« vorgegeben und er ist in der kapitalistische Gesellschaft verkehrt.[58] Die kapitalistische Produktionsweise beruht darauf, die Subjekte als Mittel der Wertproduktion zu gebrauchen, während der Zweck jedweder Ökonomie zu einem Anhängsel der Wertschöpfung wird: die Befriedigung menschlicher Bedürfnisse. »Verwertung des Wertes« bedeutet »Produktion um der Produktion willen«, so dass alle daran Beteiligten als Medien des Akkumulationsprozesses angestellt werden, seien sie Kapitalist, Arbeiter oder Konsument.[59] Die kapitalistischen Verhältnisse sind also dergestalt, dass sie Kants Forderung, niemand solle bloß als Mittel gebraucht werden, diametral widersprechen.[60] Das hat für eine kritische Theorie höchst instruktive Folgen in den Subjekten: Allem Anschein nach hat die Einpassung der Subjekte keine repressive Harmonie zur Folge, sondern bedarf der Reaktionsbildung in den Subjekten (und mancher gesellschaftlichen Vorkehrungen wie z. B. der »Kulturindustrie«), etwa eines übersteigerten Narzissmus, um die gesellschaftliche Entmündi-

---

58 Theodor W. Adorno, Negative Dialektik, in: G.S., Bd. 6, S. 254, Frankfurt/M., 1973.
59 Marx, Kapital, Bd. I, MEW 23, S. 618.
60 Hier blitzt das oben eingeklammerte, dritte konstitutive Moment von Kritik, Ideologiekritik auf. Denn zu fragen wäre: Warum hat gerade diese Gesellschaftsform, die eine antihumanistische Konstitution der Subjekte benötigt, den Humanismus so stark gemacht?

gung oder ›Entsubjektivierung‹ zu verkraften.[61] In einer solchen Gesellschafsform muss Kants Imperativ ein idealistisches Ideal bleiben, dem zu folgen nicht realitätsgerecht ist. Brecht kommentiert: Der Mensch wär' gerne gut, doch die Verhältnisse, die sind nicht so.[62]

Mit diesen Vorüberlegungen kann man den Kantschen und den Marxschen kategorischen Imperativ posthumanistisch als Präambel einer Ethik der Utopie reformulieren: Alle von Menschen selbst geschaffenen Lebensverhältnisse, die Menschen verwehren, sich selbst wie die anderen auch als Zwecke zu behandeln, sind abzuschaffen.[63] Emanzipation wäre die gesellschaftliche Realisierung der Voraussetzungen des Kategorischen Imperativs, Utopie wäre eine Welt, in der dieser Imperativ nicht bloß ideell gültig, sondern realitätsgerecht ist. Eine solche Gesellschaft würde das gleiche Recht für alle Menschen herstellen, indem sie jedem gestattet, sich als je differentes Einzelwesen, als je eigenes Streben nach einem gelungenen Leben zu entfalten. Diese Ethik der Utopie ist radikal, an der Wurzel humanistisch, indem sie jeden Menschen als Selbstzweck einfordert, sie ist zugleich ahumanistisch, indem sie die Bedingungen solcher Utopie gerade nicht in dem Subjekt, sondern in den Subjekten, der Gesellschaft und der Natur verortet.

Ich nenne diesen posthumanistischen Imperativ Präambel einer Ethik der Utopie, weil er bestenfalls eine Grundorientierung benennt. Er ist zudem zutiefst in der bisherigen Geschichte durch seine negative Formulierung verankert. Statt ein Grundprinzip utopischer Gesellschaft zu benennen, bezeichnet er die Präambel einer Ethik des Übergangs von der Gegenwart zur Utopie. Zudem wäre auszuführen, warum nur noch von »Zwecken«, aber nicht von »Mitteln« die Rede ist.[64] Bevor aber solche Fragen auch nur vernünftig gestellt werden könnten, müssen die Bedingungen der Möglichkeit dieses Imperativs bezeichnet werden, d. h. er muss kritisiert werden.

---

61 Siehe hierzu Jan Weyand, Adornos Kritische Theorie des Subjekts, insb. S. 128–139, Lüneburg, 2001.
62 »Die Welt ist arm, der Mensch ist schlecht; Wir wären gut – anstatt so roh; Doch die Verhältnisse, sie sind nicht so.« Bertolt Brecht, Die Dreigroschenoper, S. 44, Frankfurt/M., 1968.
63 Marx, Zur Kritik, MEW 1, S. 385; vgl. Seibert, ebenda, S. 67f.
64 Obwohl das eine auf das andere Wort verweist und deshalb diese Präambel implizit auch eine Ethik der Mittel avisiert. Dazu müssten wenigstens Benjamin und Derrida zurate gezogen werden: Walter Benjamin, Zur Kritik der Gewalt, in: ebenda, S. 29–65, Frankfurt am Main, 1965; Jacques Derrida, Gesetzeskraft. Der ›mystische Grund der Autorität‹, Frankfurt/M., 1991.

Kritik des posthumanistischen Imperativs

Der posthumanistische Imperativ der Ethik scheint mir nicht nur im Blick auf die politische Geschichte der Emanzipationsversuche begründet zu sein. Vielmehr geht in den Posthumanismus generell ahumanistische Kritik des Humanismus, insbesondere gesellschaftstheoretische Kritik der Begriffe von Mensch, Menschen, Menschheit ein. Umgekehrt schließt der Posthumanismus die humanistische Kritik des Antihumanismus ein, also der Vorrangstellung der Gesellschaft vor den Menschen, politisch der Vorrangstellung von Meta-Subjekten wie der Klasse, der Partei oder des Staates. Aufgrund dieser doppelten Bestimmung kann der posthumanistische Imperativ nicht unbedingt sein, mithin kann Utopie, die diesen Imperativ als Grundprinzip realisiert, keine unbedingte menschliche Gesellschaft sein. Vielmehr käme es darauf an, die Bedingtheit menschlichen Lebens zur Fülle dadurch erst ermöglichter und gewünschter Praxen zu öffnen. Die posthumanistische Spannung liegt gerade darin, die Menschen auch als Zwecke an und für sich selbst zu fassen und sie zugleich unter nicht verfügbare Bedingungen gestellt zu sehen. Deshalb muss man nicht nur die inhaltliche Bestimmung dieser Bedingungen fortschreiben, sondern – wie anhand der Religionskritik des jungen Marx erläutert – neue Denkmodelle einführen (hierin liegt übrigens die Attraktivität der ›poststrukturalistischen‹ Theorien für den Marxismus[65]). Es geht eben gerade nicht mehr, die Menschen an Gottes Stelle zu verorten. Vielmehr muss die Religionskritik als Kritik der Menschen/der Menschheit und der Gesellschaft fortgesetzt werden. Aufzugeben ist deshalb als Denkmodell, dass es Unbedingtes gibt, dass das unbedingte Subjekt oder die unbedingte Gesellschaft werden soll. Aufzugeben ist ebenfalls, dass ›Bedingung‹ vor allem ›Beschränkung‹ bedeutet. Bedingung heißt: nicht beliebige Ermöglichung. Kritik des posthumanistischen Imperativs bedeutet also zu fragen: Wenn alle selbst geschaffenen Verhältnisse umzuwerfen sind, die Menschen verwehren, sich selbst wie die anderen als Zwecke zu behandeln, welche Bedingungen werden dann gelten? Ich sehe (stark zusammengefasst) drei Bedingungen einer posthumanistischen Gesellschaft der Menschen.

Erstens, die gesellschaftliche Verfasstheit jedes Menschen bedeutet, dass niemand ganz und nur Subjekt sein kann. Man verfügt schlechterdings nicht über sich. Das gilt insbesondere für den Körper, das Unbewusste und das kulturelle Erbe, etwa die Sprache, in uns. Das ermöglicht vieles: In keiner

---

65 Siehe etwa Hans-Joachim Lenger, Marx zufolge. Die unmögliche Revolution, Bielefeld, 2004.

Utopie, die ich emanzipatorisch finden könnte, werden die Menschen ohne Körper, ohne Unbewusstes, ohne kulturelle Konstitution sein. Sie wären dann auch ohne den Genuss des Essens, des Träumens, der Sprache. Die ethische Konsequenz ist: Du sollst keine Moral oder Politik fordern, die souveräne Subjekte braucht. Umgekehrt: Du sollst eine Moral und Politik bestärken, die die Bedingtheit der Subjekte nicht als deren Schwäche (oder gar Erniedrigung und Knechtung) interpretiert und zementiert. Es wäre eine heute kaum vorstellbare Befreiung, wenn das, was gar nicht geht – souveränes Subjekt zu sein –, nicht mehr gefordert, gewollt und begehrt werden müsste.

Zweitens, die Gesellschaft ist neben den Menschen eine »Realität sui generis« (Durkheim). Diese löst sich auch in einer positiven Utopie nicht in die Menschen auf, wie man humanistisch letztlich meinen müsste. Auch dann handelt es sich um soziale Verhältnisse, die nicht auf das bewusste und willentliche Handeln aller Einzelnen reduziert werden können. Auch dann wird es eine Geschichte geben, die vorgefunden ist und die weiter getrieben wird, ohne alles absehen zu können, was aus dem eigenen wie dem Handeln anderer werden wird. Kurz, auch in der Utopie wird es ein wechselseitiges Konstitutionsverhältnis von Menschen und Gesellschaft geben und sich nicht das eine im anderen erschöpfen. Das wird schon anhand der einfachsten Form von Sozialität, der Interaktion zwischen zwei Subjekten einsichtig: Sollen beide Zwecke je für sich sein, so folgt aus der gegenseitigen Anerkennung als Mensch gerade nicht, dass der eine oder der andere darüber verfügte, was geschieht. Gerade das Zusammentreffen zweier ›souveräner‹ Menschen beschränkt die souveräne Verfügung jedes Einzelnen über die Interaktion und über den Anderen. Deshalb wird es auch in allen Utopien Liebe nur geben können, wenn man Liebeskummer riskiert, auch wenn man hoffen darf, dass sich dieses Risiko dann anders anfühlt. Sozialität bleibt deshalb notwendig, obgleich von Menschen gemacht, eine Realität sui generis. Das hat weitreichendste Folgen für politische Utopien, die mit typischen Formulierungen des späten Marx – »bewusste Rekonstitution der menschlichen Gesellschaft« – nur unzureichend erfasst werden: Aufgrund der differenten, nicht souveränen Subjekte und der Differenz von Subjekten und Gesellschaft wird es in jeder positiven Utopie das Problem geben, wie die gesellschaftlichen Belange zu regeln sind.[66] Das

---

66 Dies allerdings scheint bei Marx wenigstens im Ansatz auf, denn das Zitat findet sich in dem Satz: »Es ist in der Tat durch die ungeheuerste Verschwendung von individueller Entwicklung, dass die Entwicklung der Menschheit überhaupt gesichert und durchgeführt wird in der Geschichtsepoche, die der bewussten Rekonstitution der menschlichen Gesellschaft unmittelbar vorausgeht.« Marx, Das Kapital, Bd. III, in: MEW 25, S. 99.

Problem, Politik zu benötigen, wird sich nie erledigen. Aber das ist nicht bloß ein Problem, sondern bedeutet zugleich: Es öffnet sich ein weiter Horizont an Möglichkeiten, die Gesellschaft zu gestalten. Es wird nicht die eine wahre Politik geben, sondern Raum für Erprobungen, Erfahrungen, Gewünschtes. Ein viel zu kurzer Vorschein hiervon war im Beginn der russischen Revolution zu sehen. Die ethische Konsequenz ist: Wir sollten nicht, auch nicht im Namen der Utopie, totale Lösungen verlangen. Sie werden, auch entgegen unseres Willens, herrschaftliche sein. Umgekehrt: Wir sollten politische Strukturen anstreben, die Einvernehmen bei unterschiedlichen Bedürfnissen und Fähigkeiten ermöglichen. Utopie in politischer Hinsicht wäre eine Kultur, die das differente Begehren der Einzelnen sozial verträglich orientiert, damit jede/r Einzelne »ohne Angst verschieden«[67] nicht bloß für sich, sondern in den gemeinsamen Belangen sein kann.

Schließlich drittens, ich habe hier nur am Rande gelegentlich vermerkt, dass diese Auffassung von Menschen und Gesellschaft als wechselseitiges, co-evolutives Konstitutionsverhältnis eine Natur voraussetzt. Damit ist die ›äußere‹ Natur im Sinne einer physikalischen, chemischen, biologischen Umwelt und die Körperlichkeit der Menschen gemeint. Das heißt natürlich nicht, dass Natur und Körper durch Menschen und Gesellschaft unveränderlich seien, aber dass jedwede Vorstellung der Veränderung von Natur und Körper nichts daran ändern wird, dass es sich um physikalische, chemische, biologische (oder wie immer in der Utopie die Naturwissenschaften heißen mögen) Entitäten handelt. Alles andere hieße, Natur und Subjekte resp. Sozialität (utopisch) in eins zu setzen, also, traditionell gesprochen, Geist in Natur oder Natur in Geist aufzulösen, wie dies zeitgenössische (sich nur oberflächlich bekämpfende, tatsächlich komplementär ideologische) Teile der Neurowissenschaften und der Kulturwissenschaften tun. Egal aber wie weit es der Menschheit noch gelingen mag, die Natur und den Körper selbst zu produzieren, und egal, ob man sich dies als positive Utopie oder Horror vorstellt, es wird sich immer um die fortlaufende Bearbeitung (der Bearbeitung usw.) von Natur handeln. Diese unhintergehbare Bedingtheit menschlicher Existenz zu bestreiten, läuft auf die alchimistische oder idealistische Vorstellung

---

67 Das ist gerade nicht dasselbe wie bei Adorno, von dem ich diese schöne Formulierung entlehne: »Eine emanzipierte Gesellschaft […] wäre kein Einheitsstaat, sondern die Verwirklichung des Allgemeinen in der Versöhnung der Differenzen. Politik, der es darum im Ernst noch ginge, sollte deswegen die abstrakte Gleichheit des Menschen nicht einmal als Idee propagieren. Sie sollte […] den besseren Zustand aber denken als den, in dem man ohne Angst verschieden sein kann.« Theodor W. Adorno, Minima Moralia, in: G. S., Bd. 4, S. 114, Frankfurt/M., 1980.

hinaus, Menschen würden eines Tages Materie aus nichts schaffen. Das sind theoretisch falsche Utopien, deren ethische Qualität überdies fragwürdig ist. Ich jedenfalls nehme lieber utopisch ein »Reich der Notwendigkeit« an, das humanisiert ist, als eine Zukunft ohne Eigengesetzlichkeit der Natur.[68]

Erfahrene Hoffnung

Der posthumanistische Imperativ lässt inhaltlich offen, worin sich Menschen als Zwecke verstehen wollen. Das mag unbefriedigend sein, könnte sicherlich näher als hier getan bestimmt werden, ist im Prinzip aber unvermeidlich. Darin spiegelt sich die Herkunft dieses ethischen Begriffes von dem der Utopie: Der posthumanistische Imperativ ist höchstens real als nicht realitätsgerechtes Ideal und als Hoffnung, er ist bloß möglich, er wird hoffentlich werden. Theoretisch kann dem nur vorgegriffen werden durch abstrakte Bestimmungen, die in der Kritik der Gegenwart wurzeln. Zu mehr an Vorschein ist eine kritische Theorie nicht in der Lage. Das heißt nun nicht, der posthumanistische Imperativ sei inhaltlich gar nicht bestimmt. Er gibt politischer Praxis ein Ziel vor: Alle von Menschen selbst geschaffenen Lebensverhältnisse abzuschaffen, die Menschen verwehren, sich selbst wie die anderen auch als Zwecke zu behandeln. Das ist nur die Präambel einer emanzipatorischen Ethik. Aber schon als allgemeine Zielbestimmung bietet sie eine Orientierung in der Bestimmung der Kampflinien, der Wahl der Mittel, der Organisationsformen und nicht zuletzt der Propaganda der Linken. Die könnte ethisch reflektierter ausfallen.

›Menschen als Zwecke‹ ist ein allgemeiner Imperativ aufgrund seines humanistischen Gehaltes. Kant hat gut daran getan, so allgemein zu formulieren. Dadurch war sein kategorischer Imperativ als Erbe zu gebrauchen. Denn er bringt damit im Grundbegriff ethischer Orientierung zur Geltung, dass die Referenten dieses Imperativs *die* Menschen sind, deren Zweck-Sein sich nicht über einen Leisten schlagen lässt. Es geht eben, *Post*humanismus hin oder her, sehr wohl um das individuelle, geglückte Leben, das höchstens summarisch als Glück der Menschheit bezeichnet, nicht aber zureichend bestimmt werden kann. Der/die Einzelne ist weder rückblickend noch gegenwärtig, weder letztlich noch utopisch fallen zu lassen.

---

68   Marx, Kapital Bd. III, MEW 25, S. 828; vgl. Marcuse, Ende der Utopie, S. 19f. sowie S. 24.

Zudem bleibt der posthumanistische Imperativ allgemein, weil er mit aller kritischen Theorie teilt, nicht über die politische Praxis zu verfügen. Theorie, hier Ethik, die der Praxis konkret sagen will, wie es geht, verhebt sich unweigerlich. Sie kann maximal beanspruchen, durch die Erkenntnis, die sie anbietet, ein Moment politischer Praxis zu sein. Ihr Modus ist, um es mit Marcuse und Dutschke zu sagen, das Bewusstsein für Möglichkeiten zu öffnen. Der posthumanistische Imperativ ist ein Vorschlag, an welchem Maßstab die Möglichkeiten bewertet werden sollten. Denn das objektiv und subjektiv Mögliche ist weder das Bessere noch das Gewünschte, sondern deren notwendige, aber gerade nicht zureichende Voraussetzung. Darin ist kritische Theorie wie Ethik idealistisch und gerade darum Vorschein einer Welt, die Bewusstsein und Moral mehr zutraut, als heute zulässig und realitätsgerecht ist.

Der Posthumanismus reflektiert, dass jeder und jede Einzelne zum Selbstzweck nur gesellschaftlich werden kann, nicht für sich sein kann. Deshalb führt posthumanistische Ethik zur Forderung der Revolution, in dieser Gesellschaft ist sie nicht zu verwirklichen, bindet diese Forderung aber an die bisherige Geschichte versuchter Emanzipationen. Der Posthumanismus verinnerlicht die politische Erfahrung, die durch Generationen von Besiegten, Resignierten und Verfolgten wie ein Alp auf unserem Denken und unserer Zukunft lasten muss oder wenigstens müsste: Das nicht aufgebbare Ideal des Einzelnen als Selbstzweck widerstreitet jedwedem Stalinismus, jedweder totalitären Anwandlung, die die Einzelnen im Namen des Fortschritts missachtet. Solcher »Fortschritt« hat sich im Rückblick des »Angelus Novus« immer wieder als dasselbe herausgestellt: eine »einzige Katastrophe, die unablässig Trümmer auf Trümmer häuft«.[69] Posthumanistische Ethik will also nicht nur Vorschein möglicher Utopie sein, sie begründet sich vor allem anderen als Reflexion erfahrener Hoffnung, einer Hoffnung, die unsere Geschichte nicht übergeht, sondern von ihr als Erfahrung ausgeht. Diese Geschichte der Kämpfe um Emanzipation gibt Grund zur Hoffnung – allerdings nur unter der Bedingung radikaler Selbstkritik. Ein »Prinzip Hoffnung« ist nicht mehr gültig. Die Linke hat es erledigt. Sie ist längst schon in den Stand der Schuld getreten – der ganz großen Schuld des Stalinismus und der vielen kleinen. Hoffnung auf eine andere Welt ist nur noch zulässig, wenn sie diese eigene Geschichte als Erfahrung annimmt. Erfahrene Hoffnung ist die Wurzel posthumanistischer Ethik.

---

69 Walter Benjamin, Geschichtsphilosophische Thesen, S. 85, in: Ders., Zur Kritik der Gewalt und andere Aufsätze, S. 78–94, Frankfurt/M., 1965.

Volker Weiß

Antiemanzipatorische Utopien

Ernst Jüngers *Heliopolis* und
Oswald Spenglers *Der Mensch und die Technik*

Der Begriff der Utopie wird fast reflexartig mit linken Theorien zur »Weltverbesserung« assoziiert. Diesem Common Sense zufolge scheint die Rechte keine Utopien zu haben. In der Gewissheit, nicht nur über die materialistische Huld des Weltgeistes, sondern auch noch über die Poesie der Zukunft zu verfügen, konnte sich die Linke trefflich einrichten. Der Anstoß, die politischen Konzepte von Faschismus und Nationalsozialismus unter dem Blickwinkel der Utopie zu diskutieren, kam unerwartet und, wie Wolfgang Hardtwig ausführte, von konservativer Seite. Es war Joachim Fest, der nach dem Mauerfall die Frage nach dem »Ende des utopischen Zeitalters« stellte und auf den nationalsozialistischen Entwurf einer »Gegenutopie« ausweitete. Natürlich gab es darauf Reaktionen, man wolle damit von den massiven materiellen Interessen der Eliten ablenken und die Debatte über die Verantwortung unter totalitarismustheoretischen Vorzeichen in die Utopieforschung verlagern. Ein wenig schwang hier die Haltung mit, die Rechte habe Interessen, die Linke Ideale.[1]

So richtig dieser Verdacht in Bezug auf seine geschichtspolitischen Implikationen gewesen sein mag, gegen diesen Monopolisierungsanspruch der Utopie aufseiten der Linken ließe sich darauf hinweisen, dass in der Tradition der Arbeiterbewegung der Begriff »Utopie« abwertend gebraucht wurde, als Hinweis auf bürgerliche Träumereien, die nicht die Frage nach den gesellschaftlichen Verhältnissen stellen. Da der eigene Anspruch wissenschaftlich war, betont der Utopienforscher Richard Saage, waren die Modelle des Gegners »utopisch«, ungeachtet dessen, dass gerade Wissenschaft und Technik klassische Felder der Utopie waren.[2] Georg Lukács verdammte bereits 1920 Spenglers *Untergang*

---

1 Wolfgang Hardtwig, Utopie und politische Herrschaft im Europa der Zwischenkriegszeit, in: ders. (Hg.), Utopie und politische Herrschaft im Europa der Zwischenkriegszeit, München 2003, S. 1–12. Joachim Fest: Der zerstörte Traum. Vom Ende des utopischen Zeitalters, Berlin 1991.
2 Richard Saage, Politische Utopien der Neuzeit, Darmstadt 1991. Vgl. auch ders.: Utopieforschung Band I: An den Bruchstellen der Epochenwende von 1989, Münster 2008 und ders., Utopieforschung Band II: An der Schwelle des 21. Jahrhunderts, Münster 2008.

des Abendlandes mit dem Hinweis, es sei das typische Produkt eines kleinbürgerlichen Gelehrten. Diese »stellen die Theorie Marxens irgendeiner Utopie gegenüber, die, wenn man sie der mehr oder weniger volltönenden Phrasen entkleidet, auf die Verherrlichung des bestehenden Staates herausläuft.« Dabei stand Lukács der Utopie keineswegs ablehnend gegenüber, seine Ablehnung galt nur der reaktionären Utopie: »Die neueste Größe in dieser edlen Reihe ist der Modephilosoph Oswald Spengler, dessen stellenweise geistreiches, im wesentlichen aber durch und durch dilettantisches Buch *Untergang des Abendlandes* unlängst den Erfolg errungen hat, der eigentlich dem tiefen Werke Ernst Blochs *Geist der Utopie* gebührt hätte.«[3] Schon in Lukács' Terminologie von 1920 ist also keine Sicherheit auszumachen, welche Seite der politischen Geographie den Anspruch auf den Begriff »Utopie« hat.

Als weiterer Zeuge sei hier Armin Mohler aufgerufen, einer der umtriebigsten Köpfe der deutschen Nachkriegs-Rechten, gebürtiger Schweizer, in seiner Jugend gescheiterter Freiwilliger der Waffen-SS, Privatsekretär Ernst Jüngers und Vater des Konstrukts einer »Konservativen Revolution«, mit dem er den durch den Nationalsozialismus desavouierten Kanon der rechten Intelligenz rehabilitieren wollte. Mohler stand stark unter dem Einfluss von Jüngers *Arbeiter* und war, wie sein Biograph und Schüler Karlheinz Weißmann berichtet, »der Überzeugung, daß sich die Weltanschauungen der politischen Rechten durch eine Orientierung am ›Mythos‹ von denen der Linken unterscheide, die an Utopien festhalten.«[4]

Ein erster Versuch der Eingrenzung des Themas »antiemanzipatorischer Utopien« zeitigt also völlig unterschiedliche Ergebnisse:

1. Die Rechte hat keine Utopien, denn diese sind ein Monopol der Linken, oder:
2. Die Linke hat keine Utopien, denn das sind bürgerliche Träumereien, oder:
3. Es gibt revolutionäre und reaktionäre Utopien; sowie
4. das Verdikt Mohlers: Die Linke hat Utopien, die Rechte dagegen Mythen.

Ähnlich schwierig wie die Frage nach dem politischen Ort der Utopie gestaltet sich auch die Eingrenzung der Utopie als literarisches Genre. Praktisch alle

---

3 »G. L.«, Die neueste Überwindung des Marxismus, in: Kommunismus. Zeitschrift der Kommunistischen Internationale für die Länder Südosteuropas, 1. Jg. (1920), Nr. 5 (Februar), S. 155–156.
4 Karlheinz Weißmann, Armin Mohler. Eine politische Biographie, Schnellroda 2011, S. 48.

utopietheoretischen Untersuchungen beginnen mit den klassischen Darstellungen des Thomas Morus aus dem 16. Jahrhundert von der fernen Insel *Utopia*, gefolgt von Tomaso Campanellas *Sonnenstaat* und Francis Bacons *Neu Atlantis*, weisen aber auch auf antike Staatstheorien etwa Platons hin. Keine Einigkeit bei der Genrebestimmung herrscht in der Frage, ob die biblische Darstellung des »Garten Eden« oder das »Goldene Zeitalter« der griechischen Mythologie mit einbezogen werde sollen. Ihre Berücksichtigung öffnete das Feld in Richtung des Mythologischen und der Religion.

Zunächst scheint die Utopie vor allem auf die Gegenwart ihres Verfassers zu weisen und dieser den Spiegel vorzuhalten: als die zu begehrende andere Gesellschaftsordnung, in räumlicher oder zeitlicher Distanz zum Gegebenen. Obwohl man meinen könnte, dass Utopien einen universalistischen Anspruch haben müssen, sind einzelne wie Theodor Herzls *Altneuland* durchaus partikularistisch geblieben. Bei einigen Beispielen ist es auch fraglich, wie begehrenswert der geschilderte Zustand wirklich ist. Das gilt v. a. für Dystopien, die Negativutopie. Diese kann, wie Arno Schmidts *Gelehrtenrepublik*, auch satirisch sein oder eben drastisch negativ, wie die Lehrbeispiele für Dystopien, Georg Orwells *1984* und Aldous Huxleys *Brave New World*. Nach Richard Saage ist die Dystopie eine Reaktion auf den »Realitätsschock« des 20. Jahrhunderts, der deutlich gemacht hat, dass der erträumte technische Staat allzu oft, wie bei Orwell und Huxley, in eine verwaltete Welt führt.[5] Selbst die einfachste alltägliche Definition der Utopie als einer widerspruchs- und konfliktfreien Gesellschaft im Idealzustand hält also der Prüfung nicht stand. Auch Morus' *Utopia* kennt Kriege. Rolf Schwendter weist in einem kleinen Überblick zur Geschichte der Utopien darauf hin, dass auch Utopien schon in der Frühzeit des Genres keineswegs einen Idealzustand darstellen: »Die Utopien kennen Gemeineigentum, umfassende alternative Bildungsprozesse, Dezentralisierung und Ablehnung des Luxus – allerdings auch sexuelle Repression, Sklaverei, Todesstrafe und Stellvertreterkriege.«[6] Es gibt autokratische Herrschaft (Campanella), Zuchtwahl (Platon) und sicher nicht von jedermann als beglückend empfundene technische Entwicklungen (Bacon). Zur Frage, wie legitim es ist, die Dystopie als Utopie zu betrachten, betont Utopienforscher Saage, dass »zentrale Elemente der negativen Utopien bereits von Anfang an in der Staatsutopie enthalten waren.«[7]

---

5 Saage, Politische Utopien, S. 269.
6 Rolf Schwendter, Utopie. Überlegungen zu einem zeitlosen Begriff, Berlin/Amsterdam 1994, S. 8.
7 Saage, Politische Utopien, S. 269.

Doch auch die positive Utopie kann zeittypische Ressentiments reproduzieren. Claus Ritters 1978 zuerst in der DDR erschienenes *Start nach Utopolis* überrascht in zweierlei Hinsicht: Das Buch versucht erstens, die »Kunst der Utopie« anhand von Jules Verne gegen den Vorwurf der »Wahrsagerei« zu retten, will den Begriff also für eine materialistische Geschichtsschreibung zurückholen. Zweitens analysiert sie in den »Zukunfts-Nostalgien«[8] des so verteidigten Autors dennoch durchaus kritisch die Schattenseiten – etwa den in den ersten Ausgaben von *Reise durch die Sonnenwelt* (1877) sich noch recht drastisch artikulierenden Antisemitismus. Mittels der Figur eines in den Weltraum verirrten, betrügerischen elsässischen Juden bezog Verne hier deutlich Stellung in der Dreyfuss-Affäre – auf Seiten der Antisemiten. In seiner Verteidigung der Utopie sah Ritter dennoch das Problem, dass es sich im 19. Jahrhundert meist um in die Zukunft verlagerte Ideale des bürgerlichen Denkens handelte.

Es ist also nicht per Definition gesetzt, dass sich mit dem Genre der Utopie die reine Behaglichkeit verbindet. Dieser Umstand soll rechtfertigen, hier einige Autoren der äußersten Rechten auf ihr Verhältnis zum Utopischen hin zu untersuchen und schließlich die Frage nach der Utopie in rechten Weltanschauungen zu streifen. Als Anschauungsmaterial dient zunächst Ernst Jüngers Roman *Heliopolis*, 1947–49, also direkt nach der deutschen Niederlage – zum Teil noch während des Publikationsverbots des Autors – geschrieben, und hier nach der ersten Fassung zitiert. Mit *Heliopolis* als rotem Faden lassen sich die Elemente herausarbeiten, die typisch für die Utopien der Rechten sind. Als zweiten Text zur Anschauung kommt Oswald Spenglers Essay *Der Mensch und die Technik* ins Spiel, 1931 als eine Art Nachtrag zum *Untergang des Abendlandes* publiziert. Ein Text, der in vielen Punkten zumindest den Anschein eines Kontrapunktes zu Jüngers Welt hat. Tatsächlich ergänzen sich aber beide und es lassen sich wesentliche Elemente der antiemanzipatorischen Utopie herausarbeiten.[9]

---

8   Hier zitiert nach der westdeutschen Ausgabe des Rödenberg-Verlags: Claus Ritter, Start nach Utopolis. Eine Zukunfts-Nostalgie, Frankfurt a. M. 1978, S. 8.
9   Ernst Jünger, Heliopolis. Rückblick auf eine Stadt, Tübingen 1949. Oswald Spengler: Der Mensch und die Technik. Beitrag zu einer Philosophie des Lebens, München 1931.

Ernst Jünger

Heliopolis trägt zunächst alle Züge des utopischen Romans, weist aber auch Übergänge in die phantastische Literatur und den Science Fiction auf. Genres, die nicht so einfach zu trennen sind. Ort der Handlung ist die Hafenstadt Heliopolis, Metropole einer zukünftigen Gesellschaft, in der nach einem großen Krieg Ordnung eingekehrt ist. Erzählt wird aus der Perspektive eines hohen adeligen Offiziers, des »Commandanten Lucius de Geer« (der Name leitet sich vom Alt-Germanischen »Speer« her). Die Gesellschaft ist – wir befinden uns in einer Erzählung Ernst Jüngers – hoch technisiert, militärisch organisiert und ständisch gegliedert – klassische Motive Jüngers, bekannt aus der *Permanenten Mobilmachung* und dem *Arbeiter*. Allerdings drohen in Heliopolis Konflikte zwischen den Ständen die Ordnung zu untergraben, namentlich ist es die Rivalität zwischen zwei hohen Beamten, die Unruhe stiftet: dem »Prokonsul«, der auf die alten Eliten und vor allem das Militär setzt, um die Ordnung zu wahren, und dem »Landvogt«, der den Pöbel organisiert, um die Macht an sich zu reißen. Natürlich findet sich in dieser Sicht auch Jüngers Interpretation der unmittelbaren Zeitgeschichte. Obwohl das Szenario wenig von Harmonie zeugt, wird *Heliopolis* in der Sekundärliteratur als Utopie gehandelt.[10] Die Gesellschaft befindet sich in einem »Interregnum«: Der Regent, der die neue Ordnung nach der Katastrophe geschaffen hatte, hat sich resigniert ins Weltall zurückgezogen, seine Rückkehr wird messianisch erwartet. Die Ordnung ist brüchig, auf der Erde bekämpfen sich derweil seine Stellvertreter. Es gibt gesteuerte Pogrome und politischen Terror.

Aber es gibt auch einen atemberaubenden Entwicklungsstand der technischen Zivilisation. Schon der Blick von der Wasserseite auf die Stadt bei Einfahrt in den Hafen macht deutlich, dass man an einem besonderen Ort ist:

»Zwischen den beiden Caps, die dunkle Bäume krönten, erhob sich im weiten Halbkreis die Stadt Heliopolis. Sie schloß sich um den Alten- oder Binnenhafen, von dem aus die Straßen am Hang emporstrahlten. Sie gleißte über dem blauen Meere im Mittagslicht, das ihre Farben löschte, während die Abendsonne das rötliche Gestein erweckte, aus

---

10 Vgl. Hans Krah, Die Apokalypse als literarische Technik. Ernst Jüngers Heliopolis (1949) im Schnittpunkt denk- und diskursgeschichtlicher Paradigmen, in: Lutz Hagestedt (Hg.), Ernst Jünger. Politik, Mythos, Kunst, Berlin/New York 2004, S. 225–251. Vgl. auch im gleichen Band Harro Segeberg, »Wir irren vorwärts«. Zur Funktion des Utopischen im Werk Ernst Jüngers, S. 403–414.

dem die Altstadt errichtet war. Die Neustadt dagegen war nach dem letzten der Großen Feuerschläge aus weißem Marmor ausgeführt. Die Fläche hatte lange in Trümmern gelegen, bis einerseits der Fortschritt der Strahlungstechnik die Atmosphäre gesichert hatte, und andererseits die Verfügung über die schweren Waffen vom Regenten zum Monopol erhoben worden war. Dann hatte man die Pläne berühmter Städtebauer ausgeführt. Die Klimaheizung, die Ambianz-Zerstäuber, das schattenlose Licht und andere Mittel des kollektiven Luxus gaben dem Leben in diesem Viertel seinen Stil. Es herrschte kein Rhythmus in diesen weißen Straßen, die auch bei Nacht im hellen Lichte erglänzten, doch eine Art von monotoner Behaglichkeit« (Heliopolis, S. 59).

Die geschilderte Gesellschaft hat also eine immense technische Entwicklung erreicht. Die Raumfahrt ist hochentwickelt, ebenso die Kommunikation. Tragbare Telefone, »Phonophor« genannt, weisen alle Merkmale heutiger Smartphones auf, sie dienen als GPS, ID-Card, Kreditkarte, zeigen den gesellschaftlichen Status, den »Rang«, des Trägers an und lassen sich mit einem Archiv verbinden, in dem netzartig das gesamte Wissen gesammelt ist. Jüngers Internet-Phantasien aus den vierziger Jahren sind geeignet, heutige Nerds außer Fassung zu bringen.[11] Einzig für flache Hierarchien ist kein Raum bei Jünger, denn »mit dem Wachstum des Archivs steigerte sich die Macht« (*Heliopolis*, S. 38). Diese Sci-Fi-Elemente sind durchaus Bestandteil des Utopischen, zumal, wie Richard Saage schreibt, besonders im Zuge der industriellen Revolution der ›Technische Staat‹ seinen festen Platz im Genre des Utopischen hatte.[12]

Ernst Jünger nutzt die Darstellung baulicher Merkmale nicht nur zur Präsentation des ungeheuren Fortschritts, auf dem die Neue Ordnung von Heliopolis aufbaut. Er bringt auch subtile Hinweise auf das absolutistische Gesellschaftsgefüge von Heliopolis unter, etwa in der Betrachtung der Arbeitsstätte des führenden Künstlers der Stadt:

»Das Atelier von Halder krönte die Volière, in deren Gemäuer es gebrochen war. Der Blick fiel weithin auf die Inseln und das Meer. Südwand und Decke waren aus fugenlosem Glase, das es umwölbte wie eine Stirn die Haut. Die Brechung dieses Glases war von der der Luft verschieden; doch wirkten elektrische Impulse auf sein feinstes Gitter und riefen

---

11 Vgl. Segeberg, Wir irren vorwärts, S. 407.
12 Saage, Politische Utopien, S. 151.

Veränderungen der Durchsichtigkeit hervor. Es war an einem Schalter angeschlossen, der einer Palette glich. Zu jeder Stunde hatte Halder das erwünschte Licht. Auch sparte er den Vorhang, der gewissermaßen im Fenster verborgen war. Am hellen Mittag herrschte, wenn er den Schalter auf Null herunterschraubte, nächtliche Dunkelheit im Atelier. Der Umfang, und vor allem ihre fugenlose Einheit, machte die Anlage kostbar; sie stellte eine Gabe des Prokonsuls dar, der seine Treibhäuser auf die gleiche Weise beleuchtete« (Heliopolis, S. 106).

Die Passage kokettiert nicht nur mit der besonderen Nähe des elitären Protagonisten zur Kunst, sondern zeugt von Jüngers Interesse für Mikro- und Nanotechnologie, wie es später auch in den *Gläsernen Bienen* zum Tragen kommen wird.

Bei aller technischen Entwicklung bleibt die Gesellschaft in Heliopolis jedoch statisch. Neben dem klassischen persönlichen Mäzenatentum, das die Entwicklung der Kultur fördert, ist Jüngers Welt ein autoritärer Ständestaat, ist seine Gesellschaft nach Kasten gegliedert. Vorherrschend ist ein feudales Lehenswesen mit alten Geschlechtern: Allerorten befinden sich Söhne, deren Familien seit jeher in bestimmten Funktionen zugange sind, alte Jägergeschlechter, Fischer, Weinbauern, Soldaten. Die Leute betätigen sich in der Weise, in der sich schon ihre Vorfahren betätigt haben. Natürlich stammt auch Jüngers Protagonist de Geer aus einem solchen Geschlecht besonders loyaler Landadliger im sächsischen Burgenland, die seit jeher in einer Eliteeinheit des Prokonsuls dienen und mit sensiblen diplomatischen Missionen betraut werden. Der Blick des Lucius de Geer auf seinen Kammerdiener Costar zeugt von solch einer harmonischen Ständeordnung:

»Lucius liebte diesen Eifer in kleinen Dingen, die angespannte Beschäftigung am zugewiesenen Amt. Sie galt ihm als eine der unbewußten Zeichen, in denen Ordnung sich bestätigt, als höherer Instinkt. Auch Liebe fühlte er in ihr. So ruhte sein Blick wohlwollend auf Costar, der ihm durch eine stumme Verbeugung anzeigte, daß am Anzug nichts auszusetzen war« (Heliopolis, S. 12 f.).

Alle sind an ihrem zugewiesenen Platz. Das aristokratische Ideal des Autors Jünger findet sich direkt auf seine Protagonisten übertragen. Nebenbei irritieren im direkt nach der Niederlage 1945 geschriebenen Text ausgeprägte Typen-Physiognomien, verbunden mit Rassenbetrachtungen. Dieser Mix aus Hightech, Archaik und Erdverbundenheit stellt sozusagen das tellurische Element im hochtechnologischen Zeitalter dar. In der Gesellschaft ergänzen sich alte Kulte und modernste Forschung. Es geht Jünger darum, die Technik mit dem Mythos zu versöhnen, mithin also den geistigen Prozess der Aufklärung zu revidieren, ihre technische Seite jedoch beizubehalten.

Nach diesem Muster findet auch in der Stadt Heliopolis selbst die Suche nach der Utopie statt. Sie ist die Aufgabe eines Botanikers mit dem sprechenden Namen Ortner, der eine Art graue Eminenz im Wissenschaftsgefüge der Gesellschaft darstellt. Er soll der technischen Welt die Seele einhauchen:

> »Was der Prokonsul von ihm erhoffte, das war die geistige Durchdringung von Heliopolis, doch nicht in Form der realistischen Beschreibung nach Balzacs Art. Er hielt ihn für fähig, ein vorbildliches Modell zu schaffen, das wie ein wirklicher Kern in dem historischen Objekt enthalten war, und der es steuerte. Es zählte zu den Maximen des Prokonsuls, daß echte Politik nur möglich sei, wo Dichtung vorausgegangen war« (*Heliopolis*, S. 109).

Jüngers Utopie ist eine Zukunft, in der viel Vergangenheit präsent ist. Nach der treffenden Bezeichnung Ritters haben wir es auch hier mit einer »Zukunfts-Nostalgie« zu tun, in der sich die Wünsche und Ängste des bürgerlichen Zeitalters in einer radikalisierten Version artikulieren. Nach Harro Segeberg besteht die Funktion des Utopischen bei Jünger darin, »dem zyklischen Rhythmus einer stets neu in Katastrophen sich verjüngenden Erd-Geschichte die entschieden darüber hinauszielende Ur-Frage nach einer über alle Katastrophen hinauszielenden höheren Ordnung zu unterlegen.«[13]

Die utopischen Elemente in Jüngers Erzählungen kontrastieren also vor allem den metaphysischen Urgrund Jüngers: Wenn *all das* technisch möglich ist, die *grundlegende Ordnung* aber bleibt, so ist dies der deutlichste Beweis für die höhere Abkunft dieser Ordnung.

Oswald Spengler

Im Gegensatz zu Ernst Jünger, dessen metaphysische Grenzgänge und phantastische Neigungen kein Geheimnis sind und ihn fast zum Science Fiction-Autor gemacht haben, gilt Oswald Spengler geradezu als »Anti-Utopist«.[14]

---

13 Segeberg, Wir irren vorwärts, S. 412.
14 Rüdiger Graf, Die Mentalisierung des Nirgendwo und die Transformation der Gesell-

Spenglers Signum ist eher das des skeptischen Konstruktivisten, der Schöngeisterei verachtete und sich dem Unausweichlichen der Technisierung schicksalhaft stellen wollte. Sein Essay *Der Mensch und die Technik* (1931) ist geradezu bespielhaft dafür. Hier rechnet er in seiner Zeitkritik mit sentimentalen Humanisten ab:

> »Aber das war der Standpunkt der meisten Kathederphilosophen und selbst vieler Historiker bis herab zu den Literaten und Ästheten heutiger Großstädte, welche die Anfertigung eines Romans für wichtiger halten als die Konstruktion eines Flugzeugmotors« (Mensch und Technik, S. 3).

Und bereits im *Untergang des Abendlandes* hatte er bekannt:

> »Für die prachtvoll klaren, hochintellektuellen Formen eines Schnelldampfers, eines Stahlwerks, einer Präzisionsmaschine, die Subtilität und Eleganz gewisser chemischer und optischer Verfahren gebe ich den ganzen Stilplunder des heutigen Kunstgewerbes samt Malerei und Architektur hin.«[15]

Da schlägt der Sound des Futurismus durch, der so gar nicht zur missverständlichen Spengler-Rezeption als bürgerlich-konservativem Kulturpessimisten passt. Ähnliche Töne sind auch von Moeller van den Bruck bekannt, der als erstes im deutschen Sprachraum noch vor dem Ersten Weltkrieg den italienischen Futurismus politisch ausdeutete und später den Faschismus aufgeregt beobachtete. Doch liegt auch nichts ferner, als in Spengler aufgrund seiner anti-utopischen Töne einen visionslosen Materialisten zu sehen. Im Gegenteil, diese Spezies verabscheut er ebenso wie die Humanisten. In *Mensch und Technik* entfaltet er ein Panorama des Materialismus, anhand dessen sich Spenglers Idealvorstellung von der Einrichtung der Welt ex negativo ablesen lässt. Zum Materialismus schreibt Spengler:

> »Das Ideal war ausschließlich der Nutzen. Was der ›Menschheit‹ nützlich war, gehörte zur Kultur, war Kultur. Das andre war Luxus, Aber-

---

    schaft. Der theoretische Utopiediskurs in Deutschland 1900–1933, in: Hardtwig, Utopie und politische Herrschaft, S. 145–173, hier S. 162.
15 Oswald Spengler, Der Untergang des Abendlandes. Umrisse einer Morphologie der Weltgeschichte, München 1972, S. 61.

glaube oder Barbarei. Aber nützlich war, was dem ›Glück der Meisten‹ diente. Und Glück bestand im Nichtstun. [...] Das Ziel der Menschheit bestand darin, dem einzelnen einen möglichst großen Teil der Arbeit abzunehmen und der Maschine aufzubürden. Freiheit vom ›Elend der Lohnsklaverei‹ und Gleichheit im Amüsement, Behagen und ›Kunstgenuß‹, das ›panem et circenses‹ der späten Weltstädte meldete sich an. Die Fortschrittsphilister begeisterten sich für jeden Druckknopf, der eine Vorrichtung in Bewegung setzte, die – angeblich – menschliche Arbeit ersparte. An die Stelle der echten Religion früherer Zeiten tritt die platte Schwärmerei für die ›Errungenschaften der Menschheit‹, worunter lediglich Fortschritt der arbeitssparenden und amüsierenden Technik verstanden wurden. Von der Seele war nicht die Rede« (Mensch und Technik, S. 3 f.).

Und weiter macht er deutlich, was er von jenen Utopien hält, die zu seiner Zeit auf dem Markt sind:

»Und mit dem ganzen Mangel an Einbildungskraft, der den Materialismus aller Zivilisationen kennzeichnet, wird nun ein Bild der Zukunft entworfen, die ewige Seligkeit auf Erden, ein Endziel, ein Dauerzustand unter Voraussetzung der technischen Tendenzen etwa der achtziger Jahre – in bedenklichem Widerspruch zum Begriff des Fortschritts, der den ›Zustand‹ ausschließt: Bücher wie ›Der alte und der neue Glaube‹ von Strauß, Bellamys ›Rückblick auf das Jahr 2000‹ und Bebels ›Die Frau und der Sozialismus‹. Kein Krieg mehr, kein Unterschied mehr von Rassen, Völkern, Staaten, Religionen, keine Verbrecher und Abendteurer, keine Konflikte infolge von Überlegenheit und Anderssein, kein Haß, keine Rache mehr, nur unendliches Behagen durch alle Jahrtausende hin. Solche Albernheiten lassen heute noch, wo wir die Endphasen dieses trivialen Optimismus erleben, mit Grauen an die entsetzliche Langeweile denken – das taedium vitae [Lebensekel] der römischen Kaiserzeit – die sich beim bloßen Lesen solcher Idyllen über die Seele breitet und in Wirklichkeit bei auch nur teilweiser Verwirklichung zu massenhaftem Mord und Selbstmord führen würde« (Mensch und Technik, S. 4).

Spenglers Zivilisationsgeschichte ist trotz ihrer Technikbejahung eine Verlustgeschichte. Sie handelt vom Verlust der Vorherrschaft des schöpferischen weißen Mannes auf Erden, des faustischen Tatmenschen, den die »Nordischen Landschaften« Europas hervorgebracht haben – womit übrigens erneut im Umkehrschluss Spenglers Idealbild bestimmt wäre. Der Niedergang ist indiziert durch eine Art systematische Selbst-Entmannung der westlichen Welt: Verlust an Führungsqualität und Gefolgschaftswillen, Vermassung und Dekadenz. Die Bedrohung kommt für Spengler aus der »farbigen Welt« des Südens (und des bolschewistischen Ostens), verursacht durch den »Verrat an der Technik« (Mensch und Technik, S. 84). Der Technikexport habe es den anderen Völkern ermöglicht, den weißen Mann mit seinen eigenen Schöpfungen anzugreifen: »Die unersetzlichen Vorrechte der weißen Völker sind verschwendet, verschleudert, verraten worden« (Mensch und Technik, S. 86).

Angesichts seiner pessimistischen Prognosen scheint niemand weiter von einer Utopie entfernt als Spengler. Seine Forderung ist zunächst die Erkenntnis dessen, was ist: »Es hat einen Sinn, diese Tatsachen zu achten oder zu verachten. Sie zu verändern ist unmöglich. Das Schicksal des Menschen ist im Laufe und muß sich vollenden« (Mensch und Technik, S. 59).

Doch nach der Erkenntnis des Unausweichlichen kommt das Aufbäumen. Bei genauem Hinsehen bleibt es ohnehin nicht unausweichlich. Spenglers Klage vom Niedergang des weißen Mannes zielt ja auch auf die Abwendung dieses Niedergangs – Spengler bleibt stets politischer Schriftsteller. Doch der Verlauf der Geschichte und insbesondere die deutsche Kriegsniederlage haben die Weichen falsch gestellt. So bleibt dem erkennend Betroffenen schließlich das männlich-trotzige Beharren gegen den falschen Weltenlauf. Am Ende von *Mensch und Technik* formuliert Spengler die Aufgabe der Zeit:

> »Angesichts dieses Schicksals gibt es nur eine Weltanschauung, die unserer würdig ist, die schon genannte des Achill: Lieber ein kurzes Leben voll Taten und Ruhm als ein langes ohne Inhalt. Die Gefahr ist groß geworden, für jeden einzelnen, jede Schicht, jedes Volk, daß es kläglich ist, sich etwas vorzulügen. Die Zeit läßt sich nicht anhalten; es gibt keine weise Umkehr, keinen klugen Verzicht. Nur Träumer glauben an Auswege. Optimismus ist Feigheit. Wir sind in diese Zeit geboren und müssen tapfer den Weg zu Ende gehen, der uns bestimmt ist. Es gibt keinen andern. Auf dem verlorenen Posten ausharren ohne Hoffnung, ohne Rettung, ist Pflicht. Ausharren wie jener römische Soldat, dessen Gebeine man vor einem Tor in Pompeji gefunden hat, der starb, weil man beim Ausbruch des Vesuv vergessen hatte, ihn abzulösen. Das ist Größe, das heißt Rasse haben. Dieses ehrliche Ende ist das einzige, das man dem Menschen nicht nehmen kann« (Mensch und Technik, S. 88 f.).

Diese Passage wird übrigens noch heute als Motto in den Kreisen rechter Spengler-Verehrer zitiert.[16] Hier stand offensichtlich Nietzsches *Amor fati* Pate. Rolf Peter Sieferle kommentiert diese Haltung Spenglers folgendermaßen:

> »Es wäre ein Mißverständnis, wolle man Spenglers Äußerungen zur technischen Zivilisation als ›Technikkritik‹ ansehen. Es handelte sich vielmehr um den Versuch zu einer heroischen Überwindung der Technikkritik aus einer Haltung des Einverständnisses heraus, die zugleich vermeiden will, dem Mythos des Fortschrittsdenkens zu verfallen.«[17]

Und hier treffen sich die beiden scheinbaren Antipoden, der begeisterte Technik-Utopist Ernst Jünger und der grantelnde Anti-Utopist Oswald Spengler. Nicht nur, dass auch Spengler in seinen Technik-Phantasien einige Vorhersagen trifft – die Klimakatastrophe etwa oder den Verfall des Wertes von Arbeit –, die deutlichste Überschneidung besteht in ihrem Glauben an den Tatmenschen, der sich seinem Schicksal stellt. Wie Spengler unterscheidet sich auch Jünger von der konservativen Kulturkritik, die das Verschwinden des Menschen in der Technik beklagt. Im Gegenteil begrüßt er, dass die zunehmende Technisierung der Welt nunmehr nur noch Raum für einen Typus gelassen hat, den er bereits im Essay über den *Arbeiter* skizzierte. Jüngers soldatischer Heroismus der *Stahlgewitter* wurde darin abgelöst von einem neuen Helden-Typen, der noch soldatisch geprägt, aber den Bedingungen der Moderne vollkommen angepasst ist. Er ist der Herrscher der Zukunft, während alle anderen Formen der Individualität verdrängt werden. Damit kommt er Spenglers Typus des heroisch in den Stürmen der Geschichte durchhaltenden faustischen Menschen sehr nahe. Beide Idealbilder sind nicht harmoniegeprägt, sondern durchaus dynamisch und gefährdet. Entsprechend kommentiert auch Rolf Peter Sieferle:

> »Jüngers Utopie imaginiert keinen Ort des ewigen Friedens. Der hochtechnisierte Endzustand verwirklicht nicht die Versprechen von Glück und Komfort, sondern ist selbst von eisiger Härte.«[18]

---

16 Vgl. Volker Weiß, Spengler-Verehrung in der deutschen Rechten, in: Der Rechte Rand 131 (Juli/August 2011), S. 20–21.
17 Rolf Peter Sieferle, Die Konservative Revolution. Fünf biographische Skizzen, Frankfurt a. M. 1995, S. 106–131, hier S. 130.
18 Sieferle, Die Konservative Revolution, S. 159.

Diese Härte lockt nicht nur den ehemaligen Stoßtruppführer Jünger, sondern kennzeichnet auch den merkwürdig nichtmaterialistischen Darwinismus der Spenglerschen Kulturphilosophie. Die Utopie beider ist eine Gesellschaft, in der sich dieser neue Typus des modernen Heroen zu beweisen vermag, die ihm entspricht und die nach seinem Bild geprägt ist.

Die Utopie des Faschisten

Was lässt sich nach diesen beiden Beispielen jetzt allgemein zu den antiemanzipatorischen Utopien sagen? Politische Utopien, schreibt Richard Saage, präsentieren »Wunsch- und Furchtbilder von Gemeinwesen«.[19] Zudem sollen sie davon zeugen, dass Menschen prinzipiell ihre Gesellschaft konstruieren können. Damit stellt sich die Frage, welche Wunsch- und Furchtbilder rechte Utopien entwerfen und welche konstruktiven Maßnahmen auf Basis dieser Bilder empfohlen werden. Ein zentrales Element ist hier schon bestimmt worden: Es soll eine Gesellschaft sein, in der die Mythen zu ihrem Recht kommen. Um dieses Ziel zu erreichen bedarf es eines revolutionären Aktes, denn wir haben es nicht mit dem Selbstverständnis von Kontinuität zu tun, sondern mit dem Anspruch des totalen Bruchs. Ein Zitat versucht, das dynamische und revolutionäre Selbstbild der Faschisten und ihren Wunsch nach dem Kulturbruch zu fassen. Es stammt aus Zeev Sternhells Analyse zur »Faschistischen Ideologie«:

> »In der Periode unmittelbar nach dem Ersten ebenso wie in den Jahren vor dem Zweiten Weltkrieg meinten die Faschisten klar zu erkennen, dass diese die Morgenröte eines neuen Zeitalters verkündeten, eines ›faschistischen Jahrhunderts‹ (Mussolini), einer ›neuen Zivilisation‹ (Oswald Mosley). Und tatsächlich präsentierte sich der Faschismus seit seinen frühen Anfängen als nichts geringeres als eine Gegen-Zivilisation, die sich selbst als eine Revolution der Menschheit definierte, eine ›totale Revolution‹, eine ›geistige Revolution‹, eine ›Revolution der Moral‹ (Paul Marion), eine ›Revolution der Seelen‹ (Léon Degrelle). Für seine Ideologen war der Faschismus im Grunde genommen [...] ein Entwurf des Lebens, eine totale Konzeption des nationalen, politischen, ökonomischen und sozialen Lebens. ›Total‹ war ein Wort, in das alle faschistischen Schreiber außerordentlich vernarrt waren, und es war eines der Schlüsselworte in ihrem Vokabular. Der Faschismus sollte das

---

19 Saage, Politische Utopien, S. 4.

erste politische System werden, das sich selbst als totalitär bezeichnete, genau weil es den gesamten Bereich menschlicher Aktivität umspannte. Er war totalitär, weil er für eine umfassende Lebensweise stand, weil er jeden Sektor des sozialen und intellektuellen Lebens durchdringen wollte, weil er beabsichtigte sofort einen neuen Gesellschaftstypus und einen neuen Typus des Menschen zu schaffen.«[20]

Für den Faschisten gibt es also durchaus einen Idealzustand, an dem er seinen politischen Kampf misst. Er gibt sich aber nicht damit zufrieden, sondern will das Angestrebte *sofort* erreichen, seine Utopie – den Gegenentwurf zum Humanismus und dessen Folgeerscheinungen Sozialismus und Liberalismus – konkret umgesetzt wissen.

Die von dem britischen Faschismusforscher Roger Griffin aufgestellte Formel für den Faschismus als einer modernen Ideologie, die sich um einen populistischen und ultranationalistischen Wiedergeburtsmythos gruppiert, verweist ebenfalls auf den utopischen Kern der Ideologie.[21] Letztlich lässt sich auch der Nationalsozialismus als der radikalste Verwirklichungsversuch dieser faschistischen Utopie interpretieren. Darin fungierte die Rassenideologie unmittelbar als Trägerin des Wiedergeburtsmythos, da sie versucht, die angeblich verlorene Reinheit wiederherzustellen – durch Anwendung einer pseudonaturwissenschaftlichen Rückzüchtungslogik. Auch hier finden wir wieder ein archaisches Motiv mit moderner Verfahrenstechnik verschmolzen, artikuliert sich eine Utopie mit dem Mythos im Kern. Die so erzeugte Wiedergeburt wird als eine Art Verjüngung des Volkskörpers gesehen und korrespondiert auch mit dem Jugend-Kult, den der Faschismus in seiner Praxis an den Tag legt. Auch Ian Kershaw zufolge kann der nationalsozialistische Massenmord dann als Verwirklichungsversuch einer Utopie gelten, wenn der Begriff der Utopie nicht allein als humanistisches Erlösungsideal gefasst wird. Zumindest, so Kershaw, im »übertragenen Sinne kann man im Zusammenhang mit Hitler [...] wohl doch von utopischem Denken sprechen – wenn man sich darunter eher vage, visionäre Fernziele vorstellt.«[22] Die Schaffung des »Großgermanischen Reichs« für die »Herrenrasse« der nordisch-arischen Menschen dürfte dieses Fernziel definieren. Die Utopie des Antisemiten ist eben eine Welt ohne Juden, die des imperialistischen Geopolitikers ein »deut-

---

20 Zeev Sternhell, Faschistische Ideologie. Eine Einführung, Berlin 2002, S. 59.
21 Roger Griffin, The Nature of Fascism, London 1991, S. 26.
22 Ian Kershaw, Adolf Hitler und die Realisierung der nationalsozialistischen Rassenutopie, in: Hardtwig, Utopie und politische Herrschaft, S. 133–144, hier S. 133.

sches Indien« in Osteuropa, die des Antikommunisten die völlige Zerschlagung des politischen Gegners, etc., etc.

Dass sich diese Utopie nicht nur im Rassenimperialismus der Nationalsozialisten Bahn brach, sondern als Variante auch dem italienischen Faschismus zu eigen sein konnte, zeigt ein weiteres Zitat. In den *Grundrissen der faschistischen Rassenlehre*, die Julius Evola 1943 im Rahmen eines Forschungsaufenthalts als Gast der SS im Reich auch auf Deutsch publizierte, materialisiert sich die mythische Substanz Italiens, angeregt durch die faschistische Revolution, in einem »Neuen Menschen«. Der Weg dahin ist gewissermaßen die »metaphysisch-geistige« Variante der deutschen Zuchtlehren. Nach Evola ist in Italien

> »insbesondere in der neuen Generation [...] ein neuer Menschentyp im Begriff sich zu bilden, der nicht nur auf dem Gebiet des Charakters und der inneren Einstellung, sondern – besonders in den jüngeren Elementen – auch im Körperlichen schon erkennbar ist: ein Typ, der viele Züge mit dem alten arisch-römischen Typ gemeinsam hat, nicht selten bei einem ausgesprochenen Abstand von dem der Eltern. Diese neue und zugleich alte Rasse könnte man ›Rasse des faschistischen Menschen‹ nennen. Sie ist offensichtlich nicht die Folge von Maßnahmen der Rassenlehre, da diese erst seit drei Jahren offiziell in die faschistische Ideologie aufgenommen wurde; diese Rasse ist hingegen [...] die Folgeerscheinung des Klimas und der Ideale der Schwarzhemdenrevolution und der Heraufbeschwörung tiefliegender Kräfte, die zuerst der Weltkrieg 1915–18 und dann diese Revolution im römischen Zeichen unbewusst in der Kollektivsubstanz des italienischen Menschen bewirkten. Das Andauern einer solchen Heraufbeschwörung – jetzt bei einem präziseren rassischen und geistigen Bewusstsein – und damit die Steigerung des heroischen Klimas, ferner die Spannungen, die einer faschistischen Mystik im ernsthaften, unsentimentalen, antirhetorischen, aktiven Wortsinn eigen ist, dies sind die Bedingungen damit dieser Vorgang sich weiter entwickle und an Tiefe gewinne, damit diese neue Rasse des faschistischen Menschen sich immer eindeutiger durchsetze, als höherer Typ und als Elite des italienischen Volkes.«[23]

Auch aus diesem Zitat ist ersichtlich: Der »Neue Mensch«, den der Faschismus zu schaffen trachtet, ist der ganz alte. Er mag mit modernster Technik

---

23 Julius Evola, Grundrisse der faschistischen Rassenlehre, Berlin 1943, S. 217 f.

hantieren und ist doch tief in der Substanz der faschistischen Nation, ihrer Erde und Mythen verwurzelt. Für die Eingangsfrage nach den antiemanzipatorischen Utopien heißt das: Auch rechtsradikale Weltanschauungen können utopische Elemente in sich tragen. Die Vorstellung von einer »Neuen Ordnung«, deren strikte Stände-Hierarchie die sozialen Spannungen einhegt, von der Überwindung der »alten bürgerlichen Kultur«, von der heroischen Männlichkeit des Kriegers, sie alle bergen Vorstellungen, wie die Gesellschaft (oder besser Gemeinschaft) anders zu organisieren sei. Alle diese Vorstellungen fungieren als Spiegel zur vorgefundenen, als defizitär empfundenen Gegenwart. Diese utopischen Momente konkretisieren sich klassisch in den technischen Allmachtsphantasien, idealen Organisationsmodellen und Städteplanungen, also auf dem traditionellen Feld der Utopie. Das gilt besonders für die biopolitischen Vorstellungen in Bezug auf Geschlechter und Menschenzüchtungen (»Rassentheorien«). Hier steht ein Machbarkeitskult Pate, der den Gestaltungsmöglichkeiten keine Grenzen mehr setzt. Der faustische Tatmensch, der Technik-Krieger, sie müssen nur noch handeln. Allerdings weisen diese Utopien zu einem wesentlichen Teil in die Vergangenheit. Rassenreinheit ist immer Rückzüchtung, wie sich auch der Ständestaat an mittelalterlichen Reichsmodellen orientiert. Hier schlägt sich der Mythos als Kern der rechten Utopien Bahn, der ewige Urgrund, von dem sich der Mensch auch durch die technische Entwicklung nicht zu lösen vermag.

Ernst Jüngers Protagonist in *Heliopolis*, der »Commandant Lucius de Geer«, formuliert diesen mythischen Kern der rechten Utopien im zitierten Gespräch der Intellektuellen im Atelier des Malers, als er seine Version des Glücks skizziert:

> »Es wird mir deutlich, daß dem Sein und Treiben der Menschen ein Mythos zugrunde liegt, der einfach ist wie eine Bilderschrift. Wir nähern uns dem Glück, wenn wir in diesen Mythos eintreten« (*Heliopolis*, S. 130).

Es ist nicht zu viel vermutet, dass sich in dieser metapolitischen Formel auch Jüngers eigenes Ideal artikuliert, vom Boden der Geschichte ins Über-Geschichtliche einzutreten. Der Eintritt, besser Wieder-Eintritt, in diesen Mythos ist das Ziel der antiemanzipatorischen Utopie, auf das ihre Verfechter in der Politik mit aller Gewalt hinarbeiten. Und somit kann sich die antiemanzipatorische Utopie nicht vom ewigen Urgrund einer schicksalhaften Vergangenheit lösen, sie bleibt trotz aller Modernität in der konkreten Form Regression.

Michael Koltan

Utopischer Marxismus

Henri Lefebvres Entwurf eines revolutionären Romantizismus

Der Titel dieses Textes – Utopischer Marxismus – ist in doppelter Hinsicht problematisch. Das erste Problem ist in der Kategorie der Utopie selbst begründet, sobald diese mit einem politischen Projekt verknüpft wird, gleichgültig, ob es sich dabei um den Marxismus handelt. Utopien zeichnen sich ja gerade dadurch aus, dass sie etwas erkunden, was nicht nur außerhalb des Bereichs des Tatsächlichen, sondern auch außerhalb des Bereichs des Möglichen liegt. Ersteres wäre nur ein alternativer Gesellschaftsentwurf, der sich an den Ansprüchen der Machbarkeit messen muss. Zur Utopie wird ein solcher Entwurf nur, wenn er Momente des Unmöglichen mit einschließt. Als ein derartiger Entwurf kollidiert die Utopie jedoch mit dem Begriff des Politischen, bei dem es immer um das gesellschaftlich Mögliche geht. Utopien als bewusst fiktionale Gesellschaftsentwürfe gehören in den Bereich der Kunst und haben dort ihre Berechtigung. Anders als in Parteiprogrammen ist in der Kunst die strenge Grenze zwischen dem Möglichen und dem Unmöglichen aufgehoben, weshalb die literarische Utopie, trotz Vermengung von Möglichem und Unmöglichem nicht paradox ist. Sie soll ja nicht die Blaupause für eine konkrete Umgestaltung der Gesellschaft abgeben, sondern es ist ja ihre Aufgabe, die Grenze zwischen Möglichem und Unmöglichem auszuloten.

Ein politisches Programm jedoch, das Mögliches und Unmögliches einfach vermischt, ist paradox. Natürlich wird so etwas immer wieder gemacht, denn Politik ist auch der Bereich der Verhandlungen: Man fordert etwas, von dem man weiß, dass es nicht umsetzbar ist, um dadurch etwas durchzusetzen, was man nicht durchgesetzt hätte, wenn man sich von vornherein auf das Mögliche beschränkt hätte. Doch diese Strategie steht auf tönernen Füßen. Im besten Fall führt sie zu lächerlichen Ritualen, wo jede Seite zunächst mit absurden Forderungen auftritt und man sich dann wie immer in der Mitte trifft. Das ist sozusagen die reformistische Variante. Oder man beharrt auf den unmöglichen Forderungen, dann verliert man früher oder später jede Glaubwürdigkeit. Die utopische Parole »Seien wir realistisch, fordern wir das Unmögliche« ist zwar auf den ersten Blick geistreich, zeugt aber letztendlich nur von politischer Impotenz. Das ist das grundlegende Problem jedweder politischen Utopie: Sie handelt sich mit dem für sie konstitutiven Widerspruch zwischen dem Möglichen und dem Unmöglichen das Problem der Grenzziehung zwischen diesen beiden Bereichen ein. Dieses grundlegende Problem der politischen Utopie verschärft sich dann noch zusätzlich, wenn wir die Utopie nicht nur mit einem beliebigen politischen Projekt verknüpfen, sondern mit dem Marxismus.

Der Marxismus als praktische Theorie der Arbeiterbewegung war ja mit dem Anspruch angetreten, eben keine Utopie zu sein. Vielmehr beharrte er gerade darauf, eine »wissenschaftliche Weltanschauung« zu sein. Das angestrebte Ziel, der Umsturz der kapitalistischen Gesellschaftsordnung sollte sich der Lehre von Marx und Engels zufolge mit quasi naturgesetzlicher Notwendigkeit vollziehen. Engels' Schrift *Die Entwicklung des Sozialismus von der Utopie zur Wissenschaft*[1] lässt daran keinen Zweifel. Nicht, dass Marx und Engels die »utopischen« Sozialisten nicht geschätzt hätten, doch einen wirklich praktischen Wert wollten sie deren Schriften nicht zugestehen. Das Unmögliche ist für Marx und Engels keine politische Kategorie:

> »Eine Gesellschaftsformation geht nie unter, bevor alle Produktivkräfte entwickelt sind, für die sie weit genug ist, und neue höhere Produktionsverhältnisse treten nie an die Stelle, bevor die materiellen Existenzbedingungen derselben im Schoß der alten Gesellschaft selbst ausgebrütet worden sind. Daher stellt sich die Menschheit immer nur Aufgaben, die sie lösen kann, denn genauer betrachtet wird sich stets finden, daß die Aufgabe selbst nur entspringt, wo die materiellen Bedingungen ihrer Lösung schon vorhanden oder wenigstens im Prozeß ihres Werdens begriffen sind.«[2]

Man muss sich allerdings hüten, diese Vorstellung einer gesellschaftlichen Entwicklung, die strikt der Vorgabe des Möglichen folgt, als subjektlosen Determinismus zu interpretieren. Für Marx zeichnen sich die Menschen dadurch aus, dass ihr Denken die Zukunft vorwegnehmen kann:

---

1 Engels, F.: »Die Entwicklung des Sozialismus von der Utopie zur Wissenschaft«, in: Marx, K. & Engels, F., Werke Bd. 19, Berlin 1956ff.
2 Marx, K.: »Zur Kritik der Politischen Ökonomie«, in: Marx, K. & Engels, F., Werke Bd. 13, Berlin 1956ff, S. 9.

»Eine Spinne verrichtet Operationen, die denen des Webers ähneln, und eine Biene beschämt durch den Bau ihrer Wachszellen manchen menschlichen Baumeister. Was aber von vornherein den schlechtesten Baumeister vor der besten Biene auszeichnet, ist, daß er die Zelle in seinem Kopf gebaut hat, bevor er sie in Wachs baut.«[3]

Die menschliche Fähigkeit, die Zukunft zu planen, ist mit eingerechnet in die behauptete Notwendigkeit des Kommunismus. Dieser muss schon gewollt und geplant werden, er ereignet sich nicht von allein. Doch dieses Wollen hat ein festes Fundament in der objektiv konstatierbaren gesellschaftlichen Wirklichkeit und ist somit nicht im geringsten utopisch. So wenig der Bau eines Hauses utopisch ist, wenn man über die notwendigen Materialien, das entsprechende Wissen und die dazu erheischte Arbeitskraft verfügt, so wenig ist der Kommunismus eine Utopie, wenn der Kapitalismus selbst alle seine Voraussetzungen liefert. Mit anderen Worten: Gerade weil sie die antizipierende Tätigkeit des Menschen einplanen, ist der Kommunismus für Marx und Engels keine Utopie, sondern eine historische Notwendigkeit. Und insofern ist ein »utopischer Marxismus« eine zweifache Paradoxie.

Oder vielmehr: Er war es, bis zum ersten Weltkrieg. Mit dem Zusammenbruch der internationalen Solidarität der Arbeiterklasse zu Beginn des Krieges und der endgültigen Spaltung der Arbeiterbewegung in Sozialdemokraten und Kommunisten danach lag das marxistische Projekt in Scherben. Die sozialdemokratischen Arbeiterparteien wandten sich sukzessive vom Marxismus ab, während dieser bei den Kommunisten zur Legitimationsideologie degenerierte.

Angesichts dieses Bruches nützte es auch nichts, dass der Kampf gegen den imperialistischen Krieg und später gegen den Faschismus der kommunistischen Bewegung eine Reihe herausragender Köpfe aus der bürgerlichen Intelligenz zutrieb. Zwar blühte in den 1920er Jahren die intellektuelle marxistische Diskussion auf, doch diese Blüte wurde durch die zunehmende Dogmatisierung des Marxismus unter Stalin erstickt. Die zukunftsweisende Dimension des Marxschen Denkens wurde durch einen Objektivismus ersetzt, dessen Starrheit seine notwendige Ergänzung in der Willkür Stalins fand.

In dieser verzweifelten Situation versuchten die Gegner des Stalinismus innerhalb der marxistischen Diskussion, dem Marxismus eine utopische Dimension abzuringen. Das war allerdings nicht ganz einfach, denn ab 1846,

---

3 Marx, K.: »Das Kapital Bd. I«, in: Marx, K. & Engels, F., Werke Bd. 23, Berlin 1956ff, S. 193.

mit der Niederschrift der *Deutschen Ideologie*, hatten sich Marx und Engels von jeglicher Utopie abgewandt und versucht, den Kommunismus strikt historisch-empirisch zu begründen. Um mit Marx gegen den stalinistischen Objektivismus zu argumentieren, war es deshalb notwendig, auf frühere Schriften zurückzugreifen. Und so wurden die Marxschen Frühschriften, insbesondere die *Ökonomisch-philosophischen Manuskripte* von 1844 zu einem wesentlichen Bezugspunkt der antistalinistischen Marxinterpretation.

Das Problem dieser Frühschriften, auch für Marx, war jedoch, dass in ihnen die Notwendigkeit der Revolution ontologisch aus dem Wesen des Menschen begründet wird. Dieses Wesen wird von Marx als »freie bewußte Tätigkeit«[4] bestimmt, dem die Arbeiter aber entfremdet sind:

> »Die entfremdete Arbeit kehrt das Verhältnis dahin um, daß der Mensch eben, weil er ein bewußtes Wesen ist, seine Lebenstätigkeit, sein Wesen nur zu einem Mittel für seine Existenz macht.«[5]

Der zu einer revolutionären Aufhebung drängende Widerspruch ist für den Marx des Jahres 1844 der zwischen der realen, empirisch feststellbaren Situation des Proletariats und einem außerhalb der empirisch-geschichtlichen Welt liegenden menschlichen Wesen. Das Proletariat ist zur Revolution berufen, weil sein empirisches Dasein seinem ontologischen Sein widerspricht. In der *Heiligen Familie* (fertiggestellt im November 1844) wird dies folgendermaßen auf den Punkt gebracht:

> »Es handelt sich nicht darum, was dieser oder jener Proletarier oder selbst das ganze Proletariat als Ziel sich einstweilen vorstellt. Es handelt sich darum, was es ist und was es diesem Sein gemäß geschichtlich zu tun gezwungen sein wird.«[6]

Damals ist es also, im Gegensatz zur späteren Marxschen Theorie, nicht der historisch-empirisch zu konstatierende Widerspruch zwischen den Produktivkräften und Produktionsverhältnissen, der zur Revolution drängt, sondern es sind die unausgeschöpften Potentiale des menschlichen Wesens. Der Kom-

---

4 Marx, K.: »Ökonomisch-philosophische Manuskripte (1844)«, in: Marx, K. & Engels, F., Werke Bd. 40, Berlin 1956ff, S. 516.
5 Ebd., S. 516.
6 Marx, K.: »Die Heilige Familie«, in: Marx, K. & Engels, F., Werke Bd. 2, Berlin 1956ff, S. 38.

munismus ist für den frühen Marx deshalb wünschenswert, weil nur er die Rahmenbedingungen dafür schaffen kann, in denen sich die menschliche Kreativität voll entfalten kann.

Damit ließ sich natürlich hervorragend mit Marx gegen den Stalinismus agitieren. Denn dass in der Sowjetunion die Entfremdung des Arbeiters aufgehoben worden wäre, konnte niemandem im Traum einfallen. Der Staat trat hier den Individuen in einem noch viel größeren Maße als fremde Macht gegenüber als in den kapitalistischen Ländern. Anstelle der von Marx angestrebten freien Entfaltung der Individualität war die bedingungslose Unterordnung unter das Kollektiv die allgemeine Forderung. Und dies entsprach durchaus auch der Erfahrung, die die Intellektuellen in der Partei machen mussten. Ihnen trat die Partei ebenfalls als eine fremde, ihre Kreativität lähmende Kraft gegenüber. Von diesen frühen Manuskripten ausgehend entwickelte sich deshalb in den 1950er Jahren eine neue Form der Marxinterpretation, die man wahlweise als humanistisch oder existentialistisch bezeichnet hat, die man aber mit Fug und Recht auch als »utopisch« bezeichnen kann. Ursprüngliche Intention dieses Textes war es gewesen, einen Überblick über diese Strömungen zu geben, ihre Interpretation der Marxschen Theorie zu referieren und schließlich die Problematik dieser Interpretation herauszustellen.

Denn diese Versuche, Marx aus dem Blickwinkel der *Ökonomisch-philosophischen Manuskripte* zu interpretieren, haben einen gewaltigen Schönheitsfehler. Marx hat diese Manuskripte nicht umsonst nicht veröffentlicht. Denn es gibt bei dieser humanistischen Utopie ein gravierendes Problem: Es ist genau die ontologische Begründung für die Notwendigkeit der Revolution, ihre Ableitung aus einem überhistorischen menschlichen Wesen. Während Marx' späte, wissenschaftliche Begründung des Kommunismus vorgeblich strikt historisch-empirisch operiert, muss hier eine dogmatisch-axiomatische Vorannahme getroffen werden, dass eben die »freie bewußte Tätigkeit« das menschliche Wesen ausmache. Diese willkürliche Voraussetzung war von Marx und Engels ab 1846 verworfen worden – und sie hatten gute Gründe dafür.

Die humanistischen Marxisten der 1950er Jahre handelten sich also, wenn sie sich auf diese Ontologie beriefen, gewaltige theoretische Probleme ein, die Marx eigentlich schon gelöst geglaubt hatte. Insbesondere die Stalinismuskritik der jugoslawischen *Praxis*-Gruppe trägt schwer an dieser Hypothek. Allerdings gab es innerhalb dieser marxistischen Strömungen eine Ausnahme: Henri Lefebvre. Dieser französische Marxist stellte sich explizit dem Ontologie-Problem, obwohl auch er sich gegen die stalinistische Marxinterpretation auf die Marxschen Frühschriften berief. Doch der Witz bei Lefebvre ist, dass er die Frühschriften strikt aus dem Blickwinkel des späten Marx liest.

Während Marx den zur Revolution treibenden Widerspruch in den Frühschriften aus der Differenz zwischen den empirischen Lebensumständen des Proletariats und einem überhistorischen menschlichen Wesen begründet, sucht Lefebvre nach einer strikt historisch-empirischen Begründung, nach einer Differenz innerhalb der realen Alltagserfahrung der Individuen. So wie der späte Marx unter Vermeidung jeglicher Ontologie vom immanent historischen, empirisch belegbaren Widerspruch zwischen Produktivkräften und Produktionsverhältnissen ausging, so suchte Lefebvre nach den immanenten Widersprüchen innerhalb der subjektiven Erfahrung, die es ihm erlauben sollte, das revolutionäre Projekt neu zu formulieren.

Dadurch unterscheidet sich Lefebvre grundlegend von den anderen Theoretikern eines humanistischen Marxismus, die oft genug das Ontologieproblem der Marxschen Frühschriften gar nicht als Problem ansehen. Und so sind Lefebvres theoretische Ansätze, so will es mir scheinen, für die Gegenwart deutlich fruchtbarer als beispielsweise diejenigen der jugoslawischen *Praxis*-Gruppe.

Ich will deshalb versuchen, im folgenden Lefebvres Ansatz eines nicht-ontologischen utopischen Marxismus nachzuzeichnen. In den fünf Jahren nach seinem Ausschluß aus der Kommunistischen Partei Frankreis (KPF) in den 1950er Jahren hat Lefebvre Elemente eines utopischen Marxismus entwickelt, die keineswegs überholt sind. Die Ausführungen gliedern sich in vier Teile: Zunächst wird Lefebvres biographischer Werdegang skizziert, ohne den seine theoretischen Bemühungen Ende der 1950er Jahre nicht zu verstehen sind. Dann folgen in drei Abschnitten die wesentlichen Elemente seines utopischen Projektes: Lefebvres Theorie der Momente, die Theorie der Symbole und schließlich das Konzept eines revolutionären Romantizismus.

Die Vorgeschichte

Die Texte Lefebvres Ende der 1950er, Anfang der 1960er Jahre erschließen sich nicht unbedingt von selbst, sie sind nur im Zusammenhang mit seiner Biographie verständlich, der persönlichen sowie der intellektuellen.

Henri Lefebvre und das Abenteuer des Jahrhunderts – so lautet der Titel von Remi Hess' Biographie des französischen Philosophen und Soziologen. Und auch wenn die Qualität dieser Biographie zu wünschen übrig lässt, so könnte der Titel nicht besser gewählt sein: Henri Lefebvre hat das Abenteuer des kurzen 20. Jahrhunderts von Anfang bis Ende miterlebt. »Kurz« nannte Eric Hobsbawm das 20. Jahrhundert, weil es nur rund acht Jahrzehnte umfasste: Vom ersten Weltkrieg bis zum Zusammenbruch des Ostblocks. Als die Bolschewiki das Winterpalais stürmten, war Lefebvre sechzehn Jahre alt, die Berliner Mauer überlebte er um zwei Jahre.

In diese Zeitspanne fällt ein abenteuerliches Leben sowie ein ausuferndes Werk, von dem hier nur ein kleiner Ausschnitt beleuchtet werden kann.

Geboren wurde Henri Lefebvre am 16. Juni 1901 in Hagetmau, am Fuße der Pyrenäen. Seine Eltern hätten nicht unterschiedlicher sein können. Seine Mutter stammte aus der Gegend, während sein Vater aus der Bretagne in den Süden gekommen war. In seiner philosophischen Autobiographie *Die Summe und der Rest* schrieb er:

> »Meine Mutter war gläubig, ja sogar fanatisch; sie hatte eine quasi-jansenistische Erziehung genossen; die Härten des Lebens hatten ihren katholischen Glauben zunehmend aggressiver, inbrünstiger, härter werden lassen. Mein Vater war locker, leichten Gemütes, Anhänger Voltaires und antiklerikal: Er versäumte es nie, an Karfreitag einen Hasenpfeffer zuzubereiten, während meine Mutter den Tag damit verbrachte, um Vergebung zu beten.«[7]

Sein ursprünglicher Berufswunsch, Schiffsbauingenieur zu werden, zerschlug sich, und so schrieb er sich in Aix-en-Provence für Jura und Philosophie ein. Mit der ihm eigenen Ironie berichtete er später,

> »dass ich an den Vorlesungen von Maurice Blondel teilnehme […]; dass mich diese Vorlesungen begeistern; dass ich Jura vernachlässige, und zwar um so leichter und schneller, als ich in den Vorlesungen von M. Blondel ein anbetungswürdiges Mädchen kennengelernt habe …«[8]

Er setzte seine Studien in Paris bei Léon Brunschvicq fort, doch die akademische Philosophie ödete ihn an:

> »In der Lehre von Léon Brunschvicq antwortete nichts auf die Fragen, die sich ein junger Mensch nach dem Krieg stellte, mitten im Zusammenbruch der überlieferten Werte und Ideen.«[9]

---

7   Lefebvre, H., La Somme et le reste, Paris 1959, S. 242.
8   Ebd., S. 246f.
9   Ebd., S. 372.

Zur universitären Langeweile stand das intellektuelle und künstlerische Leben in Paris zwischen 1923 und 1926 in lebhaftem Kontrast:

> »Außerhalb der Sorbonne war, in unterschiedlichsten Richtungen, eine gewaltige Gärung im Gange, eine gewaltige Renaissance; zumindest glaubten wir das. Alles brach zusammen, alles begann von neuem. Die jugendliche Avantgarde entdeckte gleichzeitig Cantor, Einstein, Freud, Hegel, Marx, Lenin. Und Novalis, Hoffmann. Und Valéry, und Proust. Bunt durcheinander. Man kehrte auf Null zurück, aber man hatte in der Hand, woraus die Welt neu aufzubauen war. Die russische Revolution hatte reinen Tisch mit der bisherigen Geschichte gemacht und konstruierte die Gesellschaft von Grund auf neu; wir würden sie schnellstens nachahmen.«[10]

Mit Gleichgesinnten gründete Lefebvre eine Zeitschrift mit dem unbescheidenen Namen *Philosophies*, von der 1924 und 1925 fünf Ausgaben erschienen. Historisch bedeutsam ist die Auseinandersetzung der »Philosophen« mit zwei anderen Künstler- bzw. Intellektuellengruppen, die damals in Paris eine wichtige Rolle spielten: Den Surrealisten um André Breton einerseits, den Kommunisten der Zeitschrift *Clarté* andererseits.

Kern der Auseinandersetzung war die Frage nach der Möglichkeit von individueller und gesellschaftlicher Veränderung. Es ging in den Diskussionen zwischen den verschiedenen Gruppen darum, welche Art der Veränderung überhaupt gemeint und mit welchen Mitteln diese zu bewerkstelligen sei. Kunst – Metaphysik – Kommunismus: Das waren die drei Positionen, die zur Debatte standen.

Diese über mehrere Jahre hinweg ausgetragenen Debatten führten nach einigen Irrungen und Wirrungen schließlich dazu, dass der größte Teil der Philosophen-Gruppe Ende der 1920er Jahre in die kommunistische Partei eintrat. Zusammen mit Norbert Guterman veröffentlichte Lefebvre erstmals 1934 die Marxschen Frühschriften auf französisch, es folgen ausgewählte Schriften von Hegel (1938) und Lenin (ebenfalls 1938). Zudem planten die beiden eine fünfbändige Reihe zur materialistischen Philosophie. Nur der erste Band, *La Conscience mystifiée* (*Das mystifizierte Bewußtsein*), erschien 1936. Doch die für diese Reihe geplanten Thematiken ließen Lefebvre auch in der Zukunft nicht los – insbesondere das Thema des geplanten dritten Bandes. Dieser sollte den Titel *Critique de la Vie Quotidienne* (*Kritik des Alltags-*

---

10 Ebd., S. 373.

lebens) tragen. Später wird Lefebvre drei voluminöse Bände desselben Titels veröffentlichen, die in den Jahren 1947, 1962 und 1981 erscheinen.

Schon hier zeigte sich eine deutliche Ausrichtung des Lefebvreschen Denkens: Ihn interessierte nicht so sehr der wissenschaftliche Objektivismus, wie man ihn bei Marx und Engels findet. Mit der Analyse des mystifizierten Bewusstseins und dem Plan einer konkreten Untersuchung des Alltagslebens ging es Lefebvre vielmehr um die Frage der Subjektivität. Seine Variante des Marxismus kreiste nicht um objektive Gesetzmäßigkeiten, sondern um subjektive Erfahrung: Wie konstituiert sich das individuelle Bewusstsein und wichtiger noch, wie kommt es dazu, sich und die Welt in Frage zu stellen?

Unabhängig von der Zusammenarbeit mit Guterman publizierte Lefebvre in den 1930er Jahren zu Nationalismus, Hitler, Nietzsche und veröffentlichte eine Abhandlung über dialektischen Materialismus. All das, während er sein Geld als Gymnasiallehrer in der Provinz verdient.

Während der deutschen Besatzung war Lefebvre in der Résistance aktiv, bis er nach Campan in den Pyrenäen fliehen und dort das Ende des Kriegs abwarten musste. Nach dem Krieg war er zunächst in Toulouse beim Rundfunk tätig, arbeitete 1947 erneut als Gymnasiallehrer und erhielt schließlich ab 1948 eine wissenschaftliche Stelle als Soziologe beim Centre national de la recherche scientifique (CNRS).

In all der Zeit blieb er, trotz einiger unerfreulicher Erfahrungen in der Résistance, der Partei treu. In den 1950er Jahren jedoch begannen sich die Konflikte zu häufen. 1953 versuchte er in einem Parteiverlag ein Buch über marxistische Ästhetik zu veröffentlichen, das auf einigen älteren Aufsätzen beruhte. Um es überhaupt durch die Parteizensur zu bekommen waren zahlreiche Änderungen notwendig, um Lefebvres offensichtlichen Angriff auf die Doktrin des »sozialistischen Realismus« zu verbergen.

> »Das Buch war verloren. Ich dachte an es bereits wie an ein sehr, sehr krankes Kind. Man sieht seine Fehler nicht mehr; man liebt es. Ich wollte es retten.«[11]

Und so stellte er dem Bändchen ein Zitat Schdanows, des sowjetischen Chefideologen unter Stalin, voran. Und um diese Unterwerfung zu konterkarieren, wurde diesem Schdanow-Zitat ein Marx-Zitat vorangestellt: »Die Kunst ist die größte Freude, die sich die Menschheit selbst bereitet.« Dieses Marx-Zitat hatte nur den einen Schönheitsfehler, dass es von Lefebvre frei erfun-

---

11 Ebd., S. 538.

den worden war – was den stalinistischen Wächtern der Doktrin natürlich nicht auffiel. Als der Schwindel drei Jahre später aufgedeckt wurde, brachte dies Lefebvre eine einjährige Suspendierung seiner Parteimitgliedschaft ein.[12] Vorher war das Buch allerdings ein triumphaler Erfolg. Es wurde in zwanzig Sprachen übersetzt, darunter auch ins Russische und sogar ins Deutsche – was es zur ersten (und letzten) Lefebvre-Publikation in der DDR machte.

Dann kam das Jahr 1956. Dieses Jahr war das Schicksalsjahr der kommunistischen Bewegung – das Jahr in dem sie, zumindest bei den Intellektuellen, endgültig ihren Kredit verspielte. Dabei hatte es so gut begonnen: Chruschtschows Geheimrede auf dem XX. Parteitag, in der er die Verbrechen Stalins anprangerte, gab zu der Hoffnung Anlass, dass nun endlich eine wahrhaftige Auseinandersetzung darüber stattfinden könne, welche Fehler die kommunistische Bewegung seit der Oktoberrevolution gemacht hatte. Just zu dieser Zeit war Lefebvre in der DDR und erhielt von Wolfgang Harich eine deutsche Übersetzung der Chruschtschow-Rede.

Lefebvre fertigte eine Übersetzung ins Französische an und ließ sie im Kreis der Genossen kursieren – und wurde als Scheißkerl und Renegat beschimpft.[13] Der Parteivorsitzende Thorez, der während der Rede persönlich anwesend gewesen war, behauptete stur, es handle sich um eine Fälschung. Vorschnelle Hoffnungen auf eine Entstalinisierung der französischen KP waren also eindeutig verfrüht.

Andernorts witterten allerdings diejenigen kommunistischen Parteien, die sich wider besseres Wissen über Jahre hinweg zähneknirschend dem Diktat Moskaus gefügt hatten, ihre Chance. Wann, wenn nicht jetzt, war der Zeitpunkt gekommen, die kommunistische Bewegung zu ihren ursprünglichen Zielen zurückzuführen und nicht mehr als verlängerter Arm der sowjetrussischen Außenpolitik zu agieren?

Doch die Proklamation der ungarischen Unabhängigkeit durch den Reformkommunisten Imre Nagy wurde von der UdSSR mit einem Einmarsch von Panzertruppen blutig niedergeschlagen. Damit hatte sich der Kommunismus Moskauer Prägung – zumindest bei den Intellektuellen – endgültig ins Aus manövriert. Diejenigen, die sich in den 1920er Jahren aus Enthusiasmus angeschlossen hatten oder in den 1930er und 1940er Jahren angesichts der faschistischen Bedrohung im Stalinismus das kleinere Übel sehen wollten, wandten sich, wenn sie das nicht längst getan hatten, nun größtenteils angewidert ab. Selbst Sartre, der sich wahrscheinlich als letzter namhafter Intel-

---

12 Hess, R., Henri Lefebvre et l'aventure du siècle, Paris 1988, S. 129.
13 Ebd., S. 155.

lektueller zum nützlichen Idioten Moskaus machen ließ, entzog dem Regime nun seine Unterstützung.

Wie reagierte in dieser Situation Henri Lefebvre, der nun schon seit beinahe dreißig Jahren ein braver Parteisoldat war? Er machte einen letzten verzweifelten Versuch, innerhalb der kommunistischen Partei Frankreichs eine Erneuerung anzustoßen. 1957 publizierte er *Problèmes actuels du Marxisme*, das dann später auf Deutsch unter dem poetischeren Titel *Probleme des Marxismus, heute* erscheinen wird.

Darin konstatierte Lefebvre eine fundamentale Krise des marxistischen Denkens, das aber von den Stalinisten hartnäckig geleugnet würde. Und er war der festen Überzeugung, dass nur die Anerkennung dieser Krise und die Rückkehr zu einem authentisch marxistischen Denken aus dieser herausführe. Philosophischer Knackpunkt war dabei die berüchtigte »Widerspiegelungstheorie« des Bewusstseins. Diese stalinistische Doktrin ignoriert völlig die schöpferische Seite des menschlichen Bewusstseins, die vor allem vom klassischen deutschen Idealismus, insbesondere Kants und Hegels herausgearbeitet worden war.

Um diese verdinglichte Form einer angeblich »materialistischen« Erkenntnistheorie zu kritisieren, griff Lefebvre, wie viele antistalinistische Marxisten seiner Zeit, auf die Marxschen Frühschriften zurück. Ihr Argument: Die starre Entgegensetzung von Materialismus und Idealismus, wie sie der orthodoxe Marxismus vertrat, verkennt völlig die Bedeutung der klassischen idealistischen Philosophie für Marx. Lefebvre wies auf die erste Feuerbachthese hin, in der Marx das ganz klar zum Ausdruck gebracht hatte:

»Der Hauptmangel alles bisherigen Materialismus [...] ist, dass der Gegenstand, die Wirklichkeit, Sinnlichkeit nur unter der Form des Objekts oder der Anschauung gefaßt wird; nicht aber als sinnlich menschliche Tätigkeit, Praxis; nicht subjektiv. Daher die tätige Seite abstrakt im Gegensatz zu dem Materialismus von dem Idealismus [...] entwickelt.«[14]

Lefebvre kommentierte dies folgendermaßen:

»Die lange Tradition der idealistischen Philosophie ist also nicht zu verwerfen. Ganz im Gegenteil. In ihr findet sich der abstrakte – aber

---

14 Marx, K.: »Thesen über Feuerbach«, in: Marx, K. & Engels, F., Werke Bd. 3, Berlin 1956ff, S. 5.

in gewissem Grad gültige – Ausdruck der schöpferischen Tätigkeit der Menschen.«[15]

Es ging Lefebvre darum, die schöpferische Kraft des menschlichen Bewusstseins wieder zu ihrem Recht kommen zu lassen. Es ist eine wesentliche Einsicht des Marxschen Denkens, dass die philosophischen (ebenso wie die ökonomischen) Kategorien keineswegs absolut sind, sondern selbst Ausdruck historischer Praxis. Einerseits reflektieren sie diese Praxis, und zwar gleichgültig, ob sie der materialistischen oder idealistischen Tradition entspringen. Andererseits aber – und damit verschob Lefebvre etwas den Akzent gegenüber Marx – verfehlen sie diese auch immer, denn Bewusstsein und Wirklichkeit sind niemals deckungsgleich:

»Das Handeln der Menschen ist zumeist ein Tasten; sie werden von den Konsequenzen ihrer Akte verfolgt, nachgeschleift, überflügelt; in jedem Augenblick stehen so die Individuen und Gruppen vor Resultaten, die sie nicht gewollt haben. Jedoch ereignet und vollzieht sich alles vermittels und durch Bewußtsein, Willensakte und Ideen.«[16]

Keine menschliche Praxis ohne Bewusstsein, aber die Praxis ist reichhaltiger als das Bewusstsein, das die Menschen von ihr haben. Gleichzeitig – und das ist mindestens so wichtig – beinhaltet das Bewusstsein ebenfalls mehr als nur die Wahrnehmung der Erscheinungen der äußeren Welt. Äußere Welt und Bewusstsein sind somit keineswegs deckungsgleich. Dieser fundamentale Widerspruch begründete für Lefebvre die Möglichkeit und Notwendigkeit der Dialektik: Weil Bewusstsein und äußere Realität gegeneinander verschoben sind, kommt es zu Widersprüchen zwischen Bewusstsein und Wirklichkeit und in der Folge auch zu Widersprüchen innerhalb des Bewusstseins. Erkenntnis kann deshalb nie heißen, feste Kategorien auf die Erfahrung anzuwenden, sondern es muss immer darum gehen, die Widersprüche des Bewusstseins in Bezug zur gesellschaftlichen Praxis zu setzen:

»Die absolute Objektivität der Dialektik, wie sie vom dialektischen Materialismus notwendig postuliert wird, muss es sich als philosophische These gefallen lassen, immer wieder in Frage gestellt zu werden.«[17]

---

15 Lefebvre, H., Probleme des Marxismus, heute, Frankfurt am Main 1965, S. 48.
16 Ebd., S. 80.
17 Ebd., S. 128.

Der eigentliche Witz dieser Auffassung von Dialektik besteht darin, dass für Lefebvre diese dialektische Bewegung niemals abgeschlossen ist. Sie setzt in jeder historischen Situation von neuem ein, eben weil die menschliche Praxis reicher ist als das menschliche Bewusstsein darüber. Damit grenzt er die Marxsche Dialektik von derjenigen Hegels ab:

»Die Bildung der universellen Begriffe [...] folgte keiner inneren und kontinuierlichen Bewegung, wie Hegel dachte. Sie folgte einer ungleichmäßigen, diskontinuierlichen Bewegung mit ›Blockierungen‹, Aufenthalten und Sprüngen, ohne dass man sie auf die allgemeine Geschichte oder die Wirtschaftsgeschichte reduzieren könnte.«[18]

Das aber hieß für Lefebvre, dass genuin marxistisches Denken nicht als System zu haben war. Es musste grundsätzlich offen sein für neue historische Erfahrungen, die sein Kategoriensystem in Frage stellen konnte. Damit warf Lefebvre natürlich dem offiziellen Marxismus den Fehdehandschuh hin. Denn dieser Marxismus begriff sich als philosophisches System,

»und zwar ein geschlossenes System. [...] Er analysiert nicht das menschliche Bewußtsein an sich, um zu ermitteln, ob es nicht eine konkrete Funktion der Voraussicht, des Vorwegnehmens, der Antizipation hat; er studiert weder die Imagination und Vorstellung noch den Traum. [...] Er studiert nicht die Utopien und ihre geschichtlichen Bedingungen. Er interessiert sich hier nicht für die sehr wichtige philosophische Kategorie des Möglichen, für seine Beziehungen zum Wirklichen und Vernünftigen.«[19]

An die Stelle einer rigiden, verdinglichten »wissenschaftlichen Weltanschauung«, die alles erklärt und nichts begreift, forderte Lefebvre einen Marxismus, der aus der Erfahrung und Erkenntnis der Gegenwart eine bessere Zukunft antizipieren sollte. Dazu war für ihn aber ein grundlegender Richtungswechsel notwendig, der nicht auf objektive Gesetze, sondern auf die revolutionäre Subjektivität setzte.

---

18   Ebd., S. 125.
19   Ebd., S. 118.

Die Theorie der Momente

Dafür knüpfte Lefebvre noch einmal an Diskussionen an, die er Mitte der 1920er Jahre, vor dem Beitritt zur kommunistischen Partei, in der Gruppe der Philosophen geführt hatte. Damals wurde der Grundstein gelegt für die Theorie der Momente, die Lefebvre nun wieder aufgreift, um die Frage nach den Bedingungen der Möglichkeit revolutionärer Subjektivität neu zu stellen.

Worum geht es in dieser Theorie der Momente? In ihrer ursprünglichen Fassung thematisierte sie eine bestimmte Form der Zeiterfahrung. Lefebvre und seine Mitphilosophen hatten die Bergsonsche Unterscheidung von Zeit und Dauer aufgenommen. Gemeint ist damit die Differenzierung zwischen objektiver physikalischer Zeit einerseits und der Zeitlichkeit des Bewusstseins andererseits. Diese Unterscheidung als solche wurde von Lefebvre akzeptiert, die konkrete Bestimmung der Dauer (durée) wurde jedoch kritisiert:

> »Die Zeit in ihrer ganzen Tiefe, so schien es mir damals, erschöpft sich nicht in den Konzepten von Evolution, Entwicklung, Auflösung, Revolution, Aufstieg oder Niedergang und der Entfernung im Verhältnis zum Ursprung. Zeit und Zeitlichkeit schlossen meines Erachtens auch die Involution (Rückwendung) ein. Das heißt, dass die Dauer (durée), weit entfernt davon, sich nur durch die Linearität oder als durch Diskontinuitäten zerschnitten zu definieren, sich auch in sich zurückwendet, wie eine Schnecke oder Spirale, wie eine Strömung in Turbulenzen und Strudeln (Metaphern, die nur eine näherungsweise Wahrheit haben). Es formen sich also im Inneren jedes individuellen oder gesellschaftlichen Bewusstseins Formen der Dauer, die sich selbst während einer bestimmten Zeitspanne innerlich sind und sich aufrechterhalten, ohne still zu stehen oder sich außerhalb der Zeit zu setzen: die Momente.«[20]

Das klingt recht kryptisch und war es in der fiebrigen Zeit der 1920er Jahre wohl auch. Jetzt, Ende der 1950er Jahre, präzisierte Lefebvre die Vorstellung von einer »Involution der Zeit«. Diese Präzisierung ist aber gar nicht so leicht nachzuvollziehen, weil sich Lefebvre ganz bewusst weigerte, aus den »Momenten« eine ontologische Tatsache zu machen. Die Momente, obwohl sie, wie wir gleich sehen werden, existenziell das Leben der Menschen bestim-

---

20 Lefebvre, H., La Somme et le reste, Paris 1959, S. 233f.

men, haben keine höhere philosophische Dignität, die es erlauben würde, sie zum Fundament eines philosophischen Systems zu machen – etwa im Sinne eines »wahren« menschlichen Lebens im Gegensatz zum »falschen« Leben des drögen Alltags.

In der Tat ging es Lefebvre mit der Theorie der Momente darum, die ontologische Problematik der Marxschen Frühschriften zu umschiffen. So sehr er sich auch auf die menschliche Praxis berief, so tauchte sie bei ihm immer nur als historisch-empirische Kategorie auf, nie als eine Wesensbestimmung des Menschen. Menschen sind zweifellos praktisch tätig, aber daraus leitete Lefebvre, im Gegensatz zum frühen Marx, nichts ab. Die Möglichkeit der Veränderung ergibt sich – wie wir gleich sehen werden – aus der empirischen Tatsache der Momente.

Und weil es sich bei den Momenten um empirische Erfahrungen handelt, arbeitet Lefebvre in seiner Theorie der Momente weniger mit starren Begriffen und Definitionen, sondern vor allem mit Beispielen. Exemplarische »Momente« sind für ihn etwa das Spiel, die Ruhe, die Gerechtigkeit. Und vor allem eins: Die Liebe.

> »Ich werde nicht schreiben: ›Die Liebe ist eine Leidenschaft‹; auch nicht mit niedergeschlagenen Augen: ›Die Liebe ist eine Lust‹; auch nicht mit zum Himmel gerichteten Augen: ›Die Liebe ist eine Freude‹; auch nicht errötend: ›Die Liebe ist Wahnsinn‹. Ich werde einfach sagen: ›Die Liebe ist ein Moment‹ …«.
>
> Ich verstehe unter diesen Worten zunächst einmal die permanente Versuchung durch das Absolute. Die Liebe strebt zum Absoluten; ansonsten existiert sie nicht. Und dennoch ist das Absolute unmöglich, nicht lebbar, unhaltbar, absurd. In ihrer Nachbarschaft streift der Wahnsinn umher: Die leidenschaftliche Entfremdung, die der Einsamkeit oder der Verzicht auf das, was sie nicht ist. Sie packt dich, sie nimmt dich, sie überlistet dich, um dich zu ergreifen. Und du greifst ihr gegenüber zur List, um dich wiederzugewinnen …«[21]

Macht das klarer, was ein Moment im Lefebvreschen Sinne ist? Ich fürchte nicht. Wir kommen also nicht darum herum, die Theorie der Momente in halbwegs klare Begrifflichkeiten zu fassen – was wiederum nicht ganz einfach ist. Das Problem beginnt schon mit der Übersetzung: Soll man *le moment* in die maskuline Form oder die des Neutrums übersetzen? Als *der* Moment oder

---

21 Ebd., S. 343.

als *das* Moment? Beides hat seine Berechtigung, denn in jeder Übersetzungsvariante steckt ein Teilaspekt der Bedeutung, die Lefebvre dieser Kategorie gibt.

Die maskuline Form, also *der* Moment verweist im Deutschen auf die zeitliche Dimension: Der Moment ist ein zeitlich begrenzter Abschnitt im Fluss der banalen Alltäglichkeit, während dessen sich die Zeit in sich zurückwendet, einen Strudel bildet, sich in sich selbst verschlingt. Er ist der Faustsche Augenblick, zu dem man sagt »Verweile doch! « – bevor er sich wieder auflöst und in den gemächlichen Fluss der alltäglichen Zeit zurückkehrt.

Gleichzeitig ist *le moment* aber auch in der sächlichen Form zu lesen, als *das* Moment, angelehnt an die Terminologie der Hegelschen Dialektik. Es ist eine begrenzte Totalität, ein in sich geschlossenes Ganzes, das gleichwohl nur einen Teilaspekt eines größeren Ganzen bildet, eben des Alltagslebens. Als derart begrenzte Totalität trägt das Moment den Widerspruch in sich, der zu seiner notwendigen Aufhebung führen wird. Wobei, im Gegensatz zur Hegelschen Dialektik, die Aufhebung des Moments eben nicht zu einer höheren Einheit führt, sondern eben zu einem Rückfall in die Alltäglichkeit, aus der es sich ursprünglich herausgeschält hatte.

Wem das in dieser abstrakten Gestalt zu unverständlich ist, mag das bereits zitierte Moment der Liebe als Beispiel nehmen. Gemeint ist mit dem Moment der Liebe nicht der sexuelle Akt, sondern dieses Verliebtsein, das die ganze Erfahrung der alltäglichen Welt umstülpt. Nicht nur, dass die scharfe Trennung von Subjekt und Objekt, von Liebendem und Geliebtem aufgehoben ist, auch die ganze Welt ist durch dieses Moment der Liebe in ein anderes, zumeist als »rosafarben« bezeichnetes Licht getaucht. Das Gefühl der Entfremdung ist verschwunden, die Welt erscheint nicht mehr als eine mir fremd gegenüberstehende Macht, sondern ich erfahre sie mit einer Intensität, wie es sie im normalen Alltagsleben nicht gibt. Und wenn die unmittelbare Verliebtheit aufhört, die Liebe sich in die Banalität der Ehe und des Kinderkriegens auflöst, fällt sie zurück in den großen, grauen Fluss der Alltäglichkeit, das Gefühl der Entfremdung stellt sich erneut ein.

Innerhalb der alltäglichen Erfahrung gibt es also einen Widerspruch, den zwischen der drögen, entfremdeten Alltäglichkeit einerseits und den herausgehobenen Momenten andererseits, die diese Alltäglichkeit in Frage stellen. Dieser Widerspruch verdoppelt sich noch einmal innerhalb des Momentes selbst.

Am Beispiel der Liebe lässt sich nachvollziehen, wo der innere Widerspruch des Momentes zu finden ist. Einerseits hat es den Anspruch, sich absolut zu setzen. Doch dieser Anspruch auf Absolutheit ist andererseits nicht einzulösen – als solches »absolutes« Moment wäre es sein eigenes Gegenteil:

»Gerade weil es sich absolut setzt, provoziert und umgrenzt es eine bestimmte Entfremdung: die [...] Besessenheit des Liebenden, des Spielers, des Theoretikers, der sich der reinen Erkenntnis verschreibt, des verbissenen Arbeiters usw.«[22]

Das Moment ist also von vornherein zum Scheitern verurteilt. Gibt es seinen Absolutheitsanspruch auf, fällt es in die Entfremdung der Alltäglichkeit zurück; beharrt es aber auf diesem Absolutheitsanspruch wird es selbst zu einer Form der Entfremdung, die in der Selbstzerstörung endet. Deshalb ist das Moment der Liebe Stoff für große Tragödien: Romeo und Julia setzen ihre Liebe absolut – eine Absolutheit, die im Tod endet.

Dieses notwendige Scheitern des Moments, seine zwangsläufig tragische Natur sprach für Lefebvre keineswegs gegen es. Beim Moment geht es gerade darum, sich nicht von der Möglichkeit des Scheiterns abschrecken zu lassen. Im zweiten Band der *Kritik des Alltagslebens* konkretisierte er:

»Das Moment ist das Möglich-Unmögliche, das als solches angestrebt, gewollt und gewählt wird. Hier wird das im Alltag Unmögliche möglich, ja die Regel der Möglichkeit. Hier beginnt die dialektische Bewegung zwischen Möglichem und Unmöglichem mit ihren Konsequenzen.«[23]

Das Moment ist somit nicht ganz frei von einem existentialistischen Pathos. Lefebvre definiert es folgendermaßen:

»Als ›Moment‹ bezeichnen wir jeden Versuch zur totalen Verwirklichung einer Möglichkeit.«[24]

Das Moment ist nichts, das einem einfach so zustößt. Es ist das Resultat einer mehr oder minder bewussten Wahl. Der entscheidende Punkt in Lefebvres Definition dabei ist die »totale Verwirklichung«. Die »totale Verwirklichung« – beziehungsweise deren Unmöglichkeit – ist, wie wir gesehen haben, für den tragischen Charakter des Moments verantwortlich, der es aber überhaupt zu einem solchen macht.

---

22 Lefebvre, H., Kritik des Alltagslebens – Grundrisse einer Soziologie der Alltäglichkeit II, Kronberg/Ts. 1977, S. 183.
23 Ebd., S. 183.
24 Ebd., S. 184.

Wenn wir noch einmal das Beispiel der Liebe bemühen wollen, dann gibt es diese eben nicht nur in der Form der Tragödie, als *Romeo und Julia*, sondern auch als Komödie. In der Liebes-Komödie ist diese aber nicht als Moment gesetzt. Vielmehr verbleibt sie innerhalb der Alltäglichkeit, überschreitet den von dieser gesteckten Rahmen nicht, ist keine Entscheidung der Liebenden, sondern sie widerfährt ihnen, oft genug gegen ihren Willen.

Damit etwas zu einem Moment wird, bedarf es der bewussten Entscheidung für die »totale Verwirklichung« der Möglichkeit:

»Jede Verwirklichung als Totalität impliziert einen konstitutiven, inaugurierenden Akt.«[25]

Bei diesem konstitutiven Akt handelt es sich nicht um eine creatio ex nihilo, das Moment wird nicht aus dem Nichts geschöpft. Vielmehr findet dieser Akt seinen Stoff in der banalen Alltäglichkeit, erkennt in ihr aber eine Möglichkeit, die es zu ergreifen gilt:

»Das Moment entsteht im Alltag und erhebt sich aus ihm. Es nährt sich an ihm, schöpft aus ihm seine Substanz und negiert ihn nur in dieser Weise. Mitten im Alltag zeigt sich eine Möglichkeit (das Spiel, die Arbeit, die Liebe usw.) im spontanen, zweideutigen Rohzustand. Inmitten des Alltags wird jene inaugurierende Entscheidung getroffen, die das Moment konstituiert und gleichsam eröffnet. Diese Entscheidung nimmt eine Möglichkeit auf sich, hebt sie heraus, wählt sie zwischen mehreren anderen aus und stürzt sich vorbehaltlos hinein.«[26]

Das Moment ist das Resultat einer bestimmten Haltung, eines Lebensstils, der gerade darauf beruht, im Bewusstsein oder zumindest der Ahnung des zukünftigen Scheiterns dennoch diesen entscheidenden Akt zu vollziehen. Wird diese Entscheidung getroffen setzt sich das Moment temporär von der Unklarheit und Vieldeutigkeit des Alltagslebens ab. Statt dass das Leben in seiner entfremdeten Form einfach erlitten wird, erscheint es im Moment als »das Werk des Individuums [...], in dem es sich, wenn auch konfus, selbst erkennt.«[27]

Damit repräsentiert das Moment eine Form der konkreten Utopie, ohne auf eine Ontologie rekurrieren zu müssen: Gebunden an die erlebte, alltägli-

---

25 Ebd.
26 Ebd., S. 186f.
27 Ebd., S. 180.

che Wirklichkeit transzendiert sie diese temporär und beschwört damit ein Möglich-Unmögliches. Die Momente sind, wie Lefebvre sich ausdrückt, die konkrete Verwirklichung einer Potenz, der er ausdrücklich keinen ontologischen Status im klassisch-philosophischen Sinne zuschreiben will. Und praktisches Ziel dieser Haltung ist

> »die Transformation dieser Potenzen, dieser partiellen, zum Scheitern verurteilten Totalitäten, in ›etwas‹ unerhört Neues und wahrhaft Totales, in ›etwas‹, das imstande wäre, den Widerspruch zwischen Trivialität und Tragödie zu überwinden.«[28]

Ich gebe zu, sonderlich konkret ist dies nicht; aber zumindest die Intention ist klar. Wenn das Moment nicht individuell gewählt wird, sondern kollektiv, wenn nicht nur einzelne das Wagnis eines zumindest temporär nicht entfremdeten Lebens auf sich nehmen, dann haben wir es tatsächlich mit einer revolutionären Situation zu tun. Somit bricht die Theorie der Momente grundsätzlich mit der orthodox-marxistischen Revolutionsvorstellung, nach der die Revolution nichts anderes ist als die Ratifizierung objektiver historischer Gesetze.

Doch wie soll aus der individuellen Wahl ein kollektives Projekt werden? Ist diese Wahl nicht zwangsläufig rein individualistisch, wie Lefebvres Ex-Genossen von der Kommunistischen Partei sagen würden? Nicht unbedingt, obwohl die Möglichkeit natürlich besteht. Denn in die Konstitution der Momente schleicht sich ein allgemeines Element ein, das es ermöglicht, vom Individuellen zum Kollektiven überzugehen. Und dieses Element ist das Symbol.

Die Theorie der Symbole

Es wäre hier eigentlich der Ort, um auf Lefebvres Zeichentheorie einzugehen – doch würde das den Rahmen dieses Textes bei weitem sprengen. Nur so viel: Lefebvre versuchte, die Begrenzungen der damals modischen strukturalistischen Zeichentheorie zu überwinden. Für ihn war das Zeichen der Strukturalisten, das sich ihnen als Zusammenspiel von Zeichengestalt (Signifikant) und der Zeichenbedeutung (Signifikat) im Rahmen der Sprache darstellte, nur ein Spezialfall in dem, was er das »semantische Feld« nannte.

---

28   Ebd., S. 185.

Das semantische Feld ist ein Raum, in dem sich sehr unterschiedliche Zeichentypen tummeln, deren eines Extrem das Signal ist:

»Das Signal hat eine vollständig fixierte und fixe, definierte und definitive, präzise und imperative Bedeutung; es verknüpft zwei sich ausschließende ›Möglichkeitenï: Verbot die eine, Gebot die andere. Zweck der Signale ist die Konditionierung von Verhaltensweisen; sie bilden geschlossene Systeme, die, ohne Vermischung sich akkumulierend, die Alltäglichkeit programmieren.«[29]

Das Signal hat, anders als das (sprachliche) Zeichen, eben keine Bedeutung im strengen Wortsinne. Es dient allein der Konditionierung. Bestes Beispiel dafür ist die Verkehrsampel: Bei rot stehen, bei grün gehen. Da gibt es nichts zu interpretieren. Ich kann vielleicht die Situation, in der das Signal erscheint, interpretieren und bei rot über die Straße gehen. Doch das Signal selbst ist nicht interpretierbar, es ist absolut eindeutig. Der Witz daran ist, dass das Signal vollkommen willkürlich und gleichzeitig völlig determiniert ist. Es erlaubt keinerlei Kommunikation, sondern nur Gehorsam (oder Verweigerung).

Historisch ist das Signal eine sehr junge Form des Zeichens:

»Erste Impulse kommen von der Industrie: Die Dinge werden zu Verhaltenssignalen.«[30]

Es ist der entstehende Kapitalismus, der Zeichen zu Signalen entwertet, zu Hilfsmitteln der bloßen Konditionierung der Individuen. Es geht nicht um Mitteilung, gar Austausch, sondern um Befehl und Gehorsam. Sie sind die Signatur der Entfremdung.

Diesem einen Extrem steht auf dem anderen Pol des semantischen Feldes das Symbol gegenüber. Für seine Theorie der Symbole griff Lefebvre ganz massiv auf Hegels Ästhetik zurück, die dem Symbol (und der symbolischen Kunst) einen entscheidenden Stellenwert in der Entwicklung der Kunst einräumt.

Ganz im Gegensatz zum Signal ist das Symbol ein äußerst paradoxes Zeichen. Einerseits ist seine äußere Gestalt engstens verbunden mit seiner Bedeutung. Für Hegel ist das Symbol

---

29 Lefebvre, H.: »Einer neuen Romantik entgegen?«, in: Lefebvre, H., Einführung in die Modernität. Zwölf Präludien, Frankfurt am Main 1978, S. 298.
30 Ebd., S. 319.

»kein bloß gleichgültiges Zeichen, sondern ein Zeichen, welches in seiner Äußerlichkeit zugleich den Inhalt der Vorstellung in sich selbst befaßt, die es erscheinen macht«.[31]

Gemeint ist damit, dass dem, was die äußere Gestalt des Zeichens ausmacht, seine Bedeutung selbst schon einbeschrieben ist:

»Der Löwe z. B. wird als ein Symbol der Großmut, der Fuchs als Symbol der List […] genommen. Der Löwe nun aber, der Fuchs besitzen für sich die Eigenschaften selbst, deren Bedeutung sie ausdrücken sollen.«[32]

Gleichzeitig aber ist das Symbol verrätselt, denn es ist eben nicht das, was es symbolisiert, sondern ein anderes, das etwas anschaulich machen soll, was an sich nicht anschaulich ist. Hegel weißt explizit darauf hin, dass

»im Symbolischen die Bedeutung dunkel bleibt und etwas anderes enthält, als das Äußere, an dem sie sich darstellen soll, unmittelbar gibt«.[33]

Insofern bringt die altägyptische Kunst diese Zwiespältigkeit des Symbols idealtypisch zum Ausdruck:

»Die Werke der ägyptischen Kunst in ihrer geheimnisvollen Symbolik sind deshalb Rätsel, das objektive Rätsel selbst. Als Symbol für diese eigentliche Bedeutung des ägyptischen Geistes können wir die Sphinx bezeichnen. Sie ist das Symbol gleichsam des Symbolischen selbst.«[34]

In den Symbolen kommt etwas zum Ausdruck, was nicht wirklich gewusst, sondern nur unklar gespürt wird, das nicht die Bestimmtheit des Begriffs besitzt, deren es bedürfte, um in den Diskurs einzutreten. Dafür tragen

---

31 Hegel, G. W. F.: »Vorlesungen über die Ästhetik I«, in: Hegel, G. W. F., Theorie Werkausgabe Bd. 13, Frankfurt am Main 1970, S. 395.
32 Ebd., S. 395.
33 Hegel, G. W. F.: »Vorlesungen über die Ästhetik II«, in: Hegel, G. W. F., Theorie Werkausgabe Bd. 14, Frankfurt am Main 1970, S. 66.
34 Hegel, G. W. F.: »Vorlesungen über die Ästhetik I«, in: Hegel, G. W. F., Theorie Werkausgabe Bd. 13, Frankfurt am Main 1970, S. 465.

Lefebvre zufolge die Symbole etwas in sich, was er ihre »affektiven Kerne«[35] nennt. Sie haben eine Tradition, aus der sie ihren affektiven Gehalt beziehen. Sie sind kollektive Speicher von Sehnsüchten wie auch von Ängsten, die sie in bestimmten Situationen wieder freisetzen können. In bestimmten historischen Konjunkturen können Symbole die Menschen unmittelbar berühren und auf diese Weise ein Handeln in Gang bringen, wie es der rationale Diskurs niemals vermöchte.

Damit sorgen Symbole dafür, dass Entscheidungen völlig anders getroffen werden als dies unter dem Einfluss des Diskurses allein zu erwarten wäre. Dies macht die Symbole essentiell für das Verständnis der Momente. Um noch einmal unser Paradebeispiel anzuführen: Unter dem Einfluss des rationalen Diskurses würde es das Moment der Liebe niemals geben, sondern immer nur die kühl kalkulierte Vernunftehe. Es ist aber nicht der rationale Diskurs, warum sich Menschen kopfüber in das Wagnis der Liebe hineinstürzen, sondern die um die Liebe gruppierte Symbolwelt, ihre widersprüchlichen und rätselhaften Verlockungen.

Dennoch sind die Symbole keineswegs irrational. Sie ermöglichen vielmehr eine Form der Kommunikation, die über bloße Zweckrationalität hinausgeht. Mit Hilfe von Symbolen können sich Menschen über das verständigen, von dem sie noch nicht wissen, was es denn genau ist, das sie aber für ihr Leben als wesentlich erachten. Die Symbole schöpfen ihre Kraft aus der Vergangenheit, aus den Sehnsüchten und Ängsten derer, die sie hervorgebracht haben. Aber sie verharren nicht in dieser Vergangenheit, sondern weisen affektiv auf die Zukunft, auf eine Zukunft, in der diese Sehnsüchte erfüllt und die Ängste gegenstandslos geworden sind.

Damit werden die Symbole zum Material utopischen Denkens schlechthin. Wirklich utopischem Denken kann es nicht darum gehen, eine Zukunft zu entwerfen, die dann programmatisch umgesetzt werden kann. Derartige Zukunftsprojektionen werden sich immer in den Widerspruch zwischen dem Möglichen und dem Unmöglichen verheddern. Es geht vielmehr darum, Symbole so effektiv einzusetzen, dass dadurch Menschen affektiv erreicht werden. Nur so lässt sich ein zukunftsgerichtetes Handeln in Gang setzen, das in seinem Enthusiasmus die bürokratische Alternative zwischen dem Möglichen und dem Unmöglichen hinter sich lässt.

Es versteht sich von selbst, dass die treibenden Kräfte eines derartigen Projektes nicht die bürokratischen Kader in Parteien und Gewerkschaften sein

---

35 Lefebvre, H.: »Einer neuen Romantik entgegen?«, in: Lefebvre, H., Einführung in die Modernität. Zwölf Präludien, Frankfurt am Main 1978, S. 344.

können. Die Transformation bestehender Symbolsysteme in neue, aufregende Zusammenhänge, aus denen möglicherweise sogar neue Symbole hervorgehen, kann nicht das Geschäft von Bürokraten sein. Und so entwarf Henri Lefebvre zwischen 1957 und 1962 ein politisches Projekt, das er als »revolutionären Romantizismus« bezeichnete.

Revolutionärer Romantizismus

Es ist wenig wahrscheinlich, dass Lefebvre ernsthaft glaubte, mit seiner Kritik des stalinistischen Dogmatismus einen Kurswechsel innerhalb der kommunistischen Partei erzwingen zu können. Und so begann er, wohl in Vorahnung seines bevorstehenden Ausschlusses aus der Partei, ein neuartiges revolutionäres Projekt zu konzipieren. Ein Jahr vor seinem Ausschluss veröffentlichte er einen Aufsatz mit dem Titel *Vers un romantisme révolutionnaire – Einem revolutionären Romantizismus entgegen*.

Schon die positive Bezugnahme auf die Romantik musste für die Partei wie ein Affront wirken. War nicht die Romantik eine reaktionäre, rückwärtsgewandte Bewegung? In diesem ersten Text zum revolutionären Romantizismus, den er noch als Parteimitglied verfasste, war Lefebvre zumindest bereit, in dieser Hinsicht einige Zugeständnisse zu machen.

Hier unterschied er noch zwischen der reaktionären deutschen Romantik und der französischen Romantik in der ersten Hälfte des 19. Jahrhunderts. Die französische Romantik vor der Revolution von 1848 sei eine progressive Reaktion auf die nicht eingelösten Versprechen der Revolution von 1789 gewesen:

> »Die deutsche Romantik gründet sich auf ein implizites Postulat: Der Revolution auszuweichen (der bürgerlich-demokratischen); faktisch die deutsche bürgerliche Gesellschaft zu akzeptieren. [...] Die französische romantische Bewegung zieht im Gegensatz dazu ästhetische Konsequenzen aus der französischen Revolution. Sie assimiliert sie langsam, anspruchsvoll, auf der Ebene der Kunst. Wenn die französische Romantik die Philister verachtet, wenn sie die bürgerliche Gesellschaft und die Bürger zurückweist, dann im Namen der Revolution und der Demokratie.«[36]

---

36 Lefebvre, H., Vers un romantisme révolutionnaire, o. O. (nouvelles éditions lignes) 2011, S. 20.

Erst für die Zeit nach der – erneut gescheiterten – Revolution von 1848 gab auch Lefebvre einen Niedergang der französischen Romantik zu. Dennoch plädierte er dafür, das romantische Projekt wieder aufzunehmen, im Sinne des ursprünglichen französischen Romantizismus, dabei aber über diesen hinauszugehen. Doch worin gründet ein solcher revolutionärer Romantizismus? Am einfachsten lässt sich dies in der Auseinandersetzung mit dessen Widerpart erklären, dem Klassizismus.

Das ästhetische Ideal des Klassizismus ist das in sich stimmige, wohl gerundete Werk, in dem die Gegensätze versöhnt sind:

> »Die kritische Kenntnis der Geschichte und die Geschichte der Kunst zeigen, dass der Klassizismus eine vielfache Harmonie voraussetzt: Zwischen den Individuen und den gesellschaftlichen Gruppen – zwischen den Repräsentationen (den Ideen und Ideologien) und dem Gelebten – zwischen den Institutionen und der gesellschaftlichen Struktur.«[37]

Wo dieser Zusammenklang des Entgegengesetzten de facto nicht existiert, scheitert auch die klassizistische Kunst:

> »Je weniger real die Harmonie ist, desto nichtiger und steriler werden die Anstrengungen des Klassizismus.«[38]

Gegen die falsche Harmonie des Klassizismus – zu dem Lefebvre auch den sozialistischen Realismus zählte – setzt die Romantik die individuelle Empörung. Diese individuelle Empörung ist aber keineswegs individualistisch, denn sie gründet in den allgemeinen gesellschaftlichen Widersprüchen, gestaltet diese, indem sie ihnen das Bild eines anderen, reicheren individuellen Lebens entgegensetzt, indem sie unter Verwendung von Symbolen neue Bilder für das Andere findet, das der Gegenwart fehlt.

Während der Klassizismus keinen historischen Horizont, keinen Willen zur Überschreitung des Gegenwärtigen kennt, ist dies der Wesenskern der Romantik. In der Terminologie Lefebvres: Der Klassizismus beschränkt sich auf das Möglich-Mögliche, die Romantik hingegen zielt auf das Möglich-Unmögliche, ein erst noch Herzustellendes, dessen Notwendigkeit sich aus den Widersprüchen der Gegenwart ergibt.[39]

---

37 Ebd., S. 33.
38 Ebd.
39 Ebd., S. 66f.

Die Romantik hat also einen völlig anderen Zeithorizont als der Klassizismus. Die Gegenwart verändert sich für den romantischen Blick, indem dieser einen Standpunkt außerhalb dieser Gegenwart einzunehmen gezwungen ist. Doch welches dieser Standpunkt ist, unterscheidet die Romantik des 19. Jahrhunderts fundamental von Lefebvres revolutionärem Romantizismus. Während der alte Romantizismus sich in der Vergangenheit situiert, um der Gegenwart den Spiegel vorzuhalten, soll der revolutionäre die Gegenwart vom Standpunkt der Zukunft aus kritisieren, vom Standpunkt der noch nicht realisierten Möglichkeiten der Gegenwart.[40]

Doch was heißt das nun praktisch? Was ist revolutionärer Romantizismus ganz konkret? Lefebvre bleibt relativ vage:

»Der neue Romantizismus (der revolutionäre) bestätigt das Primat des Möglich-Unmöglichen und ergreift diese Möglichkeit als das Wesen der Gegenwart. So hofft er den Abgrund zwischen dem partiellen Gelebten und einer totalen Gegenwart zu überschreiten. […] Er propagiert einen Lebensstil soweit dieser einem Kunststil gemäß der Inspiration durch den alten Romantizismus entspricht.«[41]

Es ist ein Lebensstil, der die individuelle Erfahrung der Momente in ein kollektives Projekt transformiert. Doch wo wollte Lefebvre Ende der 1950er Jahre die revolutionären Romantiker finden, die diesen romantisch-revolutionären Lebensstil zu pflegen bereit waren und mit denen dieses Projekt zu verwirklichen war? Interessanterweise stellte sich das gar nicht als so schwierig heraus. Ebenfalls im Jahr 1957 hatte eine Gruppe von Künstlern eine Organisation gegründet, die sich dem Finden neuer Leidenschaften, revolutionärer Leidenschaften verpflichtete. Sie nannten sich *Situationistische Internationale*. In der ersten Nummer ihrer Zeitschrift *Internationale Situationiste* schrieb ihr theoretischer Kopf Guy Debord:

»Das Ziel der Situationisten ist die unmittelbare Beteiligung an einem Überfluss der Leidenschaften im Leben durch die Abwechslung vergänglicher, mit voller Absicht gestalteter Momente. Das Gelingen dieser Momente kann nur in ihrer vorübergehenden Wirkung bestehen. Die Situationisten fassen die kulturelle Tätigkeit vom Standpunkt der Totalität auf, als eine Methode der experimentellen Konstruktion

---

40 Ebd., S. 58ff.
41 Ebd., S. 68.

des alltäglichen Lebens, die mit der Ausdehnung der Freizeit und der Abschaffung der Arbeitsteilung – und an erster Stelle der Teilung der künstlerischen Arbeit – permanent entwickelt werden kann.«[42]

Tatsächlich nahm dieses Konzept bewusst Bezug auf Lefebvre, auf seine Kritik des Alltagslebens und seine Theorie der Momente. Ein Kontakt zwischen den Situationisten und Lefebvre war schnell hergestellt, und bis zum Jahr 1962 arbeiteten sie, mit unterschiedlichen Akzentsetzungen und unter Beibehaltung verschiedener theoretischer Differenzen, an dem neuen revolutionären Projekt zusammen, bei dem es nicht mehr um die Unterordnung unter historische Gesetzmäßigkeiten und die Parteidisziplin ging, sondern um die Entfesselung von revolutionären Leidenschaften.

Sowohl Lefebvre wie den Situationisten ging es gerade darum, einer sinnlosen Gegenwart durch die bewusst gestalteten Momente temporär einen Sinn aufzuprägen – einen Sinn, der gerade im Scheitern des Moments auf das Projekt einer nicht entfremdeten Zukunft verweist. Dies ist der große utopische Anspruch der Theorie der Momente:

»Was sie ins Auge faßt, ist eine Art von kritischer und zugleich totalisierender Erfahrung, eine ›Programmatik‹, die sich weder auf Dogmatismus noch auf reine Problematik reduziert: die höhere Einheit – höher als das bislang Vollendete – von Moment und Alltag, von Poesie und Prosa der Welt, kurzum von Fest und Alltagsleben.«[43]

Aus heutiger Sicht liest sich das bereits als eine Art vorweggenommener Programmatik der antiautoritären Bewegungen, die im Laufe der 1960er Jahre die gesellschaftlichen Verhältnisse erschüttern sollten. Und an dieser Praxis waren Lefebvre und seine Theorien sicherlich nicht ganz unschuldig ...

---

42 Debord, G.: »Thesen über die kulturelle Revolution«, in: Situationistische Internationale (Hg.), Gesammelte Ausgaben des Organs der Situationistischen Internationale Band 1, Hamburg 1976, S. 25f.
43 Lefebvre, H., Kritik des Alltagslebens – Grundrisse einer Soziologie der Alltäglichkeit II, Kronberg/Ts. 1977, S. 185.

Krunoslav Stojaković

Sozialistischer Humanismus

Zur konkreten Utopie Jugoslawiens

Vor dem Hintergrund der jüngeren Geschichte Jugoslawiens scheint es auf den ersten Blick sehr weit hergeholt, über Utopie und Glücksversprechen in diesem Staat zu sprechen. Vielmehr hatte (und hat) man eher das ungute Gefühl, in diesem Staat (und in seinen Nachfolgestaaten) habe sich eine negative Utopie, eine Anti-Utopie bewahrheitet. Doch wie verortete sich das sozialistische Jugoslawien selbst, was waren seine historischen Legitimationsgrundlagen und was haben diese um alles in der Welt mit Utopie zu tun? Am 5. August 1977 verfassten führende jugoslawische Philosophen folgendes Trauerschreiben:

»Erschüttert durch den Verlust des Großmeisters des philosophischen Denkens und des Wegweisers der kommunistischen Zukunft bitten wir sie uns zu erlauben, Ihre Trauer zu teilen.«[1]

Es war kein verspäteter Nachruf auf den wohl bekannteren »Wegweiser des Kommunismus« Stalin, und der Adressat ist auch nicht ein kommunistisches Politbüro: Es war ein Trauerschreiben anlässlich des Todes von Ernst Bloch. Und der Adressat war seine Witwe, Karola Bloch.

Die Verfasser waren allesamt überzeugte Marxisten, sie waren teil- und zeitweise Mitglieder der jugoslawischen KP, dem späteren Bund der Kommunisten Jugoslawiens. Und sie erinnerten an einen Philosophen, der in den meisten sich als sozialistisch bezeichnenden Staatsbürokratien des Ostens zumindest als Querkopf, wenn nicht als westlicher Spion oder Revisionist galt. Denn das Verhältnis zwischen der auf Wissenschaftlichkeit pochenden staatssozialistischen Systeme, mitsamt ihrer organisatorisch-ideellen Apparate, zu denjenigen Intellektuellen, die im Utopischen eine Möglichkeit der progressiven Gesellschaftsentwicklung erblickten, war – gelinde gesagt – konfliktiv, was im Übrigen nicht verwunderlich ist: Hier ein abgeschlossenes und strenges Kategoriensystem, dessen Ausgestaltung nicht einer kritischen Aushandlung und

---

1 Abgedruckt in Karola Bloch/Adalbert Reif (Hrsg.), »Denken heißt überschreiten«. In Memoriam Ernst Bloch, 1885–1977, Köln 1978, S. 322.

offenen Diskussion unterlag, und dort eine Systemauffassung, die geradezu antisystemisch argumentierte. Die parteioffiziellen Interpretatoren des Kommunismus erklärten objektive Gesetzmäßigkeiten zum Bewegungsprinzip, die utopischen Denker hingegen brachten den Einzelnen, das Subjekt aufs Tableau der Geschichte. Der Begriff »Utopie« genießt gemeinhin keine allzu positive Konnotation auf Seiten der politischen Linken und noch weniger auf konservativer Seite. Für das konservative, bzw. bürgerliche Lager ist er Inbegriff des »Unmöglichen«, pures »Wunschdenken«, vorgetragen von weltfremden Gutmenschen, die die einfache Tatsache nicht einsehen möchten, dass der Mensch als Gattungswesen in erster Linie ein »homo oeconomicus« ist, und deshalb das bestehende kapitalistische Wirtschaftssystem mit seiner bürgerlichen Demokratie das bestmögliche, weil einzig dem Menschen entsprechende Wirtschafts- und Gesellschaftssystem darstellt. Hinter dieser Ablehnung, so hat es der bekannte britische Sozialhistoriker Eric J. Hobsbawm in einer Rezension von Blochs Werk »Das Prinzip Hoffnung« formuliert, liegt die Furcht vor Veränderungen, die Erhebung des Statischen zum Prinzip:

> »Wirklich geleugnet wird das Utopische nur von denen, die eine geschlossene und mittelmäßige Welt erschaffen, gegen die die breiten Straßen, die zur Vollendung führen, abgezäunt sind: von der Bourgeoisie. [...] Statt Hoffnung Lügen, statt Wahrheit eine Maske.«[2]

Nun braucht es aber nicht wundersam zu erscheinen, dass die politische Rechte kein gesteigertes Interesse an einem Konzept hat, welches die »Möglichkeitsform«, das »Potentielle«, also die breiten Straßen, von denen Hobsbawm spricht, zum Prinzip erhebt, denn es ist ein Bild der permanenten Suche und Veränderung, eine Weltsicht, deren Kern nicht in der Konservierung bestehender Verhältnisse liegt, sondern in der permanenten Umwälzung derjenigen Zustände, die der Humanisierung aller Lebensbereiche im Wege stehen, die Negation der Negation im Namen des Humanismus. Und dazu gehört zuvörderst die Abschaffung der Klassenverhältnisse und die Aufhebung der Entfremdung, auf denen sich die bürgerliche Gesellschaft konstituiert.

Interessanter, und philosophiegeschichtlich folgenreicher, ist hingegen der schon angesprochene Widerstand, der sich auf Seiten der politischen Linken gegen den Begriff der »Utopie« regte (und auch heute noch weit verbreitet ist).

---

2   Eric J. Hobsbawm, Das Prinzip Hoffnung, in: Revolution und Revolte. Aufsätze zum Kommunismus, Anarchismus und Umsturz im 20. Jahrhundert, Frankfurt am Main 1977, S. 197.

Der überwiegende Teil der orthodoxen marxistischen Linken negierte dieses Prinzip des »Potentiellen« mit der Begründung, es sei »antimarxistisch« und somit »unwissenschaftlich«, es sei »kleinbürgerlich-radikal« und würde die historische Rolle der Arbeiterklasse als Motor der gesellschaftlichen Emanzipation negieren. Habe denn nicht sogar Friedrich Engels mit Nachdruck den Gedanken des »Utopischen« in seiner Schrift »Die Entwicklung des Sozialismus von der Utopie zur Wissenschaft« als reaktionär verworfen und auf die wissenschaftliche Gesetzmäßigkeit des historischen Materialismus als Grundlage der sozialistischen Weltauffassung hingewiesen? Solche Interpretationen konzentrierten sich indes nur auf einen Bereich der marxistischen Theorie, den des Materialismus, den aber schon Engels nicht als »mechanisch« verstanden wissen wollte.[3] Das (materielle) Sein bestimme zwar nach Marx das Bewusstsein, und da dies der Fall sei, müsse das (materielle) Sein eben so verändert werden, dass es dem Menschen diene, und nicht umgekehrt. Das Zentrum sei der Mensch, nicht die Ökonomie. Die pragmatisch-konservative Marxrezeption unterschlug auch die prinzipiell subversive Sprengkraft des dialektischen Gedankenprinzips, dessen Funktionsweise im Kern genau das widerspiegelt, was sich im Begriff der »Utopie« niederschlägt: die Suche nach immer neuen Wegen der menschlichen Emanzipation.[4]

Dialektik und Utopie

Zu den prominentesten Theoretikern, die den utopischen Grundgehalt des Marxismus betonten, zählte Ernst Bloch. Er, der sich eindringlich mit der Dialektik als Funktionsprinzip des Marxismus beschäftigte, legte die Betonung auf ihren immanent negierenden Gehalt. Für Marx selbst sei Dialektik das revolutionäre Prinzip schlechthin:

> »In ihrer rationellen Gestalt ist sie [die Dialektik, K. S.] dem Bürgertum und seinen doktrinären Wortführern ein Ärgernis und ein

---

[3] Friedrich Engels, Die Entwicklung des Sozialismus von der Utopie zur Wissenschaft, in: Karl Marx/Friedrich Engels, Ausgewählte Werke, Moskau 1987, S. 385–417, hier v. a. S. 399 f.
[4] Aufschlussreich ist in diesem Zusammenhang auch die Diskussion des Utopischen im Marxismus bei Leszek Kołakowski, der sich an Vorarbeiten von Georg Lukács anlehnt: Leszek Kołakowski, Die utopische Anti-Utopie von Marx, in: ders., Marxismus – Utopie und Anti-Utopie, Stuttgart etc. 1974, S. 9–26, insb. S. 23–26; Arnhelm Neusüss (Hrsg.), Utopie. Begriff und Phänomen des Utopischen, Berlin 1968.

Greuel, weil sie dem positiven Verständnis des Bestehenden zugleich auch das Verständnis seiner Negation, seines notwendigen Untergangs einschließt [...], sich durch nichts imponieren läßt, ihrem Wesen nach kritisch und revolutionär ist.«[5]

Für Ernst Bloch – übrigens auch für die jugoslawische Linksphilosophie der um die seit 1964 in Zagreb erscheinenden Zeitschrift *Praxis* gruppierten Autoren – machte gerade die Dialektik den progressiven Charakter des Marxismus aus. Das Denken des Utopischen war die konsequente Anwendung des dialektischen Prinzips: »Da ist, ganz nahe zu uns, die Anlage zu etwas, mit dem peinlichen und kräftigen Gefühl, zu sein, was man doch ebenso nicht oder noch nicht ist.«[6]

Dieses »Noch nicht« bezeichnet das permanente Hinterfragen des Bestehenden, die kritische Reflexion des Gegenwärtigen als noch nicht verwirklichte Vision des Zukünftigen. Die Utopie, oder präziser bei Bloch: *konkrete Utopie*, ist demnach Ausdruck einer dialektischen Weltauffassung. Sie ist kein Fabulieren, kein Wunschdenken, sondern die Einsicht, dass die Welt nicht in ein vorgepresstes Schema passt, dass sie sich permanent ändert und permanent geändert werden muss, um sie zu humanisieren. Das leugnet nicht die Ökonomie als gesellschaftliche Triebfeder, sondern die Unterordnung des Materiellen unter die Bedürfnisse des Menschen. Es ist kein Geheimnis, dass Ernst Bloch in den staatssozialistischen Staaten kein besonderes Ansehen genoss. In Jugoslawien jedoch – nach dem politischen Bruch mit der Sowjetunion von 1948 immer auf einen Spagat zwischen Ost und West angewiesen – avancierte Bloch zum wohl angesehensten westlichen Theoretiker jener Zeit. Von den offiziellen Parteitheoretikern sicherlich mehr aus politischem Opportunismus als aus theoretischer Übereinstimmung goutiert, sahen die Autoren der *Praxis* in Ernst Bloch einen Bruder im Geiste. Als Mitglied des internationalen Redaktionsbeirats, als Beiträger der Zeitschrift und als regelmäßiger Gast der Sommerschule auf Korčula verwob sich sein intellektuelles Werk vor allem in den 1960er Jahren mit dem linken Milieu Jugoslawiens.

Der jugoslawische Konflikt mit der stalinistischen Sowjetunion von 1948, und die da notwendig gewordene Neujustierung der eigenen politischen und ideellen Grundsätze, beflügelte in der Folgezeit die einheimischen Intellektuellen in ihrem Bestreben, nach alternativen und freiheitlichen Formen der

---

5   Zitat nach Ernst Bloch, Tübinger Einleitung in die Philosophie 2, Frankfurt am Main 1964, S. 61.
6   Ebd., S. 64.

sozialistischen Zukunftsentwicklung Ausschau zu halten. Schließlich ging der Impuls, sich verstärkt den frühen philosophischen Abhandlungen von Karl Marx und seiner Idee freier Produzentenassoziationen zu widmen, von der Partei aus. Hier sah sie eine neue Legitimitätsgrundlage ihres Bestehens – sowohl gegenüber dem abgefallenen Bündnispartner im Osten, als auch gegenüber den zukünftigen (vor allem wirtschaftlichen) Partnern im kapitalistischen Westen. Die essentiellen Wegmarken utopisch verstandener Geschichts- und Gesellschaftsentwicklung gerannen im jugoslawischen Staatsystem zu immanenten Handlungsprinzipien – zumindest offiziell.

Vom stalinistischen Dogma zur sozialistischen Offenheit?

In zwei zentralen Dokumenten des jugoslawischen Staatswesens in der Post-Stalin-Ära wurden die grundlegenden Werte seines Wirkens und seiner Existenz verbrieft: einmal in der »Verfassung der Sozialistischen Föderativen Republik Jugoslawiens« und einmal im Parteiprogramm des »Bundes der Kommunisten Jugoslawiens«. Diese Dokumente wecken zunächst, als offizielle Verlautbarungen eines Staates und seiner tragenden, weil einzigen Partei, kaum Assoziationen mit dem Begriff der »Utopie«. »Utopie« und »Staat«, ebenso wie »Utopie« und »Partei« passen irgendwie nicht zusammen: Das eine assoziiert man mit statischen und bürokratischen Institutionen, das andere mit dem Gedanken einer Überwindung bzw. Abschaffung eben dieser Überbauten. Sieht man sich die einzelnen Punkte indes genauer an, so findet man eine Tendenz zu Selbstkritik und -negation. In dem 1958 in der kroatischen Republikhauptstadt Zagreb verabschiedeten Grundsatzprogramm des Bundes der Kommunisten hieß es, in Kritik an spezifischen Organisationsmerkmalen des sowjetischen Einflussbereichs, dass die Gründe für die immer weiter fortschreitende Entfremdung zwischen kommunistischer Avantgarde und Proletariat ursächlich darin lägen, dass sich die Produktionsmittel im Besitz des Staates befänden, weshalb es zu einem »stets engeren Verwachsen von Staats- und Parteiapparat« gekommen sei, dessen Konsequenz es sei, »dass dieser Apparat, statt der Gesellschaft zu dienen, sich als ihr Gebieter entpuppt[e].« Stattdessen, so heißt es im Parteiprogramm weiter, müsse sich die »sozialistische Demokratie in ihrem Kern und in ihren Formen […] immer mehr in eine direkte Demokratie verwandeln, die sich auf die am weitesten entwickelten Formen der gesellschaftlichen Selbstverwaltung« gründe.[7]

---

7   Zitiert nach Programm des Bundes der Kommunisten Jugoslawiens (1958), abge-

Ihrer basisdemokratischen Intention und Reichweite nach noch weitergehender war die Verfassung von 1963. Dort heißt es im Artikel 34 eindeutig: »Das Recht der Bürger auf gesellschaftliche Selbstverwaltung ist unantastbar«, was ein »möglichst direkte[s] Handeln der Bürger mit der Zielrichtung auf die gesellschaftliche Entwicklung, die Ausübung der Macht und die Entscheidung über die anderen gesellschaftlichen Angelegenheiten« ermöglichen sollte.[8] Die Verfassung garantierte jedem jugoslawischen Bürger das unverletzliche Recht, selbst über seine Belange zu entscheiden. Es war auch nicht mehr ausschließlich von einem exklusiven Recht des »arbeitenden Volkes«, sprich: der Arbeiterklasse, die Rede, sondern von einem universellen Grundrecht jedes Jugoslawen. Die kaum sanktionierbare Vorenthaltung einer durchgehenden Ausübung dieses Grundrechtes in der alltäglichen Praxis führte jedoch zu einem permanenten Spannungsverhältnis zwischen Rechtsanspruch und Rechtswirklichkeit.

Das jugoslawische System war an sich so angelegt, dass sowohl der Staat als auch seine staatsführende Partei absterben müssten, um den Verfassungskern realisieren zu können. Anders jedoch als in den, dem Geiste nach ebenfalls freiheitlichen Verfassungen des Ostblocks, wurden in den jugoslawischen Verfassungen, und insbesondere in der Verfassung von 1963, die Grundlagen der vollständigen menschlichen Emanzipation nicht nur philosophisch als Zielperspektive angedeutet, sondern einklagbare Rechte eines jeden jugoslawischen Bürgers. Allein der Verfassungsrang von Selbstverwaltungsbeziehungen und die Überführung des Eigentums an Produktionsmitteln vom Staat hin zur Gesellschaft implizierte die Negation des Staates nicht nur philosophisch, sondern praktisch.

Galt die sowjetische Verfassung von 1936 in der linken Intelligenz lange als direktdemokratisches Muster, so beseitigte die jugoslawische Verfassung diejenigen Elemente, die dem Staat Eigentums- und Eingriffsrechte in der Verfügung über die Produktionsmittel einräumten. Wurde in der sowjetischen Verfassung von 1936 der Besitz an Industriewerken, Fabriken, Bergwerken, dem Transport- und Finanzwesen etc. als »Staatseigentum« kodiert, was in der sowjetischen Terminologie gleichsam als »Gemeingut des Volkes« bedeuten sollte, so tauchte der Staat als Eigentümer in der jugoslawischen Ver-

---

    druckt in: Boris Kanzleiter/Krunoslav Stojaković (Hrsg.), 1968 in Jugoslawien. Studentenproteste und kulturelle Avantgarde zwischen 1960 und 1975, Bonn 2008, S. 203–207, hier S. 204.

8 Verfassung der Sozialistischen Föderativen Republik Jugoslawien (SFRJ) – 1963, abgedruckt in: Kanzleiter/Stojaković, 1968 in Jugoslawien, S. 208 f., hier S. 209.

fassung gar nicht mehr auf;⁹ auch gab es seit 1963 in Jugoslawien im Gegensatz zur Sowjetunion keinen »staatlichen Volkswirtschaftsplan« mehr, der konkrete ökonomische Produktionsziele diktiert hätte.¹⁰ Der jugoslawische Bund der Kommunisten verlor ebenfalls seinen Alleinvertretungsanspruch, er sollte in Zukunft mehr als Debattierzirkel denn als alles entscheidende politische Organisation fungieren.¹¹

Angeregt durch die offizielle Befreiung von dogmatischen Vorgaben entwickelte sich in Jugoslawien eine offenere Diskussions- und Diskurskultur, die freilich nie ganz ohne Stockungen und Rückschläge blieb.¹² Die freie Assoziation freier Produzenten, die Befreiung des Menschen von jeglicher Form der Ausbeutung, Unterdrückung und Entfremdung, gerannen zu einem frischen und durchlüfteten marxistischen Systemdiskurs. Der Mensch als schöpferisches Wesen der Praxis sollte im Mittelpunkt stehen. Als einem Wesen der Praxis oblag somit dem Menschen, und nicht abstrakten Institutionen oder Berufspolitikern, die Gestaltung der Zukunft. Solche Ansichten hatten einen utopischen, weil auf die selbstbestimmte und immer wieder neu auf eine Humanisierung der Zukunft ausgerichteten Charakter.

---

9   Vgl. Art. 6 der Verfassung (Grundgesetz) der Union der Sozialistischen Sowjetrepubliken, abgedruckt in: Josef Stalin, Über den Entwurf der Verfassung der UdSSR. Verfassung (Grundgesetz) der Union der Sozialistischen Sowjetrepubliken, Moskau 1945, S. 62. Dagegen Verfassung der Sozialistischen Föderativen Republik Jugoslawien vom 21. Februar 1974: »Die sozialistische gesellschaftlich-ökonomische Ordnung der Sozialistischen Föderativen Republik Jugoslawiens gründet sich auf die frei assoziierte Arbeit mit Produktionsmitteln im gesellschaftlichen Eigentum und auf die Selbstverwaltung der Arbeiter in der Produktion […]«, abgedruckt in: Herwig Roggemann (Hrsg.), Die Verfassung der SFR Jugoslawiens, Berlin 1980, Art.10, S. 127.
10 Verfassung (Grundgesetz) der Union der Sozialistischen Sowjetrepubliken, Art. 11, S. 63.
11 Vgl. Program Saveza Komunista Jugoslavije, Beograd 1958. In der Sowjetunion hingegen galt die Kommunistische Partei nicht nur als »Vortrupp der Werktätigen«, sondern bildete eben auch offiziell »den leitenden Kern aller Organisationen der Werktätigen, der gesellschaftlichen sowohl wie der staatlichen«. Ebd., Art. 126, S. 92.
12 Den wohl bekanntesten, wenn auch nicht einzigen Fall stellt die Demission des hohen Funktionärs Milovan Đilas 1954 dar. Siehe dazu Milovan Đilas, Anatomie einer Moral. Eine Analyse in Streitschriften, Frankfurt am Main 1963. Ferner Kanzleiter/Stojaković, 1968 in Jugoslawien – Studentenproteste zwischen Ost und West, in: dies. (Hrsg.), 1968 in Jugoslawien, S. 13–39, insb. S. 15–18.

Die Zeitschrift *Praxis* als kognitive Avantgarde sozialistischer Offenheit

Zum intellektuellen Zentrum dieser philosophischen Neujustierungen entwickelte sich die Zeitschrift *Praxis*. Unter dem institutionellen Dach der Kroatischen Philosophischen Gesellschaft kam es 1964 zur Herausgabe der ersten Nummer der *Praxis*. Im von der Redaktion verfassten Einleitungstext »Wozu Praxis« wurde die zukünftige Ausrichtung der Zeitschrift als eine zwar »philosophische«, aber nicht »rein fachliche« skizziert, als eine vor allem auch »[…] über die aktuellen Probleme des jugoslawischen Sozialismus, der zeitgenössischen Welt und des Menschen in ihr« debattierende Zeitschrift, deren Ziel es sei, einen Beitrag zur »Entwicklung des authentischen, humanistischen Sozialismus« zu leisten.[13] Die Redaktion bestand ausschließlich aus Mitarbeitern der Zagreber Universität, in erster Linie der Fakultät für Philosophie und der ihr angeschlossenen Abteilung für Soziologie.[14] Zum erweiterten Redaktionsbeirat gehörten aber Wissenschaftler aus dem gesamten Staatsgebiet, hier seien vor allem die Belgrader Philosophen Mihailo Marković, Svetozar Stojanović, Zagorka Pešić-Golubović, Ljubomir Tadić und Miladin Životić genannt. Seit 1966 bestand, aufgrund der Herausgabe einer regelmäßigen internationalen Ausgabe, zudem ein internationaler Redaktionsbeirat, dem u. a. Jürgen Habermas, Ágnes Heller, Henri Lefébvre, Georg Lukács, Herbert Marcuse, Erich Fromm, Karel Kosik und Lucien Goldmann angehörten.

Neben der *Praxis* entwickelte sich vor allem die alljährlich im Spätsommer auf der Adriainsel Korčula stattfindende philosophische »Sommerschule auf Korčula«, die von den Initiatoren der *Praxis* organisiert wurde, zum Kristallisationspunkt offener und kritischer Systemanalyse. In der vorletzten Sitzung im Jahr 1972 debattierten die Teilnehmer der Schule sogar unter dem Oberthema »Utopie und Realität« über Probleme utopischen Denkens, wie in den Referaten »Realität und Utopie« von Milan Kangrga, »Humanität und Utopie« von Rudolph Berlinge, »Utopie und die tatsächliche Überwindung der Entfremdung« von Paul Piccone oder »Spontanität, Organisation und Anarchismus« von Daniel Guérin.[15]

---

13 Redakcija, Čemu Praxis?, in: Praxis 1, 1964, H.1, S. 3–6, hier S. 3.
14 Neben Gajo Petrović, der als kreativer Kopf und Initiator auch die Position des Chefredakteurs inne hielt, gehörten noch Branko Bošnjak, Danko Grlić, Milan Kangrga, Danilo Pejović, Rudi Supek und Predrag Vranicki der Praxis-Redaktion an. Angaben aus Kangrga, Šverceri vlastitog života. Refleksije o Hrvatskoj političkoj kulturi i duhovnosti, Split 2002, S. 31.
15 Korčulanska ljetna škola: Utopija i realnost, in: Praxis 9, 1972, H.1/2.

Was ist »Praxis«?

Innerhalb der jugoslawischen *Praxis* lag das Zentrum des Begriffs »Praxis« nicht unmittelbar und ausschließlich in der revolutionären Rolle der Arbeiterklasse und der Verknüpfung von politischer Praxis und theoretischer Arbeit, sondern er bildete den Ausgangspunkt jedweder menschlichen Handlung, die auf die Überwindung entfremdeter, dem Menschen oktroyierter »entmenschter«[16] Verhältnisse gerichtet war. Die Einheit von Theorie und Praxis bedeutete für sie nicht die Einheit zweier unterschiedlicher, sich grundsätzlich ausschließender oder ergänzender Kategorien menschlicher Handlung, sondern Praxis war gleichzeitig auch konkrete Theorie, ebenso wie die Theorie immanente menschliche Praxis war. Die Theorie durfte demnach nicht zum pragmatischen Spielball der politischen Praxis werden, ihr Wesenskern müsse, so die Forderung, in einer eigenständigen, kritischen und revolutionären Korrektur der politischen Praxis liegen. Ausgehend von der etymologischen Bedeutung des Wortes als einer gerichteten menschlichen Aktivität, verstanden die Initiatoren der Zeitschrift diesen Begriff als zentrale Kategorie innerhalb des Marxismus. Die Welt zu verändern – dieser Marxsche Grundsatz aus den Feuerbachschen Thesen wurde zum Ausgangspunkt der jugoslawischen Linksphilosophie. Der *Praxis* obliege die Aufgabe, »die zukünftige Welt zu entdecken und zu realisieren«, sie sei eine »revolutionäre und praktische menschliche Tätigkeit« mit dem Ziel, die gegenwärtige Welt durch eine »revolutionäre und kritische Beziehung« gegenüber sich selbst als auch der Umwelt zu vermenschlichen.[17] Eine solche Verortung menschlichen Handelns war nicht nur sehr offen und in letzter Konsequenz ideologisch unverfänglich, sie war auch unabgeschlossen, permanent, und vor allem: sie war subjektbezogene Dialektik. Der Materialismus habe, so der in Zagreb lehrende Branko Bošnjak in Anlehnung an Marx, »die Außenwelt [...] nur als Objekt verstanden [...], dem das Subjekt gegenübersteht, und nicht als die sinnliche menschliche Tätigkeit, nicht als Praxis, das heißt nicht als subjektive Handlung.«[18]

Indem nun die freie menschliche Handlung, verstanden als zielgerichtete und die Lebensumwelt ändernde »Praxis«, zum kategorischen Impera-

---

16 Svetozar Stojanović, Kritik und Zukunft des Sozialismus, München 1970, S. 25.
17 Branko Bošnjak, Ime i pojam Praxis, in: Praxis 1, 1964, H.1, S. 7–20, hier S. 17.
18 Ders., Betrachtungen über die Praxis, in: ders./Rudi Supek (Hrsg.), Jugoslawien denkt anders. Marxismus und Kritik des etatistischen Sozialismus, Wien 1971, S. 13–32, hier S. 27 f. Vgl. dazu die Äußerungen von Karl Marx, Thesen über Feuerbach, in: Marx/Engels, Ausgewählte Werke, S. 24–26, insb. die erste und neunte These.

tiv gesellschaftlicher Emanzipation erhoben wird, reduzierte sich die führende Rolle elitärer, Bewusstsein bildender Metaorganisationen wie etwa der Kommunistischen Partei lediglich auf eine temporäre, in revolutionären Umbruchsituationen ›einende‹ Kraft, deren Existenz Selbstzweck sein oder Stellvertretercharakter annehmen dürfe. Nicht die politischen Organisationen, sondern der Mensch sei der entscheidende Motivator gesellschaftlicher Veränderungen. Insofern bereite gerade der politisch-pragmatistische historische Materialismus sowjetischer Prägung jenen Kräften den Boden, die im Marxismus lediglich »objektive, vom Menschen unabhängige gesellschaftliche Bewegungsgesetze« erblicken, die wiederum nur von starken und ideologisch geschulten Organisationen verstanden und gelenkt werden könnten."[19]

Auf das tagespolitische Tableau erhoben, und hier streifen wir einen zweiten zentralen Themenkomplex der *Praxis*-Intellektuellen, kann und muss die menschliche Praxis die gegenwärtige Wirklichkeit sowohl des kapitalistischen als auch staatssozialistischen Ordnungssystems aufdecken, sie muss zum Kern des gesellschaftlichen Seins durchdringen, um den manipulativen »Schein« des Ist-Zustands, die Welt der »Pseudokonkretheit« zu durchbrechen, um zur konkreten Welt zu gelangen.

Es wird erkennbar, dass die Zielsetzung der menschlichen Praxis in der Überwindung der »Scheinwelt« liegen sollte, was nichts anderes bedeutete als die Aufhebung der Entfremdung. Somit ist auch die ethische Seite des Begriffs angesprochen, denn nur eine »humane und revolutionäre« Praxis könne »richtige Praxis [sein]«. Eine solche Praxis, so Predrag Vranicki, könne man als »konkrete Vernunft« bezeichnen, alles »antihumane« sei dagegen gleichzeitig auch eine »Antipraxis«.[20] In diesem Verhältnis wird die ganze Komplexität der *Praxis* deutlich: Gleichzeitig eröffnet das dialektische Prinzip den Horizont für ein weiteres Element der »Praxis-Philosophie«, nämlich die grundsätzliche »Negation des Bestehenden« – verstanden als eine »sinnvolle[n], schöpferische[n] Vermittlung«, um das Zukünftige, Utopische und immer wieder neu zu realisierende Projekt eines »positiven Humanismus« zu erreichen, dessen Kern eben nicht nur in der Aufhebung des Privateigentums,

---

19   Miladin Životić, Socijalistički humanizam i jugoslovenska filozofija, in: Filosofija 2, 1968, S. 111–120, hier S. 111. Vgl. auch die Ausführungen des tschechischen Philosophen Karel Kosik, Individuum i historija, in: ders., O dilemama suvremene povijesti, hrsg. von Ante Lešaja, Zagreb 2007, S. 167.
20   Bošnjak, Ime i pojam, S. 19; Predrag Vranicki, Uz problem prakse, in: Praxis 1, 1964, H.1, S. 35–42; siehe auch Ernst Bloch, Vorwort, in: ders., Das Prinzip Hoffnung, Bd.1, Kap. 1–32, Frankfurt am Main 1970, S. 1–18; Agnes Heller, Philosophie des linken Radikalismus. Ein Bekenntnis zur Philosophie, Hamburg 1978, S. 141 f.

sondern in der allumfassenden Befreiung des Menschen von »höheren Gewalten, seien diese nun ideeller oder materieller Natur«, liege.[21] In diesem Sinn argumentierten die jugoslawischen Linksphilosophen, dass ihre Disziplin nicht lediglich ein akademisches Fach sein könne, wolle sie ihre historische Aufgabe, ihre eigentliche Existenzberechtigung, erfüllen: die »permanente radikale Forderung nach einer Überwindung des Bestehenden zugunsten der wahrhaften Realität«, und das, so Milan Kangrga, sei »die Forderung der Selbstnegation.«[22]

Die Erwartung der Selbstnegation als Befreiungsakt nimmt die in den frühmarxistischen Schriften beschriebene dialektische Verbindung von Philosophie und Arbeiterklasse auf, wonach die Abschaffung des Proletariats als Klasse ihre Voraussetzung in der Verwirklichung der Philosophie habe, und diese ohne die Abschaffung des Proletariats nicht verwirklicht werden könne.

In dem Maße, in dem die Philosophie als revolutionäre Praxis aufgewertet wurde, verlor die Organisation, der im klassischen Marxismus-Leninismus die diesbezügliche Führungsrolle zufiel, ihren Exklusivitätsanspruch. Also war es kaum verwunderlich, dass im Bund der Kommunisten, trotz aller Beteuerungen im Parteiprogramm, die widerständigen Stimmen und die Polemik zunahmen.[23] Die Partei wurde als Akteur zumindest in die zweite Reihe versetzt, und insbesondere den kognitiven Zugriff verschoben die Philosophen auf ihr eigenes Terrain. Nicht mehr die Partei sollte die Arbeiterklasse und die gesamte Menschheit in eine bessere Zukunft führen, sondern der Mensch als Wesen der Praxis, dessen kognitiven Bezugspunkt die Philosophie als tagtägliche Anleitung kritischen Denkens ohne vorgegebene Denkmatrizen und in permanenter Bewegung und selbstreflexiver Auseinandersetzung setzen müsse: »Eine der wichtigsten Lehren, welche die Redakteure der *Praxis* aus ihren Beobachtungen zogen«, resümierte Gajo Petrović, sei gewesen,

---

21 Milan Kangrga, Praxis und Kritik. Betrachtungen zu Marx' Thesen über Feuerbach, in: Gajo Petrović (Hrsg.), Revolutionäre Praxis. Jugoslawischer Marxismus der Gegenwart, Freiburg im Breisgau 1969, S. 95–109, hier S. 101; Danko Grlić, Praxis und Dogma, in: Petrović, Revolutionäre Praxis, S. 110–124, hier v.a. S. 112 f; Miladin Životić, Proletarischer Humanismus. Studien über Mensch, Wert und Freiheit, München 1972, v.a. S. 48 f; Vranicki, Geschichte des Marxismus, Bd.1, S. 105 f; Der Begriff »positiver Humanismus« findet sich u. a. bei Veselin Golubović, Komunizam je humanizam, in: Kritika 3, 1965, S. 5 f.
22 Milan Kangrga, Marx i realizacija filozofije, in: Danas, 20.12.1961, S. 1, 10, hier S. 10.
23 Vgl. an dieser Stelle dazu beispielhaft Milentije Popović, Neke savremene tendencije i pojave u našem političkom životu, in: Socijalizam 9, 1966, S. 1375–1392.

»daß das Schicksal unserer Welt mit der Entwicklung unserer Philosophie eng verknüpft ist [...], in der die Philosophie der Gedanke der Revolution sein soll, rücksichtslose Kritik alles Bestehenden, humanistische Vision einer wirklich menschlichen Welt, inspirierende Kraft revolutionären Handelns.«[24]

Aus diesem utopischen Emanzipationsverständnis heraus konnte eine Verabsolutierung gegenwärtiger gesellschaftlicher Organisationsformen lediglich eine der Humanisierung entgegenstehende verschleierte Repressions- und Konservierungsideologie sein:

»Daher kann das, was heute besteht, kein Reich der Askese und der Herrschaft mediokrer Geister sein, das uns morgen in ein Reich des Überflusses und der Freiheit führen könnte; es kann daher auch keine Kaserne sein, die uns dereinst in geistige Freiheit versetzen könnte; auch keine Herrschaft durch ideelle Direktiven, getroffen hinter geschlossenen Türen; keine Herrschaft der Denunziation und moralisch minderwertiger Spitzel, die uns dann einmal zu selbständigen Persönlichkeiten heranbilden könnte; auch nicht ein Reich des Hasses, das uns dereinst der Liebe nahe brächte; nicht ein Reich der Polizei, das in Zukunft die Freiheit ermöglichte oder etwa ein Reich des Inhumanen, das die Pforten zum Humanen eröffnete.«[25]

Der Marxismus tritt hier nicht mehr als generelle Eschatologie auf. Das Heilsversprechen einer besseren, humaneren und alle glücklich machenden Zukunft, das im orthodoxen Sowjetmarxismus als Kompensation für die Unzulänglichkeiten, Ungerechtigkeiten und Repressionen herhalten musste, wich dem Fokus auf die Gegenwart. Der sowjetische Verweis auf die Zukunft, so die weit verbreitete Überzeugung, sei Ideologie zur Verdeckung tatsächlicher Machtverhältnisse und diene der Vertuschung des realen, antisozialistischen Charakters des sowjetischen Gesellschaftssystems. Den Sozialismus, so die Quintessenz, könne man nur durch die konsequente Einführung von Selbstverwaltungsbeziehungen aufbauen.

---

24 Zitat nach Gajo Petrović, Die jugoslawische Philosophie und die Zeitschrift »Praxis«, in: ders., Revolutionäre Praxis, S. 7–21, hier S. 15.; ähnlich argumentiert auch Milan Kangrga, Der Sinn der Marxschen Philosophie, in: ebd., S. 50–69, insb. S. 61.
25 Danko Grlić, Sozialismus und Kommunismus, in: Supek/Bošnjak, Jugoslawien denkt anders, S. 93–114, hier S. 96 f; ders. Socijalizam i komunizam, in: Praxis 1, 1964, H.2, S. 163–171.

Konkrete Utopie: Arbeiterselbstverwaltung

In seiner 1970 veröffentlichten Studie zur Arbeiterselbstverwaltung in Jugoslawien hat der Berliner Rechtswissenschaftler Herwig Roggemann eine für die damalige Zeit gängige Einschätzung des jugoslawischen Wirtschaftsmodells geliefert, indem er dieses als »bemerkenswerteste Leistung sozialistischer Wirtschaftstheorie und Praxis« bezeichnete. Es habe nicht nur eine immense Bedeutung für die innerjugoslawische Entwicklung, vielmehr stelle es eine europäische Herausforderung dar: »Die Ausstrahlungswirkung und Bedeutung des jugoslawischen Selbstverwaltungssystems für die sozialistischen wie für die kapitalistischen Länder Europas« könnten, so seine These, »kaum überschätzt werden«. Sowohl die zentralistisch-totalitären Volksdemokratien und die Sowjetunion sowie auch die westlichen, liberaleren kapitalistisch-marktwirtschaftlichen Staatswesen müssten ihre Wirtschaftsverfassungen an den »wirtschaftsdemokratischen Maßstäben messen lassen, die das jugoslawische Modell gesetzt habe«.[26]

Diese Bewertung in einer sonst durchaus kritischen Studie zeugte nicht nur von der Hoffnung auf eine wirtschaftsdemokratische Alternative zu den bestehenden und etablierten ökonomischen Verfassungen. Sie war vielmehr auch der Ausdruck einer spezifischen ideengeschichtlichen Orientierung eines großen Teils der linken Intelligenz. Die Akzentverschiebung von der Problematik des ökonomischen Ausbeutungsverhältnisses hin zur Überwindung gesellschaftlicher Entfremdungskonstellationen blieb somit nicht nur eine akademische Diskussion, sie fand auch ihre praktische Entsprechung im jugoslawischen Wirtschafts- und Gesellschaftsmodell.[27] Die formal-konstitutive Implementierung dieser basisdemokratischen Grundsätze, insbesondere der Definition des ökonomischen Funktionsprinzips, beruhte auf der Idee einer freien Produzentenassoziation:

»The basis of the social-economic system of Yugoslavia is free, associated work with socially-owned means of labour, and self-management

---

26 Herwig Roggemann, Das Modell der Arbeiterselbstverwaltung in Jugoslawien, Frankfurt am Main 1970, S. 9 (erstes Zitat) und S. 11 (zweites Zitat).
27 Zur theoretischen Akzentverschiebung siehe Ingrid Gilcher-Holtey, Kritische Theorie und Neue Linke, in: dies. (Hrsg.), 1968. Vom Ereignis zum Mythos, Frankfurt am Main 2008, S. 223–247. Zu Jugoslawien vgl. Svetozar Stojanović, Kritik und Zukunft des Sozialismus, München 1970, S. 24 f.; jüngst auch Borislav Mikulić, Politički nagon filozofije i njegove sudbine, ili ›dijalektika prosvjetiteljstva‹ u doba debakla, in: up & underground 13, 2008, S. 91–109.

of the working people in production and in distribution of the social product in the working organization and social community.«[28]

Die Einführung der Arbeiterselbstverwaltung als ökonomisch-gesellschaftliches Organisationsprinzip und die damit direkt zusammenhängende Verschiebung der Besitzverhältnisse an den Produktionsmitteln vom Staat hin zu den Produzenten gehörte folgerichtig zu den maßgeblichen Identifikationspunkten zwischen der Staats- und Parteiführung und der akademischen und kulturellen Intelligenz. Obwohl die Notwendigkeit und Progressivität dieses Ordnungskonzeptes nicht zur Disposition stand, entspann sich doch gerade hier die substantiell markanteste Kontroverse zwischen dem Bund der Kommunisten und kritischen Intellektuellen. Die offiziellen Verlautbarungen bargen ein Gefahrenpotential für die politische Elite Jugoslawiens, da ihre eigene Argumentation zum Ausgangspunkt von Kritik an ihnen wurde. Für die jugoslawische Linksphilosophie war das Selbstverwaltungsprinzip ein eminenter Ausdruck des humanistischen Sozialismus und somit die Materialisierung einer konkreten Utopie. Sie war die dialektische Negation des etatistischen Sozialismus und seiner bürokratischen Tendenzen.

Der renommierte Belgrader Philosoph und Theoretiker des Selbstverwaltungssozialismus Mihailo Marković fasste die Position der Linksintellektuellen zum Entwicklungsgrad des jugoslawischen Selbstverwaltungssystems pointiert zusammen: »Jugoslawien gehört das historische Verdienst, den Gedanken der Selbstverwaltung wiederentdeckt und (allein) mit seiner Realisierung begonnen zu haben.« Daraus folge jedoch leider nicht, »daß die Bürokratie hier zu einer bedeutungslosen sozialen Kraft abgesunken wäre.« Folgerichtig weist Marković darauf hin, »daß die gesellschaftliche Selbstverwaltung bei uns [in Jugoslawien, K. S.] noch nicht voll realisiert und daß ihr voller Sinn noch nicht verstanden worden« sei.[29] Es sei für die jugoslawische Selbstverwaltung charakteristisch, dass sie sehr unzureichend ist, dass sie nicht bis zur Spitze reicht, und dass die eingeführten Formen der Selbstverwaltung nicht mit Inhalt ausgefüllt worden seien. Es bestünde ein übertriebenes Insistieren auf den institutionellen Rahmen, Statuten, Rechtsformen usw. Daraus resultiere die Gefahr ihrer bloßen Formalisierung. Zudem herrsche ein starkes Ver-

---

28 Zitat nach Abschnitt 1, Kap. 2, Art. 6 der englischen Übersetzung des Verfassungstextes von 1963: The Constitution of the Socialist Federal Republic of Yugoslavia, Beograd 1963, S. 13; zur theoretischen Unterscheidung zwischen formaler und materieller Konstitution vgl. Michael Hardt/Antonio Negri, Empire. Die neue Weltordnung, Frankfurt am Main/New York 2003, S. 12.
29 Mihailo Marković, Dialektik der Praxis, Frankfurt am Main 1968, S. 96.

langen danach, zwei inkompatible Elemente miteinander zu verbinden: des Staates als einem Überbleibsel aus der kapitalistischen Gesellschaft, und der Selbstverwaltung als eines neuen sozialistischen Systems. Allein die Existenz eines so starken Staates würde zu enormen bürokratischen Tendenzen führen, die, der Natur der Sache nach, die Entwicklung von Selbstverwaltungsbeziehungen behindern und verhindern. Die Einforderung der direkten Produzentenkontrolle bezog sich nicht nur auf den ökonomischen Bereich, wo seit dem »Elementargesetz über die Verwaltung der staatlichen Wirtschaftsunternehmen und höheren wirtschaftlichen Vereinigungen durch die Arbeitskollektive« von 1950 die Kontrollfunktion zumindest formal an die Arbeiter delegiert worden war. Sie wurde eingefordert als allumfassendes Organisationsprinzip der jugoslawischen Gesellschaft, als »Beginn der Befreiung des einzelnen von Grund auf.«[30] In den Verlautbarungen des BdKJ oder einzelner seiner führenden Mitglieder wurde zwar häufig darauf insistiert, dass sich die gesellschaftlichen Beziehungen in Jugoslawien immer grundlegender nach selbstverwalteten Organisationsprinzipien entwickelten. In diese Richtung gingen auch die gesetzliche Verankerung der kommunalen Selbstverwaltung, der Ausbau des Delegiertensystems oder die in Verfassungsrang erhobene Codierung der Selbstverwaltung als generellem Organisationsprinzip des jugoslawischen Gesellschaftssystems. Aber in einem entscheidenden strukturellen Punkt bewegte sich der BdKJ nur unzureichend und widersprüchlich, nämlich in der Definition seiner eigenen Rolle im Rahmen einer demokratischen und selbstverwalteten sozialistischen Gesellschaft. Das war ein Resultat des Versuchs, das bestehende monistische System als Machtgrundlage zu erhalten und gleichzeitig ideologischer Motor der Selbstverwaltung zu sein.

Wurde die unmittelbare Produzentenkontrolle auf dem ersten Kongress der jugoslawischen Arbeiterräte im Juni 1957 noch pathetisch als »eine der stärksten Quellen der politischen Kraft unserer sozialistischen Gesellschaft« bezeichnet, in der »die unmittelbaren Produzenten die führende gesellschaftliche Rolle und alle entscheidenden Positionen in ihren Händen« hielten[31], so zeichnete die Realität ein weniger konfliktloses Bild der industriellen Selbst-

---

30 Ebd., S. 112.
31 Rezolucija Prvog kongresa radničkih saveta Jugoslavije od 27. juna 1957., in: Jovan Đorđević/Najdan Pašić, Teorija i praksa samoupravljanja u Jugoslaviji, Beograd 1972, S. 1115–1117, hier S. 1115. Vgl. auch die Rede des jugoslawischen Gewerkschaftsführers Đuro Salaj, Dosadašnja iskustva i dalji razvoj radničkog samoupravljanja u Jugoslaviji. Na kongresu radničkih saveta Jugoslavije, 25. juna 1957. godine, in: Blagoje Bošković/David Dašić, Samoupravljanje u Jugoslaviji, 1950–1976. Dokumenti razvoja, Beograd 1977, S. 89–97, insb. S. 90–95.

verwaltungsbeziehungen. Nach Umfragen des Belgrader Instituts für Gesellschaftswissenschaften zwischen 1958 und 1960 war der personelle Einfluss der Partei umso stärker, je höher die zu besetzende Stelle im betrieblichen Hierarchiesystem angesiedelt war. Während auf der mittleren Ebene die Parteimitglieder knapp ein Drittel der Positionen besetzten, wuchs der Parteieinfluss auf der Ebene der Unternehmensdirektoren auf 93 Prozent.[32] Diese Indikatoren deuten an, dass der Einfluss der Partei auch nach ihrer proklamierten ideologischen Öffnung kaum zurück ging.

Selbst die Gewerkschaftsführungen räumten relativ früh ein, dass die bisherige Entwicklung der Arbeiterselbstverwaltung primär mechanischen Charakter hätte: »Noch ist seine Rolle [des Arbeiters, K.S.] darauf beschränkt, den Arbeiterrat zu wählen und abzuberufen, gelegentlich benachrichtigt und evtl. über Beschlüsse des Arbeiterrats konsultiert zu werden. Mit anderen Worten, die Arbeiterselbstverwaltung auf der Unternehmensebene ist zentralisiert geblieben.«[33]

Aus beiden Bewertungen wird deutlich, dass die an sich garantierte Produzentenkontrolle an der starken bürokratischen Entscheidungsstruktur scheiterte. Neben dem hochkomplexen Regelungssystem der Selbstverwaltungsbeziehungen war der Parteieinfluss einer der entscheidenden Faktoren für Ineffizienz und Resignation innerhalb der Belegschaften jugoslawischer Betriebe. Trotz aller Bekundungen des BdKJ und seiner Funktionsträger bewahrte das jugoslawische System seine hierarchische Entscheidungsstruktur. Unter diesen machtpolitischen Voraussetzungen konnte sich die Emanzipation der Arbeiter niemals voll entfalten, ihnen wurde im Regelfall die direkte Einmischung in wichtige Entscheidungsfindungen vorenthalten. Nicht nur die einschlägigen empirischen Untersuchungen jugoslawischer Betriebe zeigen die Diskrepanz zwischen formalen und realen Selbstverwaltungsbeziehungen, sie wird auch in der Präambel der Verfassung von 1974 deutlich, wo »bürokratische Willkür, technokratische Usurpation und [...] Privilegien, die auf dem Monopol der Aneignung gesellschaftlicher Mittel aufgrund von Gruppeneigentumsbildung oder in anderen Formen der Privatisierung dieser Mittel [...]« detektiert und als Verstoß gegen das »durch diese Verfassung festgelegte gesellschaftlich-ökonomische und politische System« verurteilt worden sind.[34]

---

32 Zahlen nach Roggemann, Arbeiterselbstverwaltung, S. 234.
33 Ebd., S. 227 f.
34 Zitate nach Herwig Roggemann, Verfassung der SFRJ vom 21. Februar 1974, in: ders., Die Verfassung der SFR Jugoslawien, Berlin 1980, S. 109.

In seiner Untersuchung des im slowenischen Kranj beheimateten Gummiwerks SAVA diagnostizierte Wolfgang Soergel verallgemeinerbar, dass die betriebliche Parteiorganisation nicht nur einen überproportionalen politischen Einfluss ausübte – der erste Sekretär der Parteiorganisation war zugleich auch Personalchef –, sondern dass sie »zum Kristallisationspunkt der Interessen der leitenden Angestellten« geworden sei.[35] Diesem Trend entsprach auch die aus politischer Resignation oder einem Bildungsdefizit resultierende Passivität der Arbeiter im Entscheidungsfindungsprozess eines Betriebs. Wie soziologische Untersuchungen belegen, entfaltete sich der Entscheidungsfindungsprozess nicht von unten nach oben, sondern als Direktive der obersten Funktionsträger. Somit blieben die jugoslawischen Arbeiter weiterhin entfremdete Subjekte ihres ›eigenen‹ Betriebes.[36]

Das nicht zu leugnende Bildungsdefizit innerhalb der jugoslawischen Arbeiterschaft darf indes nicht überstrapaziert werden, diente es doch allzu oft als wohlfeile Ausrede für die Vorenthaltung einer durchgehenden Demokratisierung der bestehenden Selbstverwaltungsstrukturen. Im Zentralen Arbeiterrat von SAVA saßen nach einer für das Jahr 1970 berechneten Statistik 64 Prozent Angestellte, die jedoch nur 20 Prozent der Gesamtbelegschaft ausmachten. Interessant auch die Einschätzung der persönlichen Zufriedenheit mit der Interessenvertretung in den einzelnen Selbstverwaltungsorganen. Nur knapp 20 Prozent der manuellen Arbeiter äußerten sich zufrieden mit der Artikulation und Durchsetzung ihrer Interessen in den Selbstverwaltungsgremien, während 70 Prozent der Mitglieder des Zentralen Arbeiterrats der Meinung waren, sie würden die Arbeiterinteressen adäquat und zufriedenstellend vertreten.[37] Vor diesem Hintergrund ist der resignative Ton von Aussagen, man diskutiere in den Gremien nicht, da man ohnehin nicht gehört werde, verständlich. Er bildet jedoch nicht den gesamten Bewusstseinsstand der Arbeiter ab, wie die immens hohe Streikquote Jugoslawiens verdeutlicht.[38]

---

35 Zitat nach Wolfgang Soergel, Die jugoslawische Selbstverwaltung im Bewusstsein der Arbeiterschaft – am Beispiel eines ausgewählten industriellen Großbetriebs, Berlin 1973, S. 22; ders., Arbeiterselbstverwaltung oder Managersozialismus? Eine empirische Untersuchung in jugoslawischen Industriebetrieben, München 1979, S. 60 f.

36 Vladimir Arzenšek, Struktura i pokret, Beograd 1984, S. 89. Laut jugoslawischer Untersuchungen betrug das Verhältnis zwischen einfachen Arbeitern und dem hochgebildeten Management 1:39 was die Beteiligung an betriebsrelevanten Diskussionen anging, d. h. einem Diskussionsbeitrag eines einfachen Arbeiters standen knapp vierzig Redebeiträge des betrieblichen Managements entgegen. Siehe Soergel, Die jugoslawische Selbstverwaltung, S. 65.

37 Zahlen nach Soergel, Die jugoslawische Selbstverwaltung, S. 66–68.

38 Dazu Boris Kanzleiter, ›Rote Universität‹ Studentenbewegung und Linksopposition

Im Nachrichtenmagazin *Der Spiegel* wurde 1969 berichtet, dass die Hafenarbeiter in Rijeka sich »mit eineinhalb Meter langen und vier Zentimeter dicken Seilen« bewaffnet hätten, um »ihre bankrotte Geschäftsführung [zu] lynchen«. Auch wurde das »Verwaltungsgebäude ihrer Firma von allen Angestellten« ›gesäubert‹, der Generaldirektor verprügelt und anschließend seien »alle Beschlüsse, die der Arbeiterrat ohne Konsultierung des Kollektivs beschlossen hatte«, aufgehoben worden.[39]

Ein weiteres Problem, beziehungsweise eine weitere Ursache der mangelnden Effizienz und Transparenz der Selbstverwaltungsbeziehungen war das hochkomplexe Repräsentationssystem. Neben unmittelbaren Selbstverwaltungsorganen wie dem Arbeitskollektiv, dem alle Angehörigen eines Betriebs beitreten konnten, der Betriebsversammlung und dem sogenannten Referendum, in dem »die Mitglieder des Arbeitskollektivs« über Unternehmensfragen abstimmten und dessen Beschlüsse allgemeinverbindlich waren, existierten auf der Ebene der mittelbaren Vertretung der Arbeiterrat, der Verwaltungsausschuss und der Direktor als Individualorgan.[40] Problematischerweise verlagerten sich die Befugnisse immer weiter von den unmittelbaren Organen zu dem mittelbaren, der Parteieinfluss nahm überproportional zu und die Entscheidungen unterlagen zusehends politischen und weniger ökonomisch-gesellschaftlichen Kriterien.

Diese politisch induzierte Disproportionalität und die dadurch ausgelösten Entfremdungsprozesse zwischen Belegschaft und Organen der Selbstverwaltung waren Schlüsselmomente der kognitiven Struktur der jugoslawischen Protestbewegung, wie sie sich seit Mitte der 1960er Jahre formierte und mit der Besetzung der Universität Belgrad im Juni 1968 ihren Höhepunkt fand. Das theoretische Rüstzeug lieferten die *Praxis*-Intellektuellen, deren Ansatz eben jene Entfremdung in den Mittelpunkt stellte und die langsame Herausschälung einer neuen »Mittelschicht«, die sich selbst genüge und nationale Egoismen bediene, radikal kritisierte.[41] Während die Studenten eigene Forderungen nach einer Verbesserung der Studienbedingungen, besserem

---

in Belgrad 1964–1975, Hamburg 2011, S. 59 ff.
39 Zitate nach Soergel, Arbeiterselbstverwaltung oder Managersozialismus, S. 66 f.
40 Ausführlich dazu Karl Heinz Jäger, Arbeiterselbstverwaltung und gesellschaftliches Eigentum. Ein Beitrag zum Status jugoslawischer Unternehmen, Stuttgart etc. 1969, S. 55–81.
41 Dazu Milan Kangrga, Phänomenologie des ideologisch-politischen Auftretens der jugoslawischen Mittelklasse, abgedruckt in: Kanzleiter/Stojaković, 1968 in Jugoslawien, S. 294–299 (zuerst in Praxis. Internationale Ausgabe 7, 1971, H.3/4, S. 451–474.

Wohnraum, gesünderem Mensaessen und mehr Mitspracherecht im Universitätssystem hintanstellten, betonten sie die Notwendigkeit einer Umkehr im Verhältnis zur jugoslawischen Arbeiterklasse. Parolen wie »Nieder mit der roten Bourgeoisie«, »Nieder mit der Korruption«, »Nieder mit den Fürsten des Sozialismus«, »Bürokratie – Hände weg von den Arbeitern«, »Selbstverwaltung von unten nach oben«, »Studenten – Arbeiter«, »Die Arbeiter bücken sich – die Bürokraten vergnügen sich«, standen im Brennpunkt der visuellen studentischen Protestdarstellung.[42] Aber auch hier wurde die grundsätzliche Solidarität mit den proklamierten Staatszielen nicht in Frage gestellt, es war kein dissidentischer, sondern affirmativer Protest, was sich auch in der Parole »Unser Programm ist das Programm des BdKJ – wir fordern konsequente Umsetzung« niederschlug. Gerade die Übernahme zentraler Partei- und Verfassungsgrundsätze in den hauptsächlichen politisch-programmatischen Aktionsdokumenten durch die Akteure der Studentenbewegung machte sie zu einer subversiven Macht, der Staats- und Parteispitze zunächst ohnmächtig und handlungsunfähig gegenüberstanden. Im »Politischen Aktionsprogramm« vom 5. Juni 1968, einem zentralen Dokument der Belgrader Protestbewegung, hieß es explizit und in Anlehnung an die Verfassung:

> »Das System der Selbstverwaltungsbeziehungen muss nicht nur in den Arbeitsorganisationen konsequent entwickelt werden, sondern auf allen Ebenen unserer Gesellschaft, von der Kommune bis zur Föderation, so dass die direkten Produzenten einer Mehrheit der Mitglieder aller Verwaltungsorgane stellen. […] Der Ausgangspunkt für eine wahrhafte Entwicklung der direkten Selbstverwaltung ist, dass die direkten Produzenten selbständig über alle wichtigen Bedingungen ihrer Arbeit, und besonders über die Verteilung des Mehrwertes bestimmen. […] In Übereinstimmung mit der Entwicklung der Selbstverwaltungsbeziehungen sollte der Prozess der Demokratisierung aller sozio-politischen Organisationen, insbesondere des Bundes der Kommunisten, grundlegender und schneller durchgeführt werden.«[43]

Und im »Aufruf der Revolutionären Studenten der Sozialistischen Universität ›Sieben Sekretäre des SKOJ‹[44]« aus Zagreb, ebenfalls am 5. Juni 1968 erlassen,

---

42 Alle Angaben nach Kanzleiter/Stojaković, 1968 in Jugoslawien, S. 231 f.
43 Zitat nach der deutschen Übersetzung des Politischen Aktionsprogramms, abgedruckt in: Kanzleiter/Stojaković, 1968 in Jugoslawien, S. 234–237, hier S. 235.
44 Die Bezeichnung ›Sieben Sekretäre des SKOJ‹ bezieht sich auf die sieben Sekretäre

wurde unter Punkt 3 gefordert, »dass die ökonomische Befreiung der Arbeiterklasse tatsächlich durchgeführt und sie, zusammen mit der marxistischen Intelligenz, zum wahren Träger aller gesellschaftspolitischen Schlüsselbeschlüsse von der Ebene der Arbeitsorganisationen bis zur Ebene der Republiken und der Föderation wird«.[45]

Hinter diesen theoretisch-programmatischen Zielen verbarg sich für den BdKJ eben mehr als nur ein Nachplappern staatlicher Grundsätze. Es war die öffentliche Einforderung junger Intellektueller nach einer Selbstaufhebung des Staats- und Parteiapparats, wie er aus einer konsequenten Durchführung des formulierten Staatszwecks resultieren müsse und der in der Tradition des utopischen Denkens und der Philosophie des linken Radikalismus seinen Ursprung hatte.[46] In diese Tradition hatte sich der Bund der Kommunisten seit dem Bruch mit der Sowjetunion hineinmanövriert, und nun wurde er angesichts der immer eklatanter und sichtbarer werdenden Inkompatibilität zwischen Staat, Partei und Selbstverwaltungssystem öffentlich eingefordert.

Neben der praktischen Vorenthaltung wurde am jugoslawischen Selbstverwaltungssystems auch kritisiert, dass es nicht aufgrund von Forderungen der jugoslawischen Arbeiterklasse eingeführt worden war, sondern als Elitenreaktion auf außenpolitische Umstände. Dementsprechend der sinkende Anteil der Arbeiterschaft an der Gesamtmitgliederzahl des BdKJ. In einem eindringlichen Artikel des *Praxis*-Autors Božidar Jakšić aus dem Jahr 1971 wird darauf hingewiesen, dass gerade einmal gut 13 Prozent der jugoslawischen Arbeiter Mitglieder des Bundes der Kommunisten seien, während sich über 80 Prozent seiner Mitgliedschaft aus Verwaltungsbeamten rekrutiere. Dies, und die hohe Streikquote Jugoslawiens, seien ernstzunehmende Indikatoren, dass »die jugoslawische Gesellschaft eine grundlegende *Klassengesellschaft*« sei.[47]

---

des kommunistischen Jugendverbandes Jugoslawiens, die von der damals königlichen jugoslawischen Regierung 1929 und 1930 ermordet wurden.
45 Zitat nach Kanzleiter/Stojaković, 1968 in Jugoslawien, S. 237–239, hier S. 237 f.
46 Immer noch anregend Heller, Philosophie des linken Radikalismus, insb. S. 140–193.
47 Božidar Jakšić, Die jugoslawische Gesellschaft zwischen Revolution und Stabilisierung (zuerst veröffentlicht unter dem Titel Yugoslav Society between Revolution and Stabilization, in: Praxis. Internationale Ausgabe 7, 1971, H.3/4, S. 439–450), abgedruckt in: Kanzleiter/Stojaković, 1968 in Jugoslawien, S. 290–293, hier S. 293 [Hervorh. im Original]; ferner zur Einführung des Selbstverwaltungssystems und seiner theoretischen Problematisierung innerhalb der jugoslawischen marxistischen Tradition siehe die grundlegende Studie von Veselin Golubović, S Marxom protiv Staljina. Jugoslavenska filozofska kritika staljinizma, 1950–1960, Zagreb 1985.

All diese Defizite verweisen auf grundlegende strukturelle Widersprüchlichkeiten des jugoslawischen Systems, aber auch, wie schwer es ist, das Postulat einer dialektischen und utopischen Weltauffassung in einem Staat aufrecht zu erhalten, dessen Entwicklung im Prinzip erst mit dem Ende des Zweiten Weltkriegs einsetzte und der Grundvoraussetzungen für eine radikaldemokratische Umgestaltung des Wirtschafts- und Gesellschaftssystems wie bürgerlich-demokratische Traditionen, ein entwickeltes Industrieproletariat, hohes Bildungsniveau etc. kaum aufzuweisen hatte. Der Bruch mit der Sowjetunion 1948 eröffnete zwar Wege, doch die Startbedingungen waren sehr ungünstig. Der starke Einfluss von Partei und Staat wirkte sich lähmend auf die Gesamtgesellschaft aus und verunmöglichte die Bildung radikaldemokratischen Bewusstseins, sowohl in der Arbeiterschaft als auch in breiten Bevölkerungsschichten.

Dennoch – trotz all dieser Widrigkeiten waren es die jugoslawischen Kommunisten, die die Verwirklichung utopischer Hoffnung zum Staatsziel erklärten und das »etatistische Glücksversprechen« des dogmatischen Sowjetmodells als Ideologie delegitimierten, und die die Humanität der Gegenwart zum Gradmesser für die Humanität der Zukunft erhoben.

Thomas Seibert

Humanismus nach dem Tod des Menschen

Flucht und Rückkehr des subjektiven Faktors der Geschichte[1]

Was auch immer aus den Umbrüchen resultieren wird, deren Auftakt die Aufstände in Tunis und Kairo gewesen sein werden, ein Ergebnis steht heute schon fest: Das nach 1989 ausgerufene »Ende der Geschichte«, brüchig geworden schon zum Jahrhundertwechsel, ist endgültig zu Ende. Tatsächlich kommen dem Arabischen Frühling bereits jetzt wesentliche Attribute jener besonderen »Begebenheiten« zu, denen Kant die Kraft eines »Geschichtszeichens« zusprach. (Kant 1984: 83) Kant prägte diesen Begriff anlässlich der Französischen Revolution, von der er sagt, sie sei »zu groß, zu sehr mit dem Interesse der Menschheit verwebt und ihrem Einflusse nach auf die Welt in allen ihren Teilen zu ausgebreitet, als dass sie nicht den Völkern bei irgendeiner Veranlassung günstiger Umstände in Erinnerung gebracht und zu Wiederholungen neuer Versuche dieser Art erweckt werden sollte« (ebd.: 88).

Worin aber liegt die besondere »Größe« jener Begebenheiten, die uns Geschichtszeichen werden, d.h. zunächst zum Grund einer »Teilnehmung dem Wunsche nach« und dann, »bei irgendeiner Veranlassung günstiger Umstände«, zum praktischen Beispiel einer »Wiederholung«? Sie kann nicht im bloßen Ablauf des Geschehens liegen, im Gegenteil: das mag, das hält Kant ausdrücklich fest, in abstoßender Weise »mit Elend und Gräueltaten angefüllt sein.« Sie hängt auch nicht am unmittelbaren Ertrag, kann im Blick auf den Arabischen Frühling also nicht durch den Umstand bestritten werden, dass die Aufständischen des Tahrirplatzes nur einen Teilsieg errangen und deshalb partiell bereits besiegt wurden. Die Größe, die aus einer einzelnen Begebenheit unter vielen anderen ein Geschichtszeichen macht, liegt für Kant vielmehr darin, auf eine reale Erfahrung hinzudeuten, die einer »wahrsagenden Geschichte des Menschengeschlechts« den von nun an *unvergesslichen* (ebd.: 87) Anhalt ihrer eigenen Wahrheit und also eine

---

1 Eine erste Fassung dieses hier gründlich überarbeiteten und sachlich erweiterten Textes erschien in der Zeitschrift Prokla 167/2012.

reale Utopie bereitstellt. Die mit dieser Erfahrung notwendig verbundene Stimmung des »Enthusiasmus« belegt, so Kant, ein für den Menschen grundlegendes »Vermögen«, nach dem wir uns nicht nur als Zeug_innen eines historischen »Fortrückens zum Besseren« wissen *dürfen*, sondern uns zugleich als die »Urheber« dieses Fortschritts wissen *können*: als ein »mit Freiheit begabtes Wesen«, das vom Geschichtszeichen seiner Freiheit »auf den Akt ihrer Kausalität im Menschengeschlecht« schließen und diesen Schluss *retrospektiv* auf die Vergangenheit und *prospektiv* auf die Zukunft beziehen darf (ebd.: 83f.).

Kants ebenso kurze wie dichte Bestimmung des Geschichtszeichens ist zu einem Schlüsseltext der philosophischen Bewegung geworden, für die mittlerweile die Titel des *Postmarxismus* und *Posthumanismus* gebräuchlich geworden sind; zu ihr gehören u. a. Toni Negri, Michael Hardt, Alain Badiou und Slavoj Žižek. Im Rückgriff auf Kants Begriff des Geschichtszeichens und Heideggers daran anschließenden Begriff des Ereignisses kehren sie philosophisch und politisch zu einer Konzeption der Geschichte als des *teleologischen*, d. h. zielgerichteten Prozesses einer Wahrheit zurück. Die wieder als Prozess gedachte Geschichte schließt einen »subjektiven Faktor« im starken Sinn des Worts ein: ein Subjekt der Geschichtlichkeit, das für die im Ziel des historischen Prozesses ausstehende, wenn auch durch nichts außerhalb des Prozesses selbst garantierte Wahrheit einstehen kann. Ihm kommt damit insoweit eine *utopische* Dimension zu, als er in der Welt die *Möglichkeit* eines Unterschieds ums Ganze setzt, der dem bloßen Verlauf der Zeit einen Anfang und ein Ende verleihen und das bloße Auf und Ab des Geschehens in den Fortschritt einer »Universalgeschichte« verwandeln *kann*.

Schon auf den ersten Blick steht diese Philosophie in Widerspruch zur ihr vorausgehenden Philosophie des *Poststrukturalismus*, für die u. a. Gilles Deleuze, Félix Guattari und Michel Foucault stehen. Als deren gemeinsamer Nenner wird umgekehrt die Auflösung jeder teleologisch-utopischen Geschichte in ein kontingentes Werden gesehen, in dem Wahrheiten bloß der Einsatz unabschließbarer Machtspiele sind, die keine über sie hinausweisende Bedeutung haben und deshalb selbst niemals wahr oder falsch sein können. Sie kennen darum auch kein Subjekt, sondern allenfalls »Subjektivierungen«, die an *und* für sich bloß kontingente Effekte ebenso kontingenter Kräftekollisionen sind.

Nimmt man allerdings zur Kenntnis, dass Deleuze/Guattari/Foucault die Vielheit der Werden auch ihrerseits einer »Universalgeschichte« einzuschreiben suchten und sich dazu selbst der Begriffe des Geschichtszeichens und des Ereignisses bedienten, wird sichtbar, dass Poststrukturalismus und

Postmarxismus zumindest eine gemeinsame *Problematik* teilen. Diese aber ist, das soll im Folgenden gezeigt werden, gar keine andere als die, von der sich schon Kant zur Deutung seines Geschichtszeichens genötigt sah: die Problematik der Existenz eines »mit Freiheit begabten Wesens« in der Geschichte, das als ein solches nach dem »Akt ihrer (d. h. der Freiheit) Kausalität« in eben dieser Geschichte fragt und fragen muss.

Der Hauptmangel alles bisherigen Materialismus

Weil an dieser Problematik nicht weniger als der Möglichkeitsspielraum unseres eigenen geschichtlichen Handelns hängt, ist der Streit von Poststrukturalismus und Postmarxismus kein bloß akademischer Streit. Wenn ich ihn jetzt in einer Konstellation entfalte, die von Deleuze/Guattari/Foucault über Hardt/Negri zu Badiou/Žižek führt, nehme ich die von den Letztgenannten behauptete Rückkehr eines subjektiven Faktors der Geschichte in ihrem direkten Gegenzug auf eine Position in den Blick, die Geschichte ohne jedes Subjekt denken wollte. Ich verbinde damit das Versprechen einer dialektischen Lösung, die das vorgegebene Entweder-Oder in sich aufzuheben vermag. Deshalb entfalte ich den Streit gerade dort, wo die poststrukturalistische Subjektdekonstruktion selbst schon ins Schlingern kam und die Philosophie seither *ex negativo* herausfordert, wieder zur *Subjekt- und Geschichtsphilosophie* zu werden. Darin öffnet sich der aktuelle Stand der Auseinandersetzung seiner eigenen Herkunft und erschließt sich dort die Quellen eines Neubeginns.

Den ersten Anhalt dazu liefert schon die unmittelbare Nachgeschichte von Kants geschichtsphilosophischer Reflexion. In der unternahm der Deutsche Idealismus seinen ebenfalls an der Französischen Revolution orientierten Versuch, von einer philosophischen Bestimmung der Freiheit über das Geschichtszeichen des »Akts ihrer Kausalität« in uns auf eine »wahrsagende Geschichte des Menschengeschlechts« zu schließen. Die daraus resultierende Geschichtsphilosophie Hegels rief gleich mehrere »Umstülpungen« (Marx) und »Umdrehungen« (Nietzsche) auf den Plan, in denen die idealistische Freiheitsspekulation materialistisch »vom Kopf auf die Füße« gestellt werden sollte. Von der Arbeiter_innenbewegung politisiert, führte die Frage nach dem »mit Freiheit begabten Wesen« zum innermaterialistischen Streit, der sich allerdings nur dann auf der Höhe des Problems hält, wenn er sein idealistisches Erbe aufbewahrt. Das bringt Marx in der ersten seiner *Thesen über Feuerbach* wie folgt auf den Punkt: »

> Der Hauptmangel alles bisherigen Materialismus (den Feuerbachschen mit eingerechnet) ist, dass der Gegenstand, die Wirklichkeit, Sinnlichkeit nur unter der Form des Objekts oder der Anschauung gefasst wird; nicht aber als sinnlich menschliche Tätigkeit, Praxis; nicht *subjektiv*. Daher die tätige Seite abstrakt im Gegensatz zu dem Materialismus von dem Idealismus – der natürlich die wirkliche, sinnliche Tätigkeit als solche nicht kennt – entwickelt« (Marx 1978: 5).

Die Geschichte des an Marx anschließenden Denkens kann dann als Folge der Versuche gefasst werden, das in der ersten Feuerbachthese aufgestellte Dilemma *entweder* nach der »objektiven« *oder* der »subjektiven« Seite aufzulösen. Der aktuelle Streit zwischen Poststrukturalismus und Postmarxismus fügt sich genau besehen als jüngste Runde in diese Suchbewegung ein und überführt dabei die schon im Deutschen Idealismus verhandelte Erfahrung des »Todes Gottes« in die Erfahrung eines »Todes des Menschen.« Dem entspricht, dass das von Marx aufgestellte Dilemma in Abwandlung einer berühmten Formel Foucaults als Dilemma einer »deterministisch-voluntaristischen Dublette« bezeichnet werden kann.[2] Darin ist der *Determinismus* die zwingende Folge einer jeden Denkweise, in der die Geschichte »nur unter der Form des Objekts oder der Anschauung«, nicht aber subjektiv als »sinnlich menschliche Tätigkeit«, als »Praxis« analysiert wird. Der gleichermaßen zwingende Umschlag in den *Voluntarismus* ergibt sich dann aus der Nötigung, die subjektiven Qualitäten dieser Wirklichkeit deshalb immer erst nachträglich in den Blick nehmen zu können; der Beschränkung der Wissenschaft auf objektive Strukturen entspricht die Zuordnung der subjektiven Praxis zur Ideologie. Als deren Grundmuster setzt sich seit der Französischen und später der Russischen Revolution vielfach variierte und insoweit immer problematische *Humanismus* durch.

Ihren reinsten Ausdruck findet die deterministisch-voluntaristische Dublette in Louis Althussers Dublette von *theoretisch-antihumanistischer Wissenschaft* und *praktisch-humanistischer Ideologie*, in der erstere auch ganz ausdrücklich dem Determinismus, letztere gleichermaßen ausdrücklich dem Voluntarismus zugeordnet wird. Nicht zufällig wurde Althussers Philosophie

---

2   Vgl. Foucault 1971: 384ff, wo Foucault der auf Kant zurück gespurten »Analytik der Endlichkeit« eine »empirisch-transzendentale Dublette« zuschreibt, in der der Mensch als das Wesen bestimmt wird, »in dem man Kenntnis von dem nimmt, was jede Erkenntnis möglich macht« – eine Bestimmung, die für Foucault aporetisch bleibt.

noch im Mai 68 zum gemeinsamen Ausgangspunkt von Poststrukturalismus *und* Postmarxismus. Radikalisiert der Poststrukturalismus zunächst den Lösungsvorschlag Althussers, setzt der Postmarxismus dort ein, wo die aus aller Wissenschaft ausgeschlossene »sinnlich menschliche Tätigkeit« ihren Eigensinn anmeldet.

Der Tod des Menschen

Kam dem Begriff des Menschen bei Althusser »kein theoretischer Wert, sondern nur ein Wert als praktischer Hinweis« im politisch-ideologischen Kampf zu (Althusser 2011: 318), geht Foucault einen Schritt weiter und bilanziert, dass sich Begriff und Sache des Menschen in der wissenschaftlichen Aufklärung der ihn objektiv determinierenden Strukturen des *Lebens*, der *Arbeit* und der *Sprache* auflösen »wie am Meeresufer ein Gesicht im Sand«:

> »Wie kann der Mensch dieses *Leben* sein, dessen Netz, dessen Pulsieren, dessen verborgene Kraft unendlich die Erfahrung überschreiten, die ihm davon gegeben ist? Wie kann er jene *Arbeit* sein, deren Erfordernisse und Gesetze sich ihm als ein fremder Zwang auferlegen? Wie kann er das Subjekt einer *Sprache* sein, die seit Jahrtausenden ohne ihn gebildet worden ist, deren System ihm entgeht, [...] die er einen Augenblick durch seinen Diskurs aufblitzen lässt und innerhalb deren er von Anfang an sein Sprechen und sein Denken platzieren muss?« (Foucault 1971: 462 bzw. 390)

Der Radikalisierung des Althusser'schen Determinismus entspricht die Weise, in der Foucault die objektive Determination aller historischen und darin auch der menschlichen »Positivitäten« fasst.[3] Beschränkte sich Althusser hier auf eine allerdings elaborierte Fassung des klassisch-marxistischen Schemas von determinierender ökonomischer Basis und determiniertem ideologi-

---

3   Unter »Positivitäten« versteht Foucault alle Gegebenheiten, die in historisch-materialer Forschung auf die nicht-gegebenen und in diesem Sinn »dispositiven« Bedingungen ihrer Hervorbringung aufgeklärt werden sollen, d.h. auf die Verhältnisse ihrer objektiven Determination. Da der Begriffsgebrauch Foucaults im deutschen Kontext nicht zuletzt infolge des von der Kritischen Theorie initiierten »Positivismus-Streits« befremdlich erscheint, sei ausdrücklich festgehalten, dass sich Foucault damit keinesfalls an die Seite Karl Poppers stellt, sondern seinen spezifischen Unterschied zu allem »bisherigen« Materialismus anzeigen will.

schem Überbau, verortet Foucault die Determinationskausalitäten in einem noch komplexeren Gefüge ineinandergreifender »Dispositive«, die er formal als solche der *Macht*, des *Wissens* und der *Subjektivierung* bestimmt. In ihren Kausalitätsverkettungen werden dann nicht nur die Positivitäten der Arbeit, sondern auch die des Lebens und der Sprache sowie deren Wirkungen aufeinander untersucht. Weil es eine so verstandene historische Kritik dann aber allein mit dem a-subjektiven Verhältnis zwischen determinierenden Dispositiven und determinierten Positivitäten zu tun hat, bezeichnet Foucault seine Geschichtswissenschaft als eine »positivistische« und zeigt damit deren *theoretischen* Antihumanismus an. Wenn er diesen Positivismus unter Berufung auf Nietzsche dann aber ausdrücklich als einen »fröhlichen« fasst, hält er fest, dass es ihm auch um einen *praktischen* Antihumanismus geht. Dessen Fröhlichkeit aber entspringt nicht einer zynischen Bejahung von Inhumanität, sondern der Parteinahme für die auf den Mai 1968 folgenden »Neuen Sozialen Bewegungen.« Diese setzten sich als Bewegungen der Jugendlichen, der Frauen, der Migrant_innen, Gefangenen und Psychiatrisierten, der antikolonialen wie der ökologischen Befreiung und als Bewegungen des Widerstands gegen die ganze »fordistische« Arbeits- und Lebensweise auch von der »alten sozialen Bewegung« der Arbeiter_innen ab. Sie kehrten sich zugleich von einem Humanismus ab, der die Arbeit zum Medium historischen Fortschritts verklärte. Dem entspricht, dass sich die Bewegungen gerade der Forschungen Foucaults und seiner Weggefährten Deleuze/Guattari bedienten, als sie endlich auch theoretisch aus dem Bann eines Marxismus heraustraten, der ihre Ansprüche beharrlich zu »Nebenwidersprüchen« des zwischen Kapital und Arbeit auszutragenden »Hauptwiderspruchs« herabsetzte.

Verdeutlichen lässt sich die Korrespondenz von poststrukturalistischer Theorie und Neuer Sozialer Bewegung an den Begriffen der »Mikro-« bzw. »Biopolitik« und den darauf bezogenen Begriffen der »Majorität«, der »Minoritäten« und des »Minoritär-Werdens.« Sie bezeichnen allerdings gerade keine *Zahlenverhältnisse*, sondern *Kräftekonstellationen* innerhalb unaufhörlich umkämpfter Macht-, Wissens- und Subjektivierungsdispositive des Lebens, der Arbeit und der Sprache. Was den von diesen Dispositiven determinierten Individuen zunächst als wahres Merkmal ihrer eigensten Subjektivität erscheint, wird vom fröhlichen Positivismus als machtgetränkter Effekt der »Codes« entlarvt, die diese Dispositive strukturieren. *Majoritär* ist dann der Code, der sich den Machtspielen des Wissens und der Subjektivierung als deren letztbestimmende »Konstante« aufzwingt. Deren Logik fixieren Deleuze/Guattari in der Formel »Mensch-männlich-weiß-Stadtbewohner-Sprecher einer Standardsprache«, nach ihr bestimmen sich die Abstände und

Ausschlüsse, in denen *Minoritäten* verschiedenster Art sozial *verortet*, d. h. »territorialisiert« werden (Deleuze 1980: 27; Deleuze/Guattari 1992: 147f.).

Vielheit der Werden

Der entscheidende Unterschied zwischen der Majorität und den Minoritäten liegt dann darin, dass die Majorität *niemals*, eine Minorität aber *jederzeit* von einem »Werden« ergriffen werden kann, in dem *widerständige* Möglichkeiten des Lebens, Arbeitens und Sprechens erfunden und erprobt werden. Weil sich diese Werden zunächst immer als Bewegung des Sich-dem-Code-Entziehens und deshalb der »Flucht« aus dem zugewiesenen sozialen Territorium beschreiben lassen, fassen Deleuze/Guattari sie in den Begriffen der »Decodierung« und folgend der »Deterritorialisierung«. Bilden Frauen, Kinder, »Neger« oder »Schizos« Minoritäten, deren sozialer Ort durch ihren Abstand zur majoritären Konstante »Mensch-männlich-weiß-Stadtbewohner-Sprecher einer Standardsprache« bestimmt wird, benennen die minoritären Frau-, Kind-, »Neger-« oder »Schizo«-Werden Möglichkeiten des Lebens, Arbeitens und Sprechens, die dem Macht-Wissens-Gefüge von Majorität *und* Minorität in dem Maß entfliehen, wie sie dieses Gefüge selbst in eine Flucht treiben. Foucault folgt dieser Logik des Widerstands in den Revolten gegen »die Macht der Männer über die Frauen, der Eltern über ihre Kinder, der Psychiatrie über die Geisteskranken, der Medizin über die Bevölkerung« und deren gemeinsame Frontstellung gegen die Macht »der staatlichen Verwaltung über die Lebensweisen der Menschen.« Gegen das klassisch-marxistische Schema von Haupt- und Nebenwiderspruch und die auf Lenin zurückgehende Unterordnung der *partikularen*, weil bloß alltäglich-sozialen Widerstände unter den *universalen*, weil direkt auf die Staatsmacht gerichteten politischen Kampf spricht Foucault den Neuen Sozialen Bewegungen den Charakter der »Transversalität« zu. Er verweist damit auf den Umstand, dass diese Bewegungen in allen modernen Gesellschaften und dort an ganz verschiedenen sozialen Orten aufbrechen, an Orten, die zur Klassenspaltung und zum Gefüge staatlicher Institutionen oftmals quer liegen. Wesentliches Moment ihres transversalen Charakters ist, dass sie stets und überall die Identität und den Status des Individuums in Frage stellen, einerseits ein Recht auf existenzielle Autonomie, Singularität und Differenz einfordern, andererseits Verfahren und Einrichtungen der Trennung der Individuen voneinander zurückweisen. Sie werden deshalb, so präzisiert Foucault, »nicht für oder gegen das ›Individuum‹ ausgetragen, sondern gegen die ›Lenkung durch Individualisierung.‹« Dem »ökonomischen und ideologischen Staat« wie der »wissenschaftlichen und administrativen Inquisition« entziehen sich diese Bewegungen, indem sie sich aus der machtdurchwirkten Unmittelbarkeit eines Alltagslebens lösen, »das die Individuen in Kategorien einteilt, ihnen ihre Individualität zuweist, sie an ihre Identität bindet und ihnen *das Gesetz einer Wahrheit* auferlegt, die sie *in sich selbst und die anderen in ihnen zu erkennen haben*« (Foucault 2005a: 273ff.). Damit bewähren sie sich als zugleich »mikro-« und »biopolitische« Bewegungen: sie sind *mikropolitisch*, sofern sie in der vor-staatlichen Arena der alltäglichen sozialen Beziehungen und Verhältnisse beginnen, und sie sind *biopolitisch*, sofern sie zuerst auf Veränderungen der Lebensformen und -weisen zielen und erst nachgeordnet auf Veränderungen der institutionellen gesellschaftlichen Ordnung.

Reform, Revolution, Reformation

Zum intern kritischen Punkt des politischen Denkens Deleuze/Guattari/Foucaults und der Neuen Sozialen Bewegungen wurde dann die zunächst abgedrängte Frage nach der *Einheit* ihrer Mikro- und Biopolitiken. *Praktisch* stellte sich diese Frage immer dann, wenn sich die Werden, Kämpfe und Bewegungen nicht nur den im unmittelbaren Alltag wirksamen Macht-, Wissens- und Subjektivierungsdispositiven, sondern deren im Staat und der politischen Ökonomie artikulierten Zusammenhang konfrontierten. *Theoretisch* stellte sie sich dort, wo sich Foucault in der Nachfolge Nietzsches und Heideggers auf eine das Alltagsleben untergründig durchherrschende »Geschichte des Abendlands« bezog und Deleuze/Guattari die Vielheit der Minoritär-Werden im Horizont einer mit Marx konzipierten »Universalgeschichte« verorteten:

> »Die *gesamte* Geschichte kann *im Lichte des Kapitalismus* verstanden werden, wenn exakt nach den von Marx formulierten Anweisungen verfahren wird: die Universalgeschichte ist zu allem Anfang eine von Kontingenzen und keine der Notwendigkeit, von Brüchen und Grenzen und keine der Kontinuität« (Deleuze/Guattari 1977: 177; zum europäischen Charakter der Universalgeschichte vgl. Deleuze/Guattari 2000: 111).

Dabei gingen sie so weit, das »Vorbild« und »universelle Bewusstsein« (!) der minoritären Gegen-Mächte »im Proletarier« auszumachen und damit zumindest im beiläufigen Verweis gerade das zu tun, was sie hegelianisch oder heideggerianisch inspirierten Geschichtsphilosophien vorwarfen: der Geschichte eine »Innerlichkeitsform« zu verleihen, »in der der Begriff notwendig sein Geschick entfaltet oder enthüllt« (Deleuze/Guattari 1991: 148, 653 bzw. Deleuze/Guattari 2000: 109).

Der teleologisch-utopischen Aufladung der Universalgeschichte wichen Deleuze/Guattari dann aber unter Verweis auf das Vermögen des Kapitalismus aus, seine unvermeidlich aufbrechenden Krisen in ebenso viele Gelegenheiten seiner Reproduktion zu verwandeln und sein eigenes Ende durch die unaufhörliche Konstruktion neuer Territorien und neuer Codes immer wieder aufzuschieben. Deleuze/Guattari fassen diese Fähigkeit in den Begriffen der »Reterritorialisierung« bzw. »Recodierung«, die sie sie mit der geschichtsphilosophisch hochbrisanten These verbinden, dass es »letztlich« unmöglich sei, Deterritorialisierung und Reterritorialisierung bzw. Decodierung und Recodierung zu unterscheiden, »da sie sich wechselseitig enthalten oder die beiden Seiten *ein und desselben Prozesses* ausmachen« (Deleuze/Guattari 1977: 333 und 296ff.).

Eindrucksvoll bestätigt wurde diese These durch das Ausmaß, in dem es dem Kapital gelang, die historischen Fluchten der Neuen Sozialen Bewegungen für den ab den späten 1970er Jahren einsetzenden Prozess seiner »postfordistischen« bzw. »neoliberalen« Modernisierung produktiv zu machen. Deleuze/Guattari/Foucault sahen sich damit auch *politisch* vor das Problem gestellt, aufklären zu müssen, ob die Ununterscheidbarkeit von De- und Reterritorialisierung (also von Flucht aus dem *und* Rückholung in das Meta-Dispositiv des Kapitals) *endgültig* oder bloß *vorläufig* ist. Im ersten Fall markiert der dann definitiv unüberwindliche Kapitalismus eine *anti-utopische* Stillstellung der Universalgeschichte und begründet so die resignative Beschränkung der Widerstandsmöglichkeiten, der zeitgleich auch Habermas und die zweite Generation der Kritischen Theorie erlagen. Im zweiten Fall bleibt philosophisch und politisch zumindest die Möglichkeit erhalten, dass der Kapitalismus nur eine endliche Epoche der nach wie vor zu einem Unterschied ums Ganze befähigten und deshalb utopisch geladenen Universalgeschichte gewesen sein wird.

Während sich Deleuze/Guattari in diesem Entweder-Oder auf die empirische Anerkennung der bisher ungebrochenen Reproduktionsfähigkeit des Kapitals und deshalb auf die anarchistische Strategie beschränkten, sich rückhaltlos dem jeweils neuesten Deterritorialisierungs- und Decodierungsschub zu überlassen (ebd.: 308), nahm Foucault an dieser Stelle zwei entscheidende theoretische Verschiebungen vor. Mit der ersten erweiterte er das im strategischen Denken des Marxismus leitende Doppel von innersystemischer Reform und systemsprengender Revolution um einen dritten Begriff, den der »Reformation«. Dabei unterschied er im Gesamtgefüge sozialer Auseinandersetzungen zunächst einmal Kämpfe gegen ethnische, soziale und religiöse Herrschaft, Kämpfe gegen ökonomische Ausbeutung und Kämpfe um Subjektivität. Der formalen Unterscheidung verlieh er zumindest insoweit eine Teleologie, als er den Feudalgesellschaften einen Primat der Kämpfe gegen Herrschaft, der sich herausbildenden bürgerlichen Gesellschaft einen Primat der Kämpfe gegen Ausbeutung und der durch den Mai 68 markierten Gegenwart einen Primat der Kämpfe um Subjektivität zuschrieb – »auch wenn der Kampf gegen Herrschaft und Ausbeutung nicht verschwunden ist, *im Gegenteil*« (Foucault 2005a: 273ff.).

Damit eröffnete Foucault eine universalgeschichtliche Perspektive, die Nietzsche, Heidegger und Max Weber zunächst näher zu stehen scheint als Marx und ihr strategisches Paradigma in der Epoche findet, der er den Begriff der Reformation entlehnt:

»Es ist nicht das erste Mal, dass unsere Gesellschaft sich mit Kämpfen dieses Typs konfrontiert sieht. All jene Bewegungen, die ihren Ausgang im 15. und 16. Jahrhundert nehmen und ihren Ausdruck wie auch ihre Rechtfertigung in der Reformation fanden, müssen als Anzeichen einer schweren Krise im westlichen Verständnis der Subjektivität und als Indiz einer Revolte gegen jene Form religiöser und moralischer Macht verstanden werden, welche dieser Subjektivität im Mittelalter Gestalt verliehen hatte. Das damals empfundene Bedürfnis nach einer direkten Beteiligung am spirituellen Leben, an der Heilsarbeit und an der Wahrheit der Bibel – all das zeugt von einem Kampf für eine neue Subjektivität« (a.a.O., vgl. auch ebd., 117 sowie Foucault 1992a: 58).

Interessanterweise ergeben sich hier Korrespondenzen zu Überlegungen, in denen Antonio Gramsci schon den Aufbruch der Arbeiter_innenbewegung und die Rolle des Marxismus bzw. der Kommunistischen Partei in dieser Bewegung in Bezug zur Reformation setzte:

»Man redet oft davon, in bestimmten Ländern sei das Ausbleiben der großen Reformation der Grund für den Rückschritt auf allen Gebieten des zivilen Lebens, ohne zu bemerken, dass gerade die Verbreitung der Philosophie der Praxis (d. h. des Marxismus, T. S.) *die große Reformation der Moderne* ist, eine *intellektuelle* und *moralische* Reform« (Gramsci 1995: 1302).

Was Gramsci im Blick auf die italienischen Verhältnisse der 1920er/1930er Jahre notiert, gewinnt angesichts der nicht zufällig auf den Zusammenbruch der Realsozialismen folgenden Ausbreitung politisierter Religiositäten eine auszudeutende Brisanz. Ihr setzt Foucault eine »Ästhetik der Existenz« entgegen, die sich dem erklärtermaßen anti-utopischen Entweder-Oder von Liberalismus und Fundamentalismus durch die reformatorische Ethik und Politik eines »religiösen Atheismus« entzieht, in dem er sich neben Nietzsche und Heidegger immer wieder auf Kant beruft.[4] Von dem ist im Folgenden zu zeigen, dass der utopisch gegen Liberalismus und Fundamentalismus verteidigte Unterschied ums Ganze radikal *innerweltlich* gedacht wird.

Wahrheitspolitik I: Die Sorge um sich

Mit der zweiten Verschiebung seiner Forschung antwortete Foucault auf ein Problem, das sich ihm so erst mit dem strategischen Bezug seiner Existenzästhetik auf eine neue Reformation stellte. Er sah sich nun nämlich vor die Notwendigkeit gestellt, den Eigensinn von *Subjektivität überhaupt* klären zu müssen, um entscheiden und dann auch angeben zu können, warum und wie eine Weise der Subjektivierung einer anderen vorzuziehen sei. Wie einschneidend dieses Problem war, zeigt sich schon daran, dass zwischen dem Erscheinen des ersten und des zweiten bzw. dritten Bandes von *Sexualität und Wahrheit* acht Jahre lagen, in denen Foucault nicht nur den diesen Büchern unterlegten Plan, sondern sein ganzes Denken radikal veränderte.[5] Zwar hielt er an einer Philosophie fest, in der die Dynamiken des Lebens, Arbeitens und Sprechens in jederzeit brüchiger Weise durch Macht-Wissens-Subjektivierungsdispositive verregelt werden, die sich niemals zur Geschichte eines universalen Subjekts fügen. Zwar blieb er dabei, dass die in solchen Dispositiven herrschenden Wahrheiten an sich selbst wahrheitslose Spieleinsätze der immerwährenden Schlacht

---

4 Den Begriff des religiösen Atheismus« prägte Georg Lukács mit Bezug auf Kierkegaard, Nietzsche und Heidegger, vgl. im Kern Lukács 1984: 411; zur gesamten Problematik vgl. Seibert 2009. Einen Einblick in das nicht ungefährliche Spiel dieses Atheismus gewähren die Texte, in denen Foucault die Anfänge der Iranischen Revolution enthusiastisch begrüßt. (Foucault 2003: 850–906, 929–943, 949–953, 974–977, 987–992)

5 Der 1976 erschienene erste Band Der Wille zum Wissen sollte der erste einer Reihe von acht Bänden werden. Band 2 (Der Gebrauch der Lüste) und Band 3 (Die Sorge um sich) erschienen 1984 und haben mit dem ursprünglichen Plan der Reihe nichts mehr zu tun.

von Macht und Gegenmacht bzw. Macht und Widerstand sind, von denen es sich zunächst immer erst abzulösen gilt. Doch erfolgt die Ablösung jetzt gerade in einer »Sorge um die Wahrheit«, die Foucault zugleich als »Sorge um sich« und darin als »Sorge um die Freiheit« fasst. Dabei griff er ausdrücklich auf den von Kierkegaard, Heidegger und Sartre vertrauten Begriff der »Existenz« zurück, den er bereits zu Beginn seines Philosophierens verwendet, dann aber ausdrücklich fallengelassen hatte (Vgl. Foucault 1968, 1992b). Zwar zielte dieser Begriff immer schon auf eine Dekonstruktion der klassischen Subjektphilosophie und des klassischen Humanismus, doch ging es dabei weder um eine Tilgung des Subjekts noch um ein Verschwinden des Menschen. Stattdessen sollte er nach der zentralen Bestimmung Heideggers umgekehrt die Frage beantworten, »was *positiv* unter dem *nichtverdinglichten* Sein des Subjekts, der Seele, des Bewusstseins, des Geistes, der Person zu verstehen sei« (Heidegger 1982: 46).

Zur Klärung dieser Frage blieb Foucault nicht mehr die Zeit: Er starb im Jahr des Erscheinens des *Gebrauchs der Lüste* und der *Sorge um sich*, die Veröffentlichung seiner letzten Vorlesung *Hermeneutik des Subjekts* erfolgte posthum (2001). Umso wichtiger ist deshalb der kurz nach seinem Tod vorgelegte Versuch Deleuzes, dem Denken seines Freundes den systematischen Abschluss zuzuschreiben, den dieser selbst nicht mehr ausformulieren konnte. In dem ebenso schlicht wie anspruchsvoll *Foucault* betitelten Buch unterstellte Deleuze die a-subjektiven Dimensionen der Macht und des Wissens insoweit der subjektiven Dimension der Existenz, als die Macht und das Wissen dort ausdrücklich in ein Innen »gefaltet« werden, das er mit Foucault als »Innen des Denkens« bezeichnet. Die allgemeine Formel dieser »Faltung« des Lebens, Arbeitens und Sprechens in *je ein existenzielles Selbstverhältnis* fand Deleuze dann im Begriff des »Sich-durch-sich-Affizierens«: einem Begriff, der wie die Wendung vom »Innen des Denkens« in die subjekt- bzw. existenzphilosophische Tradition zurückführt (Deleuze 1987: 131 bzw. 146; vgl. dazu auch die instruktive Skizze ebd.: 169). Die existenziellen »Faltungen« der Macht und des Wissens öffnen jetzt den Raum, in dem erstmals *positiv* nach der bis dahin nur als »Gesetz« herrschaftsförmiger »Kategorisierung« zurückgewiesenen Wahrheit gefragt werden kann: »Wenn die Macht *wahrheitskonstitutiv* ist, wie ist dann eine ›Macht der Wahrheit‹ vorstellbar, die nicht mehr Wahrheit der Macht wäre?«[6] Im unmittelbaren Anschluss an Foucault bindet Deleuze deren Beantwortung wiederum ausdrücklich an die Fragen, die schon für Kant Leitfragen der praktischen Vernunft waren: »Wie sind wir als Subjekte unseres

---

6   Ebd.: 131. Zur bis dahin allein möglichen Zurückweisung eines positiven Wahrheitsbezugs vgl. noch einmal die weiter oben zitierte Stelle aus Foucault 2005a: 273ff.

Wissens konstituiert worden? Wie sind wir als Subjekte konstituiert worden, die Machtbeziehungen ausüben und erleiden? Wie sind wir als moralische Subjekte unserer Handlungen konstituiert worden?«[7]

Ausgangs- und Endpunkt der Geschichte

Den zumindest insoweit *subjekt- bzw. existenzphilosophischen Abschluss* des Denkens Foucaults vollendet Deleuze dann in einer *geschichtsphilosophischen* Konkretion der Formel vom »Tod des Menschen«. Dabei verkehrt er das Verschwinden des Menschen in den Wirbeln des Lebens, der Arbeit und der Sprache in die Heraufkunft eines sich in den minoritären Kämpfen des Frau-, Kind-, »Neger«- oder »Schizo-Werdens« bildenden »Übermenschen«. Dessen Genese fasst er in Worten, die nicht nur an Nietzsche, sondern auch an Marx' frühe Bestimmungen des »menschlichen Gattungswesens« erinnern. So wird die »übermenschliche« Subjektivität als die eines »Lebewesens« bestimmt, das »in sich selbst das Leben, die Arbeit und die Sprache zu befreien« hat, um in der existenziellen »Faltung« dieser Freiheit zu einem Subjekt zu werden, »dem alle Lebewesen aufgegeben« sind. Der unüberhörbar religiös-atheistischen Bestimmung dieses Subjekts wird im letzten Satz des Buchs dann allerdings eine eher resignative Wendung gegeben:

> »Foucault würde sagen, dass der Übermensch *viel weniger* ist als das Verschwinden des existierenden Menschen und *sehr viel mehr* als die Veränderung eines Begriffs: es ist die Ankunft einer *neuen Form*, weder Gott noch Mensch, von der man hoffen mag, dass sie nicht schlimmer sein wird als die beiden vorausgehenden« (ebd.: 188f.).

Wenn ich an dieser Stelle Hardt/Negri in die Diskussion einführe, so deshalb, weil sie den *innertheoretischen* Grund dieser *außertheoretisch* ja nicht abwegigen Resignation in einer Leerstelle der Geschichtsphilosophien Deleuze/Guattari/Foucaults ausmachen. Hardt/Negri füllen diese Lücke, indem sie die

---

7 Vgl. Foucault 2005b: 705f und Deleuze 1987: 161 – wobei Deleuze die auffällig passivische Fassung dieser Fragen bei Foucault konsequent in aktivische Formulierungen überführt. Der Verweis auf Kant meint natürlich die drei Fragen »Was kann ich wissen? Was soll ich tun? Was darf ich hoffen?«, vgl. Kant 1996: 815f., denen Kant an anderer Stelle noch die vierte Frage »Was ist der Mensch?« zugeordnet hat. Vgl. dazu auch die gleichermaßen zustimmende Wiederholung dieser vier Fragen in Heidegger 1965: 187.

bei Deleuze/Foucault ja nur anklingenden Korrespondenzen des »Übermenschen« Nietzsches zum »menschlichen Gattungswesen« Marx' ausdrücklich zum *turning point* eines »Humanismus nach dem Tod des Menschen« machen (Hardt/Negri 2000: 104ff.). Angezeigt wird das schon im wohl nicht zufällig religiös-atheistischen Titel ihres gemeinsamen Buchs, der Marx und Nietzsche im Begriff einer *Arbeit des Dionysos* zusammenstellt. Näher bestimmt wird der Titel durch die Aufgabe, den Kommunismus »als totale Kritik im Nietzscheanischen Sinn zu denken«. Dazu soll die *negative* Kritik der politischen Ökonomie und des Staates zur *affirmativen* »Konstruktion eines Gegenentwurfs« werden. Indem die Kritik »unter ihrem negativen Aspekt den Kommunismus zum *Ausgangspunkt*« nimmt, »erkennt sie – unter ihrem affirmativen Aspekt – im Kommunismus den *Endpunkt*« einer Geschichtsphilosophie, die der Geschichte in einer »materialistischen Teleologie« *Einheit*, *Zweck* und *Wahrheit* zuschreiben kann (Hardt/Negri 1996: 10 bzw. Hardt/Negri 2000: 61, 65, 76ff., 98, 139, 214, 375f., 403, 412 sowie zuletzt Hardt/Negri 2010: 73, 385).

Auch die weitere Entfaltung beider Aspekte erfolgt im doppelten Rückbezug auf Marx und Nietzsche. So wird der negative Aspekt in Marx' Dialektik von Produktivkraft und Produktionsverhältnis verortet, nach der die Produktionsverhältnisse historisch von »Entwicklungsformen« zu »Fesseln« dieser Kräfte werden und damit jeweils eine »Epoche sozialer Revolution« eröffnen. (Marx 1971: 8) Der positive Aspekt liegt dann im Vermögen der »lebendigen Arbeit«, sich von der Verwertung durch das Kapital zu einer in der Perspektive Nietzsches gedachten »Selbst-Verwertung« zu befreien, in der ihre Subjektivitäten hier und jetzt bereits zu »Agenten der Produktion einer alternativen Gesellschaft«, d.h. einer *realen* Utopie im Sinn eines innerweltlichen Unterschieds ums Ganze werden (Hardt/Negri 1996: 10).

Dabei stellen sich Hardt/Negri ausdrücklich dem Dilemma, dass das Kapital seine Krisen bisher stets zur eigenen Reproduktion nutzen konnte und sich dazu gerade dort zu modernisieren verstand, wo es von sozialen Bewegungen angegriffen wurde. Gelang dies im 19. und 20. Jahrhundert durch die sozialstaatliche und -rechtliche Einhegung der Arbeiter_innenbewegung und deren ebenso produktive wie profitable Einbindung in die fordistischen Arbeits- und Lebensweisen, folgte in der Epoche nach 1968 die ebenso produktive und profitable Funktionalisierung der Neuen Sozialen Bewegungen für deren postfordistische Umwälzung. Dazu zeigen Hardt/Negri in ihren Untersuchungen der hochtechnologischen, primär auf die Herstellung »immaterieller« Güter (Wissen, Symbole, Dienstleistungen, soziale Beziehungen) ausgerichteten und durchgängig finanzialisierten Produktionsweise, wie gerade die Fluchten der Minoritäten aus den tradierten

Arbeits-, Lebens- und Sprechweisen zur Einführung neuer Formen der Arbeit führten, die Hardt/Negri deshalb auch als Formen »biopolitischer« Arbeit bezeichnen. Damit wird gesagt, dass das Kapital in der Expansion über die Fabrik hinaus Tätigkeiten, Güter *und* Subjektivitäten zur Ware machen konnte, die bis dahin außerhalb kapitalistischer Verwertung, weil in der Unmittelbarkeit des Alltagslebens vollzogen bzw. hervorgebracht wurden.

Das Biopolitisch-Werden des Kapitals werten Hardt/Negri dann aber eben nicht als Stillstellung der den Kapitalismus sprengenden Produktivkraftdialektik, sondern als den historisch entscheidenden Schritt eines »Exodus« aus dem Bann des Kapitals. Dies gelingt ihnen, indem sie diese Dialektik von ihrer deterministischen Verkürzung befreien und radikal auf ihren im Begriff der »biopolitischen Multituden« gefassten subjektiven Faktor ausrichten. In ihm führen sie Marx' Begriff der Klasse mit Deleuze/Guattari/ Foucaults Begriff der Minoritäten zusammen und holen derart *systematisch* ein, was letztere nur anzudeuten vermochten, als sie das »universelle Bewusstsein« der Frau-, Kind-, »Neger«- und »Schizo«-Werden im Proletariat verorteten.

Dabei halten Hardt/Negri zu Recht ausdrücklich fest, dass die Multituden erst in der revolutionären Entfaltung ihrer »selbst-verwertenden« Biopolitik zum Subjekt der materialistischen Teleologie und Utopie werden (Hardt/ Negri 2010: 9ff., 15, 373). Damit stellt sich aber auch ihnen das klassisch-marxistische Problem einer Dialektik zwischen dem bereits gegebenen An-sich-sein und dem noch ausstehenden Für-sich-sein des »universellen Bewusstseins« geschichtlichen Fortschritts. Zu deren Subjekt ernennen sie die Figur der kommunistischen »Militanten«, nach der sie deshalb gerade im Schlusskapitel von *Empire* fragen. Da diese Position nach dem »Tod des Menschen« nicht mehr nur eine solche des Bewusstseins sein kann, binden auch sie deren Herausbildung an den a-subjektiven, weil nicht-intendierbaren Einbruch je eines Ereignisses. Darunter verstehen sie die Verdichtung verschiedener Werdensprozesse des Lebens, Arbeitens und Sprechens in historisch außerordentlichen Intensitäten, die deren vorgegebene Richtung ablenken oder gar umkehren: Begebenheiten also, die hier im Blick auf den Arabischen Frühling eingeführt und mit Kant im Begriff des Geschichtszeichens gefasst wurden. Leider bleibt ihr Ereignisbegriff zu unbestimmt, um nicht nur den intensiven Zeitlichkeits- und Geschichtlichkeitscharakter des Lebens, Arbeitens und Sprechens, sondern auch den Bezug von Zeitlichkeit und Geschichtlichkeit zu je einer Wahrheit und einem zum Wahrheitsvollzug befähigten Subjekts fassen zu können.[8]

---

8   Zum Ereignisbegriff vgl. systematisch Negri 2003 und zuletzt Hardt/Negri 2010:

Wahrheitspolitik II: Die Militanten

Ergibt sich hier der Übergang zu Badiou, liegt dies darin, dass er im Unterschied zu Deleuze/Guattari/Foucault und Hardt/Negri nicht hinter dem Ereignisbegriffs Kants zurückbleibt, sondern dessen Vertiefung durch Heidegger folgt. Die beginnt mit der Verortung des Enthusiasmus als der *Stimmung*, in der ein Subjekt das von ihm nicht direkt intendierte Ereignis als sein Geschichtszeichen bejaht: Ist der revolutionäre Enthusiasmus bei Kant die Stimmung der dem Ereignis aus der Ferne beiwohnenden *Zuschauer_innen*, stimmt er bei Heidegger und Badiou die aktiv engagierten *Mitspieler_innen* des Geschehens in ihre je eigenen Möglichkeiten ein.

Dabei schränkt Badiou die Zahl der Geschichtszeichen zumindest im Feld der Politik auf die vier Ereignisse ein, die er mit den Jahreszahlen 1789, 1848, 1917 und 1968 datiert.[9] Zum Geschichtszeichen wurden sie, indem sie an dem von ihnen allererst eingeräumten »Ereignisort«[10] die Ankunft einer Wahrheit markieren und die ihr folgende Geschichte in den »Modus«, die »Prozedur« oder – geschichtsphilosophisch treffender – die »Sequenz« ihres »Wahrheitssubjekts« verwandeln. Verdeutlichen lässt sich das an den hier über

---

73ff., 190, 321ff., 352, 357, 368. Die politische Konkretion dieses Ereignisbegriffs in Negri 2009 unterliegt dem mehr als bedauerlichen Nachteil, nicht explizit Thema zu werden. Zur ethisch-politischen Bildung (»Generation«) und dem immer möglichen Verfall (»Korruption«) der Multituden vgl. Hardt/Negri 2000: 377–400 sowie 361–376; zur Subjektposition der Militanten ebd.: 418ff. Vgl. auch Hardt/Negri 2010: 173ff., 176ff., 185, 190f., 195f., 209f., 268, 271, 313ff., 376ff.

9 Umfänglicher wird deren Zahl dann allerdings in zwei wesentlichen Hinsichten. Zum einen sind zur Menge der politischen Ereignisse noch die Ereignismengen der Wissenschaft, der Kunst und der Liebe hinzuzunehmen. Wichtig ist das deshalb, weil die Wahrheiten der Kunst, der Wissenschaft und der Liebe der Unbedingtheit der politischen Wahrheit gleichermaßen unbedingte Grenzen setzen. Zum anderen führt Badiou in seinem zweiten Hauptwerk anstelle der für sein Denken bis dahin kennzeichnenden »rigiden Opposition« zwischen bloß innerweltlicher »Situation« und welterschließendem Ereignis eine Gradualisierung ein. Können in der konkreten Untersuchung konkreter historischer Vorgänge damit unendlich viele »Nuancen der Transformation« eingeräumt werden, wird in der Beantwortung der Frage »Wie kommt es, dass sich Welten wirklich verändern?« dennoch an der Prominenz des Unterschieds ums Ganze festgehalten, dem allein der Rang eines Ereignisses zukommt. Vgl. Alain Badiou 2010a: 385; im Zusammenhang ebd. 379–422.

10 Unter dem »Ereignisort« versteht Badiou das Ganze jeder historischen Situation, die sich der historischen Erkenntnis nur noch im Licht (Heidegger hätte gesagt: in der »Lichtung«) des Ereignisses darstellt, das in ihr stattfand – im Fall des Ereignisses »1789« also das Ensemble des vor-revolutionären Frankreich in der Vielheit seiner möglichen Thematisierungen.

ihre Jahreszahl aufgerufenen politischen Ereignissen. Artikulieren sie alle die transzendentale und in diesem Sinn »ewige« Wahrheit der Politik, Gleichheit und Gerechtigkeit *in actu* zu sein, erfolgt der empirische Wahrheitsvollzug in einer historisch immer nur *a posteriori* beschreibbaren »Sequenz«: 1789 in der jakobinischen, 1848 in der Sequenz der Kommunist_innen des Marx'schen *Manifests*, 1917 in der bolschewistischen und 1968 in der Sequenz der Neuen Linken und Neuen Sozialen Bewegungen.[11] Benannt werden sie je nach ihren Subjekten, die deshalb als Wahrheitssubjekte bezeichnet werden. Ein solches Subjekt ist eine selbst erst durch sein Ereignis konstituierte, in sich vielgestaltige Figuration, zu der im exemplarischen Fall des bolschewistischen Subjekts das revolutionäre Proletariat der großen russischen Städte, die aufständischen Soldaten und Bäuer_innen, die Organe der Sowjetmacht, die Kommunistische Partei und zuletzt jede_r einzelne Militante gehören.

Wer aber entscheidet, was und wann ein Ereignis, was seine Wahrheit und wer sein Subjekt ist? Diese Frage führt in den Kern der Ereignisphilosophie Badious, an ihr hängen seine über die »Treue zum Ereignis« und deren Unterschied zum Verrat, zur Täuschung und zur Hybris entfaltete Ethik sowie die später hinzugefügten Unterscheidungen der »treuen« von den »reaktiven« und den »obskuren« Subjektivierungen (»Faltungen«) eines Ereignisses.[12] Wenn die Frage selbst immer nur in »engagierter« Perspektive zu beantworten ist, liegt das daran, dass die drei konstitutiven Kräfte einer jeden Sequenz – Ereignis, Wahrheit und Subjekt – *zirkulär* aufeinander verweisen, sofern sich die jeweilige Wahrheit ihrem Subjekt *ereignishaft*, d. h. in von ihm nicht intendierter und also *zwingender* Weise zuspricht, während umgekehrt das Ereignis und seine Wahrheit *nur* im Zeugnis ihres Subjekts zur Sprache kommen. Von dieser Korrespondenz wusste schon Heidegger: »Das Entscheidende ist nicht, aus dem Zirkel heraus-, sondern in ihn nach der rechten Weise hereinzukommen« (Heidegger 1984: 153).

---

11 Vgl. Badiou 2003a: 109ff. Zu den Neuen Sozialen Bewegungen zählt der Postmaoist Badiou allerdings auch die Roten Garden des kulturrevolutionären China und die antikolonialen Befreiungsfronten.

12 Badiou 2003b. Zu den drei möglichen Subjektivierungen eines Ereignisses vgl. 2010a: 61–110. Um die Unterscheidung des treuen, des reaktiven und des obskuren Subjekts wenigstens grob verständlich zu machen, kann sie im aufgerufenen Beispiel der bolschewistischen Sequenz im Unterschied des bolschewistischen (Treue), des sozialdemokratischen und liberalen (Reaktion) und des faschistischen (Obskuranz) Subjekts erläutert werden, wobei alle drei Subjektivierungen des Ereignisses »Oktoberrevolution« sind.

Subjektivierung und Subjekt

Die sich unmittelbar aufdrängende Frage, wie man denn nun »in rechter Weise« in den Zirkel einer Wahrheit hineinkommt, beantwortet Badiou mit dem Begriff der *déliason*, der Ent-Bindung, der direkt zu seiner noch gegen Hardt/Negri gerichteten Kritik der Biopolitik führt (Vgl. Badiou 2003a: 79ff, 2010b: 25ff., 2003c: 117). Die Ent-Bindung ist Effekt des Ereignisses und bezeichnet den Vorgang, in dem ein beliebiges menschliches Lebewesen überhaupt erst zum Subjekt wird. Im Modus der Ent-Bindung verstandene Subjektivierung ist dann ein Akt der Ab-Spaltung, in dem sich ein Individuum von seinem »animalischem Leben« und seinen Pathologien trennt, um von nun an als *das Subjekt* zu existieren, *das es zuvor nicht war*.[13] Gilt das so auch und gerade für das politische Subjekt und die Bildung der Militanten, ist für Badiou kategorisch festzuhalten: Das Subjekt der Politik kann kein biopolitisches Subjekt sein, weil es sich einem Akt der Ent-Bindung aus dem *bios* verdankt und dieser Akt als Gabe eines Ereignisses im *bios* nicht intendiert werden kann. Damit trennt Badiou die wahrheitspolitische Militanz aber nicht nur von den in der Formel »Das Private ist politisch!« verdichteten Biopolitiken der Neuen Sozialen Bewegungen, sondern letztlich von allen sozialen Kämpfen: finden diese die Anlässe ihres Aufbruchs doch stets in der alltäglich gelebten, deshalb pathologischen und insofern ebenfalls biopolitischen Erfahrung von Herrschaft, Ausbeutung und kategorisierender Subjektivierung. In den *Logiken der Welten* bringt Badiou den Unterschied von Wahrheits- und Biopolitik in der Unterscheidung ihrer impliziten *Generalthesen* auf den Punkt. Schreibt er dem Denken Deleuze/Guattari/Foucaults und Hardt/Negris dabei die These »Es gibt nur Körper und Sprachen« zu, fasst er die These seines Denkens in dem Satz: »Es gibt nur Körper und Sprachen, *außer dass es Wahrheiten gibt*.«[14] Indem das Ereignis dieser Wahrheiten zu den Körpern und Sprachen aus einem radikalen Außen aller Körper und Sprachen und derart *vermittlungslos* hinzutritt, verfängt sich auch Badiou in der deterministisch-voluntaristischen

---

13 Der Begriff des Pathologischen wird hier nicht im Sinn eines wie immer auch »Krankhaften«, sondern im Sinn Kants verwendet, nach dem er Handlungen umfasst, die sich primär einem »Gefühl der Lust und Unlust« und damit dem bios verdanken, im Unterschied zu Handlungen, die vom moralischen Gesetz und damit rein aus der Subjektivität erwirkt werden; vgl. Kant 1966: 582ff, 812ff In den Begriff der »Animalität« schließt Badiou auch das menschliche Leben ein.

14 Badiou 2010a: 17 bzw. 20. Das Doppel Körper/Sprachen kann umstandslos in die Trias Leben, Arbeit, Sprache differenziert werden, wobei der von Badiou kritisierte »Punkt« die Absenz der Wahrheit ist.

Dublette, die er den von ihm kritisierten Philosophien zuschreibt: in seinem Fall in der Dublette eines Determinismus der Körper und Sprachen und eines Voluntarismus der Wahrheitssubjektivierungen, für den Körper und Sprachen zum bloßen Material herabsinken.

Soll stattdessen zwischen den bio- und mikropolitischen Dynamiken des alltäglichen Lebens, Arbeitens und Sprechens und der wahrheitspolitischen Treue zu den seltenen Ereignissequenzen *vermittelt* werden können, wäre die Ent-Bindung nicht als ein Akt zu deuten, der einen *vermittlungslosen* Unterschied zwischen Lebewesen und Subjekt markiert. Sie wäre stattdessen als der Akt zu denken *und* zu vollziehen, in dem sich ein Lebewesen zwar nicht-intendiert, doch gleichwohl kraft eigenen Vermögens als *das Subjekt* bejaht, *das es in Wahrheit immer schon war*. Die in der Ent-Bindung vollzogene Spaltung trennt dann nicht zwischen der Subjektivität einerseits und dem animalischen, pathologischen oder privaten Leben andererseits, sondern zwischen diesem Leben und einem gespaltenen Subjekt, das in sich Subjektivität *und* Animalität und darin Subjekt *im* Leben ist. Der Irrtum Badious liegt folglich in der Verortung der Ent-Bindung, in der er Subjekt und *bios* in ein äußerliches Verhältnis setzt, statt die Spaltung beider als Spaltung *innerhalb* des *bios* und also *innerhalb* des Alltagslebens zu denken. Er liegt darüber hinaus darin, im Grunde gar nicht von Subjekten, sondern wie Deleuze/Guattari/Foucault eigentlich nur von Subjektivierungen zu sprechen. Die fasst er dann als bloß nachträglichen Effekt einer äußerlichen Determination, in seinem Fall der Determination durch ein Wahrheitsereignis: ein Fehlgriff, der schließlich auch ihn dazu nötigt, den subjektiven Faktor der Geschichtlichkeit voluntaristisch zu bestimmen.

Wird die Subjektivierung stattdessen als Performanz eines Lebewesens verstanden, das seiner inneren Möglichkeit nach *immer schon* Subjekt, also *nie* »nur« Lebewesen war, vertieft sich darin auch der Begriff des eben schon eingeführten Zirkels von Subjekt, Ereignis und Wahrheit. Zwar hängt die *Aktivierung* dieses Subjekts auch jetzt am nicht-intendierten Einbruch eines Ereignisses. Doch kommt dieses Ereignis aus keinem vermittlungslos fernen Außen, sondern verdankt sich auch einer Subjektivität, die seiner Ankunft und damit seiner Wahrheit *vorab schon* offen stand. Die Veränderung im Verhältnis von Subjekt und Ereignis modifiziert dann das subjektive Verhalten zum Ereignis, das Badiou im Begriff der Treue fasst. Kann Badiou, für den es vor dem Ereignis nur Lebewesen, doch keine Subjekte gibt, die Treue immer nur als Verhalten zum *gewesenen* Ereignis denken, kann sie nun wie bei Heidegger und Derrida auch als ein Verhalten zum *kommenden* Ereignis gedacht werden: eine Erweiterung, in der sich die utopische Dimension von Subjektivität in ihrer »Messianizität« als der Wahrheit ihres religiösen Atheismus bewährt.[15] Das im Lebewesen immer schon anwesende Subjekt ist dann ein seinen spezifischen historischen Subjektivierungen *vorgängiges* Subjekt, kantisch gesprochen: die Bedingung ihrer Möglichkeit. Es ist in diesem Sinn ein empirisch-transzendentales Subjekt: ein Subjekt also, in dem man – in den Worten Foucaults – »Kenntnis von dem nimmt, was jede Erkenntnis möglich macht« (Vgl. hier, Fußnote 2).

Dialektische Schlussrunde aller Beteiligten

Ein solches Subjekts entkommt der deterministisch-voluntaristischen Dublette in zwei Zügen. Der erste, gegen den Determinismus gerichtete Zug liegt darin, dass menschliche Lebewesen, sofern sie ihrer Möglichkeit nach *immer schon* Subjekte sind, nie *nur* ein Effekt äußerlicher Determination sein können – egal, wie diese Determination bestimmt wäre. Der zweite, gegen den Voluntarismus gerichtete Zug liegt darin, dass ein seinen Determinationen *immer auch vorgängiges* Subjekt eben deshalb nie *nur* zur Reaktion auf diese Determinationen, sondern – wie Sartre treffend formulierte – *immer schon* »zur Freiheit verurteilt« ist. Diese Freiheit ist zwar nicht der Grund des Lebens, der Arbeit und der Sprache, doch schon deshalb mehr als nur eine voluntaristische Freiheit des Willens, weil sie sich in ihrem Leben, Arbeiten und Sprechen frei den eingangs erinnerten Fragen aussetzen kann, die Foucault/Deleuze mit der These vom »Tod des Menschen« als der Geburt des »Übermenschen« beantworten. Dem Determinismus und dem Voluntarismus entkommen diese Freiheit und dieses Subjekt, weil Leben, Arbeit und Sprache ihrerseits nie ohne Freiheit und nie ohne Wahrheit und deshalb aber immer schon existenziell gefaltete Geschichte sind.

Zuzugeben ist dann allerdings, dass sich die Philosophie damit weiter mit der »empirisch-transzendentalen Dublette« und der »Analytik der Endlichkeit« auseinandersetzen muss, die Foucault *und* Badiou ausdrücklich hinter sich lassen wollten (Vgl. wiederum Fußnote 2). In der ausdrücklichen Anerkennung dieser Nötigung liegt der philosophische Einsatz Žižeks. Dem entspricht, dass Žižek den Wunsch, sich von der »Analytik der Endlichkeit« zu befreien, auf eine »Seinsvergessenheit« zurückführt, die in ihrem Kern Vergessen und darin Verdrängung der Endlichkeit ist (Žižek 2001: 216–230).

---

15 Der Begriff der Messianizität ist für das politische Denken Jacques Derridas zentral und gilt dort Sich-Verhalten zum kommenden Ereignis, vgl. Derrida 1995.

Mit der Anerkennung einer spezifisch menschlichen Endlichkeit zielt Žižek allerdings nicht auf das blanke Faktum des Ablebenmüssens, auf das sich die liederlichsten Formen des Humanismus gründen. Stattdessen geht es ihm um eine »Wahrheit der Existenz« (Heidegger 1984: 221, 291, 307f.), in der die Negativität des Seins zum Tode wie des Seins zur Geburt der menschlichen Endlichkeit die Möglichkeit eröffnet, sich von jedem Sicheinhausen und Dahinleben in *bloß* endlichen Befriedigungen und Beruhigungen zu ent-binden. Solches »Verweilen beim Negativen« (Hegel) wäre dann die eigentümliche Möglichkeitsbedingung der Selbstbejahung, des »Sich-durch-sich-Affizierens« eines Subjekts, das nicht mehr ein vom Leben abgespaltenes Subjekt wäre, sondern die Spaltung von Subjektivität und »Animalität« *vergeschichtlichen* könnte: nach Maßgabe seiner Wahrheiten und also seines Vermögens, sich frei zu ent-binden *und* frei zu binden. Es flüchtete dann nicht mehr in ein Außerhalb des Lebens, Sprechens und Arbeitens: weder in das Jenseits der Religion oder der klassischen Metaphysik einschließlich des klassischen Humanismus, noch in das Jenseits eines a-subjektiven Positivismus und Antihumanismus.

Posthumanistisch ist das so verstandene Subjekt, weil die Selbstbejahung der eigenen Endlichkeit die Anerkennung eines Lebens, Arbeitens und Sprechens einschließt, das ihm nie zur Gänze durchsichtig werden und dessen es sich deshalb nie zur Gänze bemächtigen kann. *Politisch* wird das dort relevant, wo sich das bloße Auf und Ab der sozialen Kämpfe zu der Universalgeschichte fügt, die Hegel im Kampf um Anerkennung *philosophisch* entworfen, Marx im Begriff einer Geschichte der Klassenkämpfe *politisiert* und die jüngeren sozialen Bewegungen in die nie voneinander zu trennenden Dimensionen der Kämpfe gegen Herrschaft, gegen Ausbeutung und um Subjektivierung *ausdifferenziert* haben. Von ihrer Geschichtlichkeit hat Hegel – deshalb ist auf ihn und die Dialektik der Anerkennung zurückzukommen – in noch heute gültiger Weise gezeigt, dass und wie sie im *subjektiven* Sich-Entbinden vom bloßen Überleben gründest: eine »Wahrheit der Existenz«, die die Aufständischen des Tahrirplatzes gerade eindringlich bestätigt haben.

Zu erproben bleibt dann, dass und wie diese Wahrheit in der Theorie und Praxis einer »Bewegung der Bewegungen« aussteht, die ihre Kämpfe gegen Herrschaft, gegen Ausbeutung und um Subjektivierung zugleich als wahrheits- *und* als biopolitische und darin auch als religiös-atheistische Kämpfe um den »Übermenschen« und das »menschliche Gattungswesen« führen wird. Dazu ist der von Badiou im Prinzip ja zu Recht behauptete Primat des Politischen vor dem Leben nicht mehr als äußerlicher Einspruch gegen Biopolitik zu verstehen, sondern selbst und eigens im biopolitischen Feld zu erheben. Die bloß konstatierende Formel »Das Private ist politisch« wäre dann so in die Direktive »Politisiert das Private!« umzuschreiben, dass die Ent-Bindung politischer Militanz nicht als Wendung »gegen« das Leben, sondern selbst als *Lebensform* und *Lebensweise* verstanden werden kann – mit Foucault gesprochen: als Ästhetik der Existenz. Die wäre dann allerdings, über Foucault wie Deleuze hinaus und mit Hardt/Negri, Badiou und Žižek, an die Subjektposition zu binden, die Marx im *Manifest* als zugleich philosophische und politische Subjektposition der Kommunist_innen fasst. Um die zu guter Letzt bündig ins Gedächtnis zurückzurufen: Die Kommunist_innen bilden keine partikulare politische Formation neben den anderen Formationen der Multituden und haben keine von ihnen getrennten Interessen. Sie finden ihre Auszeichnung darin, in allen partikularen Kämpfen die Transversale (Foucault) oder das Gemeinsame (Hardt/Negri) *aller* Kämpfe und damit »in der gegenwärtigen Bewegung zugleich die Zukunft der Bewegung« (Marx) zu artikulieren: ihre teleologische und utopische Ausrichtung auf einen Unterschied ums Ganze.[16] Den jüngsten Anhalt dieses Gemeinsamen, dieser Zukunft und dieses Unterschieds gibt uns das Geschichtszeichen, das wir dem Tahrirplatz *und* dem weltweit bezeugten Enthusiasmus verdanken, der uns darauf einstimmt, das Ereignis des Arabischen Frühlings »bei irgendeiner Veranlassung günstiger Umstände« zum praktischen Beispiel seiner Wiederholung zu nehmen.

Zusatz

Teleologie und Utopie der Universalgeschichte schließen Kontingenz nicht aus, im Gegenteil. Das beginnt mit der Kontingenz des »nackten Dass« der Universalgeschichte selbst, die ihren Grund nur in sich selbst finden kann, d. h. erst hervorbringen muss. Das bestätigt sich in dem Umstand, dass die *empirische* Erfüllung von Teleologie und Utopie durch nichts garantiert wird und ihr Subjekt deshalb vielleicht, wie Žižek im Titel eines seiner Bücher festhält, auf einen »verlorenen Posten« gestellt wurde. Es bestätigt sich schließlich in der auch *logisch* nicht auszuschließenden Vermutung, dass das heute angestrebte Ende der Geschichte, wenn es sich denn erfüllt, nur den Anfang ganz anderer, noch gänzlich unabsehbarer Werden bilden wird. Dem Begriff der Universalgeschichte widerspricht das nicht: Teleologie, Utopie *und* Messianizität bleiben die Probe der in ihr möglichen Freiheit.

---

16 Marx/Engels 1959: 474ff. bzw. 492. Für eine systematische Entfaltung dieses »Punkts« vgl. wiederum Seibert 2009.

Literatur

Althusser, Louis (2011): *Für Marx*, Frankfurt/M.
Badiou, Alain (2002): *Gott ist tot*, Wien
Badiou, Alain (2003a): *Über Metapolitik*, Zürich-Berlin
Badiou, Alain (2003b): *Ethik*, Wien
Badiou, Alain (2003c): *Deleuze. Das Geschrei des Seins*, Zürich-Berlin
Badiou, Alain (2010a): *Die Logiken der Welten*, Wien
Badiou, Alain (2010b): *Ist Politik denkbar?*, Berlin
Deleuze, Gilles (1980): *Kleine Schriften*, Berlin
Deleuze, Gilles (1987): *Foucault*, Frankfurt/
Deleuze, Gilles und Guattari, Félix (1977): *Antiödipus. Kapitalismus und Schizophrenie* Bd. 1, Frankfurt/M.
Deleuze, Gilles und Guattari, Félix (1992): *Tausend Plateaus. Kapitalismus und Schizophrenie* Bd. 2, Berlin
Deleuze, Gilles und Guattari, Félix (2000): *Was ist Philosophie?*, Frankfurt/M.
Deleuze, Gilles und Parnet, Claire (1980): *Dialoge*, Frankfurt/M.
Derrida, Jacques (1995): *Marx' Gespenster*. Frankfurt/M.
Foucault, Michel (1968) *Psychologie und Geisteskrankheit*, Frankfurt/M.
Foucault, Michel (1971): *Die Ordnung der Dinge*, Frankfurt/M.
Foucault, Michel (1976): *Der Wille zum Wissen. Sexualität und Wahrheit* Bd. 1, Frankfurt/M.
Foucault, Michel (1986a): *Der Wille zum Wissen. Sexualität und Wahrheit* Bd. 2, Frankfurt/M.
Foucault, Michel (1986b): *Die Sorge um sich. Sexualität und Wahrheit*, Bd. 3, Frankfurt/M.
Foucault, Michel (1992a): *Was ist Kritik?*, Berlin
Foucault, Michel (1992b): *Einleitung*. In: Binswanger, Ludwig, *Traum und Existenz*, Bern
Foucault, Michel (2003): diverse Texte zur Iranischen Revolution. In: *Schriften* Bd. 3, a.a.O.
Foucault, Michel (2004): *Hermeneutik des Subjekts*, Frankfurt/M.
Foucault, Michel (2005a): *Das Subjekt und die Macht*, in: *Schriften* Bd. 4, Frankfurt/M., 269–293
Foucault, Michel (2005b): *Was ist Aufklärung?* In: *Schriften* Bd. 4, Frankfurt/M., 687–706
Gramsci, Antonio (1995): *Philosophie der Praxis*, Hamburg
Hardt, Michael und Negri, Antonio (1997): *Die Arbeit des Dionysos. Materialistische Staatskritik in der Postmoderne*, Berlin

Hardt, Michael und Negri, Antonio (2000): *Empire. Die neue Weltordnung*, Frankfurt/M.
Hardt, Michael und Negri, Antonio (2010): *Common Wealth. Das Ende des Eigentums*, Frankfurt/M.
Hegel, Georg Wilhelm Friedrich (1970): *Phänomenologie des Geistes*, Werke Bd. 3, Frankfurt/M.
Heidegger, Martin (1965): *Kant und das Problem der Metaphysik*, Frankfurt/M.
Heidegger, Martin (1984): *Sein und Zeit*, Tübingen
Kant, Immanuel (1966): Kritik der reinen Vernunft, Stuttgart
Kant, Immanuel (1984): *Der Streit der Fakultäten*, Leipzig
Marx, Karl (1959): *Manifest der Kommunistischen Partei*, in: Marx-Engels-Werke Bd. 4, Berlin
Lukács, Georg (1984): *Die Zerstörung der Vernunft*, Berlin
Marx, Karl (1978): *Thesen über Feuerbach*. In: Marx-Engels-Werke Bd.3, Berlin
Marx, Karl (1971): *Zur Kritik der politischen Ökonomie. Vorwort*, in: Marx-Engels-Werke 13, Berlin
Negri, Antonio (1998): *Ready-Mix*, Berlin
Negri, Antonio (2003): *Time for Revolution*, London
Negri Antonio (2009): *Goodbye, Mr. Socialism*, Berlin
Seibert, Thomas (2009): *Krise und Ereignis. Siebenundzwanzig Thesen zum Kommunismus*, Hamburg
Žižek, Slavoj (2001): *Die Tücke des Subjekts*, Frankfurt/M.

Felicita Reuschling

Domestic Utopias

Erst der Abwasch und dann die Revolution

Die Geschichte utopisch/emanzipativ inspirierter Wohnformen im frühen 20. Jahrhundert wurde schon häufig erzählt und dabei meistens ästhetisiert und verklärt. Das Bauhaus, der Deutsche Werkbund und der Umkreis von Architekten, die sich zum »neuen Bauen« bekannten, können exemplarisch als sich verallgemeinernder Modus der Moderne benannt werden, der späterhin als »international style« bezeichnet große Verbreitung fand und bis heute Maßstäbe für rationales Bauen gesetzt hat.

Dieser Modus der Moderne war einerseits vom Willen zu rationaler, standardisierter und industrialisierter Produktion geprägt. Die Diskussionen in diesem Umkreis zielten auf eine inhaltliche und ästhetische Strategie der Transformation von Mensch, Arbeit und Lebenswelt in einer durchweg positiven Bezugnahme auf den industriellen Kapitalismus.[1]

Gleichzeitig war das »neue Bauen« eng mit einer Diskussion architektonischer Utopien als Bestandteil gesellschaftlicher Transformation verknüpft, beispielsweise in der Sowjetunion oder im israelischen Kibbuz. Damit war jedoch weit mehr intendiert als sozialer Wohnungsbau. Mithilfe dieser archi-

---

1   Der Deutsche Werkbund war verknüpft mit den Diskussionen der bürgerlichen Lebensreformbewegung um 1900. Verbreitet war dort die Formulierung eines sogenannten »Dritten Weges«, der anstelle einer Revolution die Reformierung verschiedenster Lebensbereiche vorschlug um der allgemeinen Verschlechterung von Leben und Waren im Kapitalismus zu begegnen. So entwickelte sich im Deutschen Werkbund neben Produktdesign, Architektur und Werbegestaltung auch eine Diskussion um die Ästhetik der »Qualitätsware« als Markenware, die dem verbreiteten Mangel an Gebrauchswert und ästhetischer Stillosigkeit von industriell hergestellten Dingen beggegnen sollte. (vgl. Reuschling, Markenware-Stil der Qualitätsarbeit in: Kampf der Dinge, Der deutsche Werkbund zwischen Anspruch und Alltag, 2008) Das 1919 gegründete Bauhaus war nicht nur personell, sondern auch inhaltlich von ähnlichen Motivationen wie der Deutsche Werkbund geprägt, beide Institutionen arbeiteten auch bei verschiedenen Projekten zusammen. So prägten die Persönlichkeiten Walter Gropius und Mies van der Rohe nicht nur den Deutschen Werkbund, sondern wurden auch für das Bauhaus Leitbild gebend.

tektonischen Konzepte sollte dem »neuen Menschen«, dem »neuen Juden« und der »neuen Frau« ermöglicht werden, in ein »neues Leben« (novij bijt) einzutreten.

Der folgende Essay wird deshalb verschiedene Wohnkonzepte vorstellen, die als unterschiedliche Zweige einer historischen Strömung in Beziehung gesetzt und miteinander verglichen werden. Wenn im Folgenden vom Umkreis des »neuen Bauens« die Rede ist, dann geht es darum, Tendenzen der Architektur zu bezeichnen, die sich aus den Diskussionen von der Jahrhundertwende bis in die 1920er Jahre von Holland bis Russland entwickelt hatten und die sich auf unterschiedlichen Ebenen mit Lebensreform beschäftigten.

Im Unterschied zu einer auf die Ästhetik beschränkten Architekturdebatte möchte ich im Anschluss an Dolores Hayden Wohnformen exemplarisch danach analysieren, inwiefern sie hinsichtlich der Organisation von Haus- und Pflegearbeit eine im positiven Sinne utopische Dimension enthalten. Der programmatische Titel ihrer Arbeit »The Grand Domestic Revolution« weist auch meinem Essay den Weg, der von einer feministischen Perspektive ausgehend die räumliche Struktur von Häuslichkeit daraufhin untersucht, welche Formen von Gemeinschaft und Arbeitsteilungen sie ermöglichen, unterstützen oder ausschließen. Während sich Haydens Arbeiten vorwiegend mit Diskussionen und architektonischen Beispielen aus den USA befassen, ist mein Augenmerk auf die von Europa ausgehende Strömung des »neuen Bauens« gerichtet.

Hayden unterscheidet konzeptionell drei politische Strategien, die sie jeweils spezifischen Wohnformen zuordnet. Trotz aller Unterschiede sind die dargestellten Beispiele in diesem Essay von dem geprägt, was Hayden als industrielle Strategie bezeichnet. Zugleich waren alle dargestellten Wohnformen mit der historischen Strömung des Sozialismus und der Sozialdemokratie verknüpft. Es geht deshalb auch um die Frage, welches utopische Potential und welche Problematiken der Sozialismus des 19. und 20. Jahrhunderts für die Idee von einer befreiten Gesellschaft hervorgebracht hat.

Untersucht wird anhand des Einküchenhauses, der Wohnung für das Existenzminimum, dem Kommunehaus und dem Kibbuz, welche Problematik und welches utopische Potential das Motiv der Industrialisierung und »Zentralisierung« der Haushalte barg.

Es gilt eine Diskussion nachzuverfolgen, in der zumindest zeitweise Momente aufscheinen, wie gesellschaftliche Reproduktionsarbeit in einem utopischen Sinne »neu« und anders geplant und organisiert werden könnte. Zudem soll ergründet werden, warum diese neuen Wohnformen kaum realisiert wurden.

Pathos der Sachlichkeit

Mit der von Karin Hirdina[2] als »Pathos der Sachlichkeit« benannten »Ästhetik des laufenden Bandes« wurde eine Form von Funktionalität und Neutralität projektiert, die als fortschrittlich und rational galt. Tatsächlich enthält diese Inszenierung von Neutralität jedoch einen vergeschlechtlichten Modus von Moderne, der implizit männlich ist. Im Sinne einer feministischen Architekturgeschichte und Utopieforschung wird im Folgenden die Geschichte der klassischen Moderne unter dem Gesichtspunkt der Produktion und Reproduktion von Geschlechterverhältnissen und der gesellschaftlichen Bedeutung von häuslichen Arbeitsverhältnissen einer Revision unterzogen. Während ich zunächst in einzelnen Abschnitten verschiedene Wohnformen aus dem 20. Jahrhundert darstelle, wird abschließend, im Anschluss an Haydens Konzeption, noch ein anderer Blickwinkel auf Utopie eröffnet.

Zum besseren Verständnis der Diskussionen, an die das neue Bauen anschloss, sollen in einem ersten Schritt spezifische Strukturen bürgerlicher Häuslichkeit im 19. Jahrhundert verdeutlicht werden.

Vorgeschichte des neuen Bauens: Bürgerliche Häuslichkeit im 19. Jahrhundert

Das Konzept der »Häuslichkeit« ist eine Reaktion auf die kapitalistische Trennung von Arbeit und Haus.[3] Das Heim wurde zunehmend als Ort der Erholung und familiärer Privatheit der Öffentlichkeit entgegengesetzt. Die Verallgemeinerung kapitalistischer Warenproduktion brachte die räumliche Schöpfung von ökonomischen und scheinbar außerökonomischen Sphären und damit auch eine Trennung zwischen Produktion und Reproduktion hervor, die strukturell eine Abwertung nicht bezahlter Tätigkeiten wie der Hausarbeit nahelegte. Im Vergleich zum bäuerlichen Haushalt, der sowohl für den eigenen Verzehr als auch für den Markt produzierte, wurde in der bürgerlichen Familie zunehmend nur noch für den Haushalt gewirtschaftet.

---

2 Vgl. dazu Karin Hirdina, Pathos der Sachlichkeit, Traditionen materialistischer Ästhetik, Berlin 1981.
3 Vgl. dazu Karin Hausen: Die Polarisierung der »Geschlechtercharaktere« – eine Spiegelung der Dissoziation von Erwerbs- und Familienleben. In: W. Conze (Hrsg.): Sozialgeschichte der Familie in der Neuzeit Europas. Stuttgart 1976, S. 363–393, Hilde Heynen, Gülsum Baydar: Negotiating Domesticity Spatial productions of gender in modern architecture, New York 2005.

Die Arbeit, die zur Erhaltung seiner Mitglieder notwendig ist, erscheint nicht als ökonomisch oder produktiv, weil sie unbezahlt geleistet wird, zugleich der Haushalt aber auf Lohnerwerbsarbeit zu seinem Erhalt angewiesen ist. Deshalb ist der Haushalt jedoch keinesfalls eine außerökonomische Sphäre. Nicht nur die zur Reproduktion der Ware Arbeitskraft notwendigen Waren gehen wertmäßig in ihren Wert ein, sondern gerade auch die nicht monetarisierte »Arbeit aus Liebe« ist einen wesentlicher Faktor, auf der die kapitalistische Akkumulation beruht und sich als unbezahlten, quasi »naturhaften«, Bestandteil einverleibt. Häuslichkeit wurde emphatisch als Gegenprinzip zu Konkurrenz und Kampf in der Öffentlichkeit gefeiert und zugleich als Hort der Weiblichkeit besetzt.

Im Verlauf des 19. Jahrhunderts veränderte sich aber die räumliche Struktur von Häuslichkeit.

> »Die bürgerlichen Wohnungen der ersten Hälfte des 19. Jahrhunderts waren relativ klein, so dass die Wohnräume noch multifunktional genutzt wurden und häufig nicht zur Kernfamilie gehörende Personen (Verwandte, Personal, Gesellen) in den Haushalten mit wohnten. Es ist deshalb zunächst eher von einer gemeinschaftlich-familialen denn von einer individualisierten Privatsphäre zu sprechen.«[4]

In der zweiten Hälfte des Jahrhunderts zeigen sich zunehmend Tendenzen zur Differenzierung und Monofunktionalisierung von Räumen. Im Vordergrund der Aufmerksamkeit stand die Abwehr »unsittlicher« Einflüsse auf Frauen und Kinder, die für die Strukturveränderungen von Bedeutung waren. Durch eine forcierte Trennung von Wohn- und Schlafbereichen und getrennte Schlafzimmer für Eltern und Kinder sollte das Sexualgeschehen gesellschaftlich kontrollierbarer und damit »sittlicher« werden.

> »Im gesamten Wohnen kommt es zur vermehrten Aufteilung der Wohnung in einen privat-öffentlichen (Wohnzimmer, Salon) und einen privat-intimen Teil (Schlafzimmer, Räume der Hygiene) und in den Produktionsbereich (Küche, Vorratskammern, Dienstbotenkammern).«[5]

Obwohl das Einzelhaus oder die Villa als Verkörperung dieses Ideals galten, dominierten in der Realität Mietwohnungen, die vor allem sozialhygienisch

---

4   Irene Nierhaus: Arch6 Raum, Geschlecht, Architektur, Wien 1999, S. 94
5   Ebd. S. 95/96

kritisiert wurden. Der Inszenierung der Abgeschlossenheit jeder Wohnung wurde deshalb besondere Aufmerksamkeit gewidmet. Zunehmend manifestierte sich auch der rein reproduktive Charakter der bürgerlichen Familie in der Vergrößerung des Wohnraumanteils gegenüber den Arbeitsbereichen (Küche, Vorratskammern).

»Die Zurückdrängung der Arbeitsbereiche aus dem Mittelpunkt des Wohnens ermöglicht dann auch jenes Wohnverständnis, in dem Hausarbeit unsichtbar bleiben und den heimkehrenden Familienvater nicht belästigen soll.«[6]

Die zunehmende Trennung funktionaler Bereiche entwickelte sich in Abgrenzung zum proletarischen, aber auch bäuerlichen Haushalt. Der städtisch proletarische Familienhaushalt des 19. Jahrhunderts bestand demgegenüber häufig nur aus einer Küche und einem weiteren Raum. Eine Trennung der Funktionen oder Rückzugsorte waren räumlich nicht möglich. Sowohl im bäuerlichen als auch im proletarischen Haushalt waren Wohnen und Arbeiten nicht räumlich getrennt.

Damit waren auch die Unterscheidung von Produktion und Reproduktion sowie eine Zuordnung zu bestimmten Räumen nicht gegeben. Hier wie dort gab es familienferne Mitbewohner (Schlafburschen, Untermieter, Mägde), die aus ökonomischen Gründen aufgenommen wurden. Im proletarischen Haushalt wurden häufig auch (zeitlich versetzt) dieselben Betten und Räume genutzt. Sexuelle Übergriffe, Promiskuität und jugendliche Sexualität gehörten deshalb auch zur proletarischen Lebensform, von der sich das Bürgertum moralisch strikt abgrenzte.[7]

Die Wohn- und Arbeitsbereiche der bürgerlichen Wohnung waren demgegenüber räumlich klar voneinander abgegrenzt, die Küche gehörte im bürgerlichen Haushalt nicht zu den Wohnräumen. Hier fand Arbeit statt, die von Dienstboten verrichtet wurde. Im Gegensatz dazu entsprachen Wohnküchen traditionell eher dem ländlichen und proletarischen Haushalt, auch aus energetischen Gründen, da die Wärme des Kochens für das Wohnen nutzbar gemacht wurde. Ofen und Herd waren meist identisch. Wohnküchen waren daher der zentrale Aufenthaltsort der gesamten bäuerlichen Familie, die »gute Stube« wurde hingegen eher geschont und selten beheizt.

---

6 Ebd. S. 97
7 Bekanntlich gehörten jedoch sexuelle Übergriffe auf meist weibliche Dienstboten zur Normalität des bürgerlichen Haushaltes.

Die Vorstellung von Wohnen zu Beginn des 20. Jahrhunderts wurde stark durch hygienische und sozialhygienische Grundsätze beeinflusst. Neue ästhetische Vorbilder für Küchen wurden Labor und Sanatorium, die hell (meist weiß) und luftig zu sein hatten. In der folgenden Gegenüberstellung von »Einküchenhaus« und »rationaler Küche/Frankfurter Küche« fällt auf, dass beide moderne und rational geplante Konzepte waren, die gesellschaftliche Tendenzen der kapitalistischen Produktion aufnahmen, jedoch entgegengesetzte Lösungen organisierten. Die Entscheidung für das eine oder andere Konzept folgte nicht objektiven ökonomischen Kriterien, sondern fiel im Kontext politischer Auseinandersetzungen um die Rolle von Frauen, Familie und geschlechtlicher Arbeitsteilung im frühen 20. Jahrhundert.

Das »Einküchenhaus« und die Zentralisierung der Haushalte

Das Modell »Einküchenhaus« wurde schon um 1900 von PolitikerInnen und ArchitektInnen diskutiert. Die Sozialdemokratin Lily Braun gilt zumindest als eine, wenn nicht als *die* Erfinderin des Konzeptes. Sie stellte 1901 eine Broschüre zum Thema »Frauenarbeit und Hauswirtschaft« vor, in der die »Haushaltsgesellschaft« propagiert wird:

> »In den Arbeitervierteln der großen Städte sollte jede Mietskaserne mit einer Zentralküche versehen sein, die den Bewohnern ihre Mahlzeiten liefert. In den Häusern der Arbeiter-Baugenossenschaften müsste der Anfang damit gemacht werden; Kinderkrippen und Kinderhorte zum Tagesaufenthalt für die Mutterlosen sollten sich anschließen.«[8]

Die Idee der Zentralisierung der Haushalte war von dem Wunsch nach Emanzipation, egalitärer Teilhabe und Berufstätigkeit von Frauen motiviert. »

> Mit der Befreiung von der doppelten Arbeitslast der Hauswirtschaft und der außerhäuslichen Erwerbsarbeit würde einer der wichtigsten Teile der Frauenfrage seiner Lösung entgegengeführt werden. Und was für die Arbeiterin galt, das galt ebenso für die geistig tätige Frau.«[9]

Vorgestellt hatte sich Braun das Modell als Gebäude um einen Gartenhof

---

8   Lily Braun: Memoiren einer Sozialistin, Berlin 1985, S. 530.
9   Ebd.

mit Spielplatz für die Kinder, im Parterre die Gemeinschaftseinrichtungen: Zu ihnen gehörten Hausmeisterwohnung, Esssaal, Lesesaal, Küche und Wirtschaftsräume mit allen Arten arbeitssparender Maschinen, die Wohnung der Wirtschafterin, und die Stube der Dienstmädchen. Realisiert wurden verschiedene Häuser in Berlin bereits vor 1914. Das Gründungsmitglied des deutschen Werkbundes, Hermann Muthesius, war 1908/09 an der Planung eines Häuserkomplexes in Lichterfelde beteiligt, der allerdings eine bürgerliche Variante des Konzeptes verwirklichte. Zentralisiert wurden hier die Dienstleistungen von Dienstboten. Inklusive Kochen und Putzen war dieses Modell aber wohl immer noch teurer als eine konventionelle Wirtschaftsführung mit Dienstboten.

In der zeitgenössischen Diskussion wurde deshalb über die passende Bevölkerungsgruppe für dieses Wohnmodell gestritten. Als Zielklientel galten alte und/oder alleinstehende Menschen, kinderlose Ehepaare und Kurzzeitbewohner. Das »Einküchenhaus« wurde eher als eine Mischung aus Hotel und Mietshaus projektiert, denn als dauerhafte Wohn-Lösung für Familien gesehen. Ähnlich skeptisch wurde die Diskussion nach dem Ersten Weltkrieg fortgesetzt. Mehr Unterstützung fand das Modell jedoch in Österreich, wo in Wien der »Heimhof« – ehemals eine Frauenwohngenossenschaft – ab 1926 mit Unterstützung der Gemeinde Wien als sozialer Wohnungsbau geführt und später zum »Familien-Einküchenhaus« erweitert wurde. Dass es anders ging, verdeutlichen auch die umfangreichen Wohnungsbauergänzungen und Gemeinschaftseinrichtungen in den Wiener Gemeindewohnungsbauten, die mit Steuermitteln – also politisch gewollt – subventioniert wurden. Dort gab es zwar keine Gemeinschaftsküchen, die Anlage ermöglichte aber auch einfachen ArbeiterInnen Kleinwohnungen mit Gemeinschaftsbädern, Zentralwaschküchen, Kindergärten und Versammlungsräumen – also eine proletarische Wohnkultur mit einer Kompromisslösung zwischen Privathaushalt und Haushaltsgemeinschaft. Obwohl es international ungefähr 20 weitere »Einküchenhäuser« gab, konnte sich dieses Modell offenkundig nicht durchsetzen. Es stellt sich die Frage, weshalb dieses Modell zentralisierter Hauswirtschaft nicht für Arbeiterfamilien aufgegriffen und zum Bestandteil des Konzeptes der »Wohnung für das Existenzminimum« wurde, so wie es auch Lily Braun nahegelegt hatte. Die bereits um 1900 einsetzende bürgerlich-sozialdemokratische Diskussion um Wohnungsbau und Frauenfrage zeichnete sich durch eine Ablehnung von Frauenarbeit aus, die mit dem Geschlechtscharakter von Frauen begründet wurde. Daher wurde zumindest innerhalb der SPD vor dem Ersten Weltkrieg das Thema »Einküchenhaus« schnell zu den Akten gelegt. Das Bild der »neuen Frau« der 1920er Jahre schloss zwar ihre Berufstätigkeit ein, an ihrer Zuständigkeit für Hausarbeit und Kindererziehung änderte es jedoch nichts.

Die Wohnung für das Existenzminimum und die »Frankfurter Küche«

Wie Karin Hirdina betont, ist die Diskussion um die Wohnung für das Existenzminimum (im Folgenden: WfE) nur durch die katastrophale Wohnungssituation des Proletariats und der proletarisierten Mittelschichten zu verstehen. Nach dem Ersten Weltkrieg wurde allein in Deutschland ein Fehlbedarf von etwa einer Million Wohnungen konstatiert. Dieser Wohnungsmangel war ein Resultat der massenhaften Proletarisierung arbeitssuchender Bevölkerungsschichten, die nach dem Wirtschaftsboom der Staatsgründung 1871 in die Großstädte gezogen waren. Die zentrale Bauaufgabe waren deshalb nicht Einzelvillen, sondern Wohnungen für diese proletarischen Massen. Dementsprechend gab es eine verbreitete zeitgenössische Kritik am Ästhetizismus der Architektur, die sich stattdessen durch ihre »sachliche« Aufgabe definieren solle.

Obwohl es Tendenzen im »neuen Bauen« gab, die eine Zentralisierung der Haushalte, also eine kollektive Organisation forderten und planten, wurden letztlich im Westen und auch in der Sowjetunion nahezu ausschließlich individuelle Kleinwohnungen für Kleinfamilien gebaut.

Als zentraler Propagandist und Leiter des Bauhauses verstand Walter Gropius die Kleinstwohnung als adäquaten und deshalb wünschenswerten Ausdruck der Vergesellschaftung der industriellen Arbeit und der daraus resultierenden veränderten Lebensweise. Diese zeichnet sich durch eine Verkleinerung der Familie, eine Verselbstständigung und Mobilität des Individuums und ein frühes Abwandern von Kindern aus der Familie aus. Die Minimalwohnung sollte deshalb den Bedürfnissen der Lebensform einer städtischen, höchst mobilen Industriebevölkerung entsprechen, die zwar Luft und Licht benötige, aber nur wenig Raum.

In der rationalen Küche erblickte Gropius eine Übergangslösung zum zentralen Großhaushalt, eine sinnvolle Ergänzung der »mietbaren Ration Wohnung«.[10] In Gropius' Worten spiegelt sich die damals verbreitete naiv-produktivistische Begeisterung für eine Vergesellschaftung durch industrielle Arbeit, deren Prinzipien auch auf das Alltagsleben und damit auf die Reproduktionsarbeit übertragen werden sollten. Rationalität war für Sozialisten, Sozialdemokraten und Liberale das Gebot der Stunde und Rezept für eine

---

10 Walter Gropius: Die soziologischen Grundlagen der Minimalwohnung für die städtische Bevölkerung. In: Das neue Frankfurt/Die neue Stadt, Reprint, Aachen 1977, S. 410.

verbesserte Lösung aller gesellschaftlichen Fragen. Diese Ideen weisen große Ähnlichkeiten mit den Diskussionen in der frühen Sowjetunion auf, wie z. B. bei Alexandra Kollontai, die vom Absterben der familiären Funktionen als einem objektiven Trend des Kapitalismus ausging, und dass diese Funktionen durch eine kollektive Organisation ersetzt werden müssten.[11] Eigentlich hätten also Kollektivierung bzw. Zentralisierung und »Neues Bauen« gut zusammenpassen können. Der kommunistische Künstler Karel Teige argumentierte zeitgenössisch gegen die Wohnung für das Existenzminimum und die damit verknüpfte Individualisierung von Haushalten. Dass es im proletarischen Haushalt ohnehin kaum Zeit für Häuslichkeit gebe, solle als Ausgangspunkt für eine neue Form kollektiven Lebens gesehen werden. Auf diese Weise sollte auch das Modell der Familie aufgebrochen werden, damit jedes Individuum sich von der Last der Tradition befreien und am öffentlichen Leben teilhaben könne.

Im Gegensatz zu solchen Konzepten der Zentralisierung verwirklichte das »Neue Bauen« in Deutschland ausschließlich separate Familienwohnungen mit Arbeitsküchen.

Die sogenannte Frankfurter Küche wurde 1926 von der Architektin Margarete Schütte-Lihotzky für einige Siedlungen des Frankfurter Wohnungsbauprogramms entworfen und zehntausendfach ausgeführt. Es gab jedoch innerhalb der Bewegung des »Neuen Bauens« in Europa eine Vielzahl rationaler Küchenmodelle, die sich stark ähnelten. Das Konzept der rationalen Küche basiert auf einer Analyse der in ihr stattfindenden Tätigkeiten. Analog zu den Studien der Arbeitsökonomie in Fabriken wurden die Arbeitsabläufe in einer Küche erfasst und die Anordnung der Möblierung für einen möglichst rationalen Arbeitsablauf reorganisiert.

Auch die Tendenz zur Standardisierung und Normierung nach dem Ersten Weltkrieg fand sich hier. Das bis heute verbreitete Standardwerk zu architektonischen Bauaufgaben von Ernst Neufert[12] enthält eine Normierung von Küchenelementen, die z. B. auf die durchschnittliche Größe von Frauen ausgerichtet ist. Die Möblierung sollte glatte und leicht zu säubernde Oberflächen haben, entweder eingebaut oder aus standardisierten Elementen zusammengesetzt. Ein historischer Küchenschrank hatte dort sowohl wegen

---

11 Vgl. Felicita Reuschling, Die Familie im Kommunismus, in: Phase 2, Heft 36, 2010.
12 Ernst Neufert, Bauentwurfslehre. Handbuch für den Baufachmann, Bauherren, Lehrenden und Lernenden. 1. Auflage: Bauwelt-Verlag, Berlin 1936. 39. überarbeitete Auflage, Wiesbaden 2009.

der aufwendig zu säubernden Schnörkel als auch wegen seiner Ausmaße keinen Platz.

Vorbilder für rationale Küchen waren Eisenbahn- und Schiffsküchen. Hier finden sich bereits reine Arbeitsküchen, deren Anordnung auf engem Raum als Vorzug entdeckt wurde, weil sie durch Verkürzung der Wege eine Intensivierung der Tätigkeiten ermöglichte. Auch lässt sich eine strukturelle Nähe der rationalen Küche zum Konzept bürgerlichen Wohnens konstatieren, welches ebenfalls zunehmend funktionale Abtrennungen und Verkleinerungen von Produktionsräumen vorsah. Die reine Arbeitsküche passte, wie Anke van Caudenberg, Hilde Heynen[13] und Edith Friedl[14] übereinstimmend urteilen, viel besser zur bürgerlichen als zur bäuerlich/proletarischen Familie:

»For the middle classes and the bourgeosie [...] applying the rational kitchen did not disrupt the customary boundaries between the different parts of the house, since the kitchen was previously the domain of the servants and thus had never functioned as a family room. Clearly modernist ideas regarding the rational kitchen were much more in tune with the needs and expectations of the higher classes of the population. This of course is hardly surprising given the fact that, after all, architects themselves usually belonged to the middle or upper class.«[15]

Wohnküchen entsprachen hingegen auch aus energetischen Gründen traditionell eher dem ländlichen und proletarischen Haushalt, da die Wärme des Kochens zum Wohnen genutzt werden konnte. Im Sinne einer energetischen Ökonomie waren also die Wohnküchen nicht weniger rational, sondern lediglich an anderen Maßstäben orientiert. In der »Frankfurter Küche« wurden, sicherlich gegen die Intention ihrer Konstrukteurin Schütte-Lihotzky, im Bezug auf die Raumordnung eher bürgerliche Maßstäbe gesetzt, die nicht zufällig mit den Bedürfnissen proletarischer Familien konfligierten. Die bereits erwähnte Tendenz zur Separierung von Funktionen im 19. Jahrhundert steht im Einklang mit der Inszenierung von privat-öffentlichen und privat-funktionalen Räumen. Im Vergleich zur bäuerlichen Wohnküche werden die Tätigkeiten vom Resultat getrennt und unsichtbar gemacht, weil sie im

---

13 Anke van Caudenberg, Hilde Heynen: The Rational Kitchen in The Interwar Period in Belgium, Discourses and Realities in: Home Cultures, Volume 1, Issue 1, S. 41, UK 2004.
14 Edith Friedl, Nie erlag ich seiner Persönlichkeit... Margarete Lihotzky und Adolf Loos. Ein sozial- und kulturgeschichtlicher Vergleich, Wien 2005.
15 Anke van Caudenberg/Hilde Heynen ebd.

funktional getrennten Raum von der Hausfrau ausgeführt werden. Insofern ahmt die rationale Küche die bürgerliche Raumordnung nach, wenn auch mit anderen Begründungsmustern. Zudem schließt die Enge der Arbeitsküche ein gemeinsames Arbeiten aus und erschwert damit eine Aneignung entgegen der hier organisierten geschlechtlichen und isolierenden Arbeitsteilung.

Mit der Verbreitung der rationalen Küche als Herzstück funktionaler Wohnungsgestaltung setzte sich eine bis dahin für breite Massen unrealisierte Ordnung von Häuslichkeit und eine Kultur des Bürgertums durch, deren dichotomische Struktur als Inszenierung von Innen/Außen, Privat/Öffentlich, männlich/weiblich die gesamte Lebenswelt heteronormativ durchgestaltete.

Historisch knapp vor dem Fordismus trat in Deutschland mit dem genossenschaftlichen Wohnungsbau zwischen 1921–1930 eine Form von Wohnung massenhaft in Erscheinung, die endlich eine Nachahmung bürgerlicher Wohnmodelle für Arbeiterfamilien ermöglichte. Diese »WfE« ermöglichte auf ca. 40–50qm eine funktionale Raumordnung, die die proletarische Kleinfamilie erstmals generationell und wohnhygienisch separierte. Allerdings wurde damit auch ein Weg eingeschlagen, der neben minimalen kommunitären Einrichtungen wie gemeinschaftlichen Waschküchen eine private statt kollektive Organisierung des Haushalts verbreitete.

Die Entscheidung für die rationale Küche muss also als politische Entscheidung für eine individualistische Familienordnung interpretiert werden, die eine Nachahmung der bürgerlichen Lebensform befürwortete. Die berufstätige Frau war in proletarischen Kreisen ein notwendiges Faktum und keine erstrebenswerte Lebensweise. Bekanntlich verweigerten die großen Gewerkschaften Frauen jegliche Unterstützung als Arbeiterinnen, da sie als Konkurrenz für die männliche Belegschaft betrachtet wurden. Anstelle der Schaffung von öffentlichen Speisesälen, die zugleich wichtige Orte der Kommunikation und damit auch des Widerstandes hätten werden können, wurde eine Ansammlung privater Wohnzellen geschaffen.

Die Förderung der »WfE« durch gewerkschaftlich-genossenschaftliche Bauträger kann deshalb auch als Entscheidung gegen eine proletarische Wohnkultur gelesen werden.

Das sozialistische »Kommune-Haus«

Im Unterschied zum kapitalistischen Westen setzte der Realsozialismus politisch und kulturell auf die Nutzbarmachung aller Arbeitskräfte und befürwortete auch deshalb die »Kommunehäuser«:

> »Eine der vielen Maßnahmen und eine der wichtigsten auf dem Wege der Vermehrung der Arbeitskräfte ist die Nutzbarmachung der Arbeit der Frau. Was bedeutet das? Das bedeutet, daß alle diejenigen Funktionen, die die Frau bisher im Hause ausübte oder wenigstens der größte Teil derselben, von der öffentlichen Hand übernommen werden müssen: insbesondere Ernährung und Kindererziehung.«[16]

Mit Beginn der 1920er Jahre entstand aus mehreren zusammenfließenden Strömungen der Bautypus des »Kommunehauses«: der Gedanke zur Kollektivierung der Lebensweise, der typologisch/funktionalen Untersuchung und Elementarisierung und der Aufnahme westlicher Erfahrungen.

1927 formulierte z. B. die OSA (Vereinigung fortschrittlicher Architekten in der Sowjetunion) in ihrer Zeitschrift eine eigene theoretische und praktische Strategie. Die Pläne sind überwiegend von Le Corbusier beeinflusst und stellen häufig zweietagige, auf kleinstem Raum entwickelte Wohnzellen dar. Die »Kommunehäuser« wurden z. B. für die MitarbeiterInnen einer Baumwollfabrik oder des Volkskommissariats für Finanzen (Narkomfin) entwickelt. Innerhalb von nur ca. 5 Jahren verändert sich jedoch die Ausrichtung des sozialistischen Städtebaus und der projektierten Haushaltsformen einschneidend. So berichtet Ernst May 1930 noch von drei geplanten Wohnungskategorien:

1. Einhundertprozentige Individualwohnung: Einzelwohnungen und Häuser, die 75 Prozent der Wohnungen ausmachen sollen.
2. Kollektivwohnungen: »In ihnen wohnen Gruppen von Menschen, die aber keine Küchen mehr besitzen, sondern sich entweder in Gruppenküchen, die in den einzelnen Etagen der Bauten untergebracht sind, verpflegen oder in den öffentlichen Küchen, die für den Bezirk errichtet werden. In Bezirkskindergärten, Krippen werden die Säuglinge bis zu 3 Jahren und die Kinder vom 3. bis zum 7. Jahre untergebracht, und zwar häufig nur während der Arbeitszeit der Eltern.«[17]
3. Kommunehäuser: »Die radikalste Wohnform ist das Kommunehaus, das heißt ein Gebäude, in dem nach optimalen Berechnungen ca. 400 oder bei Zusammenfassung von 2 Elementen 800 Menschen eine vollständige Wohngemeinschaft bilden. Jeder einzelne Mensch hat eine Wohnfläche von 6 bis 9 qm individuell zur Verfügung, das heißt, ein Ehepaar einen Raum von 12

---

16 Ernst May, Der Bau neuer Städte in der U.d.S.S.R. In: Thomas Flierl (Hrsg.), Ernst May in der Sowjetunion 1930–1933. Texte und Dokumente, Berlin 2012, S. 276.
17 Ebd. S. 279.

bis 18 qm Größe. Hier schläft man, hier liest man und schreibt man, wenn man sich zurückziehen will. [...] Das gesamte übrige Leben geht kollektiv vor sich, das heißt im gemeinsamen Speisesaal werden die Mahlzeiten eingenommen, höchstens ist auf der Etage noch eine Teeküche, um Kleinigkeiten zuzubereiten oder aufzuwärmen, in gemeinschaftlichen Klubräumen arbeitet und spielt man, in einer zwar getrennt gelegenen, aber durch geschlossenen Gang mit dem Hause verbundenen Krippe werden die Säuglinge herangezogen, in einem Kindergarten die Kinder Tag und Nacht untergebracht. Die schulpflichtigen Kinder schlafen in Schulinternaten.«[18]

Ursprünglich wurden für den Bau einer Stadt wie Magnitogorsk 25 Prozent aller Wohnungen als Kollektivwohnungen und Kommunehäuser geplant. Im Gegensatz zu den überaus enthusiastischen Planungen wurden »Kommunehäuser« nur ganz vereinzelt realisiert, z.B. vier gut dokumentierte in Moskau. Selbst wenn manches »Kommunehaus« durch nachträgliche Umwandlung in Vergessenheit geraten sein mag, ist doch auffällig wie stark Planung und Realisierung auseinanderklaffen. Es stellt sich die Frage, wie dieser Umschwung zu beurteilen ist? Zum einen scheint klar, dass es keine auf Erfahrungen gegründete Abkehr vom Konzept der Kommune gewesen sein kann, denn binnen weniger Jahre wurden diese Konzepte zur Verwirklichung eines utopisch inspirierten »neuen Lebens« bereits stark in Frage gestellt. Zu diesem Zeitpunkt waren viele der geplanten Häuser nicht einmal gebaut. Ein zeitgenössischer Beobachter aus Deutschland schreibt 1931:

»In den Laboratorien, d.h. in den Köpfen der Künstler und Architekten und selbst in den Konstruktionsbüros wird weiter gearbeitet – für die Praxis aber müssen wir uns damit abfinden, dass eine sozialistische Stadt noch nicht bald Wirklichkeit werden wird, dass man auch weiterhin sich mit einigen wenigen Mustergebäuden des kollektiven Wohnstils begnügen wird, mit einigen sachlich-zweckmäßig modern empfundenen Klubs und etlichen Kollektivwohnhäusern – Wohnhäusern, die das was man sonst Hotel nennt, etwas verengt, völlig ohne Luxus und auf den Arbeiter-Alltag zugeschnitten, nunmehr ›sozialistisches Kollektivhaus‹ nennen: Einzelschlafzimmer, gemeinsame Tages-, Essens- und Erholungsräume, ergänzt durch ›Klub‹ Kinderhort, Waschanstalt und elektrische Großküche.«[19]

---

18 Ebd.
19 Wilm Stein: Versuch »sozialistischer Städte« aus: Bauwelt, Berlin 1931, Heft 21,

Spätestens 1936 setzte sich jedoch mit dem neuen stalinschen Programm der »Festigung der Familie« eine politische Richtung durch, die die Verwirklichung des Sozialismus in einem Land mit einer klaren Abkehr von der nachrevolutionären, sehr liberalen Familienpolitik verband. Ab diesem Zeitpunkt verschwinden endgültig viele utopische Konzepte, über die bis dahin zumindest rege diskutiert wurde.

Von heute aus gesehen erscheint an den »Kommunehäusern« durchaus einiges fragwürdig. Allerdings hat die abrupte politische Abkehr von dieser noch nicht mit Leben erfüllten Wohnform auch dazu geführt, dass diese Konzepte für ein »neues Leben« nur sehr begrenzt mit Erfahrung konfrontiert und ergänzt werden konnten. Dennoch drängt sich auf, die starke Tendenz zur funktionalen Trennung von Lebensbereichen wie Kinderinternat, Wohnzelle, Sporthalle etc. als problematische Übertragung tayloristischer Prinzipien auf die gesamte Lebenswelt zu bemerken. Fragwürdig erscheint, ob die Prinzipien kapitalistischer Produktion als Inspiration für die Ausgestaltung neuer emanzipativer Lebensformen geeignet sind.

Die »vollständigen Wohngemeinschaften«, die 400 bis 800 Menschen einschließen sollten, projektierten eine kasernenartige Zusammenballung, die nur als eine brachiale Entgegensetzung zum bürgerlichen Individualismus des Einfamilienhauses oder als Notlösung nachvollziehbar ist. Der auf ein Minimum reduzierte individualisierte Wohnraum von sechs bis neun Quadratmetern steht einem Leben in der Kommune gegenüber, das stark von der Ausrichtung auf die Öffentlichkeit geprägt war.

Dennoch stellt sich die Frage, was mit der starken funktionalen Segregation von Lebensbereichen intendiert war, die insbesondere bei der Trennung der Lebenswelten von Erwachsenen und Kindern ins Auge springt. Vom Säuglingsalter angefangen sollten Kinder getrennt von Eltern und anderen Erwachsenen aufwachsen und auch übernachten. Im sechs bis neun Quadratmeter großen Individualwohnbereich waren Kinder nicht vorgesehen. Wenn man dies nicht nur als Folge einer möglichst ökonomischen »Verwaltung« versteht, scheint hier zumindest ein antifamiliales Ressentiment auf. Fast könnte man sagen, dass Kinder im rationellen Ablauf als störend wahrgenommen wurden, weil sie Zeit, Energie und Emotion beanspruchen, die für den Aufbau des Kommunismus genutzt werden sollten. Alexandra Kollontai hatte wie erwähnt 1921 ein »Absterben der Familie« als objektive und zu begrüßende Tendenz gesehen. Andererseits waren die zeitgenössischen reformpä-

---

S. 703, zitiert nach: El Lissitzky, Rußland: Architektur für eine Weltrevolution, 1929. Nachdruck Braunschweig, Wiesbaden, 1989.

dagogischen Theorien in Europa stark vom Gedanken der Selbsterziehung unter Gleichaltrigen geprägt – ein Ausdruck der Zweifel an der traditionellen Struktur der Familie, die durchaus als patriarchales Gebilde wahrgenommen wurde. Außerdem wurde die Paar- und Familien-Bildung als Infragestellung der emotionalen Bindung an das kommunistische Kollektiv betrachtet. Inspiriert wurden diese Ideen durch die europäischen Jugendbewegungen, die den Gemeinschaftsgedanken unter Gleichaltrigen als zentrales Motiv teilten und die Gruppe als wichtigste Bindung gegenüber Paarbildung und Familie hervorhoben.

Das stalinsche Programm zur »Festigung der Familie« erscheint nicht nur als in Gesetzesform aufgeherrschtes Projekt, es wurde auch von der Bevölkerung angenommen, da es der traditionellen Form des Zusammenhalts entsprach, die ordnungsstiftend und stabilisierend wirkte. Hinzu kommt die

»Tatsache, dass die wirtschaftlichen Ressourcen auf viele Jahrzehnte dem Staat nicht erlaubten, die grundlegenden, von der Familie unentgeltlich erbrachten ›Dienstleistungen‹ des Haushalts und der Erziehung in eigener Regie zu übernehmen.«[20]

Wegen der fortgesetzten Wohnungsknappheit gab es weiterhin pragmatische Formen gemeinsamer Nutzung des dauerhaft knappen Wohnraums in großen Städten. In der »Kommunalka«, der Nutzung großer Wohnungen durch mehrere Personen oder Familien, gab und gibt es jedoch ein nur erzwungenes Nebeneinander von Familien, die jeweils ein Zimmer bewohnen und in derselben Küche am eigenen Herd separat haushalten.

An der traditionellen geschlechtlichen Arbeitsteilung hatte sich trotz der staatlichen Einrichtungen für Kindererziehung in der Sowjetunion nichts verändert. Haushalts- und Pflegearbeit wurde während des gesamten Sowjetregimes, familiär wie öffentlich, von Frauen verrichtet. Verantwortung für reproduktive Arbeiten wurde nicht egalitär aufgeteilt, sondern vom Staat übernommen.

Die Familie und ihre traditionelle Arbeitsteilung wurde nach einer frühen utopischen Phase wieder als Produktivkraft betrachtet, deren emotionaler Zusammenhalt nicht mehr als Gegensatz zur Kommune beargwöhnt, sondern wie im Westen als wesentliche Sozialisationsinstanz und wirtschaftliche Ressource gehegt wurde.

---

20 Ludwig Liegle, Welten der Kindheit und Familie. Weinheim und München, 1987, S. 79.

Kibbuz

Anders als die schnell beendeten Experimente für ein »neues Leben« in den Kommunehäusern der Sowjetunion und den Einküchenhäusern im kapitalistischen Westen hat sich der israelische Kibbuz zumindest über einige Generationen hinweg als Experimentierfeld für große kommunitäre Gemeinschaften erwiesen. Wie Ita Heinze-Greenberg darstellt, kamen die Inspirationen aus einem ähnlichen Umfeld wie die bereits benannten Protagonisten des »Neuen Bauens«:

> »Nicht nur Politiker und Theoretiker, sondern auch Planer und Architekten stammten aus Europa, vorwiegend aus dem deutschsprachigen Raum. In seinen Anfängen stellt sich das zionistische Projekt als Versuchsfeld europäischer Gesellschaftstheorien und im Besonderen vielfältiger Formen des Genossenschaftswesen dar.«[21]

Die Grenzen und Problematiken dieses Projektes, von der nationalstaatlich-zionistischen Ausrichtung über den exklusiven Charakter und die Frage, ob Sozialismus als (jüdische) Insel existieren kann, sind an anderer Stelle ausgiebig kritisiert und diskutiert worden. In meiner Darstellung werden stattdessen einige utopische Elemente der genossenschaftlichen Gemeinschaft exemplarisch aufgezeigt. Im Folgenden gilt meine Aufmerksamkeit insbesondere der Fragestellung, welche utopischen Elemente in dieser Gemeinschaftsform aufscheinen und wie reproduktive Arbeit anders verhandelt wurde.

Gleichzeitig soll der Kibbuz als weiterer Zweig des »Neuen Bauens« anschaulich werden und zeigen, welche Richtung mit ähnlichen Inspirationen auch anderswo hätte eingeschlagen werden können. Die engen Verbindungslinien zwischen »Neuem Bauen«, Bauhaus und Kibbuz werden exemplarisch an den Biografien zweier Architekten deutlich. Arieh Sharon und Shmuel Mestechkin, die zu den erfolgreichsten Kibbuz-Architekten gehörten, hatten am Bauhaus studiert.[22]

---

21 Ita Heinze-Greenberg, Von der Siedlungsgenossenschaft zum Kibbuz. Formen der Gemeinschaft in Israel. In: L'architecture engagée. München, 2012, S. 186.

22 Der in Jaroslaw (Galizien) geborene Arieh Sharon engagiert sich schon mit 12 Jahren in der jüdisch-sozialistischen Jugendbewegung Hashomer Hatzair und wanderte mit 20 Jahren (1920) nach Palästina aus. Sharon erwarb zunächst durch praktische Aufbauarbeit im selbstgegründeten Kibbuz Erfahrungen in Planung, Konstruktion und Bau. 1926 wurde Sharon im Auftrag des Kibbuz nach Deutschland geschickt um die aktuellen Tendenzen des neuen Bauens zu studieren. Er wird 1926/27 zum Studium

Aus den vielen Vorbildern der Gemeinschaftserziehung kann stellvertretend der sozialistische Psychoanalytiker und Reformpädagoge Siegfried Bernfeld herausgegriffen werden. 1919 entwirft Bernfeld in seinem Buch »Das jüdische Volk und seine Jugend« im Kapitel »Im Anfang war die Utopie« das Bild einer neuen Erziehung in Israel. Mit emphatischen Worten wird eine auf Arbeit und Gemeinschaft gegründete Erziehung beschworen, die das Werk der Selbsterziehung einer neuen jüdischen Jugend sein soll. Bernfeld betonte die Bedeutung der Erziehung für eine neue, entstehende sozialistische Gemeinschaft. Die Mitglieder von Kibbuzim waren – wenn möglich – erst nach einer länger andauernden landwirtschaftlichen Ausbildung in Hachscharah-Lehreinrichtungen nach Palästina eingewandert. Während ihrer Ausbildung reflektierten die jüdischen Jugendbewegungen die Notwendigkeit eines Lernprozesses, um die meist städtisch sozialisierten Jugendlichen auf Landarbeit und den Übergang von einem Leben in einer patriarchal und religiös geprägten Familie zum Leben in einer Kommune vorzubereiten.

Im Kibbuz und der frühen Sowjetunion sollte durch eine zentralisierte Erziehung von Kindern die Berufstätigkeit von Frauen ermöglicht werden. Der antifamiliale Impuls war in beiden neuen Gesellschaftsformen als Skepsis gegenüber dem Rückzug der Individuen ins Private spürbar. Realisiert wurde die Gemeinschaftserziehung unter Gleichaltrigen über längere Zeit hinweg aber nur im Kibbuz. Im Laufe der 1980er Jahre hat das Modell Kibbuz, parallel zum ökonomischen Bankrott, die Gemeinschaftsübernachtung zunehmend abgeschafft. Seither schlafen Kinder bei ihren Eltern, verbringen aber große Teile des Tages weiterhin mit Gruppen von Gleichaltrigen.

Das utopische Potential dieses Erziehungsprozesses liegt in der Veränderung der Bedeutung von Familie und Gemeinschaft. Auch wenn die Gemeinschaftserziehung wegen der Übernachtung der Kinder im Kinderhaus zu recht problematisiert wurde, lässt sich doch ein Konzept wahrnehmen, das Haushaltsarbeiten, emotionale Beziehungen, Fürsorglichkeit, Erziehung und

---

in der von Hannes Meyer neu gegründeten Bauabteilung im Bauhaus aufgenommen. Kontakt und Besuch der russischen Avantgardeschule VChUTEMAS in Moskau 1928. Sharon interessierte sich insbesondere für radikale sozialistische Planungen zum kollektiven Wohnen und für Produktionsstätten. Er arbeitet nach Abschluss des Studiums im Büro Meyers. Als dieser in die Sowjetunion ging, kehrt Sharon nach Tel Aviv zurück. Dort wurde er zu einem der einflussreichsten Architekten des Kibbuz.Shmuel Mestechkin 1908 in Vasilkov, Ukraine, in einer zionistisch/sozialistischen Familie geboren, die 1923 nach Palästina auswandert. Mitbegründer der Hanoar-Haoved (arbeitende und studierende Jugend). Studiert 1931/32 ebenfalls kurz am Bauhaus bevor dieses endgültig geschlossen wurde. Ab 1943 leitender Architekt der linksgerichteten Hakibbutz HaArzi Organisation, entwirft in 40 Jahren ca. 60 Kibbuzim.

Elternschaft aus dem patriarchalen Kontext ablöst und stattdessen in der Kibbuz-Gruppe vergesellschaftet. Der Kibbuz war in den 1960er und 1970er Jahren gerade wegen seiner tendenziellen Auflösung der Kleinfamilie eine überaus gut beforschte Gemeinschaftsform. Bei Psychoanalytikern wie Bruno Bettelheim überwiegt jedoch eine Problematisierung der Gemeinschaftserziehung, da diese die Beziehung zu den Eltern oberflächlicher mache und die Gleichaltrigengruppe zur wesentlichen moralischen Instanz werde. Nach der Erfahrung des Nationalsozialismus wurde dieser Antiindividualismus der Gruppenidentität zu einem generellen psychodynamischen Problem überhöht, dem auch von Adorno das Ideal der Kleinfamilie inklusive ihrer Geschlechtscharaktere gegenübergestellt wurde. Fraglich bleibt bei dieser Befürwortung der ödipalen Situation der Kleinfamilie, wie sich eine neue gemeinschaftliche Subjektivität ohne Infragestellung ihrer Psychodynamik entwickeln sollte. Weniger Berührungsängste gegenüber antifamilialen Beziehungsformen zeigten sich im feministischen Kontext, wie z. B. bei Shulamith Firestone, der es immer auch um die Befreiung von der patriarchalen Familie ging. Dieses Motiv findet sich auch in Marge Piercys utopischem Roman »Die Frau am Abgrund der Zeit«, dessen erzieherisches Vorbild der Kibbuz ist. Dort taucht die rurale, dezentrale Produktions-Kommune mit Kindergesellschaft als ideale Gemeinschaft auf.

Leider sind sich Untersuchungen zum Geschlechterverhältnis im Kibbuz darüber einig, dass auch hier eine traditionelle Arbeitsteilung zwischen den Geschlechtern erhalten geblieben ist. Pflege-, Lehr- und Erziehungstätigkeiten wurden (und werden) vorwiegend von Frauen erledigt.[23]

Anders als bei den bisher vorgestellten Kommune-Modellen beruht das utopische Potential dieser Gemeinschaft auf den Prinzipien freiwilliger Teilnahme und gemeinschaftlichen Eigentums. Nicht nur dadurch stellt der Kibbuz gewissermaßen einen dritten Weg zwischen Privateigentum und staatlicher Vergesellschaftung im Realsozialismus dar. Nicht Staat, Betrieb oder Gewerkschaft sind Eigentümer, sondern allen Mitgliedern gehört alles gemeinsam. Deshalb konnte hier auch die Basisdemokratie eine der Eigentumsform adäquate zentrale Kommunikationsform werden.

Einige Charakteristika, die den Kibbuz von den bisher beschriebenen Haushaltsformen unterscheiden, lassen sich eher auf anarchistische oder frühsozialistische Inspirationslinien zurückführen: Rotationsprinzip für Arbeiten und

---

23 Vgl. Gila Adar, Women in the changing kibbutz, in: Uri Leviatan, Hugh Oliver, Jack Quarter (Hrsg.), Crisis in the Israeli Kibbutz: Meeting the Challenge of Changing Times. Westport, 1998, S. 111–119

Ämter, kein Lohn, gemeinsamer Besitz, zentralisiertes Haushalten als rurale Produktions- und Hausgemeinschaft. Die Ähnlichkeiten zwischen sozialistischem Kommunehaus und Kibbuz liegen vor allem im Zentralismus, der sich in einer stark funktionalen Raumordnung ausdrückt. Als rurale Gemeinschaft ist der Kibbuz jedoch vorwiegend einstöckig und großzügig horizontal in der Landschaft ausgebreitet, während das Kommunehaus eine urbane, zumindest mehrstöckige Verdichtung in wenigen Gebäudeteilen vorsieht.

Die funktionale Ordnung kann als konzentrischer Kreis vorgestellt werden, in deren Mitte die sozialen Einrichtungen wie Speisesaal, Kinderhaus (für kleine Kinder), Sekretariat und Wäscherei angeordnet sind, umgeben von Wohnhäuschen für Paare bzw. Alleinstehende, Kindergesellschaft und junge Erwachsene. Noch weiter außen befinden sich die agrikulturellen und/oder industriellen Produktionszonen. Auch wenn diese Ordnung in der Realität häufig mit anderen Prinzipien vermischt wurde, verdeutlicht sich im konzentrischen Kreis die emotionale Ordnung des Gemeinschaftsgefüges. Alle Individuen sind auf die zentralen Einrichtungen im Zentrum ausgerichtet. Dies spiegelt sich in der Größe des Speisesaals (Hader Ochel), der sich an der Anzahl der Mitglieder orientiert. Der Gemeinschaft treten also alle als Individuum, nicht als Familie oder Kleingruppe gegenüber.

Seit der israelische Staat in den 1980er Jahren die ökonomische Unterstützung einschränkte, mussten die meisten Kibbuzim »differenziert«, d.h. umstrukturiert und stufenweise privatisiert werden. Es gehört zu den Paradoxa der sozialistischen Insel im kapitalistischen Meer, dass gerade die ökonomisch erfolgreichsten Kibbuzim bis heute am stärksten auf Differenzierungen nach innen und Privatisierung verzichten konnten. Dennoch sollte nicht vergessen werden, dass es die weltweit bisher komplexeste, langlebigste und größte Gemeinschaftsform ist, in der Wohnen und Arbeiten in einem utopischen Sinne anders organisiert wurde.

Fazit: Utopische Vermittlung von »Raum für sich« und »Raum für alle«

In »Redesigning the American Dream« entwickelt Dolores Hayden die These, dass sich in der Periode von 1870 bis 1930 infolge des Industriekapitalismus eine Transformation von Arbeits- und Lebensbedingungen ereignet hat. Diese zunehmende Subsumtion der Gesellschaft unter den Kapitalismus zog Diskussionen über die notwendige Umgestaltung von Häuslichkeit, Familie und Lebensformen nach sich, die laut Hayden in – exemplarisch zugespitzt –

drei verschiedene politische Strategien mündeten, denen drei Modelle idealer Häuslichkeit entsprechen: Die Hafen-Strategie, die industrielle Strategie und die Nachbarschaftsstrategie.

- Die Hafen-Strategie wurde z. B. von der US-amerikanischen Autorin Catharine Beecher vertreten: Das Haus figuriert hier als spiritueller und physischer Schutzraum vor Konkurrenz und Ausbeutung, eben als einziger sicherer Hafen in einer herzlosen Welt, in der die weibliche Hausarbeit die negativen Effekte der männlichen Erwerbsarbeit kompensieren sollte. Die ideale räumliche Hülle für diese Vorstellung ist das Einfamilienhaus mit Garten.
- Die industrielle Strategie entspricht der Position von Marxisten und Sozialisten wie Engels, Bebel und Kollontai, die von einem Absterben der Familie und einer gleichzeitigen Vergesellschaftung von häuslichen Funktionen als objektiver geschichtlicher Tendenz ausgingen.
- Die Nachbarschaftsstrategie schließlich geht einen Mittelweg zwischen den beiden zuvor genannten und wurde in den USA von der Feministin Melusina Fay Peirce vertreten, die eine nachbarschaftlich strukturierte Sozialisierung von Hausarbeit unter weiblicher Kontrolle forderte.

Die beiden erstgenannten Strategien wurden zum beherrschenden Paradigma für häusliches Leben in kapitalistischen und realsozialistischen Staaten, in denen berufstätige Frauen bereits ein Faktum waren. Die sogenannte Nachbarschaftsstrategie blieb in der Realisierung eine totale Ausnahme. Offenkundig verortet Hayden in der Nachbarschaftsstrategie jedoch das Aufscheinen einer besseren Vermittlung zwischen privat und öffentlich, Stadt und Land, zentralisiert und separat, familiär und individuell, Hausarbeit und Erwerbsarbeit und entwickelt damit auch ein etwas anderes Konzept von Wohnutopie als die bisher dargestellten.

Wenn sich auch nicht alle Elemente der Diskussion übertragen lassen, so ist doch deutlich, dass die Hafen-Strategie und die industrielle Strategie den Rahmen für die Diskussion in Europa darstellen. Genauer gesagt bildete die traditionalistische Hafen-Strategie die politische und ästhetische Opposition zu allen bisher ausgiebig dargestellten Wohnmodellen. In dieser Hinsicht gehörten die dargestellten Wohnformen des »Neuen Bauens« der industriellen Strategie an.

Haydens These unterscheidet jedoch nicht die unterschiedlich zentralisierten bzw. privatisierten Strukturmodelle der industriellen Strategie, wie das bisher in meinem Essay geschehen ist, sondern lässt sich stattdessen vom Modell der Gartenstadt inspirieren.

Bezogen auf die bisher untersuchten Wohnmodelle macht die These von Hayden noch auf eine andere Dimension aufmerksam, die nicht bei Öffentlichkeit versus Privatheit stehen bleibt. In der Nachbarschafts-Strategie sollen sie sich nicht als Gegensätze gegenüberstehen, sondern in einem utopischen Sinne besser vermittelt werden:

> »The designers who favored this approach believed that in terms of housing, the whole must be more than the sum of its parts. For private space to become a home, it must be joined to a range of semiprivate, semipublic, and public spaces, and linked to appropriate social and economic institutions assuring the continuity of human activity in these spaces. The neighborhood strategy not only involved thinking about the reorganization of home in industrial society, it also involved defining »home« at every spatial level—from the house, to the neighborhood, the town, the homeland, and the planet.«[24]

In dem hier angedeuteten utopischen Sinne ist private Häuslichkeit für alleinerziehende Mütter zum Beispiel dann auch nur durch das Angebot von öffentlich bzw. nachbarschaftlich organisierter Kinderbetreuung möglich.

Auf diesen Gedanken bei Hayden aufbauend, möchte ich abschließend einen Blick auf das Verhältnis von kommunitären Gemeinschaften und privatem Raum werfen. Gleichzeitig soll damit noch einmal gefragt werden, welche baulichen und sozialen Bedingungen die Arbeitsteilung zwischen den Geschlechtern in einem utopischen oder wenigstens egalitären Sinne gestalten können.

Bei beiden Aspekten geht es um die Wahrnehmung, dass die Trennungen und Dichotomien der bürgerlichen Gesellschaft auch in kommunitären Projekten weiter eine Rolle spielen und nicht einfach durch das Konzept der Zentralisierung verschwunden sind. Im Rückblick auf die vergangenen Epochen kommunitärer Utopien scheint es wichtig, sichtbar zu machen, dass der »Raum für sich« dem »Raum für alle«, somit auch das Private und Individuelle dem Öffentlichen/Gemeinschaftlichen meist kategorisch untergeordnet bzw. entgegengesetzt wurden. Das gilt nicht nur für das Verhältnis von Privaträumen und öffentlichen Räumen im »Kommunehaus«. Davon künden auch die berüchtigten offenen Toilettentüren in großen WGs, die großen

---

24 Dolores Hayden, Redesigning the american dream. in: Zcommunications, Juli 2009 Heft 22, Nummer 7, S. 50. http://www.zcommunications.org/redesigning-the-american-dream-by-dolores-hayden

Gemeinschaftsbäder und turnsaalartigen Gemeinschaftsräume, die häufig winzigen »Privaträumen« gegenüberstanden. Ähnlich dem bereits dargestellten Misstrauen gegenüber sexuellen und emotionalen Bindungen wurde auch der persönliche Raum als Infragestellung und Rückzug gegenüber der Gruppe gewertet und deshalb begrenzt und verkleinert.

Dagegen gilt es stark zu machen, dass der »Raum für sich« ein utopisches Potential enthält, weil er sich der Verfügbarkeit und Funktionalität für anderes und andere entzieht und einfach da ist (gerade auch, damit die Tür zugemacht werden kann). Dies ist im von Hayden angedeuteten Sinne nicht als Gegensatz zur Gemeinschaft zu verstehen, sondern als Ermöglichung von Öffentlichkeit, die andererseits den Bedürfnissen von Geborgenheit und Heim gerecht zu werden vermag. Die Einheit der Wohnzelle in der industriellen Strategie konnte diesem Bedürfnis häufig nicht entsprechen. Entweder legte die Größe der projektierten Kommune-Hauseinheit (bei 400 bis 800 Menschen) eine latente Anonymität wie in einem Studentenwohnheim nahe. Oder sie lässt Räume für gemeinschaftlich genutzte öffentliche Dienstleistungen missen, wie der Wohnungsbau für das Existenzminimum.

In beiden Fällen bleibt ein positiver oder gar utopischer Begriff von Häuslichkeit auf der Strecke. Dabei geht es um ein persönlich bekanntes Nahumfeld, die Dimension von Dauerhaftigkeit und das Moment der Selbstorganisation, in dem über Essenszubereitung und andere Bedürfnisse des Alltages auf Basis gegenseitiger Empathie verhandelt werden kann und muss.

Andererseits verschwimmen bei einer Größenordnung von durchschnittlichen Kibbuzim oder dem Modell von Hayden auch die bürgerlichen Maßstäbe von privat und öffentlich. Dort hat der Besuch des Speisesaals neben der Dienstleistung Essen auch die Funktion, potentiell allen Kollegen, Partnern, Nachbarn und Gästen über den Weg zu laufen und ist deshalb abwechslungsreich, aber auch kommunikativ fordernd.

Auch im Hinblick auf die wünschenswerte Pluralität der Lebensformen in größeren kommunitären Gemeinschaften (WGs, Paare, mit Kindern, alleinlebend, mehrgenerationell) scheint es notwendig über unterschiedliche Formen gemeinschaftlichen Wohnens nachzudenken, die jede/n nach ihren/seinen Bedürfnissen und Fähigkeiten einschließen und in Ruhe lassen. Dies gilt sowohl für unterschiedliche Pflege- und Nutzungsbedürfnisse oder Tagesrhythmen, wie für die Aushandlung, was mit den anderen im Alltag geteilt werden soll. Nachbarschaftliche Wohnarrangements könnten, unabhängig von der gewählten Wohnform, gemeinsam organisiertes Essen und Pflege, eine verbindliche integrative Unterstützung für verschiedene Lebensalter im Umfeld ermöglichen, wie das z. B. in Cohousing ansatzweise realisiert wird.

Schließlich gilt es zu berücksichtigen, welche Architektur eine solche Pluralität von Lebensformen auch dauerhaft beherbergen kann.

Hayden extrapoliert am Modell der Gartenstadt das Potential einer utopischen Vermittlung der gesellschaftlichen Gegensätze und Sphären im Kapitalismus durch eine dezentrale Organisierung in kleineren genossenschaftlichen Untereinheiten:

> »Their overall objectives included ending the split between town and country, easing the conflict between capital and labor through cooperative production, and ending the servant problem and the exploitation of women through cooperative cooking and dining. The physical framework for this activity was the new town of 30,000 people, designed around ›cooperative quadrangles‹, or living groups of about thirty households with a common dining room.«[25]

Im Unterschied zu den Modernisten, die Häuslichkeit wie Hilde Heynen in »Negotiating domesticity« darstellt, immer nur mit Rückständigkeit und Weiblichkeit assoziierten, findet sich bei Hayden ein akzeptierendes Verhältnis als Grundlage für Veränderung. Wie Hilde Heynen betont, drückt sich die Männlichkeit der Moderne nicht nur in der Dominanz männlicher Architekten aus.[26] Konzeptionell wurde das Private und Häusliche von Sozialisten wie von Liberalen mit Rückständigkeit und Sentimentalität verknüpft, aus der es auf- und auszubrechen galt. Häuslichkeit war zugleich die der Weiblichkeit zugeordnete Sphäre, die meist als kleinbürgerlich verachtet wurde. Fortschritt fand entweder außerhalb dieses Bereiches statt oder wurde analog zur Rationalisierung der industriellen Produktion organisiert. Sachlichkeit und Nüchternheit finden wohl deshalb als Einrichtungskonzept, wie an der rationalen Küche dargestellt wurde, vorwiegend im Bildungsbürgertum Anklang. Sie suggeriert eine Austauschbarkeit und Funktionalität, die der Mobilität der proletarischen Bevölkerung zwar entsprechen mag, aber gerade deshalb auch das Bedürfnis nach einem dauerhaften und persönlichen Heim erzeugt.

Wie schon angedeutet, setzte das stalinsche Konzept der »Festigung der Familie« sehr erfolgreich auf das Bedürfnis nach einem privaten Bereich, indem es die traditionelle Ordnung der Familie und der Ehe restituierte.

---

25 Dolores Hayden, ebd.
26 Vgl. Hilde Heynen, Modernity and domesticity. Tensions and Contradictions. In: Hilde Heynen, Gülsum Baydar (Hrsg.), Negotiating Domesticity: Spatial Productions of Gender in Modern Architecture. New York, 2005.

Demgegenüber gälte es Formen von Öffentlichkeit und Privatheit zu planen, die nicht nur Abbild gesellschaftlicher Produktivität sind, sondern zur selbstorganisierten dezentralen Gestaltung im Nahumfeld ermutigen.

Problematisch bleibt an der industriellen Strategie, dass gute Spülmaschinen und rational organisierte Küchen und Kantinen nichts an der gesellschaftlichen Abwertung reproduktiver Tätigkeiten geändert haben, diese Tätigkeiten wurden und werden weiterhin nicht egalitär geteilt, sondern blieben und bleiben überwiegend Frauenarbeit.

Von heute aus gesehen ist es überraschend, dass zwar die Vereinbarkeit von Hausarbeit und Erwerbsarbeit für Frauen gefordert, als Lösung aber keinerlei Umverteilung von Haus- und Pflegearbeiten zwischen den Geschlechtern ins Auge gefasst wurde. Die geschlechtliche Arbeitsteilung blieb solange ein blinder Fleck, bis die feministische Bewegung nach 1968 das Persönliche und Private als politisch erklärte und es damit ermöglichte, die weibliche Passivität gegenüber Gewalt und Arbeitsteilung in Familie und Ehe als wesentlichen Bestandteil kapitalistischer Produktivität zu analysieren. [27]

Aus dieser Perspektive wurde es dann auch möglich, den Produktivismus des Sozialismus sichtbar zu machen und eine andere Utopie von Arbeiten zu entwickeln. Diese Arbeitskritik bezieht sich nicht nur auf die Fabrik, sondern ist für Arbeiten mit anderen Menschen, wie die Pflege von Kindern oder alten Menschen relevant.

Die Problematik der industriellen Strategie liegt darin, dass ein erstrebenswertes »neues Leben« mit utopischem Gehalt kein industriell zu erzeugendes Produkt ist, sondern eine Beziehung.

Entgegen der Vorstellung der alten Arbeiterbewegung reicht es nicht aus, die Produktivkräfte anzueignen, sondern geht es darum, andere Verhältnisse von Personen zueinander und damit andere Produktionsverhältnisse zu ermöglichen. Diese würden sich dann nicht mehr zwischen Produktion und Reproduktion unterscheiden lassen, weil die Gesellschaft nicht mehr in entgegengesetzten Sphären stattfindet.

Welcher Weg tatsächlich in dieses »Domestic Utopia« führt ist schwer zu entscheiden und von Kämpfen auf verschiedenen Ebenen abhängig. Industrielle Strategie und Nachbarschafts-Strategie stellen jedoch auch unterschiedliche Revolutions-Modelle dar. Die industrielle Strategie korrespondiert mit den autoritär planerischen Konzepten des Sozialismus im frühen 20. Jahrhundert, die den »neuen Menschen« als neutrale Maschine konzipierten.

---

27 Vgl. Dalla Costa, Mariarosa/ Selma James: Die Macht der Frauen und der Umsturz der Gesellschaft. Berlin, 1973

Im Unterschied dazu bietet die Nachbarschafts-Strategie die Möglichkeit herauszufinden, wie dieser neue Mensch in einer neuen Gesellschaft aussehen wird. Von den gegenwärtigen Bedürfnissen ausgehend setzt letztere eher auf einen basisdemokratischen Prozess der sich selbst vor allem als Transformationsgesellschaft wahrnehmen kann.

Eine nicht männlich inspirierte Utopie hätte folglich die im Kapitalismus immer auf Weiblichkeit und deshalb meist auf Frauen abgespaltenen Werte und Tätigkeiten anders wahrzunehmen, nämlich als Ermöglichung anderer gesellschaftlicher Beziehungen und Produktionsverhältnisse. Die dafür notwendigen emotionalen, sexuellen, fürsorglichen und pädagogischen Tätigkeiten sind Aufgabe und Herausforderung aller Geschlechter.

Der Text ist Teil der Recherche für die Ausstellung »Domestic Utopias« in der NGBK Berlin vom 15.6.-28.7.2013.

Mike Laufenberg

Utopisches Begehren

Vorrede zum Queer-Werden

»Die Revolte des Perversen wird nur solange dauern, wie das Feld der Wünsche nicht umfriedet ist.«[1]

Was will queer?

Und was wollen die, die im Namen von queer sprechen und handeln? Aber vor allem: Was *kann* queer – als Kategorie der Kritik und als Bezugspunkt politischer Kämpfe? Ich möchte diese Fragen an den Anfang stellen und damit auf einige kritische Anmerkungen eingehen, die mir von der *jour fixe initiative berlin* im Anschluss an meinen Vortrag[2] als Anregungen für diesen Text mitgeteilt wurden. So sei der Vortrag, neben einer klaren Definition von »queer« selbst, eindeutige Antworten schuldig geblieben, etwa inwieweit »queer« die gesellschaftliche Wirklichkeit in Frage zu stellen vermöge, worin sein subversiver Charakter bestehe und, endlich, worin das Utopische von »queer« bestünde – und zwar jenseits von Fragen, die »nur« das Sexuelle und Geschlechtliche tangierten.

Diese kritischen Bemerkungen sind hilfreich, nicht nur weil sie mich auffordern, meine Thesen zu pointieren. Sie rufen zudem den engeren Kontext in Erinnerung, in dem meine Überlegungen zum (queeren) Begehren der Utopie im Rahmen dieser Vortrags- bzw. Buchreihe artikuliert und interpretiert werden. In diesem Kontext – nennen wir ihn den Diskurs der deutschsprachigen undogmatischen Linken über Gesellschaftskritik und revolutionäre Politik – fristet das Wörtchen »queer« ein ambivalentes Dasein. Während es für die einen zum alltäglichen Referenzpunkt politischer Kämpfe avancierte, bleibt bei den anderen eine grundsätzliche Skepsis bestehen, ob »queer« tatsächlich so revolutionär sei, wie seine Anhänger_innen oft meinen. Das führt dazu,

---

1 Bernard Dieckmann, Francois Pescatore: Vorwort in: dies. (Hg.): Elemente einer homosexuellen Kritik. Französische Texte 1971–77, Berlin 1979, S. 9–20, hier: S. 19.
2 Queer werden. Über das Begehren der Utopie, am 5. 2. 2012 in Berlin-Kreuzberg.

dass Queers und andere Linke manchmal aneinander vorbei reden, sich erst gar nicht zuhören[3], oder sich gegenseitig unter Verdacht stellen, nicht radikal genug zu sein. Das Verhältnis zwischen Queers und anderen Linken ist zudem tendenziell asymmetrisch: Während Linke es sich immer noch erlauben können, öffentlich Gesellschaftstheorie zu betreiben, ohne queerfeministische Postionen überhaupt zur Kenntnis zu nehmen, müssen *queerfeministische* Linke permanent den Beweis erbringen, dass es ihnen um »mehr« geht als Fragen von sexueller Identität und Geschlecht.

Wenn mein Vortrag die Frage nun nicht eindeutig adressiert haben sollte, inwieweit sich »queer« eigne, »die gesellschaftliche Wirklichkeit« infrage zu stellen, dann handelte es sich hierbei wohl um einen klassischen Fall von Betriebsblindheit. Für Queers, die in einer Welt zurechtkommen müssen, in der Sozialität mit Heterosexualität gleichgesetzt ist; die durch heteronormative Institutionen wie Familie, Schule oder Sportverein geschleust wurden; die angesichts der immer noch enormen homo- und transphoben Gewaltpotenziale außerhalb subkultureller Szenetreffpunkte (und manchmal auch innerhalb) beständig um ihre psychische und physische Unversehrtheit besorgt sein müssen – für solche Queers wird bald selbstverständlich, dass *das Ganze* das Falsche sein muss.[4] Nur wenige Queers kämen daher auf die Idee, Geschlecht und Sexualität als Nebenwiderspruch oder Überbauphänomen eines imaginierten Allgemeinen zu verstehen. Die meisten erleben die Ordnung von Zweigeschlechtlichkeit und Heteronormativität vielmehr als unhinterfragtes Rückgrat der Organisation von Gesellschaft und Leben im Kapitalismus, ein robustes Bündel von Beziehungen, durch die dieser sich reproduziert und das sich explizit gegen queere Lebensformen richtet. Ein wesentlicher Anspruch vieler queerer Theorien ist entsprechend, ein genau-

---

3   Dass es sich hierbei durchaus auch um ein Generationenphänomen handelt, hat die Zusammensetzung des Publikums demonstriert, das anlässlich des Vortrags zusammengekommen war und den sonst üblichen Altersdurchschnitt des jour fixe Publikums um ca. 15 Jahre senkte. Während ein explizit queertheoretischer Vortrag also der Vortragsreihe viele neue junge Gesichter bescherte, blieben weite Teile des angestammten älteren Publikums der Veranstaltung fern.

4   Dass aus queerer Sicht das Ganze das Unwahre ist, zeigt sich zuletzt daran, dass homosexuelle Emanzipation, als vermeintliche gesellschaftliche Gegenkraft zum heteronormativen Konsens, im liberalen Staat immer gerade soweit Anerkennung zuteil kommt, wie sie sich entlang heteronormativer Standards ausbuchstabiert. Wenn der Kampf um homosexuelle Rechte in Forderungen nach Homo-Ehe und Antidiskriminierungsschutz für lesbische und schwule Soldat_innen mündet, dann handelt es sich hierbei nicht um eine Homosexualisierung der Gesellschaft, sondern eine Heterosexualisierung der Homosexualität.

eres Verständnis davon zu entwickeln, wie sexuelle Beziehungen, Liebe und Intimität, wie das System der Zweigeschlechtlichkeit und die Naturalisierung heterosexuellen Begehrens als Konstitutionsbedingungen des Kapitalismus und der mit ihm einhergehenden Trennung von Produktion und Reproduktion, Ökonomie und Lebenswelt fungieren. Queere Theorie und Politik stehen damit in einer feministisch-materialistischen Tradition, die uns daran erinnert, dass die Gesetzmäßigkeiten von Kapital und Gesellschaft, so abstrakt sie sich uns auch oft darstellen, in sehr konkret gelebten sozialen Beziehungen und Verkehrswegen verankert sind. Dass Kapitalismus, Heteronormativität und die Hegemonie der zweigeschlechtlichen Ordnung in ihrer Reproduktion auf diese konkreten Beziehungen angewiesen sind, macht sie zugleich angreifbar. Die Arbeiten von Foucault waren und sind hier für queere Theorie und Politik entsprechend wichtig, insofern dieser Sexualität nicht lediglich als Feld der Regulierung und Normierung begriffen hat, sondern zugleich als Bereich, in dem strukturelle Verhältnisse – etwa die heterogeschlechtliche Arbeitsteilung in Küche, Bett, Fabrik oder Büro – auf die Praktiken von Subjekten treffen und so verhandel- und transformierbar werden. Die sexuellen Verhältnisse des Kapitalismus zum Gegenstand von politischen Kämpfen zu erklären, bedeutet also immer beides: Momente seiner Bestätigung und Manifestation genauso aufzusuchen wie Bewegungen der Hinterfragung, der Reibung und des Entzugs. Die Trennungen in Hetero- und Homosexuelle, Männer und Frauen, Cis- und Transsexuelle können dabei als Differenzlinien verstanden werden, die dem Kapital einerseits nützen, die es aber andererseits nicht vollends unter Kontrolle zu bringen weiß. So produziert jede Phase des Kapitalismus Risse und Spuren, die potenziell über ihn hinausweisen. Totalitätstheoretische Narrative vom alle Verhältnisse und soziale Beziehungen durchdringenden Kapitalismus erweisen sich damit zu allererst als Herrschaft stützend und verstellen den Blick auf alles, was kapitalistische Rationalitäten und Imperative im Alltagsleben, wie partiell und temporär auch immer, zu unterbrechen und unterminieren vermag.[5]

So wenig wie der Kapitalismus totalitär in dem Sinne ist, dass er alles umfassen kann, was ist, so sehr enthält auch das Dispositiv der Sexualität Spuren von dem, was sie nicht ist. Diese Spuren der Nicht-Identität aufzusuchen, und zum Ausgangspunkt von Kritik und Praxis zu nehmen, verstehe ich als eine zentrale Aufgabe queer-feministischer Interventionen. Wenn mit »queer« also vorerst jenes Nicht-Identische bezeichnet werden soll, das in der Sexualität

---

5   JK Gibson-Graham: The End of Capitalism (As We Knew It): A Feminist Critique of Political Economy, Oxford and Cambridge USA

bereits angelegt ist, gleichzeitig aber über sie hinausweist, dann sind damit zwei Annahmen verbunden. Erstens sind die sexuellen Verhältnisse durch Risse, Inkohärenzen und Bewegungen geprägt, die die Identifizierung von Zweigeschlechtlichkeit und Heteronormativität als das Soziale schlechthin potenziell unterminieren – und damit zentrale Ankerpunkte jenes »heterosexuellen Gesellschaftsvertrags«[6], der die Beziehungen zwischen Individuum und Allgemeinheit im Kapitalismus regelt. Zweitens ist die Beziehung von Sexualität und queer als eine spezifische Differenz zu fassen, wobei hier Sexualität der dominante, queer der untergeordnete Part ist.

Sexualität ist damit der Name für eine hegemonial gewordene soziale Organisationsweise der Beziehungen zwischen Subjekten, Körpern, Normen und Begehren, die auf der Oberfläche zu den uns bekannten Ausdifferenzierungen führt: auf der Organisationsebene der Bevölkerung (Heterosexuelle, Homosexuelle, Männer, Frauen etc. im Kollektivsingular); auf der Organisationsebene des Körpers (der zum vermeintlichen Ort des Begehrens und zum Träger naturalisierter funktionaler Einheiten wie der Geschlechtsorgane wird[7]); auf der Organisationsebene der Persönlichkeit (nichts von dem, was wir sind, entrinnt unserem Geschlecht und unserer Sexualität). Die Sexualität existiert als segmentäres Ergebnis organisierender Technologien wie der Psychoanalyse, der Medizin, der Biologie, der Pädagogik, des Rechts, der Ökonomie und der mit ihnen verbundenen Institutionen (Staat, Schule, Familie, Haus, Hospital, Fabrik, Büro). Doch gibt es unterhalb dieser Segmente und ihrer Anordnung Bewegungen, die innerhalb der Logik der Sexualität kaum vernehmbar sind – unwahrnehmbare, *queere* Singularitäten unterhalb aller Ebenen: der Ebene der Bevölkerung, der Ebene des Körpers, der Ebene der Persönlichkeit. Queer sind jene mannigfaltigen Wünsche, Begehren, Affekte, die innerhalb der Ordnung der Sexualität latent sind und die zugleich mehr sind, als die Sexualität mit ihren Kategorien in sich aufnehmen kann. Queerness ist das, was unter den Bedingungen der Sexualität nicht existieren soll und zugleich existiert als das, was der Sexualität unentwegt entkommen muss. Wie aber den Aufstand proben, wie eine andere Welt machen mit Wünschen und Affekten, die per definitionem allenfalls flüchtig sind?

---

6   Monique Wittig: The Heterosexual Contract, in: Dies. (Hg.): The Straight Mind, Boston 1992, S. 33–45.
7   Als Monique Wittig einmal von sich behauptete, sie habe keine Vagina, unterstrich sie damit nicht nur ihr Argument, dass eine Lesbe keine Frau sei. Sie artikulierte zudem einen queer-feministischen Protest gegen eben jene sozialen und epistemischen Teilungspraktiken, die den Körper zunächst zergliedern, um ihn dann – zusammengesetzt aus Funktionseinheiten – zu re-organisieren.

»Queerness is not yet here«

Mit diesem Satz eröffnet José Esteban Muñoz *Cruising Utopia*, seine Abhandlung über queere Hoffnungen und die Notwendigkeit, am Versprechen einer besseren, einer queeren Welt festzuhalten.[8] Wir sind noch nicht queer und wir werden es vielleicht niemals sein, so Muñoz, aber queer sei jenes Begehren, das uns erlaube, etwas zu wünschen und zu fühlen, das sich jenseits des Sumpfes aus reiner Gegenwart befinde. Muñoz hält uns an, uns mit dem, was ist, nicht zu bescheiden: »We must dream and enact new and better pleasures, other ways of being in the world, and ultimately new worlds«.[9] Queerness sei dieses etwas, so fährt er fort, was uns spüren lasse, dass diese Welt nicht alles ist, dass in der Tat *etwas fehlt*. Und dass das, was ist, nicht genug ist.

»Etwas fehlt« – Adorno und Bloch sind sich einig, dass dies Brechts bester Satz gewesen sei. Einerseits Vorbedingung der Utopie, kündet der Satz – auch darauf zielt Brecht ab – zugleich von der Schwierigkeit, das Utopische in einer ästhetisierten Warenwelt zu denken, die diese Grunderfahrung immerzu bedient; »als wäre es schon viel mehr als In-Tendenz-Sein, als wäre der Tag da«[10]. Doch die vermeintliche Verwirklichung dessen, was einst utopischer Traum war, wirkt im Kapitalismus so, als habe man das Beste vergessen, man wird ihrer nicht froh, wie Adorno bemerkt. Man fühlt sich durch die Erfüllung der Wünsche vielmehr um den Inhalt der Wünsche betrogen. Das Gebrauchswertversprechen (W. F. Haug) entpuppt sich als ästhetischer Schein. Der alte Traum vom Fliegen zum Beispiel, um wie die Vögel nicht nur zu singen, sondern frei zu sein, erfüllt sich nur in dem Maße, dass die Menschen heute (zumindest ein gewisser Teil unter ihnen) zwar fliegen können, ohne aber dass sie dadurch freier geworden wären. Dem queeren Verlangen nach einer anderen Welt ergeht es hier nicht anders. So kommt es, dass wir heute queere Magazine und Internetportale haben, queere Parties, queere Styles oder queere Cocktails – doch werden wir ihrer nie gänzlich froh, weil wir ahnen, dass sie uns immer auch ein Stück weit darüber betrügen, dass ein queeres Leben noch nicht ist.

Doch wie weiter von hier aus? Queere Politik befindet sich angesichts dieser Frage in einem Dilemma, das auf die Grenzen radikal klingender

---

8   José Esteban Muñoz, Cruising Utopia: The then and there of queer futurity. New York 2009, University Press.
9   Ebd: S. 1.
10 Etwas fehlt ... Über die Widersprüche der utopischen Sehnsucht. Ein Gespräch mit Theodor W. Adorno. In: Rainer Traub/Harald Wieser (Hrsg.): Gespräche mit Ernst Bloch, Frankfurt a. M. 2000, S. 69.

Forderungen nach Fundamentalopposition zum Bestehenden zu verweisen scheint. Denn die Geschichte der Entstehung und Entwicklung homosexueller, lesbisch-schwuler, queerer oder trans* communities ist von den historischen Transformationen des Kapitalismus – von der Trennung von Haus und Produktionsstätte über die Verstädterung und Entstehung urbaner Kulturen bis zur Herausbildung der Konsumtionssphäre – nicht zu trennen. Die Bewegungen des Kapitalismus haben also Möglichkeiten für queere Kultur und Politik nicht ausschließlich minimiert, sondern immer wieder auch mit eröffnet. Meistens geht dies Hand in Hand: die Eröffnung queerer Clubs und die restriktive Politik gegen public sex sind zwei Seiten derselben, neoliberalen Medaille. Hierin liegt wohl der Grund, wieso queere Theorie von Beginn an eine Affinität für kritische Theorien entwickelte, die Kritik und Widerstand als immanente Praxen und nicht als Transzendentalunternehmen denken. Dies würde beispielsweise heißen, queere Parties nicht nur als Bestätigung des Immergleichen aufzufassen – als Privatisierung öffentlichen Raums, als Ästhetisierung und Kommodifizierung von Differenz – sondern sich auf die Suche nach Spuren zu begeben, die hier auf mögliche andere, gegen-hegemoniale Zukünfte verweisen; Spuren und Gesten der Kollektivität, die die Sozialität der Sexualität hintergehen.

Ein nützliches Instrument, um die Hoffnung auch angesichts der enormen Integrationsfähigkeiten des Kapitalismus nicht aufzugeben, ist Blochs »Ontologie des Noch-Nicht-Seins«. Sie erweitert die klassische Ontologie des Seins um eine Dimension des Möglichen, als das, was noch nicht realisiert ist, aber dennoch in der Welt. Damit dekonstruiert Bloch die lange philosophische Tradition, die Wirklichkeit und Möglichkeit, Realität und Potenzialität als gegensätzliche Begriffe verwendet hat. Wir müssen nicht mehr das Unmögliche wünschen, um es gegen das Mögliche in Stellung zu bringen, oder – wie bei Derrida – in seiner Realisierung ewig aufzuschieben. Es genügt das Mögliche im Wirklichen aufzusuchen, als »objektiv-reale Möglichkeit«[11]; als das, was schon da ist, nur eben noch auf seine Entfaltung und Ausgestaltung wartet: als historisch-konkrete Prozessierung unserer Beziehungen. Diese Beziehungen sind die Bedingungen des »Noch-Nicht« – »eine Realität, in der wir sind, in der wir leben und in die alle Träume von uns hineingehen, in der sie überhaupt nur Platz haben und nicht ab ovo ersticken«[12].

---

11 Ernst Bloch: Zum Begriff der Utopie. In: Ders.: Abschied von der Utopie?, Frankfurt a.M. 1980, S. 59.
12 Ebd.

Eine für die Queer-Theorie einflussreich gewordene Variante dieser Ontologie des »Noch-Nicht-Seins« ist Foucaults Konzeption der Homosexualität. »Homosexualität ist eine historische Gelegenheit«, sagt Foucault 1981 in einem Interview, »Beziehungs- und Gefühlsmöglichkeiten neuerlich zu eröffnen, und zwar nicht so sehr wegen bestimmter innerer Eigenschaften der Homosexualität, sondern weil die Diagonalen, die jemand, der ›quer‹ zum sozialen Geflecht steht, darin ziehen kann, solche Möglichkeiten sichtbar zu machen vermögen«.[13] Foucault expliziert hier jenes oben skizzierte Differenzdenken, das in der Sexualität eine latente Anwesenheit ihres verdrängten Anderen voraussetzt – das, was im Dispositiv nie gegenwärtig geworden ist, aber die Sexualität als Bedingung ihrer eigenen Existenz immer wieder heimsucht als das, was sie nicht wissen und stabilisieren kann. Die Homosexualität stellt selbst nicht die Verkörperung dieses Anderen dar. Sie vermag aber dieses Andere zu einem bestimmten Zeitpunkt in der Geschichte erfahrbar und »sichtbar zu machen«. Eine radikale Erfahrung des Möglichen, die wiederum zum Ausgangspunkt einer kollektiven, experimentellen Haltung werden kann, neue Praktiken und Beziehungsformen zu erproben, die sich den Imperativen der Sexualität verweigern: »Instrumente für polymorphe, vielfältige, individuell abgewandelte Beziehungen«[14], die das Singuläre gegen dessen Aufhebung im Allgemeinen sexueller Kategorien verteidigen.

In den experimentellen Zirkeln der sich in den 1970er Jahren herausbildenden lesbischen, schwulen und trans* Communities sieht Foucault das historische Potenzial einer Wiederaufnahme eines abgebrochenen Dialogs am Horizont: ein Ins-Gespräch-Kommen mit den Gespenstern der Differenz, die die Erfahrung eines noch nicht gegenwärtig gewesenen Anderen zu öffnen vermögen. Dieses Andere ist das *immanente* Andere der Sexualität, doch verweist es zugleich, um Muñoz' Gedanken wieder aufzunehmen, auf deren *Außen*: ein unbestimmtes, affizierendes Anderes, dessen abwesende Anwesenheit jedoch gerade jene, die quer zum sozialen Geflecht der Sexualität stehen, stets gespürt haben – *als etwas, das fehlt*. Dieses »etwas« ist nicht das »Nicht-mehr« der Psychoanalyse, sondern das »Noch-nicht« anderer Zukünfte. Das homosexuelle Begehren ist für Foucault entsprechend ein Begehren, homosexuell zu *werden* und kein Begehren, das aus einem spezifischen Verlust resultiert, der am verdrängten Anfang der Subjektwerdung steht. Homosexualität stelle daher nicht den naturalisierten Ursprung eines Begehrens dar, sondern sei

---

13 Michel Foucault: Freundschaft als Lebensform. In: Ders.: Dits et Ecrits: Band IV. 1980–1988. Frankfurt a.M. 2004, S. 204.
14 Ebd., S. 206.

selbst das Begehrenswerte: »Wir sollten uns deshalb bemühen, Homosexuelle zu werden, statt hartnäckig erkennen zu wollen, dass wir homosexuell sind.«[15] Homosexuell-Werden als Wunsch und nicht als Schicksal zu formulieren, bedeutet für Foucault die Homosexualität als Möglichkeit zu verstehen, »an uns selbst zu arbeiten und eine noch unwahrscheinliche Lebensform – ich sage nicht zu entdecken, sondern zu erfinden«[16].

Der große Feind des homosexuellen Begehrens, wie des Begehrens überhaupt, ist für Foucault die Psychoanalyse. Mit Deleuze und Guattari ist er einer Meinung, nämlich, dass wir uns von der Vorstellung soweit wie möglich lösen sollten, dass die Psychoanalyse das Begehren am besten verstehen kann. Im Grunde konnte die Psychoanalyse das Begehren niemals ertragen; es muss für sie daher stets auf etwas Anderes, Ursprüngliches verweisen, das sich in ihm ausdrückt: Die Mutter, der Vater, der Ödipus, die Kastrationsangst, der Penisneid, das Inzesttabu, das Homosexualitätsverbot, die Trennung vom Spiegelbild – von Freud bis Lacan hat die Psychoanalyse das Begehren als Reaktion auf einen Verlust und einen Mangel konzipiert, den die Subjekte über eine bestimmte Objektwahl vergeblich einzuholen suchen. Deleuze und Guattari haben hier ihren Begehrensbegriff explizit gegen den der Psychoanalyse gestellt: Es ist das Begehren des Anti-Ödipus, welches Prozess und Intensität und nicht Struktur oder Genese ist; ein singuläres Werden im Gegensatz zu einem Zustand. Das Begehren ist hier nicht die ewige und zwanghafte Wiederholung des Immergleichen, sondern potenzieller Ausgangspunkt für die Schaffung von Neuem: neue Körperpraktiken, neue Beziehungen, neue Intensitäten. Ein solches Begehren fragt nicht danach, was es ist und woher es kommt, sondern danach, was man mit ihm machen kann.

Das Begehren von Deleuze und Guattari ist also ein ganz und gar produktives Begehren. Aber macht es das automatisch schon zu einem queeren Begehren? Ein fortwährender, schöpferischer Fluss, der immer wieder Neues ermöglicht und hervorbringt? Ein Fluss, den die patriarchale, heteronormative Sexualität mit ihren reaktiven Kräften (Homo-/Transphobie, Sexismus) letztlich stillzustellen sucht, indem aus der Mannigfaltigkeit des Möglichen einige wenige Identitäten wie Männer und Frauen und einige wenige Beziehungsmodi wie heterosexuelle oder homosexuelle heraus geformt werden? Ein Fluss, der nie versiegt, und der nicht aufhören wird, immer wieder neue Fluchtbahnen durch die Statik von Geschlechter- und Sexualitätsnormen zu ziehen? Was hier so spielerisch klingt, kann leicht in einen Terror des Sub-

---

15 Ebd., S. 201
16 Ebd., S. 203

jekts umschlagen, nämlich dann, wenn das a-subjektiv gedachte Begehren von Deleuze und Guattari in einer Art Kurzschluss in die Subjekte hineingelegt wird. Die Subjekte sind dann nicht mehr vorübergehendes Ergebnis eines Aufeinandertreffens von (strömendem) Begehren und (verdinglichender) Struktur, sondern werden – wie im Falle der Multitude von Negri/Hardt und dem (post-)operaistischen Denken insgesamt – selbst zu den vitalen Träger_innen des Begehrens stilisiert. Was passiert aber, wenn man nicht permanent schöpferisch und produktiv sein kann oder will? Wenn man genug hat vom ewigen Rumexperimentieren und dem Leben im Werden, vom Aufgeben von alten und Suchen von neuen Existenzformen? Was, wenn man noch gar nicht irgendwo richtig angekommen ist, um sich bereits wieder entschieden auf die Reise nach anderswo zu begeben?

Mit Fragen wie diesen möchte ich eine doppelte Abkehr vollziehen: *Erstens*, eine Abkehr vom Bild des politischen Subjekts als Arbeiter_in der Bewegung und damit eine Abkehr von Produktivität als revolutionärer Tugend. Entsprechend ist das utopische Begehren von queer gerade nicht in seiner vermeintlichen Produktivität zu suchen. Queere Politik hat sich vielmehr gerade auch um jene Bindungen an Vergangenes und Gegenwärtiges zu sorgen, die den Vorwärtsdrang des Begehrens unterbrechen und blockieren. Diese Bindungen sind kein zu überwindendes Hindernis queerer Politik, sondern, wie zu zeigen sein wird, deren unhintergehbare Voraussetzung. *Zweitens* geht es um eine Abkehr von einer fragwürdigen Tradition innerhalb queerer Theorie, in der Vorstellungen der Auflösung, der Vereindeutigung, der Temporarität und der Unbestimmtheit – queer als »leerer Signifikant«, als »Differenz der Differenz« (Antke Engel) – hoch im Kurs stehen. Einer solchen Idealisierung des Unbestimmten und Nomadischen gilt es ein alternatives queer-kommunistisches Begehren entgegenzusetzen: den Wunsch, irgendwann irgendwo gemeinsam anzukommen. Zwischen »rückwärtsgewandten« Bindungen und dem »vorwärtsgewandten« Begehren nach einer kommenden queeren Kollektivität entspannt sich ein Zwischenraum, der im Folgenden als Ort des Politischen ausgelotet werden soll.

Produktives Begehren und queere Melancholie: Für eine Politik im Transit

In den 1970er Jahren, als sich in Europa und den USA die ersten kommunistischen Lesben- und Schwulenorganisationen gründeten, heißt es in der Stellungnahme eines Mitglieds des Pariser *Front Homosexuel d'Action Révolu-*

tionaire, kurz FHAR: »Ohne Zweifel ist meine Homosexualität eine Revolte. Und wenn ich sie als eine Rebellion betrachte, dann wird sie meine Rettung; wenn ich sie aber als Schwäche ansähe, würde ich vor Traurigkeit und Bitternis sterben.«[17] Den Weg der FHAR ist die westliche Schwulen- und Lesbenbewegung nach Stonewall kollektiv gegangen. Seit dem gilt die Überwindung der mit Scham, Verletzungen und Heimlichkeit verbundenen vor-emanzipativen Zeit als Indiz einer schwul-lesbischen Fortschrittsgeschichte. Noch bis heute gilt dieser historische Weg als Königinnenweg jeder individuellen lesbischen und schwulen, jeder inter* und trans*geschlechtlichen Biografie: *overcome shame, come out and be proud*. Doch was, wenn einem dieser Weg nicht gelingt? Wenn man sich schämt, obwohl die Zeichen der Zeit längst auf *pride* stehen?

Ich lese die Sätze des traurigen Revolutionärs mit gemischten Gefühlen. Die Alternative ›Revolte oder Schwäche‹, ›Rebellion oder Traurigkeit‹ klingt natürlich nach einer falschen Alternative. Anderserseits steckt in den Sätzen eine Wahrheit, der ich mich nicht gänzlich verschließen kann: »Man kann nur an das Glück glauben, sonst kann man nicht weiter leben«, kommentierte Alexander Kluge einmal Adornos Haltung zum Utopischen.[18] Die Utopie von einem besseren Leben als überlebenswichtige Zweckhaltung zu charakterisieren, findet sich auch in queertheoretischen Reflexionen über das Utopische wieder. Denn das Verlangen nach einer Welt, in der queeres Leben möglich wird, wird existenziell für all jene, die durch das soziale Geflecht der Sexualität fallen und dies tagtäglich schmerzlich erfahren müssen. Das queere Begehren entfaltet sich hier in dem Zwischenbereich aus melancholischen Bindungen an diesen Schmerz – queer attachments – und einer vorwärts gewandten Suche nach Glück. Das eine ist ohne das andere unvorstellbar: Wir begehren das Glück, aber nur, weil wir mit der bestehenden Welt so unglücklich sind. Deswegen ist das Begehren hier so utopisch wie revolutionär; es ist zugleich ein Begehren, anders zu begehren, in dem Sinne, dass es ein Begehren ist, das seine eigene Überwindung begehrt: Wir müssen nur so lange das Glück begehren, wie es nicht hergestellt ist![19]

---

17 Bernard Dieckmann, Francois Pescatore (Hg.): Elemente einer homosexuellen Kritik. Französische Texte 1971–77, Berlin 1979, S. 5.
18 Alexander Kluge in: »Es gibt kein richtiges Leben im Falschen. Theodor W. Adorno: Philosoph, Soziologe und Kritiker«, Film von Henning Burk und Martin Lüdke, 1989.
19 Tobin Siebers, »Introduction: What does Postmodernism Want? Utopia«, in: Ders. (Hg.): Postmodern Utopia and the Body Politic, University of Michigan Press, 1994, S. 1–38, hier: S. 3

Doch ist das Festhalten an den Versprechungen einer besseren Welt zugleich ein gewaltsames, das die Subjekte nicht unbeschädigt lässt. Denn als Subjekte eines Begehrens nach einer anderen Welt sind wir an das Versprechen der Möglichkeit einer solchen Welt gebunden, wie Lauren Berlant ausführt, auch wenn es sich in der Geschichte wiederholt als unerfüllt, irrtümlich oder vielleicht sogar unmöglich entpuppt haben mag. Berlant spricht in diesem Zusammenhang von einem »brutalen Optimismus« (cruel optimism), der das Subjekt dazu bringt, trotz aller Angst vor einem möglichen Verlust des begehrten Objekts an ihm festzuhalten. Denn, so Berlant, die Kontinuität des begehrten Objekts – die Vorstellung einer anderen, besseren Welt – enthält für das Subjekt etwas von der Kontinuität einer Ahnung, was es bedeutet zu überleben, weiterzuleben. Anders ausgedrückt: Das Subjekt hält an dem Objekt noch in der Angst seines Verlustes fest, weil es befürchten muss, dass mit der Aufgabe des Objekts alle Hoffnung sterben wird.[20]

Jedoch haben wir nicht immer schon verloren, wenn wir uns positiv auf die Utopie einer anderen Welt beziehen. Blochs Unterscheidung in abstrakte und konkrete Utopien ist hier durchaus hilfreich: Die abstrakte Utopie imaginiert eine ganz andere Welt, befreit von allen Zwängen und Hierarchien – eine ideale, vollkommene Welt, an deren Realisierung wir von der Gegenwart aus betrachtet nur scheitern können, da die realen Ausgangsbedingungen von Kritik und Bewegung nicht in sie eingehen. Aus der linken Bewegungsgeschichte wissen wir, wie schnell eine Politik abstrakter Utopien in Gesinnungsterror, soziale Paranoia und Moralismus münden kann. Die konkrete Utopie hingegen ist konkret, nicht etwa, weil sie mögliche zukünftige Welten *en Detail* ausbuchstabiert, sondern weil sie die gegebenen Voraussetzungen sozialrevolutionärer Kritik und Praxis zum Ausgangspunkt nimmt, die die realen Möglichkeiten anderer Zukünfte bereits antizipieren. Eine konkrete queere Utopie besagt also zunächst lediglich das: Alles was wir brauchen, um die gegebenen Verhältnisse zu queeren, ist schon da. Wohin das führt, wie eine queere Zukunft aussehen soll, muss sich hingegen noch zeigen und ergibt sich erst im kontingenten Verlauf des politischen Prozesses.

Es ist dieser Prozess selbst, dem unsere Aufmerksamkeit gebührt, und dem queere Theorie und Politik gerecht werden muss. Er darf dabei jedoch nicht als teleologische Fortschrittsgeschichte missverstanden werden; so kann man, wie Butler es einmal formulierte, »keine Geschichte darüber erzählen, wie jemand erst feministisch, dann queer und dann trans ist. Der Grund dafür, warum das nicht geht, ist, dass keine dieser Geschichten der Vergangenheit

---

20 Lauren Berlant: Cruel Optimism, Durham: Duke University Press 2011.

angehört; diese Geschichten spielen sich weiter ab, sie verlaufen gleichzeitig und in Überschneidung, während wir sie erzählen.«[21] Wir brauchen daher eine Sprache und eine politische Praxis, die zwei konträre Bewegungen in sich aufzunehmen wissen: ein Rückgriff auf die Geschichte – im kollektiven Sinne (die Suche nach Spuren verlorener Möglichkeiten queeren Lebens in der Vergangenheit) sowie im individuellen Sinne (die Spuren des eigenen Selbst in der biografischen Erzählung) – und zugleich ein utopischer Movens, der nach einem besseren Leben in der Zukunft trachtet.

Die Überzeugung, dass letzteres nicht um den Preis der Verleumdung von Geschichte passieren darf, hat nicht zuletzt zu einer queerfeministischen Rezeption der Geschichtsthesen von Benjamin geführt. Der Sturm des Fortschritts – die abstrakte Zeit des Kapitals – treibt Benjamins Engel der Geschichte (Klees Angelus Novus) bekanntlich unablässig Richtung Zukunft, doch ist dieser der Zukunft mit dem Rücken zugewandt. Er sieht aus, so Benjamin, »als wäre er im Begriff, sich von etwas zu entfernen, worauf er starrt. Seine Augen sind aufgerissen, sein Mund steht offen und seine Flügel sind ausgespannt. […] Er hat das Antlitz der Vergangenheit zugewendet.« Wo wir vorwärts, d.h. in die Zukunft schauen, da sieht er, der sich rückwärtsgewandt bewegt, »eine einzige Katastrophe, die unablässig Trümmer auf Trümmer häuft und sie ihm vor die Füße schleudert«.[22]

Es gibt so etwas wie eine queer-feministische Urszene von Benjamins Engel der Geschichte.[23] In der alttestamentarischen Erzählung von der Zerstörung Sodoms schickt Gott zwei Engel in die Stadt, die sich vergewissern sollen, ob sich tatsächlich nicht einmal zehn nicht-sündige Menschen in der Stadt auffinden ließen. Sie kehren ein bei Lot, er ist Abrahams Neffe und ein frommer Mann. Als die Einwohner_innen Sodoms von der Ankunft der Fremden erfahren, wollen sie sich an ihnen vergehen; sie gehen zu Lots Haus und fordern ihn auf, seine Gäste auszuliefern. Lot will das abwenden und bietet den Einwohner_innen stattdessen vergeblich seine jungfräulichen Töchter an. Nachdem die beiden Engel keine zehn Gerechten in der Stadt finden können, ist die Stadt dem Untergang geweiht. Die Engel wollen lediglich Lot und seine Familie retten und schicken sie aus der Stadt. Sie verbieten den Flüchtenden allerdings zurück zu schauen. Sodom wird mit einem Regen aus

---

21 Judith Butler: Die Macht der Geschlechternormen und die Grenzen des Menschlichen, Frankfurt a.M. 2011, S. 13.
22 Walter Benjamin: Über den Begriff der Geschichte, These IX.
23 Siehe die Diskussion in Heather Love: Feeling Backward. Loss and the Politics of Queer History, Cambridge 2007.

Feuer und Schwefel von Gott vernichtet. Letztlich können sich nur Lot und seine Töchter an einen sicheren Ort flüchten, denn als Lots Frau – trotz des von den Engeln ausgesprochenen Verbots – zur Stadt zurückblickt, erstarrt sie zu einer Salzsäule.

Wir wissen nicht, warum Lots Frau zurückschaute und es gibt eine lange Tradition feministischer Interpretationen, die an diese Frage anknüpfen. Vielleicht war es eine zurückgelassene geheime Liebe; vielleicht aber auch Erinnerungen an eine gewaltsame, traumatische Vergangenheit, die dazu führten, dass sie von der Geschichte nicht ablassen konnte. Was Klees *Angelus Novus* nur andeutet, kehrt die Verwandlung in eine Salzsäule umso deutlicher hervor: Der Blick in die Vergangenheit kann zerstörerisch sein; Lots Frau wendet sich der Vergangenheit zu und wird dadurch zerstört. Die Lektion, die wir angehalten sind zu lernen, ist unmissverständlich: Um zu überleben, musst du die Vergangenheit hinter dir lassen.

Heather Love sieht hierin die schwierige Ausgangslage für die Begründung queerer Utopien mit Blick auf eine Vergangenheit von anti-queerer Gewalt. Insofern uns die Erfahrung der Verluste der Vergangenheit erst dazu befähige, uns die Möglichkeiten anderer Welten zu vergegenwärtigen, seien wir dazu genötigt zu erinnern (»We will never forget«). Doch wir würden gleichzeitig dazu genötigt, die Vergangenheit zu überwinden und nach vorne zu schauen (»We will never go back«).[24] Für Love knüpft sich daran eine wichtige Frage: Wie in die Vergangenheit schauen, ohne von ihr zerstört zu werden? Wie sollen wir, anders formuliert, also in die Zukunft blicken, ohne die Gewalt und die Verluste, auf denen der Fortschrittsprozess beruht, dem Vergessen anheim fallen zu lassen?

Diese Fragen adressieren eine politische Praxis, die sich im Raum zwischen vergangenen Erfahrungen und zukünftigen Möglichkeiten zu bewegen sucht. Wie eine solche Praxis aussehen könnte, soll nun abschließend in Bezug auf eine Gründungsproblematik für das Projekt queerer Theorie und Politik diskutiert werden, nämlich das Problem von Identitätspolitik und deren Kritik.

---

24 Ebd., S. 1.

Noch einmal: Zur Kritik der Identität

>»Es geht um die Frage, wie man der Integration entkommt, ohne zugleich auf sie zu verzichten.«[25]

Wer kann es sich leisten, nicht zurück zu schauen? Oder auf das spezifische Problem der Geschlechtsidentität/sexuellen Identität bezogen: Wer kann es sich leisten, Identität nicht zu begehren? »You can´t take that away from me«, schreibt Heather Love in ihrem Aufsatz »Queers___This«, und meint Identität, genauer gesagt: ihre lesbische Identität. Love erinnert uns daran, dass der Fakt, dass Identität immer auch enteignet, fixiert und beherrschbar macht, nicht automatisch dazu führt, dass wir sie nicht mehr begehren. In die Worte von Gayattri Spivak gewendet wird Identität unter den gegebenen Bedingungen zu etwas, das wir – auch aus queerer Sicht – nicht nicht begehren können.

>»I´ve been loving it too long«, sagt Love über ihre lesbische Identität. »The wide stance, the longing, the social work, the sluttish classicism, the frumpiness, the bad relationships – it's all too perfect in my eyes. […] My love of queer theory is not less authentic than my love of lesbianism. It´s just that it´s hard for me to imagine a form of queerness that does not maintain its ties to a specific experience of sexual identity. Behind my work on affect, historiography, and the social, there is a lesbian lying in bed crying.«[26]

Love plädiert dafür, nicht für eine der beiden Seiten Partei zu ergreifen – lesbische Identität *oder* queere Desidentifizierung – vielmehr ginge es darum, sich auf der Grenze zwischen ihnen zu bewegen. Es ist dieser liminale Bereich, der sich zwischen Fixierung und Auflösung, Identität und Unwahrnehmbar-Werden aufspannt, der hier als Ausgangs- und Fluchtpunkt eines queeren Begehrens und einer queeren Politik vorgeschlagen werden soll. Wir müssen uns nicht entscheiden zwischen Minorisierung auf der einen und Universalisierung auf der anderen Seite, sondern lernen, das Grenzland zu sondieren, in dem Identitäten und ihre Auflösung, Scham und Freiheit, nicht gegeneinander gerichtet sind, sondern co-existieren und im Dialog stehen. Die AIDS-Bewegung der 1980er Jahre hat hier Formen der politischen Praxis erprobt,

---

25 Bernhard Dieckmann: Über die Schwulen, Frankfurt a.M. 1979, S. 15.
26 Heather Love: Queers__This, in: Janet Halley, Andrew Parker (Hg.): After Sex? On Writing since Queer Theory, Durham/London 2011, S. 180–191, hier: 180.

die m. E. sehr nah an Benjamins historischem Materialismus sind, die Verluste der Geschichte auf zwei Weisen gleichzeitig anzunehmen: während sich der eine Teil bewegt und Neues schöpft, verharrt der andere Teil und trauert. Douglas Crimp hat diese Gleichzeitigkeit in einem legendären Ausdruck geprägt, seinem besten: »Mourning and Militancy«[27]. So wie Benjamins historischer Materialismus ist diese Formulierung eine hoffnungsvolle: Sie stellt in Aussicht, dass wir Geschichte durchleben können, ohne sie als Geschichte von Siegen zu erleben. Die Hoffnung besteht schlicht darin, dass sie ein feeling bad als objektiv vermittelten subjektiven Zustand nicht ersetzt oder zur Ressource einer neuen Stärke produktiv machen will.

In der AIDS-Bewegung wie auch in Teilen der Frauenbewegung konnte das entstehen, was in der übrigen Geschichte linker Kämpfe häufig fehlte: »A politics that allows for damage.«[28] Vor dem Hintergrund ihrer Interviews mit lesbischen AIDS-Aktivist_innen zeigt Ann Cvetkovich, dass politischer Aktivismus selbst traumatisierend sein kann. Er birgt oft eine emotionale Intensität und einen Frust, die sich schnell destruktiv wenden können, wenn sie in den Bereich des Privaten abgeschoben werden und nicht mehr als Teil des politischen Prozesses gelten. Cvetkovich zeigt, dass aber gerade die traumatischen Erfahrungen von Verlusten und Gewalt andere, zärtlichere Bindungen zwischen Aktivist_innen ermöglichen, die in neue kollektive Formen eingehen können – Kollektivitäten, die weniger paranoid, weniger moralisch und weniger cool sind. Hiermit ist die Möglichkeit von (queerer) Kollektivität insgesamt befragt: »How might we create a collectivity, that we would want to belong to?«[29] Die Frage der Ermöglichung von Kollektivität ist jedoch mit der Frage der Identität unmittelbar verknüpft, die, das hatte schon Adorno gesehen, keinesfalls abstrakt zu negieren ist, »sondern im Widerstand zu bewahren, wenn sie je in ihr Anderes übergehen soll.«[30] Wenn wir von einer Flucht aus identitären Kategorien sprechen wollen, dann im Sinne eines gemeinsamen Übergangs: Identitäten und nicht ihre Verleumdung sind der Ausgangspunkt jeder kooperativen Praxis. Um bündnisfähig zu werden, müssen wir unsere unterschiedlichen Identitäten also mitbringen und nicht hinter uns

---

27 Douglas Crimp: Mourning and Militancy, in: Melancholia and Moralism. Essays on AIDS and Queer Politics, Cambridge/MA, London 2002.
28 Heather Love: Feeling Backward. Loss and the Politics of Queer History, Cambridge 2007, S. 162
29 Adam, Barry D. (2009), «How might we create a collectivity that we would want to belong to«, in David M. Halperin and Valerie Traub (Eds.), Gay Shame. Chicago: University of Chicago Press, pp. 301–11.
30 Theodor W. Adorno: Negative Dialektik, Frankfurt a.M. 2000, S. 275.

lassen. Eine gemeinsame Sprache, eine gemeinsame Politik zu finden ist nicht Voraussetzung für dieses Bündnis, sondern das, was sich erst im Zuge dieses Bündnisses realisieren kann.

»Das ist das Rätsel, vor dem wir stehen«, resümieren Negri und Hardt. »Revolutionäre Politik muss von der Identität ihren Ausgang nehmen, darf aber nicht damit enden.«[31] Anders formuliert: »Revolutionäres Denken sollte der Identitätspolitik nicht ausweichen, sondern muss durch sie wirken und von ihr lernen.«[32] Identität kann für Subjektivitäten, die durch strukturelle Gewalt und traumatische Erfahrungen hindurch konstituiert werden, unter den gegebenen Verhältnissen paradoxerweise beides sein: Sie kann Schutz gewähren und zum Ausgangspunkt von Widerstand und Subversion werden, während sie zugleich das verkörpert, was verletzbar macht. Sie kommt als etwas daher, das Stabilität verspricht, etwas, das das Subjekt zu besitzen scheint – »meine« sexuelle Identität, »dein« Geschlecht – doch ist Identität gerade das, was das Subjekt immer auch enteignet und dem Zugriff von außen öffnet. Wenn Subjekte damit beginnen, Identität nur auf eine Seite hin zu vereindeutigen, wenn es also nur noch darum geht, Identität zu besitzen und zu verteidigen, dann resultiert laut Negri/Hardt hieraus eine ressentimentgeladene Haltung, die jene Aspekte der Identität leugnet, die die eigene Unfreiheit bewusst werden lässt. Und dann, so Negri/Hardt, geht in der Identitätspolitik das verloren, was sie eigentlich zum Ausgangspunkt hatte, nämlich der Wunsch nach Freiheit, das heißt nach einer Gesellschaft, die ohne identitären Zwang auskommt.

Hardt und Negri konkretisieren diesen ursprünglichen Freiheitsdrang am Ursprung von Identitätspolitiken nicht nur mit dem Marx'schen Klassenbegriff, der Klasse an sich, die zu einer Klasse für sich zu werden und damit bloße Empörung und Leid in ein politisches Bewusstsein und in Rebellion zu überführen habe. Auch in aktuellen Debatten innerhalb feministischer und postkolonialer Theorie sei eine Renaissance des Freiheitsbegriffs zu verzeichnen: So sei die Entstehung einer schwarzen Identität historisch unauflöslich mit dem Widerstand gegen Sklaverei, Kolonialismus und dem Streben nach einer allgemeinen Freiheit verbunden. Ein ähnlicher Drang nach allgemeiner Freiheit lässt sich für die Konstituierung weiblicher Identitäten im Feminismus attestieren. Im Unterschied zum Gleichheitsbegriff ruft die Verwendung der Freiheitskategorie hier in Erinnerung, dass sich weder Klassenkämpfe, noch schwarze antirassistische oder feministische Kämpfe darin erschöpft

---

31 Michael Hardt und Antonio Negri: Common Wealth. Das Ende des Eigentums, Frankfurt a.M. 2010, S. 333.
32 Ebd.

haben, gegen ihre Unterdrückung oder gar für ihre Anerkennung zu mobilisieren – es ging um etwas viel weitgehenderes, nämlich, wie Linda Zerilli es auf den Punkt bringt: »zu verändern, eine Welt zu bauen«[33].

So banal diese Feststellung für die (queerfeministische) Linke auch ist, so wichtig ist sie in Bezug auf die Frage, welche Identitätspolitiken wir vielleicht brauchen und welche wir vermeiden sollten. So gilt es eine Politik zu vermeiden, die im Namen von Identitäten letztlich den politischen Prozess zum Stillstand bringt, indem sie Identität als Eigentum verteidigt und diese sich somit, so Hardt und Negri, »immer in die bestehenden Strukturen der Republik des Eigentums einpassen«[34] lässt. Identität ist damit kein Mittel mehr, sondern wird zu einem Zweck. Hier liegt der Unterschied zwischen den Begriffen der Befreiung und der Emanzipation: Emanzipation strebt nach der Freiheit der Identität, d. h. nach der Freiheit, der zu sein, der man schon ist. Befreiung hingegen zielt auf die Freiheit der Selbsttransformation und darauf, werden zu können, wer und was man werden könnte. Hardts und Negris Versuch, eine revolutionäre von einer konservativen Identitätspolitik zu unterscheiden, ist hilfreich, um Identitätspolitik als etwas zu verstehen, das letztlich auf eine Abschaffung von Identität hinauslaufen kann – revolutionäre Politik beginnt bei der Identität, aber endet nicht mit ihr.

Inspiriert ist diese These natürlich von der Stellung des Proletariats in der kommunistischen Revolutionstheorie: »Das Proletariat ist gemäß dieser Tradition die erste wahrhaft revolutionäre Klasse in der Menschheitsgeschichte, insofern sie darauf aus ist, sich als Klasse selbst abzuschaffen. Die Bourgeoisie versucht sich ständig selbst zu erhalten, wie das schon der Adel und alle anderen herrschenden Klassen früherer Tage taten«[35]. Daraus folgt: »Damit der revolutionäre Kommunismus zu einem Projekt nicht der Emanzipation, sondern der Befreiung wird – nicht der Emanzipation *der* Arbeit, sondern der Befreiung *von der* Arbeit –, muss er einen Prozess der Selbsttransformation über die Arbeiteridentität hinaus in Gang setzen.«[36]

Analog dazu lässt sich auch das Ziel queerer Politik formulieren. Damit diese nicht zu einem Projekt der Emanzipation, sondern der Befreiung wird – nicht der Emanzipation der Sexualität, sondern der Befreiung von der Sexualität –, muss sie einen Prozess der Selbsttransformation über sexuelle und geschlechtliche Identitäten hinaus in Ganz setzen. Es war immer die Losung

---

33 Zitiert nach ebd., S. 337.
34 Ebd., S. 338.
35 Ebd., S. 340.
36 Ebd.

radikaler sexueller Dissidenz, nicht vorrangig nach Akzeptanz und Toleranz zu fragen, d. h. den Bereich des Sexuellen auszudifferenzieren und auszudehnen, sondern die Logik der Sexualität im Ganzen zu unterminieren. Die Frage nach der Utopie wird wieder virulent, wenn wir uns fragen: Was wäre das für eine Gesellschaft, in der es keine Männer und keine Frauen, keine Hetero- und keine Homosexuellen mehr gäbe? Es wäre zunächst eine Gesellschaft, in der die Differenzen zwischen uns nicht ab-, sondern zunähmen; es käme zu einer Vermehrung von Singularitäten, deren Differenzen aber nicht entlang kategorischer Identitäten verliefen. Die Alternative zu zwei Geschlechtern wären also nicht: null, sondern: n Geschlechter, die Alternative zur Unterscheidung von Homo- und Heterosexualität wäre die Ausdifferenzierung in n-mögliche Beziehungen zwischen Körpern, Begehren, Psychen und Dingen.

Was revolutionäre Politik, die den Kapitalismus manchmal immer noch gerne dort und den Widerstand hier verortet, von Identitätspolitik tatsächlich lernen kann, ist, dass die Zerschlagung des Sexualitätsdispositivs nicht einem Einreißen von Mauern gleich kommt – man zerstört ein Dispositiv nicht wie man eine Burg stürmt oder einen Staat einnimmt.[37] Die symbolische Demonstration von Kraft, etwa auf großen Demonstrationen, ist wichtig, doch der eigentliche Prozess, der die Segmente der Dispositive zersetzt, findet nach der Demo statt: Man zerstört ein Dispositiv, indem man sukzessive unwahrnehmbar wird, d. h. neue Verbindungen und Beziehungen schafft, die sich unterhalb der Repräsentierbarkeit des Allgemeinen bewegen. Paradoxerweise muss eine auf Repräsentation abhebende Politik dieses »Minoritär-Werden« des Politischen aber gar nicht blockieren, sondern kann es sogar befördern, wie folgendes, letztes Beispiel zeigen soll, das sich Tomasz Sikora ausgedacht hat und das ich hier in etwas abgewandelter Form wiedergeben möchte.[38]

Die historischen Transformationen, die die Kämpfe um Sexualität durch das 20. Jahrhundert hindurch bis heute auszeichnen, lassen sich zu einem großen Teil in den Veränderungen von Akronymen ablesen. Was als sexuelle Reformbewegung und Homosexuellenbewegung begann, hieß irgendwann Lesben- und Schwulenbewegung (LG, mit *g* wie *gay*), zu der sich etwas später die Bisexuellen (LGB) dazu gesellten. Schließlich kam es zu Bündnissen mit Transsexuellen (LGBT) und Forderungen nach einer Verbindung der Kämpfe von Intersexuellen mit den Kämpfen der vorher genannten wurden lauter (LGBTI). Die Kategorie der Transgender kam hinzu, um dem Umstand

---

37 Giorgio Agamben: Was ist ein Dispositiv?, Berlin 2008, S. 21.
38 Tomasz Sikora: To Come. Queer Desire and Social Flesh, in: Interalia. A Journal of Queer Studies, 6/2011.

gerecht zu werden, dass nicht alle transidentischen Geschlechter zugleich transsexuell sein müssen (LGBTTI). Irgendwann begannen vereinzelte Gruppierungen, auch Q für queer als Platzhalter für das irgendwie Uneindeutige in die Buchstabenkomposition mit aufzunehmen (LGBTTIQ). Seit einigen Jahren verschafft sich am Rande der sexualpolitischen Kämpfe eine weitere Gruppierung Gehör, die auf den ersten Blick vielleicht am konsequentesten gegen das Sexualitätsdispositiv Stimmung macht. Gemeint ist das jüngste Mitglied im Akronym, die Gruppe der Asexuellen (LGBTTIQA).

Das Schöne ist, wir können uns mit Sikora diese Buchstabenkette, die politische Abkürzungen wie L für links an Kreativität bei Weitem übertrifft, leicht ins Unendliche verlängert vorstellen. Denkbar wäre zum Beispiel LGBTTI-QAQNN2SAPPNASC für »lesbian, gay, bisexual, transsexual, transgender, intersexual, queer, asexual, questioning, non-normative, two-spirit, straightally, pansexual, polyamorous, none-of-the-above, all-of-the-above, some-of-the-above, constantly-changing«. Ein solcher Buchstabensalat stellt freilich eine Provokation für alle linken Kritiker_innen dar. Da gibt es zum Beispiel die queere Avantgarde aus Akademiker_innen und Künstler_innen, die gegen das Eingehen von queer in die Aneinanderreihung von Identitäten, wie überhaupt gegen die Abbildung von Kämpfen und Begehren in Buchstaben ist. Oder die Kritik der Neo-Leninisten und Maoisten, die, wie Slavoj Žižek oder Alan Badiou, für die Ausdifferenzierung von Kämpfen auf partikulare Schauplätze nur Hohn und Spott übrig haben – für sie lediglich Ausdruck einer freisetzenden Commodifizierung von Subjektivitäten und Körpern unter differenzkapitalistischen Vorzeichen.[39] So polemisiert Žižek gegen eine Politik für Rollstuhl fahrende afroamerikanische lesbische Mütter, die revolutionäre Politik letztlich auf den Hund kommen lasse, indem sie uns zwar alle Differenzen zu repräsentieren helfe, gegen die Ursachen von Ausbeutung und struktureller Ungleichheit aber machtlos sei.

In der Tat können wir Sikoras schönes Buchstabenspiel seinerseits als amüsante Polemik gegen Žižek wenden: denn was Žižek radikal missversteht, ist, dass wir es hier nicht mit der Zerstörung des politischen Subjekts zu tun haben, sondern mit seinem Werden. Eine Zusammenkunft verschiedener Bettgenoss_innen, die teilweise aus ganz anderen Ordnungen stammen und dadurch neue Fragen aufwerfen, die das Problem von Kollektivität tangieren:

---

39 Kata Diefenbach: Nach 1968. Anmerkungen über Singularität und minoritäre Politik. in: eipsp. europäisches institut für progressive kulturpolitik, 4/2007 (online: http://eipcp.net/transversal/0607/diefenbach/de/#_ftnref10)

Was haben die Asexuellen mit den promisken Lederbären zu tun? In welcher Beziehung steht eine erklärte Intersexperson mit einer Transsexuellen, die sich soeben einer geschlechtsangleichenden Operation unterzogen hat? Die Buchstabenkette verweist hier auf die Entstehung neuer hybrider Beziehungen zwischen sich überlappenden Elementen und nicht einfach auf die Aneinanderreihung unterschiedlicher Identitäten. Was als Akronym mit einer geschlossenen Struktur sich ausschließender Positionen begann – du bist entweder gay oder straight – verändert sich mit der Zeit durch Fluchtlinien, die dieser Struktur entkommen, neue Komponenten hervorbringen und damit das gesamte Beziehungsgefüge verändern. Es wäre daher vorstellbar, dass sich Beziehungen entwickeln, in denen wir gleichzeitig lesbisch und Mann sein können, asexuell und zugleich polymorph pervers. Weil neue Verbindungen und Allianzen prinzipiell immer möglich sein werden, wird sich auch die Buchstabenkomposition weiter verändern. Das queere Begehren derweil, würde sich innerhalb dieser Komposition nicht als ein queer »an sich« und auch nicht als ein politisches Subjekt »für sich« konstituieren. Queer artikuliert sich vielmehr als Modus der Beziehungen, Verbindungen und Bündnisse mit neuen Spielgefährt_innen, seien diese Individuen, Phantasien oder Dinge.

Ob das eine Utopie ist, die wir wollen, muss sich in der Praxis zeigen. Sie ist wohlgemerkt nicht als Ziel, sondern – im obigen Sinne – zunächst als Transit- und Durchgangsraum zu verstehen, der bekanntlich viele Tücken mit sich bringt. So beklagt sich Michele Wallace in Marlon Riggs' letztem Film, *Black Is, Black Ain't* (1994), dass innerhalb der Bündnisse und Koalitionen unter US-amerikanischen Schwarzen bald alte und neue Kämpfe um Terrain und Dominanz ausgetragen worden seien. Das Begehren nach *community* drohe immer wieder in den Wunsch nach *unity* umzukippen.[40] Wallace, so interpretiert Heather Love die Szene, will davon laufen. Doch welche Alternative haben wir, als uns diesen Schwierigkeiten immer wieder zu stellen? Riggs lässt auch Essex Hemphill zu Wort kommen und der sagt passend: »Don't let it be loneliness that kills us«.[41] Das Problem, dem wir uns stellen müssen, und immer wieder stellen müssen, ist mit Heather Love einfach formuliert und schwierig zu lösen: Wie kriegen wir es hin, eine gemeinsame Zukunft zu gestalten, die noch genügend Bindungen an Vergangenheit und Gegenwart zulässt, so dass auch die Zögerlichsten unter uns mit dort leben wollen?

---

40 Siehe Love 2011, S. 185.
41 Zit. nach ebd.

Bill Ashcroft

Die mehrdeutige Notwendigkeit der Utopie

Eine Frage schwebt beharrlich über Thomas Morus' *Utopia*: »Was will er uns damit sagen?« C. S. Lewis hält das Buch für einen elaborierten Witz, während Stephan Greenblatt feststellt, dass sich jede Regel und jede Einrichtung des idealen Lebens als absolut unbrauchbar herausstellt.[1] Wollte Morus wirklich die ideale Gesellschaft schildern? Ist das Buch eine Satire oder ein ernst gemeinter Plan zur Verbesserung der Gesellschaft? Die Diskussion, ob *Utopia* eine Satire oder ein ernster Vorschlag für eine ideale Gemeinschaft sei, besteht bis heute. Sie spiegelt sich in dem stets mehrdeutigen Verhältnis zwischen Utopien und Dystopien in der Literatur.[2] Seit Thomas Morus diese Idee in die Welt gesetzt hat, ist sie ein kritischer Fokus für alle Visionen einer besseren Gesellschaft geblieben. Für den Großteil der gegenwärtigen utopischen Theorie ist die Utopie nicht länger ein Ort, sondern der Geist der Hoffnung selbst, die Essenz des Wunsches nach einer besseren Welt.[3]

Der utopischen Vorstellung, »die die Möglichkeit einer Welt, die sich qualitativ von dieser unterscheidet, am Leben erhält, und die eine starrsinnige Negation all dessen, was ist, darstellt«,[4] sind Mehrdeutigkeiten inhärent. Wo immer Utopien auftauchen, haben wir es mit drei grundlegenden Widersprüchen zu tun: dem Verhältnis zwischen Utopien und *Utopismus*, dem Verhältnis zwischen Zukunft und Erinnerung, und dem Verhältnis zwischen Individuum und Kollektiv. Seit der Mitte des 20. Jahrhunderts war der Science-Fiction die dominante utopische literarische Form. Aber es existiert auch eine andere Literaturform, die diese Mehrdeutigkeiten auf andere Weise auslotet. Postkoloniale Autoren und Denker gehen mit ihr auf eine Art um, die

---

1 Stephen Greenblatt: Renaissance Self-Fashioning, Chicago 1980, S. 40f.
2 Ich denke dabei insbesondere an jene literarischen Dystopien, die zwischen den beiden Weltkriegen ihre Blütezeit hatten, interessanterweise eine Zeit der finanziellen Depression in der in Deutschland und Russland einige sehr dystopische »Utopien« erschienen sind: Jewgeni Samjatins Wir; Aldous Huxleys Schöne neue Welt und George Orwells 1984.
3 Siehe zum Beispiel Fredric Jameson, Marxism and Form. Twentieth Century Dialectical Theories of Literature, Princeton 1971.
4 Ebenda, S. 110f.

eine ganz besondere Form kultureller und politischer Hoffnung hervorbringt. Die Formen des Utopismus, die in den postkolonialen Literaturen entstehen – ein Utopismus, der nahezu komplett ohne Utopien auskommt –, weisen in Richtung einer dialogischen Auflösung der utopischen Widersprüche.

Utopien und Utopismus

Die erste Mehrdeutigkeit, die auftaucht, wenn wir es mit Utopien zu tun haben, ist das Verhältnis zwischen Utopien und *Utopismus*. Dieses Verhältnis ist ein Widerspruch, weil realisierte Utopien *immer* degenerierte Utopien sind – sie werden sehr schnell zu Dystopien, wenn sie es nicht schon von Anfang an waren –, gleichzeitig aber Befreiung ohne utopisches Denken, ohne eine Vision der Zukunft, unmöglich bleibt. Eine Theorie der Utopie im eigentlichen Sinn begann in den 1930er Jahren mit Karl Mannheim[5] und wurde durch Theoretiker wie Paul Ricœur[6] ausgeweitet. Der gründlichste und umfassendste Theoretiker der Utopie jedoch ist Ernst Bloch. Er legte den Grundstein für die Tradition des marxistischen Utopismus, der sich ab der zweiten Hälfte des 20. Jahrhunderts entwickelte und seinen Höhepunkt in Jamesons *Archaeologies of the Future* fand.[7] Bloch betont, dass das Utopische zentral für das menschliche Bewusstsein ist. Die bestechende Art, in der er in *Das Prinzip Hoffnung* den *Utopismus* als fundamentale Funktionsweise des menschlichen Lebens beschreibt, erklärt seine überragende Bedeutung für die Theorie der Utopie:

> »Primär lebt jeder Mensch, indem er strebt, zukünftig [...] Funktion und Inhalt der Hoffnung werden unaufhörlich erlebt, und sie wurden in Zeiten aufsteigender Gesellschaft unaufhörlich betätigt und ausgebreitet.«[8]

Bloch unterstreicht dies, indem er explizit den Utopismus, den er als universales menschliches Charakteristikum betrachtet, von den Utopien trennt, die, als spielerische Abstraktionen, nutzlos und irreführend sind – Parodien der Hoffnung. Utopisches auf Thomas Morus' Insel zu reduzieren,

---

5   Karl Mannheim: Ideologie und Utopie, Bonn 1929.
6   Paul Ricœur: Lectures on Ideology and Utopia, New York 1986.
7   Fredric Jameson: Archaeologies of the Future. The Desire called Utopia and other Science Fictions, London 2005.
8   Ernst Bloch: Das Prinzip Hoffnung, Bd. 1, Frankfurt a. M. 1985, S. 2.

»das wäre, als wollte man die Elektrizität auf den Bernstein reduzieren, von dem sie ihren griechischen Namen hat und an dem sie zuerst bemerkt worden ist. Ja, Utopisches fällt mit dem Staatsroman so wenig zusammen, daß die ganze Totalität *Philosophie* notwendig wird [...] um dem mit Utopie Bezeichneten inhaltlich gerecht zu werden.«[9]

Es mutet mehr als nur ein wenig seltsam an, dass Bloch sich kaum mit den Utopien selbst beschäftigt und sie sogar herabsetzt, wo doch ihre gemeinsame Eigenschaft – ein Merkmal aller modernen Utopien – darin besteht, dass ihre Einwohner alles gemeinschaftlich besitzen. Das Gemeinwesen, der Gemeinschaftsbesitz sind Merkmale, die der Marxist Bloch, so könnte man erwarten, aufs Herzlichste begrüßen würde. Doch Blochs wichtigster Ausgangspunkt besteht darin, die Gegenwart mit der Antizipation kommender Dinge aufzuladen. Für ihn sind Utopien Luftschlösser. Ohne Utopisches jedoch können wir nicht leben. Dies bestätigt sich in der Tatsache, dass alle »realisierten Utopien« (das Dritte Reich, das stalinistische Russland, die Kulturrevolution, der neoliberale Kapitalismus), zu denen auch die utopische Leistung unabhängiger postkolonialer Länder gehört, entweder degeneriert sind, versagt haben (ein katastrophales Versagen im Falle Zimbabwes) oder ausgemachter Schwindel sind. Aber diesem Versagen, diesem mehrdeutigen Verhältnis von Utopien und Dystopien zum Trotz, bleibt der *Utopismus* notwendig. Und dieser Utopismus ist ein zunehmend wichtiger Aspekt postkolonialer Literaturen, der eine andere Richtung als der marxistische Utopismus einschlägt, welcher die zeitgenössische utopische Theorie dominiert hat.

Bloch macht die Tiefe und Bedeutung von Hoffnung deutlich, die sich von der Neugier und der Sehnsucht der Kindheit zur konstanten Präsenz erwachsenen Verlangens entwickelt. Sehnen, Verlangen, Begehren, Wünschen, Vorstellen, Träumen – das Noch-Nicht ist tief im menschlichen Bewusstsein verankert und manifestiert sich durch Tagträume, die nichts weniger sind als Hoffnung, die aus sich nach außen wendet. Menschen haben immer »vom besseren Lebens geträumt, das möglich wäre. Das Leben aller Menschen ist von Tagträumen durchzogen.«[10]

Aber nicht im bloßen Gefühl der Hoffnung, sondern im *Denken* an und für sich liegt, so Bloch, der Ausgriff Richtung Zukunft, weil es ein beständiges und »wirkliches Überscheiten« ist, das nie ins Phantastische abgleitet, »bloß schwärmend, bloß abstrakt ausmalend [...] Wirkliches Überschreiten

---

9 Ebenda, S. 14.
10 Ebenda, S. 1.

kennt und aktiviert die in der Geschichte angelegte, dialektisch verlaufende Tendenz.«[11]

Die Bedeutung des Denkens erklärt, weshalb Bloch die Tagträume den unbewussten Träumen des Schlafes vorzieht. Tagträume fokussieren auf jenes Element des Denkens, das das Bewusstsein unablässig vorwärts treibt. Aber von noch größerer Bedeutung für die Untersuchung des postkolonialen Utopismus ist die Erkenntnis, dass »wirkliches Überschreiten« die *historische* Tendenz aktiviert. Komplett ausgearbeitete Utopien Morus'scher Art sind in postkolonialen Literaturen äußerst selten zu finden. Anders als in der Science-Fiction, in der das Hauptmotiv darin besteht, zukünftige utopische Welten zu imaginieren, begreifen diese Literaturen die Gegenwart als den entscheidenden Schauplatz unablässiger Bewegung, durch die das Neue entsteht. In solch transformativen Auffassungen utopischer Hoffnung ist das Vor-uns immer eine Möglichkeit, die aus der Vergangenheit erwächst. In traditionellen postkolonialen Gesellschaften ist das radikal Neue immer in die Vergangenheit eingebettet und durch sie transformiert.

Erinnerung und utopische Zukunft

Ein zweiter Bereich von Mehrdeutigkeit besteht in der Beziehung zwischen der Zukunft und der Erinnerung, und zwar deswegen, weil Utopien oftmals in der Zukunft angesiedelt sind, der Utopismus aber nicht ohne Erinnerung auskommt. Diese Transformation des Neuen durch die Vergangenheit beinhaltet eine offenbar sehr ambivalente Dimension utopischer Hoffnung – das Verhältnis von Erinnerung und Zukunft. Eines der Hauptmerkmale von Dystopien ist die Abschließung von der Vergangenheit. Der Weltaufsichtsrat in Huxleys *Schöne neue Welt* intoniert den »erleuchteten Ausspruch Fords des Herrn: Geschichte ist Mumpitz.«[12] Die zwei Dinge, die in Orwells Ozeanien von *1984* beseitigt wurden, sind Erinnerung und schriftliche Überlieferung. Wenn wir die Funktion der Erinnerung im postkolonialen Utopismus betrachten, sehen wir weshalb: Bei dieser Erinnerung geht es nicht um die Wiederentdeckung einer Vergangenheit, die einmal präsent gewesen ist, sondern um die Produktion von Möglichkeiten. Insofern Erinnerung eine Neuerschaffung ist, schaut sie nicht zurück, sondern sucht einen neuen Horizont – irgendwo »da draußen«.

---

11 Ebenda, S. 2.
12 Aldous Huxley: Schöne neue Welt, Frankfurt a. M. 1953, S. 38.

Ernst Bloch ist von der zyklischen Kontinuität von Vergangenheit und Zukunft in der Gegenwart fasziniert – was zu einer, nennen wir sie, nicht-teleologischen Eschatologie führt, in welcher »der Trieb nach oben [...] zuletzt einer nach vorwärts« wird.[13] Auf der einen Seite bietet Bloch einen Rahmen, in dem man über Utopie in Begriffen religiöser Erwartung nachdenken kann, auf der anderen aber weist dieser durch und durch europäische Philosoph einen Weg, auf dem man über die Teleologie der Eschatologie hinausdenken kann – und zwar zur gegenseitigen Durchdringung von Vergangenheit und Zukunft. Diese Polarität zwischen Vergangenheit und Zukunft schien in der europäischen Philosophie oftmals unüberbrückbar. Bloch stellt fest, dass für Plato »Wesen« »Ge-wesenheit«[14] ist und er kritisiert Hegel, »der am weitesten ausgefahren war: das Gewesene überwältigt das Heraufkommende, die Sammlung der Gewordenheiten hindert völlig die Kategorien Zukunft, Front, Novum«.[15] Das Problem mit dem Sein oder dem Begriff des Seins bei Hegel ist, dass es das *Heraufkommende* überwältigt und so die Kategorie der Zukunft verstellt. Erst mit der Verabschiedung des geschlossen-statischen Seinsbegriffs öffnet sich die wahre Dimension der Hoffnung.[16] Der Kern von Blochs Ontologie besteht darin, dass *Sein Noch-Nicht-Geworden-Sein* ist:

> »Das Noch-Nicht-Bewußte im Menschen gehört so durchaus zum Noch-Nicht-Gewordenen, Noch-Nicht-Herausgebrachten, Herausmanifestierten in der Welt [...] Vom Antizipierenden also soll Kenntnis gewonnen werden, auf der Grundlage einer Ontologie des Noch-Nicht.«[17]

Wir sehen also, weshalb sich Bloch für die Utopie als Ort nicht interessiert, weshalb aber Utopismus für das menschliche Bewusstsein fundamental ist: weil Menschen immer vorwärts streben, weil sie antizipieren, begehren. Während Utopien in der Zukunft angesiedelt sind, ist der Utopismus, das antizipatorische Bewusstsein, fest in der Gegenwart verankert. Blochs Ontologie des Werdens erhält durch die Neuinterpretation von Marx eine politische, eine befreiende Dimension. Die Massen in der deutschen (1525), französischen und russischen Revolution wurden »angezogen und erhellt von einem

---

13 Bloch, Das Prinzip Hoffnung, Bd. 3, Frankfurt a. M. 1985, S. 1509.
14 Bloch, Das Prinzip Hoffnung, Bd. 1, S. 7.
15 Ebenda, S. 6.
16 Ebenda, S. 17.
17 Ebenda, S. 12.

wirklich zukünftigen Ort: vom Reich der Freiheit.«[18] Blochs zyklische Theorie handelt von der Zukunft in der Vergangenheit. Das ist ein Charakteristikum, das er der Marxschen Philosophie insgesamt zuschreibt.[19]

Postkoloniale Erinnerung

Diese Wahrnehmung der »Zukunft in der Vergangenheit« wird in den postkolonialen Literaturen auf unheimliche Weise bestätigt. Die Vergangenheit im Allgemeinen und die Erinnerung im Besonderen werden im postkolonialen Utopismus durch das Vorherrschen eines, wie man sagen könnte, Mythos der Rückkehr zentral. Es scheint als brächten alle Kolonien Mythen der Rückkehr hervor, die von Kultur und Geschichte diktierte Formen annehmen. Die dominante Ausprägung beispielsweise in der indischen Literatur ist die Verwendung hinduistischer Mythen in der zeitgenössischen Literatur. Von Raja Raos *The Serpent and the Rope*[20] über Salman Rushdies *Mitternachtskinder*[21] bis zu Shashi Tharoors *Der große Roman Indiens*[22] wird die Vergangenheit auf allegorische Weise in der Literatur dazu verwendet, eine utopische Gegenwart wiederzuentdecken. Der Utopismus des Pazifik, repräsentiert von dem fidschianischen Schriftsteller Epeli Hau'ofa,[23] ist, wie zu erwarten, ein ozeanischer, interkulturell und allumfassend. Dieser Utopismus kann sich auf die reichen kulturellen Ressourcen des Pazifik stützen, um eine Gegenwart wiederzubeleben, die durch die Kolonialgeschichte ausgebeutet und destabilisiert worden ist. Utopismus belebt die afrikanische Literatur nicht nur durch eine bloß nostalgische vorkoloniale Erinnerung, sondern durch die Wiederentdeckung einer vergessenen Geschichte und die Erweiterung des herrschenden Diskurses der europäischen Geschichte, wie etwa in Ayi Kwei Armahs Erzählungen *Two Thousand Seasons, The Healers, Osiris Rising, KMT: In the House of Life* und *The Eloquence of Scribes*.[24] Er erreicht dies ebenso, indem durch eine überbordende

---

18 Ebenda, S. 162.
19 Ebenda, S. 8.
20 Raja Rao: The Serpent and the Rope, London 1960.
21 Salman Rushdie: Mitternachtskinder, Reinbek 2005.
22 Shashi Tharoor: Der große Roman Indiens, Hildesheim 1995.
23 Epeli Hau'ofa: Our Sea of Islands, in: Rob Wilson and Arif Dirlik (Hg): Asia/Pacific as Space of Cultural Production, Durham/London 1995, S. 86–98.
24 Ayi Kwei Armah: Two Thousand Seasons, Popenguine, Senegal 1973; ders.: The Healers, Popenguine, Senegal 1977; ders.: Osiris Rising, Senegal 1995; ders.: KMT: In the House of Life, Popenguine, Senegal 2002; ders.: The Eloquence of Scribes, Senegal 2006.

historische Sprache, die sich nicht um die Grenzen zwischen »Mythos« und Erinnerung schert, die Vergangenheit in der Gegenwart neu vermessen wird, wie etwa in Ben Okris *The Famished Road, Infinite Riches* und *In Arcadia*.[25]

Die Rückkehr zur Vergangenheit in dieser Form des postkolonialen Utopismus gründet nicht in dem atavistischen Wunsch, den Pfad der Geschichte zurückzugehen, das heißt, es geht ihm weniger um die Zeit, sondern weit mehr um einen Ort. Insofern mag es scheinen, als kehre er zu einer Morus'schen Sichtweise der Utopie zurück. Aber die *Vorstellung* der Utopie kann genau so gut die Vorstellung einer Möglichkeit als die eines Ortes sein:

> »Bei Thomas Morus noch war das Wunschland fertig, auf einer fernen Insel, nur ich bin nicht dort. Im anderen Fall, wenn es in die Zukunft verlegt wird, bin nicht nur ich nicht dort, sondern es selbst ist nicht bei sich [...] *indem* wir hinfahren, erhebt sich die Insel Utopia aus dem Meer des Möglichen – Utopie, aber ein neuer Inhalt.«[26]

In der nicht realisierten Möglichkeit der Utopie ähnelt der Mythos der Rückkehr in gewisser Weise dem Morus'schen Verlangen nach einem möglichen idealen *Ort*. Der Utopismus der Vergangenheit ist insofern nicht nur ein Versuch, die Dominanz der Europäischen Geschichte aufzusprengen, sondern ein Versuch, die Gegenwart neu zu fassen, ein Ort, der durch die Infusion einer kulturellen Vergangenheit transformiert wird. Dieser »Ort« kann aber, wie in Blochs Verweis auf die europäischen Revolutionen sichtbar wurde, die Freiheit selbst sein. Postkolonialer Utopismus gründet also auf einem kontinuierlichen Prozess, einem Emanzipationsprozess ohne Teleologie. Die Gegenwart ist der entscheidende Ort der kontinuierlichen Bewegung, durch die das Neue entsteht. In solch transformativen Konzepten utopischer Hoffnung ist das Vor-uns immer eine Möglichkeit, die aus der Vergangenheit entsteht. In traditionellen postkolonialen Gesellschaften ist das radikal Neue immer in die Vergangenheit eingelassen und durch sie transformiert.

Erinnerung aber ist immer anfällig für Nostalgie, die, anstatt Veränderung zu stimulieren, transformierende Praxis paralysieren kann. In seiner extremsten Form kann der Mythos der Rückkehr als eine »Phantasie des Nicht-Gesche-

---

25 Ben Okri: The Famished Road, London 1991; ders.: Infinite Riches, London, 1998; ders.: In Arcadia, London 2002.
26 Ernst Bloch: Etwas fehlt ... Über die Widersprüche der utopischen Sehnsucht (Ein Rundfunkgespräch mit Theodor W. Adorno, Gesprächsleiter: Horst Krüger, 1964). In: ders.: Tendenz – Latenz – Utopie (Ergänzungsband zur Gesamtausgabe in 16 Bänden), Frankfurt a. M. 1985, S. 350–368, hier S. 352.

hens« beschrieben werden, als ein Verlangen, das Rad der Geschichte zurückzudrehen, um eine wie auch immer geartete essentialistische und authentische kulturelle Identität wiederzugewinnen, wie sie vor der Kolonisierung existiert habe. Aus diesem Grund ist der Mythos Teil eines komplexeren Arguments über die Natur des Widerstands. Ist Widerstand immer nur unversöhnliche Opposition? Oder lässt er Raum für die Aneignung des durch die Kolonisation geschaffenen kulturellen Kapitals? In diesem Fall wird die Kultur, die sich beständig ändert, sich durch die Tätigkeit von individuellen und vielleicht besonders kreativen Subjekten verändern. Es ist diese zweite Form des *transformativen* Widerstands, die der Erinnerung ihre besondere Kraft verleiht – Erinnerung wendet sich nicht einer arkadischen Vergangenheit zu oder idealisiert diese, sondern belebt stattdessen die Gegenwart aufs Neue.

In der karibischen Literatur ist der Mythos der Rückkehr eine kulturelle Strategie der Identitätsbildung, in der »Erinnerung« eine wichtige Rolle spielt, da sie erst geschaffen werden muss. Auch wenn keine Rückkehr möglich ist, transformiert die afrikanische Vergangenheit die Gegenwart in einer besonders kraftvollen Weise. Der Mythos der Rückkehr ist ein Mythos, aber er handelt von der Zukunft und von der Transformation des Selbst. In der Rastafari-Bewegung sehen wir ein starkes Beispiel der transformativen Energie der karibischen Identitätsbildung. Der Vergangenheit, der Geschichte, der Kultur beraubt, haben die Nachfahren der Sklavenarbeiter der Zuckerrohrplantagen eine Kultur geschaffen, die ihre ontologische Energie aus der Tatsache der Entwurzelung, der Heimatlosigkeit, der Heterogenität, des Synkretismus bezieht. Insofern verkörpert der Mythos der Rückkehr der Rastafari-Bewegung eine karibische Identität par excellence.

Rückkehr ist also beileibe nicht Rückkehr, sondern der zukünftige Horizont, in dem die Besonderheit der karibischen Identität entwickelt werden kann. Eines der häufigsten und populärsten Beispiele dafür ist der Limbo, ein Tanz, der aus der Geschichte der Sklaverei entstanden ist, und der die Überfahrt über den Atlantik mit einem beständigen Hinweis auf Erinnerung, Überleben und kulturellen Aufstand in Szene setzt. Wie es Kamau Brathwaite ausdrückt:

Limbo
Limbo like me
Long dark deck and the water surrounding me
Long dark deck and the silence is over me[27]

---

27 Edward Kamau Brathwaite: Islands, Oxford/New York 1969, S. 35.

Der Tänzer bewegt sich unter der Limbo-Stange mit einer schier unglaublichen Körperhaltung hindurch und spielt so die Unterwerfung des Sklavenkörpers in der Überfahrt über den Atlantik nach – um auf der anderen Seite triumphal wieder aufzustehen. Diese Aufführung der Erinnerung ist ein beständiger Hinweis auf einen zukünftigen Horizont, eine »Rückkehr«, die jedes Mal aufs Neue die »Auferstehung« des Sklavenkörpers in einer Zukunft feiert, die nicht nur durch Überleben, sondern durch Erneuerung, Hybridität und Hoffnung gekennzeichnet ist.

Während der Limbo das historische und kulturelle Gedächtnis zur Darstellung bringt, sieht die Frau in Grace Nicholls *One Continent/To Another* die Erinnerung in einem ungeborenen Kind verkörpert:

From the darkness within her
from the dimness of previous
incarnations
the Congo surfaced
so did Sierra Leone and the
gold Coast which she used to tread
searching the horizons for lost
moons[28]

Vermutlich gibt es kein besseres Bild einer Zukunft, die von der Erinnerung inspiriert ist, als das des ungeborenen Kindes. Ob zur Aufführung gebracht oder verkörpert: Erinnerung wird zu einer umfassenden Orientierung auf die Zukunft.

Der Mythos der Rückkehr, transformiert in den Horizont einer zukünftigen Identität, fasst die wichtigsten kulturellen Wirkungen der Sklaverei und der von den Sklaven abstammenden Bevölkerung in der Karibik zusammen. Denn wenn es keine Rückkehr gibt, gibt es keine Rettung. Und so hat diese Region nach und nach eine der am stärksten transformativen Konzepte kulturellen Lebens geformt: Hybridität, Kreolisierung. Kamau Brathwaite ist einer der nachdenklichsten Vertreter der karibischen Transformation. In seinem Gedicht »Inseln« wird die Affirmation der Hoffnung auf eine andere Zukunft in einer Weise deutlich, welche die Verschränkung von Geschichte und Geographie, Erinnerung und Ort erkennen lässt:

---

28 John Thieme (Hg.): The Arnold Anthology of Post-Colonial Literatures in English, London/New York 1996, S. 582.

> Looking through a map
> of the islands, you see
> that history teaches
> that when hope
> splinters, when the pieces
> of broken glass lie
> in the sunlight,
> when only lust rules
> the night, when the dust
> is not swept out
> of the houses,
> when men make noises
> louder than the sea's
> voices; then the rope
> will never unravel
> its knots, the branding
> iron's travelling flame that teaches
> us pain, will never be
> extinguished. The islands' jewels:
> Saba, Barbuda, dry flattened Antigua,
> will remain rocks,
> clots, in the sky-blue frame
> of the map.[29]

Das Gedicht feiert die Transformation: Von der Entwurzelung zu einem Ort, der von seinen Bewohnern menschlich gemacht wird; von der bitteren Geschichte der Zuckerproduktion zur Möglichkeit von Schönheit. Diese Inseln – dieser »Ort« – sind nicht Morus' Utopia, sondern der Ort der Hoffnung. Für Brathwaite ist Hoffnung, diejenige Hoffnung, die eine auf Erinnerung aufgebaute Zukunft sieht, keine Wahlmöglichkeit für den Westinder, sondern eine Notwendigkeit. Mag sein, dass sie eine mehrdeutige Notwendigkeit ist – die Schmetterlinge »fly higher / and higher before their hope dries«. Doch als eine Anwendung von Ernst Blochs Überzeugung ist diese Hoffnung, dieses antizipatorische Bewusstsein fundamental für das menschliche Leben. Die Geschichte lehrt, sagt der Dichter, dass, wenn die Hoffnung zersplittert, der Strick der historischen Versklavung und Unterdrückung seine Knoten niemals öffnen wird. Die Hoffnung für diese Region ist die Hoffnung auf

---

29 Brathwaite, Islands, S. 20.

eine pulsierende kulturelle Komplexität und Kreolisierung, eine Hoffnung, die von den harschen politischen Realitäten nur allzu oft Lügen gestraft wird, aber sie ist eine notwendige Hoffnung, die von ihren Dichtern und Schriftstellern am klarsten vorgestellt wird.

Ich und Wir

Vermutlich ist es kein Zufall, dass *Wir* von Jewgeni Samjatin der erste moderne dystopische Roman war. Das Verhältnis zwischen Individuum und Kollektiv ist eines der vertracktesten Probleme im utopischen Denken. Denn auch wenn die Gleichheit der Individuen im Kollektiv ein fundamentales Prinzip utopischen Denkens ist, steht das Kollektiv dem individuellen Glück immer entgegen. Die Mobilisierung der Gesellschaft für die Besserstellung aller, für das »Gemeinwohl« ist in Utopien und Dystopien gleichermaßen zu finden. In Utopien wird vorausgesetzt, dass die Verbesserung des Lebens automatisch die Mitarbeit der Individuen bei der Perfektionierung der Gesellschaft sichert. In Dystopien wird das individuelle Glück immer zugunsten eines kollektiven utopischen Traums unterdrückt. Individualität passt nicht in die Visionen sozialistischer Utopien, denn sie erinnert zu sehr an die vom Kapitalismus gespeiste bürgerliche Selbstinszenierung. Nichtsdestotrotz spielt die Gefahr, die in der Vernichtung der Individualität liegt, eine sehr große Rolle im Denken des 19. Jahrhunderts, und sie wird von Bloch in seinen Anspielungen auf Marx noch vergrößert.

Oscar Wilde verteidigt den Individualismus in *Die Seele des Menschen im Sozialismus* vehement. Seine zentrale These lautet, dass die Abschaffung des Privateigentums es dem Menschen ermöglicht, zu seiner eigenen Individualität zurückzufinden, um »ganz und gar er selbst« zu sein. Die Gesellschaft, die »durch die Autorität verdorben« ist, hat die Fähigkeit verloren, »den Individualismus zu verstehen oder zu würdigen«. Dies »rührt von dem monströsen und unwissenden Wesen her, das man die öffentliche Meinung nennt, die schlimm und wohlmeinend ist, wenn sie das Handeln zu kontrollieren versucht, die infam und übel meinend wird, wenn sie versucht, das Denken oder die Kunst zu kontrollieren«.[30] Individualismus, Privatheit, persönliche Integrität lösen sich in dystopischen Konzeptionen des Gemeinwohls auf, im

---

30 Oscar Wilde: Die Seele des Menschen im Sozialismus, Berlin 1904, hier zitiert nach http://www.besuche-oscar-wilde.de/werke/deutsch/essays/die_seele_des.htm, Zugriff 8.8.2012.

»Wir« als der Quelle der Identität und Autorität. Wilde argumentiert, dass »der Individualismus, der jetzt mehr oder minder vom Bestehen des Privateigentums abhängt, um sich entwickeln zu können, aus der Aufhebung des Privateigentums Nutzen ziehen wird«. Paradoxerweise hätten kreative Künstler, »einige Männer, die über private Mittel verfügten, wie Byron, Shelley, Browning, Victor Hugo, Baudelaire und andere es vermocht, ihre Persönlichkeit mehr oder weniger vollkommen zu verwirklichen«. Sie wurden zu Beispielen des sich selbst perfektionierenden Individuums, weil sie von den Sorgen des Eigentums befreit waren, das »den wahren Individualismus zerstört« hat.

> »Die Abschaffung des Privateigentums wird also den wahren, schönen, gesunden Individualismus mit sich bringen. Niemand wird sein Leben mit der Anhäufung von Dingen und ihrer Symbole vergeuden. Man wird leben. Wirklich zu leben ist das Kostbarste auf der Welt. Die meisten Menschen existieren bloß, sonst nichts.«[31]

Auf den ersten Blick sind Oscar Wilde und Ernst Bloch ein seltsames Paar. Wilde verweist auf einige vermögende Schriftsteller um gegen das Eigentum zu argumentieren. Aber der Kampf zwischen Individuum und dem Kollektiv wird auch in Ernst Blochs Konzeption des utopischen Verlangens zu einem Schlüsselproblem. Ein Problem, das in weiten Teilen ungelöst bleibt, denn er sieht das dystopische Potential einer tyrannischen »Kollektivität« – ein uneigentliches »Wir« – das soziale Leben dominieren.[32] Dies, so Bloch, verlangt nach einer feinen Austarierung zwischen Individuum und Proletariat:

> »So ist das Ideal-Kollektiv nie mehr eines der Horde, auch nicht der Masse, erst recht nicht des Betriebs, sondern eben, es geht als intersubjektive Solidarität an, als vielstimmige Richtungseinheit der Willen, die von gleichem human-konkretem Zielinhalt erfüllt sind.«[33]

---

31 Ebenda.
32 Bloch erlaubt sich einen beißenden Seitenhieb gegen die marxistische Politik, wenn er die rhetorische Frage stellt »Wovon wir träumen müssen?« und sich dann ein Redaktionskomitee ausmalt, in dem der »Genosse Martynow« aufsteht und sich drohend an ihn wendet: »Gestatten Sie, daß ich Sie frage: Hat eine autonome Redaktion noch das Recht, ohne vorherige Befragung der Parteikomitees zu träumen?« Bloch, Das Prinzip Hoffnung, Bd. 1, S. 8. Bloch zitiert hier Lenin (Anm. d. Übers.).
33 Bloch, Das Prinzip Hoffnung, Bd. 3, S. 1139.

Die vielstimmige Einheit des Kollektivs erinnert stark an James Gilroys »gastliche (convivial) mulikulturelle Demokratie«[34] – die komplexe Intersubjektivität einer postimperialen kosmopolitischen Welt. Wir können also über die Utopie des Proletariats, der Bloch noch anhing, hinausblicken oder sie zumindest auf andere Weise betrachten, als einen absolut heterogenen »glatten Raum«,[35] in dem kulturelle Individualität das multikulturelle Kollektiv *definiert*. Das intersubjektive »Wir« kann in Begriffen kosmopolitischer Ethik weniger als eine Kollektivität definiert werden als vielmehr eine gemeinsame, eine »gastliche« Offenheit gegenüber dem Anderen.

Bloch verhandelt die Mehrdeutigkeit zwischen dem Individuum und dem Proletariat, indem er für den Sozialismus erklärt:

»Der Bogen zwischen Ich und Wir wird geschlagen [...], wenn Individuum nicht mehr Einzelkapitalist oder auch querstehende Flause ist. Wenn das Kollektiv, statt dessen, wirklich total geworden ist, also neue Individuen in einer noch nie vorhanden gewesenen Art Gemeinsamkeit umgreift.«[36]

Dies ist eine der zentralen Hoffnungen modernen utopischen Denkens, zumindest seit Edward Bellamys *Rückblick* von 1888.[37] Aber es gibt noch immer keinen einzigen Hinweis darauf, auf welche Art eine solche Kollektivität von Individuen entstehen könnte. Das Kennzeichen von Dystopien besteht darin, dass das »Wir« immer schon vorausgesetzt oder durch den Staat bestimmt ist.

Ironischerweise scheinen solche »vielstimmigen Einheiten der Willensrichtung« innerhalb der postkolonialen utopischen Entwürfe zu entstehen, aber nicht so sehr aus einer sozialen als aus einer kulturellen Gemeinschaft. Interessanterweise ist der Begriff »Nation« in postkolonialen Literaturen oftmals auffallend abwesend, da die Autoren eine Hoffnung konzipieren, die verschiedene Formen annimmt: geographisch, historisch, kulturell, ethnisch – Formen, die vielleicht ein im Entstehen begriffenes Genre postkolonialen Utopismus begründen. Historische Gegebenheiten haben sie oftmals dazu gezwungen, die Möglichkeiten eines anderen »Wir« zu erforschen. Diese Kol-

---

34 Paul Gilroy: After Empire. Melancholia or Convivial Culture, London 2004.
35 Siehe zum Beispiel Gilles Deleuze/Felix Guattari: Tausend Plateaus. Kapitalismus und Schizophrenie II, Berlin 1997, 658.
36 Bloch, Das Prinzip Hoffnung, Bd. 3, S. 1140.
37 Edward Bellamy: Looking Backward 2000–1887, New York 2000 (1888).

lektivität, dieses »Multiversum der Kulturen« ist der Anfang dessen, was Bloch *Heimat* nennt und was die »Wohnlichkeit im Dasein« des Menschen meint.[38] Sie meint nicht Herkunft, sondern ein Ankommen. Edward Kamau Brathwaites Vorstellung von Heimat ist dieser sehr ähnlich, da, historisch gesehen, die Karibik ein Ort des Ankommens und nicht der Herkunft ist. In Inseln drückt er das so aus: »Looking though a map / of the Antilles, you see how time / has trapped / its humble servants here.«[39] Als Resultat der Auslöschung der indigenen Bevölkerung im 16. Jahrhundert besteht die heutige Bevölkerung der karibischen Inseln aus ethnischen Gruppen, die von anderswo auf diesen Archipel migriert sind, entweder gezwungenermaßen oder aus freien Stücken. Für Brathwaite wird die Karibik Heimat, wenn die Menschen sich als der Region einheimisch empfinden, als in der Neuen Welt angekommen und nicht als von der Alten hergekommen. Er betrachtet diese Beispiele von »Angekommen-Sein« als kreolische, hybride oder kulturübergreifende und nicht als ethnisch »reine« Identitäten. Im Zeitalter globaler Migration wird die Karibik zu einem Modell, zu einem utopischen Ort, hinter dessen Horizont das Versprechen der »Welt als Heimat« liegt.

Was geschieht, wenn wir über das soziale Kollektiv hinaus auf das kulturelle blicken? Beginnt damit die Auflösung der Spannung zwischen Ich und Wir? Die Karibik ist hierfür ein interessantes Beispiel. Die wichtigste Konsequenz einer Gesellschaft ohne Wurzeln, die in einer riesigen diasporischen Bewegung transplantiert wurde, ist das Drama der Subjektivität selbst. Der Ausgangspunkt der karibischen Literaturen war es, das Subjekt schreibend zur Existenz zu bringen. Das Hauptthema dabei: Die Suche nach individueller Identität. Die karibische Literatur, so Michael Dash, hat sich auf den »heroischen Verschwender, den pathetischen Demiurgen, das nach Rache dürstende Enfant Terrible, den unverblümten Caliban« konzentriert.[40] Aber Aimé Césaire sieht das Subjekt nicht als privilegiert an, sondern einfach als den Ort, an dem kollektive Erfahrung zum Ausdruck kommen kann. Dies ist ein Anklang an das »kollektive Subjekt«, das von der guatemaltekischen Schriftstellerin Rigoberta Menchú in ihrem Buch *Ich, Rigoberta Menchú*[41] beschworen wurde. Die Spannung zwischen Individuum und Kollektiv wird

---

38 Bloch, Das Prinzip Hoffnung, Bd. 3, S. 1408.
39 Edward Kamau Brathwaite: The Development of Creole Society in Jamaica 1770–1820, Oxford 1971.
40 Michael Dash: Introduction, in: Glissant, Edouard: Caribbean Discourse. Selected Essays, Charlottesville 1989, S. xiii.
41 Burgos, Elisabeth: Rigoberta Menchú. Leben in Guatemala, Bornheim-Merten 1984.

in der postkolonialen Literatur oftmals in solchen Akten dynamischer Identifikation aufgelöst. Bei Edouard Glissant und Césaire sehen wir, dass das dezentrierte Subjekt für die Poetik einer kulturübergreifenden Imagination zentral ist. Ein solches Subjekt wird von der Dringlichkeit des Widerstandes, den materiellen Effekten des Kolonisationsprozesses erbarmungslos auf die Identifikation mit dem kulturellen Kollektiv zurückgeworfen. Wie es Derek Walcott in *The Schooner Flight* ausdrückt:

»I have Dutch, nigger and English in me,
And either I'm nobody or I'm a nation.«[42]

In einer Situation, in der die Gruppe ihre Vergangenheit nicht kennt, von ihrer gegenwärtigen Machtlosigkeit gekränkt ist, aber dennoch zukünftigen Veränderungen ängstlich gegenübersteht, kommt der kreativen Vorstellungskraft eine besondere Rolle zu. Denn es ist die kreative Vorstellungskraft, die die kollektive Vorstellung bündeln und eine Identität für das Subjekt bereitstellen kann, das zerlegt und zerstreut ist. Wesentlich ist, dass die kollektive Erinnerung im Schreiben erfunden wird, dass der Mythos der Rückkehr im Schreiben in die Zukunft projiziert wird.

Aber im Schreiben wird auch das Problem der Sprache besonders wichtig. Es ist kein Zufall, dass gerade bei den ortlosen, heterogenen, aufgewühlten Abkömmlingen der Plantagenwirtschaft die Sprache ganz mühelos von Ursprungsmythos und Wesenhaftigkeit befreit wird. Die Kreolisierung der Sprache in der Karibik repräsentiert sowohl den Ursprung wie die Metonymie der postkolonialen Dynamik der Hybridisierung. Der Dub-Künstler Linton Kwesi Johnson sagt in seinem »Reggae fo Dada«:

»Di lan is like a rack
Slowly shattahrin to san
Sinkin in a sea af calamity
Where fear breeds shadows.«

Trotz des düsteren Bildes, das durch die Worte gezeichnet wird, wo Menschen Angst haben und wo »die Gegenwart von der Vergangenheit heimgesucht wird«, transportiert die bloße Transformation der Sprache eine feste Hoffnung, die sich in den letzten Zeilen ausdrückt:

---

42 Derek Walcott: The Star Apple Kingdom, New York 1979, S. 8.

»A deh soh mi bawn
Get fi know about staarn
Learn fi cling to do dawn.«[43]

Der Dichter kann selbst in der Dunkelheit des Exils sagen, dass er geboren wurde, um über die Sterne zu lernen und sich am Morgenrot festzuhalten. Eine solche Sprache ist ein paradoxer Zugang zu Identität, eine Balance zwischen der Subjektivität des Individuums und dem Hexenkessel der heterogen entorteten Gemeinschaft.

***

Die Mehrdeutigkeiten, die der Utopie inhärent sind, werden in den postkolonialen Literaturen erkundet, vielleicht sogar gelöst, durch ein antizipatorisches Bewusstsein, das der Kern ihrer befreienden Energie ist. Aber die Frage stellt sich noch immer: Wie kann utopisches Denken funktionieren, wenn es keine Vision der Utopie hat? Eine Antwort ist, dass alle Utopien kritisch sind. Wie es Zygmunt Baumann ausdrückt: »Jeder Utopismus, der seinem Namen gerecht werden will, muss in einen ernsten Streit mit der dominanten Kultur treten.«[44] Die unterschiedlichen Ausprägungen dieses Genres stellen fast immer zumindest eine implizite Kritik an staatlicher Unterdrückung irgendeiner Art dar. In Ernst Blochs Philosophie liegt eine weitere Antwort: Der utopische Impuls im menschlichen Bewusstsein ist nicht auf einen Ort angewiesen (es sei denn, wir verstehen Freiheit als einen metaphorischen Ort). Viel eher ist die dynamische Funktion des utopischen Impulses eine doppelte: die Macht anzugreifen und Veränderung vorzustellen. In Blochs Denken wird das durch nichts besser erreicht als durch Literatur, die inhärent utopisch ist, da ihre *raison d'être* die Vorstellung einer anderen Welt ist. Insofern tendiert die Literatur dazu, die Mehrdeutigkeit der Hoffnung aufzulösen. Ort wird zentral, nicht als *Utopia*, sondern als Ort der Transformation, Ort der Identität und der Erschaffung einer utopischen Idee – eine, die Bloch *Heimat* nennt. Die Spannung zwischen Erinnerung und Zukunft ist aufgelöst durch deren beständige und prophetische Interaktion in der Gegenwart. Und das mehrdeutige Verhältnis zwischen »Ich« und »Wir« wird in literarischen Annäherungen an eine andere Form der rebellischen oder gemeinschaftlichen Identität aufgelöst, die

---

43 Alison Donnell / Sarah Lawson Welsh: The Routledge Reader in Caribbean Literature, London 1996, S. 375.
44 Zygmunt Bauman: Socialism. The Active Utopia, New York 1976, S. 47.

jenseits des kolonialen Erbes der Nation vorgestellt wird. Die utopische Funktion postkolonialer Literaturen liegt also sowohl in ihrer Praxis wie auch in ihrer Vision – der Praxis, sich der Zwangsgewalt entgegen zu stellen und sie zu transformieren, um eine vorgestellte Zukunft zu erschaffen.

Aus dem Englischen von Alexander Ruoff und Stefan Vogt

Bernhard Schmid

»Arabischer Frühling« 2011/12:

Versuch einer vorläufigen Bilanz der Umbrüche in Nordafrika und auf der arabischen Halbinsel

Welche Bilanz er aus der Französischen Revolution ziehe, wurde der Außenminister des damaligen maoistisch geführten China, Tschou En-Lai, in den 1970er Jahren von Besuchern des Landes gefragt. Darauf eine Antwort zu geben, »dafür ist es viel zu früh«, lautete die Antwort des chinesischen Politikers. Vielleicht wird man nicht ganz so lange warten müssen, bis man die Ergebnisse der Umwälzungen des sogenannten Arabischen Frühlings bewertet kann. Also jenen Umwälzungen, die im Dezember 2010 und Januar 2011 in Tunesien begannen, sich im Januar/Februar 2011 in Ägypten fortsetzten und danach eine Reihe anderer arabischsprachiger Länder erfassten. Dennoch ist es zum jetzigen Zeitpunkt noch zu früh, eine vernünftige und umfassende Einschätzung bezüglich der Errungenschaften und/oder Niederlagen dieser Umbrüche abzugeben. Deswegen seien an dieser Stelle einige Schlaglichter auf ausgewählte Aspekte dieses seit mittlerweile fast zwei Jahren dauernden »Frühlings« geworfen. Ihnen werden zu anderer Zeit und an anderem Ort wesentlich weitergehende Darstellungen, Diskussionen und Analysen folgen müssen. Zu weiterführender Debatte soll an dieser Stelle ausdrücklich angeregt werden.

Insbesondere wird es von zentralem Interesse sein, die Entwicklung der Parteien und Bewegungen des politischen Islam in naher Zukunft zu beobachten, die durch ihre Regierungsbeteiligungen – in wechselnden Konstellationen – nunmehr völlig ungekannten Widersprüchen ausgesetzt sind und noch sein werden. Unter den alten autoritären Regime profitierten sie faktisch von der Abwesenheit einer kontroversen demokratischen Debatte in den Gesellschaften. Ihnen kam vordergründig zugute, dass sie, anders als andere politische Kräfte, ihr Programm scheinbar nicht erklären mussten, da ja angeblich »alles im Qoran[1] steht«. Dieser Anspruch beruht natürlich auf einer einzigen

---

1 Für die arabischen Eigennamen wird die gültige internationale Transkriptionsschrift benutzt. Das »Q« steht dabei für einen eigenen Buchstaben, den man vom »K« unter-

Illusion, denn tatsächliche oder auch vermeintliche Lösungen für die Probleme der Gesellschaften des 21. Jahrhunderts ergeben sich selbstredend nicht aus theologischen Texten, die vor 1400 Jahren verfasst worden sind. Manche islamistische Organisationen reagieren derzeit darauf, indem sie in der Praxis zu kleinteiliger »Realpolitik« übergehen und versuchen, die Verantwortung für die konkrete Regierungsbilanz – durch das Eingehen widersprüchlicher Allianzen und Koalition – möglichst auf mehrere Schultern zu verteilen. Die reaktionäre Utopie, wonach ein Wiederanknüpfen an ein verschüttetes vermeintlich »Goldenes Zeitalter des Islam« eine »gerechtere Gesellschaft« ermögliche, wird dabei auf eine unbestimmte Zukunft projiziert. Andere islamistische Fraktionen, wie etwa die aktivistischen tunesischen Salafisten, reagieren mit einer aggressiven Flucht nach vorne: Wenn die vorhandenen Probleme bislang nicht gelöst werden könnten, liege das daran, dass die Gesellschaft sich ihren ideologischen Ansprüchen und Vorgaben nicht genügend unterwerfe. Ihr Agieren wird von einigen islamistischen Akteuren toleriert, da sie und die Salafisten gemeinsame Gegner haben. Andere hingegen lehnen dieses aggressive Auftreten ab, da es Kräfte gegen die Repräsentanten des politischen Islam mobilisiert.

In Tunesien schicken sich etwa neue politische Bündnisse aus Kräften des alten Regimes sowie vordem oppositioneller Liberaler an, im Namen der Abwehr der Bedrohung individueller Rechte eine parteiförmige Kraft aufzubauen, die den Islamisten den Rang als stärkste Partei streitig machen soll. Diese Absicht stand hinter den Bemühungen des von Ende Februar bis November 2011 amtierenden Übergangs-Premierministers »BCE« (Béji Caïd Essebsi) und seiner Partei *Nidaa Tounès* (»Appell Tunesiens«). Ob aber künftig der Islamismus an Schwung verliert und die Islamisten ihre vorübergehend errungenen Regierungspositionen räumen müssen, ob sie Wandlungen, Brüche und Spaltungen durchlaufen werden, ob sie sich an der Regierung »blamieren« oder aber in den Augen ihrer Wähler/innen »bewähren« – dies bleiben spannende und absolut offene Fragen der derzeitigen Situation.

---

scheiden muss. Ein Apostroph vor einem Vokal (»'A«) bezeichnet einen eigenständigen Laut im arabischen Alphabet. Die Buchstabenkombination »Gh« steht für einen Laut, der ähnlich einem stimmlosen »R« ausgesprochen wird.

Ein provisorischer Überblick

In einigen der betroffenen Länder sind die Revolten und Umbrüche zum Zeitpunkt des Abschlusses dieses Beitrags (November 2012) noch in vollem Gange. Dies trifft insbesondere auf Syrien zu, wo die Mitte März 2011 begonnene, überwiegend zivile Revolte inzwischen in einen offenen politischen und z. T. konfessionellen Bürgerkrieg übergegangen ist, dessen Ende noch unabsehbar ist. Anderswo führten die Revolten scheinbar zu keinem Durchbruch. So etwa im Golfstaat Bahrain, wo ab dem 14. Februar 2011 eine überwiegend, aber nicht ausschließlich durch die benachteiligte schiitische Bevölkerungsmehrheit getragene Massenprotestbewegung wochenlang die Szene beherrschte. Ab dem 14. März 2011 kam es dort, unter massiver Beteiligung von Truppen des großen Nachbarlands Saudi-Arabien, zum repressiven *Crack-down*. Doch allwöchentlich flackert das Feuer der Revolte in Bahrain an irgendeinem Ort wieder auf, Demonstrationen und Zusammenstöße mit der Polizei nehmen ebenso wenig ab wie politisch motivierte Inhaftierungen, Prozesse gegen Oppositionelle und Misshandlungen von Regimegegnern.[2]

Als einzige arabischsprachige Länder wurden bislang Saudi-Arabien (mit Ausnahme der von der schiitischen Minderheit bewohnten Ostregion), Qatar und die Vereinigten Arabischen Emirate nicht von größeren Protesten und Demonstrationen erfasst. Diese Staaten haben aufgrund ihres Rohstoffreichtums ein erhebliches »Polster«, um den sozialen Frieden notfalls durch Ausschüttung erheblicher Finanzmittel »kaufen« zu können, flankiert jedoch durch harte Repressionen – wie in Saudi-Arabien – oder zumindest Repressionsdrohungen. Aus anderen Gründen blieb auch die oppositionelle Bewegung in Algerien ab Anfang 2011 schwach, weil dieses Land in den 1990er Jahren durch einen blutigen Bürgerkrieg erschüttert und seine Gesellschaft gegenüber politischen »Abenteuern« traumatisiert wurde.

Als letztes Land in der Kette wurde der Sudan, respektive – nach der Abtrennung des mehrheitlich »schwarzen« und christlich-animistisch geprägten Süd-Sudan im Juli vergangenen Jahres – der Rest-Sudan im Sommer 2012 von massiven Demonstrationen, insbesondere gegen hohe Nahrungsmittelpreise und Lebenshaltungskosten, erfasst.[3] Anfang 2011 fanden dort »nur«

---

2 Vgl. dazu eine photographische Momentaufnahme aus dem November 2012 – eine Szene von demselben Tag, an dem die Ausbürgerung von 31 Oppositionellen offiziell verkündet wurde: http://www.assawra.info/spip.php?article1422

3 Die Rede ist hier nicht von den durch Islamisten initiierten und kanalisierten Demonstrationen im September 2012, die sich gegen den US-Film *The innoncents of muslims* richteten und bei denen u. a. Feuer an die deutsche Botschaft gelegt wurde.

kleinere, von Studierenden getragene Demonstrationen gegen das Regime in Khartum statt, bei denen die polizeiliche Repression schnell die Oberhand gewann. Doch im Laufe des Sommers 2012 war auch im Sudan vielfach der vom Vorjahr aus Ägypten bekannt gewordene Slogan *Asch-Scha'ab jurid isqat al-nizham* (»Das Volk will den Sturz des Regimes«) zu hören. Bislang führten die Ereignisse dort allerdings nicht zu einem politischen Umsturz.

Betrachtet man die »Kernländer« der Ereignisse, die oft unter dem oberflächlichen Begriff des »Arabischen Frühlings« zusammengefasst werden, so fielen ihnen bislang vier Staatschefs zum Opfer. Zumindest mussten sie ihre Macht unfreiwillig abtreten. In Tunesien floh der 73jährige Präsident und General Zine el-Abidine Ben 'Ali, seit 1987 an der Macht, am 14. Januar 2011 ins Ausland. Zu diesem Zeitpunkt war er noch nicht gewillt, abzudanken, sondern glaubte an eine baldige Rückkehr. Seitdem sitzt er jedoch im vergoldeten Exil im saudi-arabischen Djidda fest und wurde im eigenen Land in mehreren Prozessen zu langen Haftstrafen verurteilt. Zuvor war es zu Demonstrationen mit insgesamt rund 300 Toten gekommen. In Ägypten verzichtete der fast 83jährige Präsident Hosni Mubarak, seit 1980 im Amt, am 14. Februar 2011 auf seine Macht. Die staatlichen Repressionen infolge der Massendemonstrationen, die am 25. und 28. Januar ihren Ausgang nahmen, führten zu rund 800 Todesopfern. Mubarak befindet sich derzeit in Haft bzw. im Gefängniskrankenhaus und wurde in erster Instanz zu lebenslangem Freiheitsentzug verurteilt. In Libyen wurde der seit stolzen 42 Jahren, also seit 1969, amtierende Staats- und »Revolutions«-Chef Mu'ammar Al-Qadhafi im Alter von 69 Jahren am 20. Oktober 2011 durch Rebellen mutmaßlich gelyncht. Zunächst friedliche Demonstrationen, die am 16. Februar desselben Jahres im ostlibyschen Benghazi begonnen hatten, wurden zusammengeschossen und mündeten schnell in einen militärisch ausgetragenen Bürgerkrieg. Ab dem 19. März 2011 griffen mehrere NATO-Mächte unter Führung eines französisch-britischen Oberkommandos auf Seiten der Rebellion militärisch ein. Die Gesamtzahl der Toten ist bislang nicht genau zu beziffern.

Schließlich dankte im Jemen der fast 70jährige Präsident 'Ali 'Abdallah Saleh, seit 1978 an der Macht, Ende Februar 2012 ab. Seinen Rücktritt hatten zuvor die Teilnehmer_innen von Demonstrationen gefordert, die – zunächst klein, aber bald zu Massenaufläufen anschwellend – am 20. Januar 2011 einsetzen. Ihre wiederholte Niederschlagung kostete im Laufe der Monate rund 600 Tote. 'Ali 'Abdallah Saleh verließ den Präsidentensessel, nachdem er Straffreiheit für während seiner Amtszeit begangene Taten ausgehandelt hatte.

In allen diesen Ländern sowie in Marokko – wo sich seit den ersten Demonstrationen am 20. Februar 2011 ebenfalls eine breite außerparlamentarische Opposition zu Wort gemeldet hatte, ohne dass es zum Sturz des Regimes gekommen wäre – fanden Wahlen statt, um jeweils eine erste Phase der Umbrüche zu einem Abschluss zu bringen. In der Mehrzahl handelte es sich um die ersten wirklich pluralistischen Wahlen seit Jahrzehnten. Am 23. Oktober 2011 wurde in Tunesien eine Verfassungsgebende Versammlung gewählt, die zunächst für ein Jahr amtieren und einen neuen Verfassungstext ausarbeiten sollte. Ihr theoretisch einjähriges Mandat hat sie inzwischen (November 2012) bereits überzogen, doch wurde kurz vor Ablauf der Frist ein Konsens in der politischen Klasse über Neuwahlen erzielt. Diese sollen nun am 23. Juni 2013, also nach 21 Monaten Mandat der Verfassungsgebenden Versammlung, stattfinden und ein »normales«, für eine vier- oder fünfjährige Legislaturperiode gewähltes Parlament hervorbringen. Unterdessen wird die bis dahin gebildete Übergangsregierung von drei politischen Parteien getragen. Die stärkste unter ihnen ist die islamistisch orientierte Partei *En-Nahdha* (»Wiedergeburt«), die rund 35 Prozent der abgegebenen Stimmen und 41 Prozent der Sitze in der Verfassungsgebenden Versammlung erhielt. Ihre Bündnispartner sind der liberal-nationalistische »*Kongress für die Republik*« (CPR) von Moncef Marzouki – ein früherer Menschenrechtler, der zum Staatspräsidenten wurde – und die sozialdemokratische Partei *Ettatakol* von Mustafa Ben Ja'afar, welche bei Abschluss dieses Beitrags eine schwere Krise durchlebt.

Am 25. November 2011 fanden in Marokko vorgezogene Neuwahlen statt, nachdem der amtierende König Mohammed VI. unter dem Druck der Protestbewegung am 17. Juni 2011 eine neue Verfassung vorgeschlagen hatte, welche größere demokratische Spielräume bietet und am 1. Juli per Volksentscheid angenommen wurde. Die islamistisch orientierte »*Partei für Gerechtigkeit und Entwicklung*« (PJD) wurde mit einer relativen Mehrheit von 26 Prozent der Stimmen zur stärksten Partei. Zusammen mit der bürgerlich-nationalistischen Partei *Istiqlal* (»Unabhängigkeit«) sowie der postkommunistischen, linksliberalen Formation *PPS* (»Partei für Fortschritt und Sozialismus«), die freilich dem Marxismus abgeschworen hat, bildete sie eine Regierungskoalition. An inneren Widersprüchen mangelt es dabei nicht, zumal die letztgenannte Partei bis dahin als ausgesprochen islamistenfeindlich aufgetreten war.

Hingegen erzielten in Ägypten, wo ab dem 28. November 2011 in mehreren Stufen und in einem komplexen Verfahren Parlamentswahlen stattfanden, islamistische Parteien – die Muslimbrüder sowie die durch mehrere Parteien vertretenen Salafisten – zusammen eine absolute Stimmen- und Sitzmehrheit von 67 Prozent. Allerdings waren ihre Stimmenanteile bei den Präsidentschaftswahlen, die im Mai und Juni 2012 in zwei Durchgängen stattfanden, im Vergleich dazu rückläufig. Im ersten Wahlgang am 23. und 24. Mai erreichte keines der politischen Lager eine absolute Mehrheit. Am 16. und 17. Juni siegte der Kandidat der Muslimbrüder, Mohammed Morsi, mit 51,7 Prozent knapp über den Repräsentanten des »alten Regimes«, Ahmed Chafiq. Die Wahlergebnisse sind wiederholt Vorwürfen eines möglichen Wahlbetrugs ausgesetzt gewesen. Allerdings hätte unter der – seit dem Abgang Mubaraks amtierenden – Militärregierung des *SCAF* (»Obersten Rats der Streitkräfte«) eine Manipulation seitens der Behörden eher zugunsten von Ahmed Chafiq stattgefunden, der jedoch seine Niederlage nach mehrtägigem Zögern einräumte. Gleichzeitig besitzen die islamistischen Kräfte auf örtlicher Ebene die mit Abstand am besten vernetzten politischen Strukturen, so dass sie in der Lage gewesen wären, die Wahlergebnisse in ihrem Sinne zu beeinflussen oder jedenfalls eine Manipulation zu ihren Ungunsten aufzudecken.

Nach einer mehrmonatigen »Chaosphase« fanden am 7. Juli 2012 auch in Libyen allgemeine Parlamentswahlen statt. Diese gewannen, was manche Beobachter_innen überraschte, nicht die den Muslimbrüdern nahestehenden Parteien, sondern die bürgerliche, liberal-nationalistische *»Allianz der nationalen Kräfte«*. Diese Mehrheitsbildungen infolge von Parlamentswahlen, die vorausgegangene Abdankung oder Vertreibung früherer Machtinhaber und die Auflösung der früheren Staatsparteien wie in Tunesien (*RCD*, verboten im März 2011) und Ägypten (*NDP*, verboten im April 2011) stehen für eine Art von »Enthauptung« der jeweiligen Regime. Sie wurden jedoch nicht völlig zerstört. Weder wurden ihre in Jahrzehnten herangewachsenen autoritären Polizeiapparate zerschlagen, noch die Justizapparate entmachtet, so dass es beispielsweise in Tunesien ab 2011 wieder zu Toten infolge von Polizeifolter kam. Insofern ist es präziser, von einer »Enthauptung«, als von einer tiefgreifenden Umwälzung zu sprechen, da die staatlichen Machtstrukturen den »Rumpf« der jeweiligen Diktaturen bildeten. Dieser Prozess fiel im Jemens noch begrenzter aus, da die Präsidentschaftswahl vom 21. Februar 2012 die Macht auf den bisherigen Vizepräsidenten, ʿAbd Rab Mansour Hadi, übertrug, die Macht also in den Händen der alten Elite verblieb. ʿAbd Rab Mansour Hadi trat als einziger Kandidat zur Wahl an und erhielt 99,8 Prozent der abgegebenen und gültigen Stimmen.

Vor allem kam es in keinem Land zu einer Umwälzung auf sozialer und ökonomischer Ebene, also zu einer Umverteilung angehäufter Reichtümer. Die Akkumulation derselben erfolgte bis dahin oftmals auf Grundlage quasi mafioser Mechanismen, da in den betreffenden Ländern eine Mixtur aus staats- und privatkapitalistischen Strukturen – de facto großfamiliäre »Clans« mit enger Verbindung zur Präsidentenfamilie – den Großteil der Ökonomie kontrollierten. Dies gilt für Tunesien, wo sich neben dem Ben ʿAli-Clan vor allem jener der Präsidentengattin Leila Trabelzi bereicherte, ebenso wie für Syrien, wo Rami Makhlouf, ein leiblicher Cousin von Präsident Bascher Al-Assad, zeitweilig bis zu 60 Prozent der Privatökonomie direkt oder indirekt beherrschte. Zwar wurden die Nutznießer solcher Strukturen dort, wo Umwälzungen stattfanden, oftmals ausgetauscht – der Trabelzi-»Clan« verlor seinen beherrschenden ökonomischen sowie politischen Einfluss und selbst das syrische Regime beschnitt die Monopolstellung von Rami Makhlouf an einigen Punkten –, doch ohne dass es zu einem realen Strukturwandel gekommen wäre. Insbesondere bildeten sich keine dauerhaften Selbstverwaltungsstrukturen »von unten« heraus, die für Ansätze (basis)demokratischer Selbstorganisierung an Arbeitsplätzen oder in Wohnvierteln hätten sorgen können. Allerdings kam es während der Umwälzungen insbesondere in Tunesien und Ägypten zur Gründung von »Stadtteilkomitees« oder »revolutionären Komitees«, die im Kontext des oft vorübergehenden Verschwindens der Polizei von den Straßen in vielen Wohnvierteln die Verantwortung für die Sicherheit übernahmen. Sie wollten Plünderungen oder auch wilde Schießereien und Brandschatzungen verhindern, wie sie zum Teil auch von Polizisten und Parteigängern des alten Regimes angezettelt wurden, um Angst vor einem Chaos infolge des Wegfalls des »starken Mannes« zu schüren. Oft kamen sie auf Eigeninitiative von Bewohner_innen zustande, die sich dazu entschlossen, auf defensive Weise, z.B. durch Rundgänge in ihren Stadtteilen, ihre materielle Sicherheit zu gewährleisten. In einigen Fällen initiierte allerdings die Armee solche Komitees, um die »öffentliche Ordnung« zu wahren und Plünderungen zu unterbinden, die sich auch gegen die Profiteure des alten Regimes richteten. Nach dem Ende der mehrwöchigen ersten Phase der Umwälzungen verschwanden diese Stadtteilkomitees jedoch oft wieder, mitunter dienten sie in der Folgezeit der örtlichen Bevölkerung auch als Struktur, um zusammenzukommen und über politische Belange des Viertels oder auch des Landes zu diskutieren. In Tunesien schlossen sich im Großraum Tunis die dort verbliebenen Komitees auf regionaler Ebene zusammen. In anderen Fällen wurden sie vordergründig aufrechterhalten, jedoch im Laufe der Zeit durch die Regierungspartei *En-Nahdha* in eine Art Vorfeldorganisation zur Mobilisierung von Anhängern in Zivil umgewandelt, nicht zuletzt um regierungskritische politische oder soziale Proteste zu verhindern. Vielfach schliefen diese Strukturen (basis)demokratischer Selbstorganisation jedoch im Laufe der Monate wieder ein. Sicherlich dienten die Stadtteilkomitees in ihrer ursprünglichen Form vielen Menschen als eine Art Politisierungsinstanz. Es wäre jedoch falsch, sie für eine Keimzelle dauerhaft angelegter revolutionärer Gegenmacht zu halten oder in ihnen sogar – wie manche französische Linke anfänglich unbedingt hineininterpretieren mochten – einen Ansatz für »Sowjets« zu erblicken. Unzweifelhaft wurden durch die Umwälzungen die Bedingungen für soziale, insbesondere gewerkschaftliche Gegenmacht oftmals verbessert. Dies gilt insbesondere für Ägypten, wo vor dem Umbruch eine staatsnahe Pseudo-Gewerkschaftsorganisation in Gestalt des Dachverbands ETUF (*Egyptian Trade Unions Federation*) – der 1957 durch die damalige Militärregierung unter Gamal 'Abdal Nasser gegründet worden war – auf dem Gebiet der sozialen Beziehungen tonangebend war. Die ETUF verrichtete keinerlei »echte« Gewerkschaftsarbeit, im Sinne einer Organisierung und Vertretung kollektiver Interessen gegenüber den Kapitaleigentümern oder dem Staat als Arbeitgeber. Allerdings verwalteten die Mitgliedsorganisationen der ETUF soziale Garantien. So war beispielsweise eine Mitgliedschaft erforderlich, um in den Genuss einer (bescheidenen) Betriebsrente oder einer wie rudimentär auch immer ausfallenden Krankenversicherung zu kommen. Seit 2006 und nach einem dreimonatigen Arbeitskampf der Steuereintreiber hatten sich jedoch zum ersten Mal auch einzelne unabhängige Gewerkschaften herausgebildet. Diese Keimzellen wirkten bei der Umwälzung ebenfalls mit. So kam es ab dem 8. Februar 2011 zu Streikbewegungen, die sich in den folgenden Tagen verdichteten und am 11. Februar – dem Tag der Abdankung Präsident Mubaraks – in Forderungen nach einem Generalstreik kulminierten. Infolge der Umbrüche konnten sich die unabhängigen Gewerkschaften relativ frei betätigen und schlossen sich kurz nach dem Abgang Mubaraks in der neuen *Independant Egyptian Trade Unions Federation* (IETUF) zusammen. Mit ihr sympathisieren zwar viele Lohnabhängige, dennoch kam es bislang noch nicht zu massenhaften Übertritten, da die unabhängigen Gewerkschaften bislang nicht über die materiellen Mittel verfügen, um – wie die staatsnahen ETUF-Organisationen – Betriebsrenten oder eine Krankenversorgung anbieten zu können. Seit einem Dekret der Militärregierung des SCAF vom März 2011, das Ende Juni desselben Jahres zur Verurteilung von streikenden Arbeitern beim Unternehmen Petrojet führte, besteht zudem eine neue rechtliche Grundlage, um Streiks zu kriminalisieren. Allerdings machten die Behörden bisher davon nur wenig Gebrauch, zumal in den Zeiten des Übergangs der Macht auf die nunmehr regierenden Muslimbrüder eher Zurückhaltung bei offener Repression geübt wird. Es besteht jedoch kein Zweifel daran, dass die Muslimbrüder – welche bislang nur auf ideologischer Ebene Streiks guthießen – »notfalls« auch repressive Maßnahmen gegen Arbeitskämpfe anordnen oder mittragen werden.

In Tunesien liegen die Dinge insofern anders, weil der tunesische Gewerkschaftsdachverband UGTT (*Union générale des travailleurs de Tunisie*) – im

Unterschied zum Dachverband UGTA im Nachbarland Algerien oder zur ETUF in Ägypten – nie durch die Staatsmacht vollständig kontrolliert und zu ihrem »verlängerten Arm« transformiert werden konnte. Im tunesischen Fall existierte die Gewerkschaftsorganisation schon vor der Bildung der zentralen politischen Parteien und der staatlichen Unabhängigkeit von der französischen Kolonialmacht.

Zwar näherte sich die Spitze der UGTT schon unter Staatspräsident Habib Bourguiba, der von der Unabhängigkeit 1956 bis zu seiner Entmachtung 1987 durch den seinerzeitigen Innenminister Ben 'Ali im Amt war, zum Teil an die Staatsmacht an, so dass UGTT-Funktionäre etwa die Hälfte der Parlamentssitze unter Bourguiba innehatten. Doch ist diese Ära seit langem zu Ende, vor allem die zeitweilig staatssozialistischen Aspekte unter der Präsidentschaft Bourguibas, und es ist dem Staat nie gelungen, die Organisation der UGTT vollständig zu durchdringen und zum Anhängsel des Staatsapparats zu machen.

So spielten einige Mitgliedsorganisationen der UGTT, d. h. einige Branchen- und Regionalverbände, eine wichtige Rolle in der massiven Protestbewegung im Dezember 2010 und Januar 2011. Kurz vor der fluchtartigen Ausreise Ben 'Alis am 14. Januar kursierten auch in Tunesien Aufrufe zu einem Generalstreik und die Gewerkschaften beteiligten sich aktiv an den Straßendemonstrationen, obwohl sich ein Teil der höchsten Funktionäre der UGTT explizit dagegen sperrte. Diese besonders »belasteten« Spitzenfunktionäre wurden auf einem Kongress im Dezember 2011 aus ihren Gewerkschaftsämtern gedrängt. Der Gewerkschaftsdachverband wurde dadurch auch für die Zeit »nach Ben 'Ali« zum wichtigen politischen Akteur und ist bemüht, diese Rolle nach wie vor zu spielen. Im Herbst 2012 war es die UGTT, die die Initiative für ein Treffen zum »nationalen Dialog« am 16. Oktober ergriff und die politischen Parteien dazu einbestellte – viele kamen, jedoch boykottierten zwei der drei Regierungsparteien diesen Gipfel: *En-Nahdha* und Moncef Marzoukis CPR. Bei der Forderung nach einer gesetzlichen und verfassungsrechtlichen Verankerung »sozialer Rechte« spielt die UGTT nach wie vor eine zentrale Rolle als sozialer, aber auch politischer Akteur. Auch auf lokaler Ebene nimmt die Gewerkschaft an verschiedenen sozialen Protestbewegungen z. B. gegen anhaltend schlechte Jobchancen und teilweise mafiose Einstellungspraktiken teil.

Völlig anders war und ist die Ausgangslage in Libyen und vielen Golfstaaten: Dort gibt es kaum ein aus Staatsbürgern bestehendes Proletariat. In diesen an Einwohner armen, aber an Rohstoffen reichen Ländern besteht die Arbeiterklasse, sofern vorhanden, überwiegend aus Immigranten. In Libyen standen am Ende der Qadhafi-Ära rund fünf Millionen Libyern einem Arbeitskräfteheer von rund zwei Millionen Einwohnern aus dem subsaharischen Afrika und aus Südasien gegenüber. Das Fehlen eines nationalen Proletariats, das sich organisieren und den Protest durch Arbeitsniederlegungen und Auseinandersetzungen am Arbeitsplatz intensivieren kann, trug sicherlich dazu bei, dass in Libyen – nach anfänglichen Straßendemonstrationen – alsbald eher bewaffnete Haufen denn eine zivile Massenbewegung das Bild der Proteste prägten.

Auch in den arabischen Golfländern existiert ein Millionenheer von Lohnabhängigen, bzw. im mehr oder minder buchstäblichen Sinne Arbeitssklaven, die den Staatsangehörigen die als schmutzig betrachteten Tätigkeiten abnehmen. Zumindest in einigen Fällen mobilisierte sich aber auch dieses multinationale Industrie- und Dienstleistungsproletariat und spielte eine entscheidende Rolle bei den Revolten. In Bahrain fand im Februar 2011 unmittelbar vor der Massenbewegung der sozial benachteiligten und politisch unterdrückten schiitischen Bevölkerungsmehrheit ein Streik von 1300 Arbeitern des Bausektors für höhere Löhne statt. Es handelte sich bei diesen Arbeitern größtenteils um Einwanderer aus Südasien. Ihre erfolgreichen Proteste waren ein ermutigendes Beispiel für andere Einwohner des Landes. In anderen Fällen können solche Kämpfe des eingewanderten Proletariats, das in der sozialen Hierarchie der Golfgesellschaften am untersten Ende stand, zwar nicht direkt als Anlass für breitere Protestbewegungen angesehen werden, doch konnten sie sich neben diesen entwickeln. Im Sultanat 'Oman etwa stellen Einwanderer im privaten Wirtschaftssektor rund vier Fünftel der Arbeitskräfte. Seit Anfang des Jahres 2012 fanden zweimal hintereinander Streiks und Demonstrationen dieser meist südasiatischen Arbeiter statt. Die breite Protestbewegung, die in 'Oman im Jahr 2011 auch mit zahlreichen Arbeitskämpfen in der Telekommunikation und der Ölindustrie einherging, war zuvor abgeebbt, nachdem die abhängig Beschäftigten erhebliche materielle Zugeständnisse erstritten hatten. Es blieben zunächst die Kämpfe von Arbeitslosen, die aber mit der Bekanntgabe der Schaffung von 55000 Jobs – das ganze Land hat knapp drei Millionen Einwohner_innen – vorübergehend beruhigt werden konnten.

Migrationspolitik: Weiterhin »im Dienste der EU«

Fünf Regierungen von der Nord- und fünf von der Südseite des Mittelmeers trafen sich am 5. und 6. Oktober 2012 in der maltesischen Hauptstadt La Valetta. Diese Doppelfünfer-Gruppe, die im Jahr 1990 anlässlich eines Treffens in Rom gegründet worden war, trat in dieser Konstellation zum ersten Mal seit über neun Jahren zusammen. Beteiligt waren Marokko, Mauretanien, Algerien, Tunesien und Libyen auf nordafrikanischer und Portugal, Spanien, Frankreich, Italien sowie die Inselrepublik Malta auf europäischer Seite. Anderthalb Jahre nach Beginn der Umwälzungen in den arabischsprachigen Ländern versicherten sich beide Seiten wechselseitig der historischen Bedeutung ihres Dialogs. In der gemeinsamen Abschlusserklärung hoben sie »das gemeinsame Kulturerbe« sowie »die Bestrebung aller Völker der Region nach einer Partnerschaft mit den Zielen der Demokratie, Stabilität, der Sicherheit und des Wohlstands« hervor. Hinter so hochtrabenden und wohlklingenden Erklärungen bleiben die realpolitischen Ergebnisse solcher Gipfeltreffen in der Regel zurück. Als es konkret wurde, sprach der tunesische Übergangspräsident Moncef Marzouki vor allem in einem Punkt Klartext: »Eine gemeinsame Task Force«, eine Art schnelle Eingreiftruppe, zum Thema »Immigration« solle in naher Zukunft gebildet werden, um »diese Auswanderung«, gemeint war die als illegal bezeichnete Migration, »zu verhindern«, sowie um Schiffbrüchige zu retten und »Tragödien zu vermeiden.« In naher Zukunft soll zu diesem Thema ein Treffen der »Fünf plus Fünf« in Tunis stattfinden, um nähere »technische Einzelheiten zu klären«. Marzouki fügte hinzu, aus seiner Sicht dürfe es »sich nicht um eine reine Sicherheitsoperation handeln, sie muss humanitärer Natur sein. Man kann nicht akzeptieren, dass Hunderte von Menschen im Mittelmeer ertrinken.« Als konkreten Ansatzpunkt, das Schicksal vieler *harraga* – sogenannter illegaler Migranten – zu verhindern, scheint er allerdings vor allem das Unterbinden der Auswanderung zu sehen. Marzouki erklärte dazu: »Unsere Jugend hat starke Bestrebungen« – gemeint sind solche nach einem besseren Leben –, »aber wir können keine wirtschaftlichen Wunder bewirken. Ich fordere sie dazu auf, Geduld zu zeigen. Es braucht Zeit, da Tunesien die Erblast von über 50 Jahren Korruption trägt.«

Tunesien ist dabei immerhin das Land in der Region, aus dem vielleicht die am wenigsten negativen Nachrichten über die Migrationspolitik kommen. Zumindest verbal haben die tunesische Übergangsregierung und das italienische Kabinett eine Überarbeitung der bilateralen Abkommen zum Thema angekündigt. Genau eine Woche nachdem über Hundert tunesische *harraga* vor der zwischen Malta und Tunesien liegenden, aber zu Italien gehörenden Insel Lampedusa gekentert und über fünfzig von ihnen zu Tode gekommen waren, kamen am 13. September 2012 Vertreter beider Regierungen zusammen. Bei diesem bilateralen Treffen wurde angekündigt, man wolle die genauen Ursachen für die Auswanderung junger und oft beruflich qualifizierter Tunesier untersuchen und die beiderseitigen Abkommen zur Migrationspolitik auf den Prüfstand stellen. Dazu solle eine Untersuchungskommission eingesetzt werden, die ein »globales Herangehen« statt eine rein sicherheitspolitische Abschottungslogik verfolgt. Allerdings fügten die Regierungsvertreter auch hinzu, die tunesische Seite verlange von Italien die restliche Lieferung der Fregatten und Jeeps, welche im April 2011 zugesagt worden seien, »um die tunesische Küstenwache zu verstärken und um illegale Auswanderung zu bekämpfen«. Damals hatte die tunesische Regierung unter starkem Druck Italiens und Frankreichs einer stärkeren Kontrolle der Migrationsbewegungen zugestimmt, die nach dem Zusammenbruch des polizeistaatlichen Ben 'Ali-Regimes im Januar desselben Jahres zugenommen hatten. Offizielle Zahlen, die bei der bilateralen Konferenz am 13. September 2012 vorgelegt wurden, belegten eine deutliche Abnahme der (»illegalen«) Migration aus Tunesien: von geschätzten 30000 bis 25000 im Jahre 2011 auf 2954 im laufenden Jahr.

Auch mit Libyen hat Italien bereits neue Abkommen zur Migrationskontrolle getroffen – wie zuvor schon mit der früheren Diktatur unter Mu'ammar Qadhafi. Am 18. Juni 2012 publizierte die Tageszeitung *La Stampa* ein bis dahin unveröffentlicht gebliebenes Abkommen, das Italien im April des Jahres mit den damaligen libyschen Übergangsbehörden – die vor den Wahlen vom 7. Juli amtierten und aus dem »Nationalen Übergangsrat« in Benghazi hervorgegangen waren – abgeschlossen hatte. Darin wird Libyen aufgefordert, verstärkte Anstrengungen und Kontrollen zu unternehmen, um Migranten – das betrifft vor allem subsaharische Afrikaner – an der Aus- und Weiterreise nach Europa zu hindern. Die italienische Sektion von Amnesty International erklärte am selben Tag öffentlich ihre »starke Besorgnis«: Das Abkommen nehme keinerlei Rücksicht darauf, dass Libyen den Flüchtlingsstatus im Sinne der Genfer Konvention nicht respektiere und dass die dortigen Haftbedingungen für die ihrer Freiheit beraubten Migranten »inhuman« seien.

Stärker als in den alten Diktaturen wird diese Thematik allerdings nun auch erstmals in den nordafrikanischen Gesellschaften kontrovers diskutiert, u. a. anlässlich eines länderübergreifenden »Sozialforums der Migration« am 6. und 7. Oktober 2012 in Oujda nahe der marokkanisch-algerischen Grenze. Erneut wird dieses Thema, wie viele andere Aspekte im Zusammenhang mit den Umwälzungen in Nordafrika und den sozialen und demokratischen Anliegen weiter Bevölkerungsteile, Gegenstand des nächsten Weltsozialforums im März 2013 in der tunesischen Hauptstadt Tunis sein.

Willi Hajek

Das Ende der Geschichte ist vorbei

das ende der geschichte ist vorbei
komm! ins offene! freund!
die zeit der utopien ist wieder da

Die Krise und die politischen Aufstandsbewegungen

Der Kapitalismus sollte nach dem Fall der Mauer 1989 in seinen verschiedenen Varianten die endgültige und ewige Form der gesellschaftlichen Organisation bleiben, so der US-amerikanische Politikwissenschaftler Francis Fukuyama. Nur wenige »Verbohrte« wollten das nicht hinnehmen, fügte er hinzu. Die im Oktober 2008 ausbrechende Krise hat dieses von den Herrschenden konstruierte Denkgebäude heftig erschüttert. In London schreibt der Daily Telegraph: »Der 13. Oktober 2008 wird in der Geschichte als der Tag in Erinnerung bleiben, an dem das kapitalistische System in Britannien eingesteht, gescheitert zu sein.« In New York demonstrieren Menschen in der Wall Street mit Schildern »Marx hat doch recht«. In Frankfurt verkündet ein Verleger, dass sich der Verkauf des Kapitals von Karl Marx verdreifacht hat. In Paris versucht eine Zeitschrift in einem 30 Seiten langen Dossier die Marx-Renaissance zu ergründen.

Der zweite Riss in der globalen kapitalistischen Festung zeigte sich in Tunesien, als sich am 17. Dezember 2010 ein junger Mann aus verzweifeltem Protest über seine ausweglosen Lebensbedingungen vor der Präfektur in Sidi Bouzid verbrannte. Wer hätte vermutet, dass der Selbstmord von Mohammed Bouazizi eine Revolte in mehr als zehn Ländern auslösen würde? Einen Monat später ergriff der vom Westen gestützte tunesische Diktator Ben Ali die Flucht. Dieses unvorhersehbare Szenario erschütterte zum zweiten Mal die Konstruktion der Herrschenden vom Ende der Geschichte. Die Risse und Erschütterungen zeigten ihre Wirkung. Im Februar 2012 eröffnet die Berlinale mit dem Motto: Geschichte wird gemacht.

Die Menschen in Tunesien haben sich erhoben, freudige Gesichter sind aufgetaucht, sie haben die Mauer der Angst durchbrochen. Ausgelöst durch den Akt der Selbsttötung und der schnellen Verbreitung dieser Nachricht über die sozialen Medien. Viele Empörte und Wütende hatten sich vorher schon verbrannt, ihr Leben gewaltsam beendet, aus verzweifeltem Protest gegen die willkürlichen und gewaltsamen Verhältnisse in ihren Ländern. Dieses Mal löste das Ereignis aber vollkommen unerwartete Reaktionen aus. Die Menschen gingen auf die Straße, formierten sich, entdeckten sich neu; Frauen wie Männer, junge wie alte; neue, unbekannte Situationen entstanden. Die Medien verbreiteten dieses Ereignis in die ganze Welt, selbst in China wurden die Herrschenden so unruhig wie die Unterdrückten, wie z.B. in der Kommune von Wukan, in der die Bewohner/innen gegen die örtlichen Parteidespoten und ihre willkürlichen Entscheidungen rebellierten.

Die sozialen Medien haben diese Ereignisse nicht ausgelöst, doch sie waren sehr wichtig für die regionale und globale Verbreitung, denn sie schufen den Resonanzboden für die Aufstandsbewegungen in den arabischen Ländern. Ein revolutionärer Prozess hatte begonnen. Wahrgenommen als kollektive Bewegungen, und auch als eine Bewegung der Individuen. Ein sozialer Transformationsprozess setzte ein, der sämtliche Verhältnisse zum Tanzen brachte, weil das Individuum auch das Ensemble gesellschaftlicher Verhältnisse in sich vereint: Die Frauen als Arbeiterinnen gegen die Gewalt der Vorgesetzten und die Gewalt der Normen in den Textilbetrieben. Die Frauen als Ehefrauen gegen die Gewalt ihrer Männer; als Mütter gegen die Schikanen der Kinder an den Schulen durch autoritäre Lehrer; als Bürgerinnen gegen die Willkür der Polizei und der Behörden; als Gewerkschafterinnen gegen die Korruptheit ihrer Vorsitzenden. Alle Bereiche zeigen diese Risse, all das ist aufgebrochen.

Nicht lange vor den arabischen Aufständen um die Jahreswende 2008/2009 gab es eine 44 Tage dauernde Streikbewegung auf Guadeloupe, wo sich die Bevölkerung erhoben hatte. 440.000 Menschen leben auf dieser Insel, vollkommen abhängig von der Metropole Frankreich. Das Alltagsleben veränderte sich durch den Streik – auch hier durchlebten die Menschen einen Transformationsprozess. Es ging um die Grundbedürfnisse des Lebens, um die niedrigen Löhne, um die teuren Lebenskosten, um die Arroganz der weißen Herrenschicht, um die Prosa des Alltags. Die Lebendigkeit des Aufstands, dieser Aufbruch, schuf die Grundlagen für ein Manifest. Einige der Nachfolger Franz Fanons hatten in dieser heißen Kampfphase einen Entwurf für eine alternative Gesellschaftlichkeit formuliert: das Manifest für die lebensnotwendigen Produkte; eine poetische Vision vom anderen Leben und Arbeiten. Doch ohne den Streik wäre das Manifest nicht denkbar gewesen. Genauso wenig hätte Frantz Fanon ohne die anti-kolonialen Befreiungskämpfe in Algerien seine »Verdammten dieser Erde« schreiben können.

In diesen 44 Tagen der Selbstermächtigung auf Guadeloupe gab es die »gwan lodyans«, die Großen Versammlungen, wo jeder und jede frei sprechen und zuhören konnte. Dort wurde nicht nur über die Prosa des Alltags, den geforderten Warenkorb und die Erhöhung des Mindestlohns geredet, sondern auch über die Poesie des anderen Lebens. Im Manifest heißt es:

>»Die gwan lodyans fürchten die Utopien nicht, sie wollen Raum für ihre Entfaltung schaffen. Wir rufen zu diesen Utopien auf, die das Politische weder auf das Verwalten des nicht akzeptablen Elends reduzieren noch auf die Regulierung des wilden Marktes, sondern statt dessen den eigentlichen Sinn des Politischen wieder entdecken, nämlich alles zu unterstützen, was das Prosaische beseelt, das rein Ökonomische so weit wie möglich einschränkt, indem es darüber hinausreicht, und Zeit und Raum für freie Tätigkeiten lässt. Wir rufen zu einer Kunst der Politik auf, welche das Individuum, seine Beziehung zum Anderen ins Zentrum eines gemeinsamen Projektes rückt, in dem das Anspruchsvollste und Intensivste im Leben das soziale Glück darstellt.
> Deswegen, liebe Landsleute, entledigen wir uns der kolonialen Archaismen. Befreien wir uns von der Abhängigkeit und den Hilfsbeziehungen, die uns unselbstständig machen. Verschreiben wir uns entschlossen der ökologischen Entwicklung unserer Länder und der zukünftigen Welt, indem wir gegen die ökonomische Gewalt und das Handelssystem kämpfen. Und hier unsere Vision:
> Kleine Länder, plötzlich im Herzen der Welt, plötzlich riesig, weil sie die ersten konkreten Lebens- und Arbeitsformen einer postkapitalistischen Gesellschaften verwirklichen, die in der Lage sind, eine menschliche Entwicklung in Gang zu setzen, die sich der horizontalen Ganzheit des Lebens verpflichtet fühlt« (http://labournet.de/internationales/fr/manifest_neun.pdf).

Signale des sozialen Ausbruchs

Ich werde im Folgenden am Beispiel der französischen Verhältnisse zeigen, wie sich in Frankreich, aber auch anderswo, langsam ein latenter Prozess des sozialen Aus- und Aufbruchs entwickelt, der sich plötzlich zeigt und dann wieder von der Oberfläche verschwindet. Die französischen Verhältnisse machen das soziale Unbehagen in den westlichen Gesellschaften deutlich sichtbar. Zugleich zeigen sie eine soziale Dynamik auf, die sich entlang von zwei Begriffen, die zwei Ebenen beschreiben, fassen lässt: dem »je lutte des classes« (Ich-Klassenkämpfe) und dem »rêve général« (Großer Traum). Die

Entwicklung eines Bedürfnisses, sich zu engagieren, seine Angst abzulegen, Mut zu entwickeln, verbunden mit dem Wunsch, dem gemeinsamen Begehren nach einem anderen Leben und Arbeiten – so sollen die herrschenden Verhältnisse aufgebrochen werden.

Diese beiden Begriffe beinhalten auch die Erinnerung an historische Momente, in denen dies versucht wurde: den Mai 1968 und das folgende rote Jahrzehnt von 1968–1978. Natürlich sind solche Ansätze auch in der BRD vorhanden. Nur sind sie nicht leicht zu entdecken und werden von den etablierten Organisationen und Medien selten beachtet oder wenig geschätzt.

Diese Momente des sozialen Aufbruchs finden ihren literarischen Ausdruck in den beiden 2011 vielfach diskutierten Manifesten »Der kommende Aufstand« des »Unsichtbaren Komitees« und »Empört euch« von Stéphane Hessel. Das »Aufstandsmanifest« ist Ausdruck des allgemeinen Unbehagens an der politischen und gesellschaftlichen Entwicklung, an der Durchkapitalisierung der sozialen Beziehungen und auch an der Brutalität und Härte des staatlichen Vorgehens. Es bezieht sich auf ein Buch, das vor einigen Jahren populär war und von Streikenden auf ihren Kundgebungen oftmals zitiert wurde: Das 1996 in Frankreich erschienene »L'horreur économique« (»Der Terror der Ökonomie«) von Viviane Forrester.

Alles soll zur Ware werden, Rentabilität um jeden Preis. Die beruflichen Belastungen, Schikanen gegen alle Teile der arbeitenden Bevölkerung und die Armen und Besitzlosen nehmen zu; die kapitalstrukturelle Gewalt geht unter die Haut. Mehr arbeiten, um mehr zu verdienen, verschärfte Konkurrenz, der Andere ist der Gegner und Feind. Der Terror der Ökonomie bringt eine Kultur des Hasses auf Migrant/innen und andere ausgewählte Gruppen hervor. Die Angstmache vor den gefährlichen Klassen und Individuen in den Vororten, den Gefängnissen, den psychiatrischen Kliniken und anderswo. Ereignisse wie eine Schlägerei zwischen Roma und Gendarmerie im Sommer 2011 werden von der Regierung und den Medien genutzt, um Pogromstimmungen gegen die Roma zu provozieren, verbunden mit massenhaften Abschiebungen.

Filme und Romane greifen diese Situationen auf und versuchen sie zu verarbeiten, wie z. B. der Film »De bon matin« (Ein gewöhnlicher Morgen). Der erschreckende sozialkritische Spielfilm ist das Portrait eines Bankangestellten, der durch ein unterdrückerisches System und eine menschenfeindliche Arbeitsorganisation zerbrochen wird; durch eine Zerstörungsmaschinerie, wie Gilles Deleuze es nennen würde. Ein gewöhnlicher Morgen. Paul Vertret, langjähriger Bankangestellter, zieht seine Jacke an, schnappt sich seine Ledertasche, richtet seine Krawatte, umarmt seine schlafende Frau. Er geht durch die Garagentür und weiter zu Fuß zu der Geschäftsbank, bei der er arbeitet. Sehr ruhig geht er in sein Arbeitszimmer. Dort holt er einen Revolver aus der Tasche, öffnet die Tür des Direktorenzimmers und schießt seinem Chef zwei Kugeln in den Kopf. Aufgeschreckt von dem Lärm, kommt der junge, stellvertretende Direktor aus seinem Büro. Zwei Kugeln in den Rücken machen ihm klar, dass das keine gute Idee war. Ohne seine Ruhe zu verlieren, geht Paul Vertret an den von Panik erfassten Kollegen vorbei, setzt sich in sein Büro und denkt über die Umstände nach, die ihn zu dieser Aktion provoziert haben.

Inspiriert wurde dieser Film durch ein ähnliches Ereignis, das sich 2004 in Frankreich zugetragen hat. Der Film zeigt die Mechanismen einer Arbeitsorganisation, die menschliche Beziehungen zerstört. Im französischen Guyancourt, dem Sitz des Renault-Technologiezentrums, kam es zu einer ganzen Serie von Selbstmorden und versuchten Selbsttötungen. Das Management bestritt zunächst einen Zusammenhang mit den Arbeitsbedingungen. Selbst die Staatsanwaltschaft sah dies anders.

Am 16. Februar 2006 hatte Renault-Chef Carlos Ghosn – bekannt als Kostenkiller und Sanierer von Renault-Nissan in Japan – das Projekt »Renault Contrat 2009« vorgestellt. Nach Umsatzeinbußen in den letzten Jahren sollte das neue Programm zu einer Erhöhung der Gewinnspanne von rund 2,5 Prozent auf 6 Prozent bis zum Jahr 2009 führen. Renault sollte zum rentabelsten europäischen Auto-Konzern werden. Das Projekt beinhaltet u. a. die Entwicklung und Produktion von 26 neuen Modellen in den nächsten drei Jahren, davon 13 veränderte alte und 13 komplett neue Modelle sowie eine Senkung der Montagezeit auf 15 Stunden pro Modell. Bislang wurden in Guyancourt drei neue Typen pro Jahr entwickelt, künftig sollen es mindestens acht sein.

Die Witwe von Antonio Barros, eines Ingenieurs, der sich aus dem Fenster eines Werkgebäudes von Renault gestürzt hatte, kommentierte: »Antonio wurde zermürbt durch einen unerträglichen Arbeitsstress, er fühlte sich tief entwertet trotz seines Engagements, das ihn dazu brachte, abends, am Wochenende und in der Nacht zu arbeiten. Das hat ihn fertig gemacht, die maßlose Antreiberei und die Nicht-Anerkennung«. Vier Selbstmorde und ein Selbstmordversuch, die letzten drei innerhalb von vier Monaten. Die Beschäftigten beschreiben Stress, Müdigkeit und Erschöpfung, Konkurrenz und Spannungen zwischen den Kolleg/innen. 2012 steckt die französische Automobilindustrie in einer Absatzkrise. Die geschilderten Symptome der Erschöpfung haben sich bei den Beschäftigten weiter verstärkt.

Wie konnte es zu diesen unerträglichen Arbeitsbedingungen kommen? Immer wieder wurden in den letzten Monaten die Arbeitshetze, die psychischen Belastungen, das Mobbing, die endlosen Arbeitszeiten und kaum zu schaffende Zielvorgaben von einzelnen Gewerkschaften im Betrieb angesprochen. Aber auch bei Renault gibt es unter den Gewerkschaften keine gemeinsame Haltung gegen diese Arbeitsbedingungen. SUD Industrie (Solidaires Unitaires Démocratiques) und CGT (Confédération Générale du Travail) versuchen, Öffentlichkeit zu diesem Thema herzustellen und die Kollegen zum Widerstand zu ermuntern. Doch es gibt auch Gewerkschaften, darunter vor allem die CFDT (Confédération française démocratique du travail), die der Abschaffung der Pausen zugestimmt haben – diese werden nun in Geld ausbezahlt oder ans Ende der Schicht gelegt – und die die Erpressungsschiene des Unternehmens mitmachen: Auslagerung nach Rumänien, Brasilien, Südkorea oder Überstunden, totaler Arbeitseinsatz. Wer nicht mitzieht, soll gehen. Das ist das allgemeine Stimmungsbild im Werk.

Nicht von ungefähr ist das betriebsgewerkschaftliche Komitee für Gesundheit, Hygiene und Arbeitsbedingungen unterbesetzt und kaum handlungsfähig. Normalerweise könnte diese Einrichtung des Betriebsrats eine nützliche Funktion gegen die Arbeitsbelastung einnehmen. Doch noch nach 20 Uhr abends finden Teambesprechungen statt. Das Essen wird in die Besprechungen bestellt und der Arbeitstag dauert oft von 7.30 Uhr bis 21 Uhr. Genau diesen Zwangsgemeinschaftsterror nach dem Muster des japanischen Produktionsmodells versucht Carlos Ghosn bei Renault in die alltägliche Praxis umzusetzen. Sich diesem teilweise ungesetzlichen Arbeitsrhythmus zu verweigern, heißt, die Unternehmensziele zu sabotieren.

Auffällig ist, dass es die Frauen der Beschäftigten sind, die die Gewerkschaften auffordern, ihren Männern zu helfen, die offensichtlich kaum mehr in der Lage sind, selbst Widerstand zu leisten und sich diesen Anforderungen zu verweigern: »Helft unseren Männern, sie sind fertig. Wir haben Angst, dass sie sich genauso selbst aufgeben wie ihre Kollegen.« Deshalb haben die Sud- und CGT-Gewerkschaften bei Renault-Guyancourt zu demonstrativer Solidarität aufgerufen. Am 23. Februar 2006 kamen immerhin 2.000 Beschäftigte zu einem Trauermarsch für die toten Kollegen. Auf der Kundgebung wurden die unerträglichen Arbeitsbedingungen und die alltägliche Erpressung der Beschäftigten angesprochen. Mensch kann nur hoffen, dass die Beschäftigten endlich die Angst vor dem Verlust ihres Arbeitsplatzes überwinden und sich erfolgreich der Selbst-Verwertungsmaschinerie verweigern.

Die Dramatik und die unterschiedlichen Reaktionsweisen auf diese Ereignisse drücken das allgemeine Unbehagen an den herrschenden Verhältnissen aus. Sie zeigen auch den totalitären Zugriff auf das gesamte Leben, den die kapitalistische Dynamik heute durchzusetzen versucht. Die Menschen sollen die Kapitallogik derart verinnerlichen, dass sie nur noch als Getriebene, als Besessene leben können und sich selbst zu entfremdeten Anhängern dieser maßlosen und zerstörerischen Produktionsweise transformieren.

Je mehr die Produktivität steigt, desto länger und intensiver sollen die Menschen arbeiten, desto länger soll ihr Arbeitsleben dauern, wie an der Verlängerung des Renteneintrittsalters überall in Europa deutlich wird. Der Abstand zwischen arm und reich wird immer provozierender. Die Maßnahmen des Staates schaffen immer bessere Voraussetzungen, damit sich die kapitalistische Logik der maximalen Rentabilität und sozialen Unterwerfung entfalten kann. Die Agenda 2010, die Hartz-Gesetze, die Verlängerung der Lebensarbeitszeit, befristete Verträge, Leiharbeit, die allgemeine Prekarisierung und die Überwachungsgesetze sind Ausdruck dieser Politik.

Komm ins Offene, Freund!

Doch diese kapitalistischen Zwänge provozieren auch Widerstand in sehr vielfältigen Formen. Menschen versuchen, sich aus der kapitalistischen Zwangsjacke zu befreien, ins Offene auszubrechen, eine Politik von unten zu entwickeln. Zwei Ausbruchs-Ebenen sind zu unterscheiden:

1. Der rêve général oder der große Traum

Gesamtgesellschaftliche Bewegungen werden zumeist durch Vorgehensweisen des Staates bzw. der Regierung ausgelöst. So formierte sich im Herbst 2011 eine breite Widerstandsbewegung gegen die letzte Reform der Sarkozy Regierung, die »Gegenreformen im Bereich der Renten«, wodurch das Renteneintrittsalter erhöht wurde. Hier war es gerade die Unterschiedlichkeit der Widerstandsformen, welche die gesamte Ökonomie lahm legte. Die Freude und die soziale Kreativität der Aktivitäten und Versammlungen gegen das geplante Rentengesetz waren beeindruckend, eine wirkliche kreative Macht wurde sichtbar. Die sozialen Beziehungen zwischen den Akteuren sind das wesentliche Moment, um die aufgezwungene Vereinzelung des Lohnarbeitsalltags aufzubrechen. In solchen Momenten entwickeln sich neue Formen von Öffentlichkeit, eine andere Art von sozialem Leben und ein Begehren, endlich diesen sozialen Alptraum zu beenden, um neue Formen der gesellschaftlichen Selbsttätigkeit zu entwickeln, Politiken von unten zu kreieren.

»Die Börse oder das Leben« lautete die Parole bei den Massenaktionen gegen das Rentengesetz. Millionen von Akteuren gingen auf die Straße. Die Häfen wurden blockiert, die Erdölversorgung wurde von den streikenden

Arbeiter/innen unterbrochen. Trotz dieser breiten Protestbewegung wich die Regierung nicht zurück und hat das Gesetz verabschiedet. Genau das zeigt auch die politischen Veränderungen in der aktuellen Krise. In früheren Zeiten hätte die Regierung Kompromisse angeboten oder das beabsichtigte Gesetz zurückgezogen.

Die harte unnachgiebige Haltung machte den Protestierenden aber auch klar, dass der Aufstand der Straße notwendig ist, um etwas Neues zu konstruieren, um den großen Traum zu realisieren, anders leben zu wollen und damit den gegenwärtigen *cauchemar*, den alltäglichen Alptraum, zu beenden. Die Unzufriedenheit mit den etablierten Parteien, den angepassten Gewerkschaften nimmt zu.

2. Je lutte des classes: Ich mache Klassenkampf, oder: ich streike

Hinzu kommt, dass im Alltagsleben und -handeln der betriebliche Ungehorsam als Teil einer Bewegung des zivilen Ungehorsams zunimmt. Im konkreten Lohn-Arbeits-Alltag auf Unternehmensebene, in den staatlichen Apparaten, öffentlichen Einrichtungen und Diensten zeigen sich weitere Risse und keimen konkrete Utopien auf. Menschen verweigern das vom Unternehmen oder den staatlichen Behörden geforderte Handeln; sie gehorchen nicht mehr einfach den Anweisungen der Hierarchie. Hier erleben wir seit einigen Jahren ein Aufbegehren, ein Sich-Widersetzen, ein Sich-Verweigern.

Die Manifeste zum sozialen Ungehorsam der Ärzt/innen, der Pfleger/innen, der Jurist/innen, der Lehrer/innen drücken diese Kritik aus. Dabei geht es um einen bestimmten sozialen Anspruch an die eigene Arbeit. Der ungehorsame Arzt verschreibt dem chronisch kranken Patienten weiterhin die notwendigen Medikamente, die die Krankenkasse nicht mehr bezahlen will. Der Elektriker des staatlichen Stromversorgungsunternehmens EDF ist nicht mehr bereit, in verarmten Haushalten den Strom abzustellen. Diese sozialen Akteure wehren sich gegen staatliche Sparmaßnahmen, gegen von oben verordnete Zustände. Sie verweigern den sozialen Gehorsam, sie empören sich, werden wütend und rebellieren. Ein Handeln, individuell wie kollektiv, provoziert Bewegungen, die immer zuerst und direkt in lokalen Zusammenhängen auftreten, über das Internet aber schnell Verbreitung finden. In der Folge bilden sich durch den freiwilligen Zusammenschluss von Individuen Kollektive heraus, die den Geist des Gemeinsamen wiederbeleben, und die Fähigkeit zum direkten Handeln und Eingreifen schaffen.

Die Manifeste von Stephane Hessel und dem Unsichtbaren Komitee beziehen sich auf das individuelle wie kollektive Handeln. Das Unsichtbare Komitee will den kollektiven Aufstand. Das Manifest von Hessel will das individuelle Engagement, das Aufbegehren gegen unwürdige Zustände; es fordert das couragierte Auftreten des Einzelnen, den täglichen Kampf um die soziale Würde: das je lutte des classes.

Genau dieses sich einmischende, sich engagierende soziale Individuum schafft die Grundlage für den Aufstand und den utopischen Impuls für das andere Leben, für den rêve général, das Entdecken einer anderen Art Politik, für das Schaffen einer kreativen Macht. Es erinnert an die Parole der streikenden Lip-Arbeiterinnen »l' imagination au pouvoir« (»Fantasie an die Macht«), die ein Ausdruck ihrer soziale Fantasie ist und ihrer Lust zum Experimentieren, um neue Wege und Möglichkeiten zu schaffen und neue Räume zu eröffnen. Die Uhrenfirma Lip in Besançon wurde 1973 von der streikenden Belegschaft besetzt. Die Arbeiterinnen begannen, ihren gesamten Betrieb, d.h. die Arbeitsorganisation und Uhrenproduktion, selbst zu planen und in die eigenen Hände zu nehmen. Dabei entwickelten sie vielfältige fantasievolle Aktionen.

Ein offener Prozess ist in Frankreich genauso in Gang wie in Tunesien, nur sind die Ausgangsbedingungen ein wenig anders. Gemeinsam ist das soziale Unbehagen, die zur Revolte provozierenden Verhältnisse, die Selbsttötungen genauso wie der Mut, sich zu engagieren und zu handeln, ein subversiver Prozess also. Ein Bild von Walter Benjamin passt sehr gut zu dieser Orientierung, zu diesem Wollen: »Marx sagt, die Revolutionen sind die Lokomotive der Weltgeschichte. Aber vielleicht ist dem gänzlich anders. Vielleicht sind die Revolutionen der Griff des in diesem Zug reisenden Menschengeschlechts nach der Notbremse.«

Das Aussteigen aus dem Zug bedeutet, das Versammeln und das gemeinsame Beraten über das, wie es weitergehen soll, wie wir leben und tätig sein wollen. Dieser betriebliche Ungehorsam, verbunden mit eigenmächtigem Handeln, zeigt sich bei den unterschiedlichsten Gelegenheiten und in vielfältigen Praktiken. Oftmals ausgelöst von Einzelnen, werden Widerstandsaktionen zumeist schnell von weiteren Akteuren aus der Gesellschaft aufgegriffen und unterstützt, wie die Bedeutung von Soli-Komitees, Basisgewerkschaften u.a. zeigen. Diese Bewegungen, die direkt in den alltäglichen Zwangsverhältnissen entstehen und oftmals veritable Ausbruchsversuche, ja Rufe nach Würde darstellen, schaffen die Grundlage für soziale Fantasien, wie z.B. sich nicht mehr von Parteien vertreten zu lassen, die gesamte parlamentarische Ebene und Legitimität der Herrschenden infrage zu stellen, nach neuen Formen des Vertretens und des Regierens zu suchen. Hieraus erklärt sich auch die Aktualität und das Wiederentdecken der Pariser Kommune, das Gespenst des Mai 68 und der Wunsch nach der allgemeinen Selbstverwaltung in allen gesellschaftlichen Bereichen.

Diese Experimente der alltäglichen Suche nach dem Anders-Leben-und-Arbeiten-Wollen, drücken sich in dem Verweigern, dem Desertieren, dem ungehorsamen Alltagshandeln aus. Die unterschiedlichen Formen, die diese Mouvance – diese Bewegung – annimmt, wie die Besetzungen der Felder in Notre Dames 2012 um den Bau eines Flughafens zu verhindern, die Besetzung eines Betriebs und der Kampf um die selbstbestimmte und -organisierte Produktion wie bei der Tee-Fabrik Fralib in Gemenos 2012 tragen Utopien dieses anderen Lebens und Arbeitens in sich. Monique Piton und ihr 1976 auch auf deutsch erschienener Roman »Anders leben. Chronik eines Arbeitskampfes«, erzählt von diesem Schaffen einer egalitären, solidarischen und kooperativen Gesellschaftlichkeit am Beispiel der Uhrenfirma LIP.

**Die Gewerkschaften
und die individuellen Ausbruchsversuche des Alltags**
Auch in Frankreich tun sich die etablierten Gewerkschaften schwer, diese entschlossenen Aktionen von einzelnen Beschäftigten und Kollektiven zu unterstützen. Basisgewerkschaften wie die Sud-Solidaires und die CNT sind dagegen Teil und Förderer dieser autonomen ungehorsamen Aktionen. Ein gutes Beispiel sind die Elektriker der staatlichen Strom- und Gasversorger EDF und GDF in der Region Midi-Pyrenées, die beide Aktionsformen verbinden. Sie führten einen entschiedenen gewerkschaftlichen Kampf gegen die Auslagerung ihrer Montagetätigkeit als Teil der geplanten Privatisierung im öffentlichen Dienst und waren bisher auch erfolgreich. Gleichzeitig bilden sie das Kollektiv »Robin Hoods der Energie«, das verarmte Haushalte wieder an die Stromversorgung anschließt. Die Leitung des Unternehmens geht mit scharfen Strafen gegen diese Aktionen und ihre Träger vor. Diese Aktivitäten sind filmisch dokumentiert in einem neunminütigen Video (http://de.labournet.tv/video/6177/die-robin-hoods-der-energie). Aus diesen Aktionen ist eine Bewegung entstanden, die das Recht auf Energie einfordert.

Ein anderes Beispiel für ungehorsames widerständiges Handeln findet sich im 2006 erschienenen Buch von Fabienne Brutus, »Chomage, des secrets bien gardés« (»Arbeitslosigkeit, gehütete Geheimnisse«). Selbst erwerbslos, wurde sie Arbeitsvermittlerin bei der Agentur für Arbeit in Frankreich, der ANPE. Gleich zu Beginn erhielt sie ein Rundschreiben der Leitung, das allen Beschäftigten der ANPE ein striktes Schweigen über betriebliche Ereignisse verordnete. Fabienne, seit vier Jahren angestellt, schweigt nicht. Zuerst anonym, begann sie eine Enthüllungsgeschichte über das Leiden der Arbeitssuchenden wie auch der Berater zu schreiben. »Du hörst die öffentlichen Verlautbarungen der Leitung und du siehst und erlebst die Realität.

Zwei Welten, und es ist wichtig, dies der Gesellschaft mitzuteilen.« Fabienne will ihre Arbeit gut machen. Aus ihrem Erleben und den erzählten Geschichten wird ein Buch, das den Alltag, die Innenwelt einer Behörde schildert. Hier zeigt sie auf, wie Statistiken gefälscht und Leute mutwillig von der Unterstützungsliste gestrichen werden, wie öffentliches Geld verschwendet wird. So ist einiges in Bewegung geraten. Gewerkschaften haben das Thema aufgegriffen und Beschäftigte weigerten sich, Arbeitsuchende aus den Listen zu streichen oder Sanktionen zu verhängen. Es formierte sich eine soziale Dynamik: »Nein das machen wir nicht mehr mit!« Vor diesem Hintergrund entstand die Erklärung zur beruflichen und bürgerlichen Ethik von Sud ANPE, einer linken Gewerkschaft in der französischen Agentur für Arbeit:

> »Unsere Aufgabe ist es vor allem, den Arbeitsuchenden zu helfen, eine Beschäftigung zu finden und das erwarten die Arbeitsuchenden von uns. Aber es gibt einfach keine Arbeit für Alle. Die Zunahme von Gesprächen, die ständigen Aufforderungen zum Besuch der Agentur werden keine Arbeit schaffen, sondern erhöhen nur das Risiko für die Arbeitsuchenden, gezwungen, schikaniert und abgestraft zu werden. Wir, die Beschäftigten der ANPE, erklären, dass wir auf keine Weise Menschen schaden wollen, die schon durch den Verlust der Beschäftigung und des Einkommens verletzt sind. Wir weigern uns, sie auszugrenzen und wir werden keine Streichungen mehr durchführen, ohne vorher die moralischen und menschlichen Folgen mit zu beachten. Wir schlagen Angebote vor, wir zwingen aber Angebote nicht auf. Wir werden die Arbeitsuchenden nicht zwangsweise in kleine Kästen stecken. Wir erpressen sie auch nicht mit Streichung. Wir verweigern uns auch, der Wut der Arbeitsuchenden ausgesetzt zu werden. Wir verweigern uns, eine soziale Polizei zu sein, angewiesen zur Unterdrückung anstatt als öffentlicher Ratgeber für Beschäftigung agieren zu können. Weder Arbeitsuchende noch Beschäftigte der ANPE sind verantwortlich für den Zustand des Arbeitsmarktes und für die wachsende Prekarisierung. Wir sind mit den Arbeitsuchenden solidarisch. Wir weigern uns, falsche Zahlen, unlautere Angebote und sinnlose Unterhaltungen zu produzieren und wir werden unsere beruflichen Praktiken dazu einsetzen, den Nutzern unserer Dienste zu helfen, im vollen Respekt ihrer bürgerlichen Rechte. Die Beschäftigten der ANPE aus Tarn, gewerkschaftlich organisiert bei SUD (Sud-anpe.81@wanadoo.fr)« (http://www.apeis.org/Agents-de-l-ANPE-travailleurs.html).

Es gibt auch Beispiele aus der BRD, wie Beschäftigte gegen den geforderten Gehorsam verstoßen. Ein Polizeibeamter aus Landau stellt fest, dass ein Arbeiter aus Mozambique, der bei einer Polizeikontrolle ohne Papiere festgenommen wurde, mehrere Tage in einer nassen krankmachenden Zelle im Polizeirevier eingesperrt werden soll. Er beschließt, den Festgenommenen freizulassen und ihn bei einem Freund unterzubringen, woraufhin er wegen Gefangenenbefreiung aus dem Dienst entfernt wird. In der Region entstand eine Bewegung zu seiner Unterstützung, das Politikmagazin Panorama berichtete darüber.

Fazit

Wir erleben heute einen realen gesellschaftlichen Transformations-Prozess, der sich auf zwei Ebenen entwickelt: auf der Ebene der gesamtgesellschaftlichen Auseinandersetzungen mit der staatlichen Regierungspolitik und ihren immer neuen Maßnahmen gegen Beschäftigte und Erwerbslose, wie am Beispiel der neuen Rentenregelungen und dem Slogan »Börse oder das Leben« deutlich wird. Diese Situation ist in allen Ländern Europas ähnlich, wie beispielsweise jetzt in Spanien, Portugal, Griechenland, Italien, aber auch in der BRD. Andrerseits haben wir die Ebene der lokalen Ausbrüche, die individuelle und kollektive Aktionen vereinen, um gegen neue Verordnungen zu revoltieren, welche gegen den Geist und die Ethik des eigenen Anspruchs an Arbeit und Tätigkeit gerichtet sind. Das zeigt sich sowohl im Bereich der Medizin, der Justiz, der Gesundheitsversorgung, der Arbeitsagenturen, der Schulen, im öffentlichen Dienst wie auch in Bereichen des öffentlichen Transports usw. Zusammengefasst werden alle diese Ausbrüche in dem 2010 erschienenen Buch von Élisabeth Weissmann »Desobéissance éthique« (»Ethischer Ungehorsam«) und in der Gewerkschaftszeitschrift *Express* 2/2011.

Die Zeit der Utopien ist wieder da

Unsere Orientierung:

Es gilt, diesen Geist des Aufbegehrens zu verbreiten und zu fördern. Der utopische Impuls liegt in diesem Anderen-Arbeiten-und-Leben-Wollen, was aber nur erreichbar ist durch das alltägliche Kämpfen gegen unwürdige Verhältnisse, durch andere Formen des Umgangs, durch eine Kultur des Zuhörens und der Kooperation: je lutte des classes. Dazu gehört dieses Nachdenken, dieses Träumen über das ganz Andere, nämlich sich nicht mehr vertreten lassen zu wollen, sondern sich einzumischen. Sei es als Bürger/innen, die sich in regionalen und internationalen Protestbewegungen engagieren, wie der Anti-Atom-Bewegung, Stuttgart 21, der Occupy-Bewegung. Sei es als Lohnabhängige, die Widerstand leisten in der alltäglichen Produktion und dem alltäglichen Leben. Dieses Selbst-Aneignen-Wollen, um die Lohnabhängigkeit aufzuheben und zu freien Produzent/innen-Individuen zu werden, ist der große rêve général, der allgemeine Traum. In großen Streiks und in Besetzungsbewegungen ist er immer latent vorhanden. Beide Orientierungen sind heute sichtbar und prägen die emanzipative Dynamik des sozialen Prozesses, der in Frankreich sehr viel stärker ausgeprägt und sichtbarer ist als in der BRD; aber auch in der BRD ist ein Potential vorhanden. Das individuelle und kollektive Aufbegehren, dieser Wunsch nach dem Anders-Arbeiten-und-Leben-Wollen ist die Voraussetzung für diese irgendwann mögliche revolutionäre Praxis und die Schaffung einer solidarischen und kooperativen Gesellschaftlichkeit, in der die Freiheit des Einzelnen in allen Bereichen der Gesellschaft die Grundlage für die Freiheit aller werden wird.

Pierre Bourdieu formuliert es so: »Der soziale Akteur ist dieses Individuum, geprägt von den Zwängen, die stärker als es sind, das sich aber nicht zufrieden gibt, diese Zwangs-Ordnung einfach hinzunehmen. Das ist die einzige Art und Weise, den Raum der Möglichkeiten zu öffnen und sich von den Zwängen zu befreien. Die Freiheit ist nicht einfach da, sie konstruiert sich entlang der Herausforderungen, der Konflikte, die den Weg der sozialen Existenz ausmachen. Sie erwirbt sich durch das Widerstehen gegen die Zwänge.« (Zitiert nach einem Exzerpt, die Originalquelle liegt leider nicht vor.)

Das heißt, es ist nicht leicht, aus den Zwängen auszubrechen und ins Offene zu treten. Aber es ist ein Erlebnis und kann das Leben und Denken entscheidend verändern, was sich dann so ausdrückt: »Je me révolte, donc nous sommes« – »Ich revoltiere – also sind wir«.

Zum Schluss möchte ich aus »Anders leben«, dem Buch von Monique Piton, ein Gedicht zitieren, entstanden Anfang der 1970er Jahre während der Streiks bei Lip:

für jean
besancon stadt der zeitmessung wo der augenblick in der ewigkeit
festgehalten wird
besancon voller geschichte
stadt des militärs und freie Stadt
der klerikalen und der freimaurer
provinziell und europäisches besancon heute

wo das unmögliche möglich wird
das illegale als legal gilt
die arbeit zum fest wird
das fest revolution
wildeste hoffnung, schönster mut wahr wird
einfach, vernünftig, aufrichtig
fast nichts, nur menschen, widersprüche, ein möglicher bund
leben

Annette Schlemm

Was fehlt?

Crashtest für Schönwetterutopien

Als ich eingeladen wurde innerhalb der Vortragsreihe »Etwas fehlt‹ – Utopie, Kritik und Glücksversprechen« der *jour fixe initiative berlin* zu sprechen, hatte ich endlich einmal Gelegenheit, mich der Frage zuzuwenden, was in der Utopiendebatte selbst fehlt. Was fehlt bei der Suche nach lebenswerten Zukünften und konkreten Utopien? Welche Frage wird höchstens ansatzweise einmal zweifelnd eingeworfen und dann schnell wieder zurückgestellt? Es ist die Frage, ob unsere Welt und unsere Zivilisation in ihrem Niedergang überhaupt noch utopiefähig ist, ob auf der »verbrannten Erde« überhaupt noch etwas Neues aufgebaut werden kann ...

Die Zukunft ist auch nicht mehr das, was sie früher mal war

Utopien im weitesten Sinne sind Vorstellungen einer anderen Welt; im engeren Sinne werden vorwiegend die Vorstellungen einer besseren Welt »Utopien« genannt. Die realistischen möglichen Konzepte einer besseren Welt im Unterschied zu irrealen Traumtänzereien werden nach einem Vorschlag von Ernst Bloch »konkrete Utopien« genannt. Um solche wird es hier gehen.

Seit Thomas Morus werden Utopien bevorzugt in unerforschte Regionen der Welt verlegt. Inseln boten zuerst einen Vorstellungsraum für das, was es in den bekannten Regionen nicht gab, später dann Planeten im Weltraum. Das Andere wurde schließlich nicht nur an ferne Orte verlegt, sondern in die Zukunft. Das bot die Möglichkeit, ganze Zivilisationen von Grund auf neu zu konstituieren. Je nach Darstellungsabsicht konnten die Bedingungen so ausgemalt werden, dass entsprechende »Welten« entstanden, die lediglich überwindbare Probleme aufwarfen, um den Menschen die Möglichkeit der Selbstbestätigung und Bewährung zu bieten. Das heißt, für Utopien einer besseren Welt waren meist lebensfreundliche Umweltbedingungen typisch. Auch in der Fernsehserie und den Filmen von *Star Trek* hat die irdische Zivilisation Kriege und Geldwirtschaft längst überwunden und von daher lassen sich alle Probleme zwar nicht ganz konfliktfrei, aber doch auf humaner Grundlage in meist recht trickreicher Weise lösen. Demgegenüber gab es auch immer Dystopien mit wahrlichen Horrorszenarien. Diese können auch als Kritik am Bestehenden gedeutet werden – als Anrufungen, sich auf das Gute und Bessere zu besinnen, um die dargestellten barbarischen Zustände zu verhindern. Wenn diese Warnungen Erfolg haben, dann sollte es doch in der realen Welt in Richtung einer besseren Zukunft gehen, oder nicht? Leider ist die Zukunft nicht mehr das, was sie einmal war. Die Fernsehserie *Andromeda*, die noch unter Verwendung von Material des *Star Trek*-Schöpfers Gene Rodenberry konzipiert wurde, vollzog nach Worten des ausführenden Produzenten R. H. Wolfe einen Paradigmenwechsel:

> »Es geht nicht darum, neue Zivilisationen zu entdecken, oder neue Lebensformen zu suchen. Es geht vielmehr darum, eine zerstörte Welt zu beschützen und diese wieder Stück für Stück aufzubauen.«[1]

Inzwischen verdichten sich die Anzeichen, dass die zaghaften Ansätze, ökologische Zerstörungen und Klimaveränderungen noch zu verhindern, völlig unzureichend sind. Die vorsichtige Prognose der Experten, wie weit der Meeresspiegel bis zum Jahr 2100 ansteigen könnte (es wurde von 60 cm gesprochen), wurde inzwischen nach oben korrigiert (90 cm bis 1,60 m). Die steigende Häufigkeit und wachsende Wucht von Wetterextremen wie Hurrikans sind nicht mehr zu übersehen. Fukushima wurde zwar durch ein Ausgangsereignis hervorgerufen, das nicht von Menschen in Gang gesetzt wurde – aber dass die Wirkungen so verheerend sind, liegt an der unverantwortlichen Energieerzeugung durch Kernkraft, die auch nach diesem Ereignis nur zögerlich aufgegeben wird.

Es geht nicht mehr darum, ob wir »Fünf vor Zwölf« noch die Kurve kriegen und herumsteuern. Sogar wenn wir die klimaschädlichen Emissionen morgen abrupt stoppen könnten, würde die jetzt bereits vorhandene Menge samt ihren Auswirkungen (Aufschmelzen von Permafrost etc.) noch mindestens 30 Jahre lang weiter wirken. Es steht bereits jetzt fest, dass sich Starkwetterereignisse häufen und dass große Regionen langfristig unter Überschwemmungen oder Austrocknungen leiden. Klimatische Zonen verschieben sich, Millionen von Menschen befinden sich bereits auf einer meist leisen und unsichtbaren Flucht aus ihren Siedlungsgebieten. Es ist bereits »Fünf nach zwölf«.

Die folgenden Überlegungen sind nur für jene sinnvoll, die diese Position teilen. Wer immer noch glaubt, wir könnten auch in den nächsten Jahrzehn-

---

[1] SPACE View. Das Sci-Fi Magazin, November/Dezember 2000, S. 7.

ten so weiter machen und folgenlos auf das Beste hoffen wie bisher, stellt noch nicht die Fragen, auf die ich hier Antworten zu geben versuche. Für sie brennt das Haus noch nicht, von dem Brecht berichtet:

> »Neulich sah ich ein Haus. Es brannte. Am Dache nagte die Flamme. Ich ging hinzu und bemerkte, daß noch Menschen drin waren. Ich trat in die Tür und rief ihnen zu, daß Feuer im Dach sei, sie also auffordernd, schnell hinaus zu gehen. Aber die Leute schienen nicht eilig. Einer fragte mich, während ihm schon die Hitze die Braue versengte, wie es draußen denn sei, ob es auch nicht regne, ob nicht doch Wind ginge, ob da ein anderes Haus sei, und so noch einiges. Ohne zu antworten, ging ich wieder hinaus. Diese, dachte ich, müssen verbrennen, bevor sie zu fragen aufhören. Wirklich, Freunde, wem der Boden noch nicht so heiß ist, daß er ihn lieber mit jedem anderen vertausche, als daß er dabliebe, dem habe ich nichts zu sagen.«[2]

Crashtest für Utopien

In den weltweiten Kämpfen gegen den Vormarsch der neoliberalen Wirtschaftspolitik wurde die Losung geprägt: »Eine andere Welt ist möglich.« Zuerst war sie ein kräftiger Wutschrei, inzwischen wird sie immer mehr auch mit Inhalt gefüllt. Die »andere Welt« als konkret-utopischer Standpunkt des Kampfes gegen die Weltherrschaft des Kapitals stützt sich vor allem auf den Kampf gegen den weiteren Raub der Gemeingüter (Commons) und fordert deren Entfaltung auch auf neuen Gebieten wie Wissen, Kulturgüter und Software.

Aber wir müssen inzwischen davon ausgehen, dass wir zur Verwirklichung dieser aktuellen politischen konkreten Utopien in turbulenten bis katastrophalen ökologischen, klimatischen und soziokulturellen Verhältnissen zu agieren haben und nicht unter Luxusbedingungen. Doch Katastrophen waren immer auch »Umwender« von Verhältnissen und nicht das Ende von allem. Die griechischen Worte, aus denen die Bezeichnung »Katastrophe« besteht, vereinen die Bedeutungen von »nach unten« und »umwenden«. In Tragödien markiert die Katastrophe ebenfalls ein »Umwende-Ereignis« zwischen dem ersten Teil der Handlung und dem tragischen Schluss. Auch im 17. Jahrhundert wurden insbesondere Vulkanausbrüche mit ihren klimaverändernden Wirkun-

---

2   Bertolt Brecht: Hundert Gedichte 1918–1950, Berlin 1962, S. 116 f.

gen häufig verantwortlich gemacht für folgende revolutionäre Umbrüche im Zusammenhang mit Hungerrevolten.

Spätestens seit den Ereignissen in Tschernobyl wissen wir allerdings, dass die Auswirkungen der heute anstehenden Katastrophen die gesamte menschliche Zivilisation auslöschen können, da sie die Lebensgrundlagen in weiten Landstrichen über unermessliche Zeiträume hinweg zerstören können. Eine nachhaltige Beeinträchtigung ist jetzt schon nicht mehr aufzuhalten – das Klimasystem ist so träge, dass auch ein sofortiger Stopp des zusätzlichen CO_2-Ausstoßes dies nicht mehr verhindern könnte. Deshalb verbietet sich das bewährte Vertrauen auf die Einheit von Krisenhaftigkeit und Neuanfang, das beispielsweise im chinesischen Schriftzeichen für das Wort »Krise« verankert ist oder der Spruch von Novalis: »Wo Gefahr ist, wächst das Rettende auch.«

Es gibt von Bertolt Brecht eine andere Geschichte:[3]

»Herr Keuner ging durch ein Tal, als er plötzlich bemerkte, dass seine Füße in Wasser gingen. Da erkannte er, daß sein Tal in Wirklichkeit ein Meeresarm war und daß die Zeit der Flut herannahte. Er blieb sofort stehen, um sich nach einem Kahn umzusehen, und solange er auf einen Kahn hoffte, blieb er stehen. Als aber kein Kahn in Sicht kam, gab er diese Hoffnung auf und hoffte, daß das Wasser nicht mehr steigen möchte. Erst als ihm das Wasser bis ans Kinn ging, gab er auch diese Hoffnung auf und schwamm. Er hatte erkannt, daß er selber ein Kahn war.«

Leider funktioniert auch diese Erkenntnis nicht mehr. Die Geschichte geht davon aus, dass das Wasser den Schwimmenden nicht nur bedroht sondern auch trägt. Die zigtausend Tsunami-Opfer der letzten Jahre enttäuschen diese Hoffnung. Leider machen wir gerade die Erfahrung, dass zu viele Menschen im brennenden Haus bleiben oder weiter im Wasser zu schwimmen versuchen. Und leider gefährden sie damit nicht nur sich selbst, sondern das rechtzeitige Umsteuern vor dem Eintreten größerer Krisen und Katastrophen.

Was heißt das für unsere konkreten Utopien? Sie müssen gerade im Worst Case die bessere Option sein, um auch unter schlechteren Bedingungen als jemals zuvor ein besseres Leben zu ermöglichen als die bisherigen Lebens- und Gesellschaftsformen.

Die Praxen unsrer konkreten Utopie dürfen keinen Wohlstand auf Kosten von Umwelt und Klimastabilität versprechen, sie müssen trotzdem produktiv

---

3   Bertolt Brecht: Gesammelte Werke. Band 12. Frankfurt am Main 1967, S. 402.

und effektiv sein, um mit möglichst wenig Aufwand einen hohen Nutzen zu ermöglichen. Auch unter chaotischen Bedingungen muss Selbstentfaltung und Teilhabe die Grundlage gesellschaftlicher Organisation sein. In ihr muss die angemessene Stabilität globaler Bedingungen (Klima) gewährleistet sein, obwohl ihre Regulierungsmechanismen von lokalen und individuellen Entscheidungen ausgehen.

Diese Anforderungen widersprechen einander. Ein hohes Maß an individueller Selbstbestimmung innerhalb und außerhalb der Arbeit braucht eine hohe gesellschaftliche Arbeitsproduktivität. Gleichzeitig verlangt die ökologische und klimatische Verträglichkeit ein energie- und materialsparendes Vorgehen. Eine weitere Anforderung an die konkrete Utopie besteht darin, dass Regulierungsansätze »von unten« bis in globale Wechselbeziehungen und Rahmenbedingungen hinein wirken müssen.

Regulierung »von unten«

Mühe und Anstrengungen ersparend, d. h. hohe Arbeitsproduktivität

Ökologisch und klimatisch verträglich, d. h. energie- und materialsparend

Globales Ausmaß

Einige von den Konzepten, die als Lösung der globalen Probleme gehandelt werden, versuchen die Probleme mit »noch mehr vom Gleichen« zu lösen. Der »Green New Deal«[4] möchte die Grundlagen der kapitalistischen Wirtschaftsordnung nicht antasten, sondern »klima- und wirtschaftsfreundliche Maßnahmen« verbinden. Aber es gibt keine »Win-Win«-Situation für Klimafragen und die kapitalistische Wirtschaft. Zwar lassen sich einzelne Umweltschäden preislich in die ökonomische »Rentabilität« einrechnen, aber die Logik der wertmäßigen Quantifizierung ist strukturell unverträglich mit qualitativen ökologischen Zusammenhängen. Der Kapitalakkumulationszwang widersetzt sich nicht nur jeglichem Versuch, Energie- und Materialeffizienz mit Profiterwirtschaftung zu verbinden, sondern auch dem Kapitalverwertungs-

---

4   Labournet: »Green New Deal« (GND)? http://www.labournet.de/diskussion/wipo/finanz/green.html (abgerufen 5. März 2012)

zwang ein »Es genügt« entgegen zu stellen. Jeder einzelne Kapitalist muss bei Strafe seines Untergangs Profit vermehren, auch wenn er dabei die »Springquellen allen Reichtums, die Erde und den Arbeiter« (Marx) untergräbt. In dieser Logik liegt keine Rettung, sie verkörpert die Flammen in dem brennenden Haus. Auch viele von denen, die bereits wissen, welche Gefahren bei einer Fortführung des derzeitigen Entwicklungsprinzips drohen, sind häufig hilflos. Sie rennen vor einem herannahenden Zug davon, bleiben aber auf dem Gleis, auf dem die Lok fährt. Dabei rufen sie noch verzweifelt: »Wenn nicht bald eine Weiche kommt, sind wir verloren!«

Andere Konzepte, wie Ökodörfer, Kommunen und »alternative« ökologische und solidarische Ökonomieprojekte stellen sich dieser Logik seit langem bewusst entgegen. Traditionell beziehen sie sich auf die genannten Anforderungen der Regulierung »von unten« (Dezentralität) und Material- bzw. Energieeinsparung. Allerdings fehlt ihnen bisher das Interesse an einer hohen Arbeitsproduktivität und globaler Wirkungsmöglichkeit.

Der erste Ansatz, der einerseits eine dezentral regulierte Vernetzung auf globaler Basis verwirklicht und gleichzeitig eine hohe Produktivität aufweist, ist die Freie Software. Bei dieser Praxis erleben wir erstmalig, dass Menschen, die von ihren individuellen Interessen ausgehen, eine globale und produktive Arbeitsteilung selbst organisieren und dabei komplexe und qualitativ sehr gute Produkte herstellen können. Diese Praxis, die in großem Maße auf der Immaterialität ihrer Produkte basiert, weitet sich aus in einen großen Bereich der Freien Kultur. Ein Kritikpunkt ist der enorme Energieverbrauch ihrer technischen Basis, der allerdings derzeit durch die Datensammelwut kommerzieller Betreiber von riesigen Datenfarmen zusätzlich in die Höhe getrieben wird.

Größere Bedeutung erhalten die materiellen und energetischen Bedingungen der Bedürfnisbefriedigung in den Bereichen, wo an einer Verallgemeinerung der Prinzipien der Freien Software auf die Produktion und Verteilung materieller Güter gearbeitet wird. Dieser Prozess wird häufig als »Peer-Produktion« bezeichnet. Hier wird eine »faire Ressourcennutzung« im »Rahmen des ökologisch Machbaren« zumindest ansatzweise berücksichtigt.[5]

Das Konzept der Peer-Gesellschaft beruht auf einer Produktionsweise, in der Gleichberechtigte (»peers«) miteinander produzieren. Die arbeitsteilige Kooperation wird durch alle Beteiligten selbst-organisiert und nicht über Herrschaftsbeziehungen oder versachlichte Logiken wie die Kapitalakkumu-

---

5   Christian Siefkes: Selbstorganisierte Fülle. http://keimform.de/2010/selbstorganisierte-fuelle/ (abgerufen 5. März 2012), Siehe auch den Beitrag von Christian Siefkes in diesem Band.

lation. Die Wechselbeziehungen werden weder durch die »unsichtbare Hand« der Märkte reguliert noch durch die starren Vorgaben einer Planwirtschaft. Nicht Einzelindividuen eignen sich Mittel und Güter an, sondern diese werden als Commons durch die jeweiligen Menschen verwaltet. Die Voraussetzungen für eine gemeinschaftliche Verwaltung sind durch die vielfältigen Fähigkeiten und Bedürfnisse der Menschen gegeben wie durch die technische Infrastruktur, die eine Vernetzung und produktive Güterherstellung ermöglicht.

Worst Case – und dann?

Bisher blieb das Entsetzen über die ökologischen Zerstörungen wohl vor allem deswegen aus, weil in den hochindustrialisierten Ländern erfolgreich Umweltschutzmaßnahmen realisiert werden konnten, begleitet von einer Auslagerung der besonders umweltschädlichen Produktionsprozesse in andere Regionen der Erde. Gleichzeitig entwickelte sich ein Gewöhnungseffekt: Jede Generation kennt nur das schon beschädigte Stück Natur vor ihrer Haustür, sie überblickt jedoch nicht das ganze Ausmaß des Naturverlusts seit Beginn der Industrialisierung. Noch brennt ja nur der Dachstuhl, ich dagegen sitze noch gemütlich unten im Wohnzimmer. Dieser Effekt ist auch bekannt als »Shifting Baselines«: Die »sich verschiebende Referenzlinie« beschreibt »die herausragende Fähigkeit von Menschen, sich in sozialen Kontexten immer wieder selbst zu täuschen und sich damit stattfindende z. T. dramatische Umfeldveränderungen erträglich zu gestalten«.[6] Dies betrifft nicht nur den Verlust an ökologischer Vielfalt in unserer direkten Umgebung, sondern ganz elementare menschliche Eigenschaften wie das Mitgefühl:

> »War das Sterben solcher ›Bootsflüchtlinge‹ am Anfang noch ein erschreckender Vorgang, so nehmen wir die Meldungen heute als Normalität hin, als unabweisbare Folge der Klima-induzierten globalen Veränderungen.«[7]

Die Standardstory des Katastrophenfilms beginnt meist mit solchen Sequenzen. Das Alltagsleben von einfachen Menschen wird gezeigt. Im Fernsehen

---

6   Uwe Schneidewind (2009): »Shifting Baselines« – Zum schleichenden Wandel in stürmischen Zeiten. http://oops.uni-oldenburg.de/volltexte/2009/919/pdf/ur185.pdf (abgerufen 5. März 2012)
7   Ebd.

laufen Berichte über Katastrophen, die irgendwo, weit entfernt von dieser heilen Welt stattfinden, denen jedoch keiner Beachtung schenkt. Erst nach und nach rückt die Katastrophe immer näher, bis ... das übliche Heldenepos beginnen kann. Romane versuchen zumeist intelligentere Gedankenspiele. Beispielsweise schildert Stephen Baxter in »Die letzte Flut«[8] verschiedene Überlebensstrategien. Leider hält sich seine Phantasie in Bezug auf neue soziale Verhaltensweisen und Beziehungen sehr in Grenzen. Deshalb ist auch der zweite Teil des Romans »Die letzte Arche«[9] kein Beispiel für innovatives Denken. Viel mehr wird hier die Hoffnung enttäuscht, Science Fiction könne unsere Phantasie auf allen Gebieten erweitern, produktive Vor-Scheine für eine überlebenswerte Zukunft erzeugen und uns anregen, das eigene Leben schon vor den Katastrophen kreativ zu verändern.

Ein Gefühl, wie das ist, wenn das Leben, wie wir es kennen, zu Ende geht, können uns diese Schilderungen dennoch ein wenig nahe bringen. Sie hinterfragen die Gewissheit der Hoffnung, dass die Probleme mit nur wenigen Veränderungen im alltäglichen Leben zu überwinden sein werden. Sie machen das Undenkbare vorstellbar. Unter Worst Case verstehe ich noch nicht einmal das recht plötzliche Verlöschen der menschlichen Zivilisation, denn gegenüber dieser Möglichkeit müsste ich sprachlos bleiben. Ich verwende die Worst-Case-Vorstellung dazu, um vor ihrem Horizont nach Wegen zu suchen, die ein Überleben ermöglichen. Vielleicht gibt es auch in der Menschheitsgeschichte schon Erfahrungen, wie Krisen überlebt und überwunden werden können? Vielleicht stoßen wir auf Erfahrungen, die jenseits der in dystopischen Filmen und Büchern häufig verbreiteten Fiktionen liegen, nämlich dass sich grade während und nach Katastrophen »starke Männer« auf diktatorische Weise die Macht aneignen.

Die Rolle von Flexibilität und sozialer Offenheit in Krisenzeiten

An dieser Stelle möchte ich eine interkulturelle Vergleichsstudie[10] vorstellen. Verglichen werden die Lebensbedingungen und die gesellschaftlichen Struk-

---

8   Stephen Baxter: Die letzte Flut. München 2011.
9   Stephen Baxter: Die letzte Arche. München 2011.
10 Hans Dieter Seibel (1978): Die Entstehung von Macht und Reichtum. In: Argument, Sonderband 32 (1978), 101–116. Internet: hf.uni-koeln.de/data/aef/File/PDF/Development Theory/Die Entstehung von Macht und Reichtum (Seibel 1978).pdf (abgerufen 5. März 2012)

turen in Melanesien (dazu gehören z. B. New Guinea und Fiji) und Polynesien (z. B. Hawaii und Samoa). Beide Inselgruppen liegen im Pazifik östlich von Australien. Die von Seibel zitierten Berichte stammen aus den 1930er bis 1960er Jahren. Gemeinsam ist den sozialen Gruppen dieser Inseln, dass sie als sogenannte »Ackerbaukulturen mit ›steinzeitlichen‹ Produktionsmitteln« das Land bewirtschaften und sich so ihre Existenzgrundlage schaffen.[11]

Auf den entsprechenden Inselgruppen finden die Menschen recht unterschiedliche Umweltbedingungen vor. Während auf den melanesischen Inseln die Nahrungsversorgung stets auf unsicheren Grundlagen beruht, erleichtern auf den polynesischen Inseln günstige Umweltbedingungen die Produktion von wirtschaftlichem Überschuss. Ein deutlicher Unterschied zeigt sich auch in der Sozial- und Gesellschaftsstruktur. Die Menschen der einen Inselgruppe leben in einer relativ offenen Gesellschaft, d. h. es gibt eher kleine gleichberechtigte Gruppen mit einer flachen Hierarchie. Auf der anderen dagegen entwickelte sich eine hierarchische Adels-Hierarchie, d. h. die gesellschaftliche Struktur ist relativ geschlossen.

Die Frage ist nun, welcher Art von Umwelt- und Lebensbedingungen (problematisch/günstig) ordnen wir welche Gesellschaftsstruktur (relativ offen/relativ geschlossen) zu? Meiner Erfahrung nach wird häufig angenommen, dass Menschen sich unter Überflussbedingungen eine offenere Entscheidungsstruktur »leisten können«, während in Notzeiten eine »straffe Hand« organisieren muss. Die Erfahrungen des hier angeführten Beispiels stützen diese Schlussfolgerung jedoch nicht.

Auf den melanesischen Inseln, also jenen mit problematischen Lebensbedingungen, gibt es eher kleinere Gemeinden mit 70 bis 300, maximal 1000 Mitgliedern. Jedes Dorf bzw. eine Gruppe von Dörfern ist wirtschaftlich autark, sie sind in der Sozialstruktur ähnlich und politisch gleichberechtigt. Die Führungsfunktionen werden immer nur vorübergehend »durch Ansehen« erworben, d. h. der Häuptling wird dadurch zum Häuptling, dass er häufig zur Entscheidungsfindung beiträgt. Der Austausch von Gütern und Leistungen beruht auf Gegenseitigkeit. Die sozialen Rollen innerhalb der Gemeinschaft werden durch den einzelnen Menschen gestaltet und nehmen erst im Gestaltungsprozess vorübergehend Form an. Dabei ist jeder sein eigener Priester bzw. jede ihre eigene Priesterin.

Auf den polynesischen Inseln mit günstigen Lebensbedingungen umfassen die Gemeinden dagegen 2000 bis 3000 (maximal 10 000) Personen. Die Gemeinden sind nicht mehr segmentär, sondern pyramidal strukturiert:

---

11 Ebd.

Gemeinden sind Unterteilungen umfassenderer politischer Gebilde; wobei die Häuptlinge einander über- und untergeordnet sind. Dabei sind die Führungsfunktionen bestimmen Personen fest zugesprochen, d. h. der Häuptling trifft Entscheidungen, weil er der Häuptling ist. Der Austausch von Gütern und Leistungen manifestiert die Ungleichheit, soziale Rollen sind strukturell vorgegeben und werden als vorgefertigte Tätigkeitsmuster übernommen. Für die Ausübung der Religion gibt es Tempel und bestallte Kulturdiener.

An diesen Beispielen zeigt sich ein deutliches Zusammenfallen von Offenheit und Dynamik der Gesellschaft mit problematischen Umweltgegebenheiten, während die Gesellschaft unter günstigen Bedingungen sich eher als starr und statisch erweist. Die Vermutung, dass politische Strukturen stark von den Umweltbedingungen abhängen – auch wenn hier kein Automatismus besteht – wird zudem durch historisch-ethnologische Studien aus Polynesien bestärkt. In den Perioden, in denen die Menschen in die unterschiedlichsten Lebensbereiche vordrangen, die Inseln erschlossen, neue landwirtschaftliche Verfahren entwickelten und Umweltprobleme bewältigten, gab es noch keine sozialen Ungleichheiten mit geschlossenen Strukturen. Erst später (ab 1600) entstand eine starke Hierarchisierung. Auch bei anderen Inseln wurde diese Abfolge vorgefunden: Nach der in offenen Strukturen vollzogenen Problemlösungsphase bildete sich nach der Bewältigung der Probleme eine komplexe, geschlossene und hierarchisch organisierte Gesellschaftsstruktur heraus.

> »Die offene Schichtungsstruktur ermöglichte in der ersten Phase die Mobilisierung aller individuellen Fähigkeiten mit dem Ergebnis einer erfolgreichen [...] Problembewältigung. Damit war die Grundlage gegeben, auf der anschließend ein Staatswesen mit komplexer Hierarchie und komplexen Erbschaftsregeln entstand, das die Problemlösungen, nämlich Überschussproduktion und Umverteilung, routinisierte und auf die Kreativität des einzelnen nicht mehr angewiesen war.«[12]

Dass starre Gesellschaften mit entstehenden neuen Problemen schlecht umgehen können, zeigen auch vielfältige Beispiele bei Jared Diamond.[13]

Bei Seibel wird auch über das westafrikanische Volk der Kran berichtet. Diese Menschen leben seit Jahrhunderten in überaus prekären Umständen, sie wurden mehrfach vertrieben und mussten sich immer wieder auf neue

---

12 Ebd.
13 Diamond, Jared: Kollaps: Warum Gesellschaften überleben oder untergehen. Frankfurt am Main 2006.

Lebensbedingungen einstellen. Wie Seibel betont, kann er über die Lebens- und Wirtschaftsweisen derer, die das nicht überlebten, nicht berichten. Es bleibt die Erkenntnis, wie jene agierten, die es geschafft haben zu überdauern und sich dabei zu entwickeln. Dieses Beispiel gibt Hinweise auf die Frage, »wie stellt sich eine Gesellschaft auf eine solche ständige Bedrohtheit ein, wie gelingt es ihr, unter diesen Bedingungen zu überleben?«. Die Antwort besteht in der bestmöglichen Mobilisierung der individuellen Handlungsfähigkeiten. Große Spielräume und eine geringe Determiniertheit zeichnet die soziale Struktur dieser überlebenden Gruppen aus. Es gibt hier gleichzeitig offene und geschlossene Strukturen. Die offenen überwiegen bei den zu lösenden Problemfeldern. In den unproblematischen Bereichen dagegen, d. h. in Bereichen, in denen die gefundenen Problemlösungen routinisiert wurden, setzten sich formale Autoritätsverhältnisse durch.

Damit wird nicht behauptet, dass nicht auch in Krisenzeiten »starke Männer« die Macht übernehmen würden – die angeführten Beispiele deuten nur darauf hin, dass solche Gemeinschaften eher nicht überdauern, sondern jene, die auf eine geringe Vorherbestimmtheit und Flexibilität setzen.

Was ich damit zeigen will, ist, dass die Inhalte unserer konkreten Utopie sehr wohl zusammen gedacht werden können mit der Gefahr von krisenhaften bis katastrophalen Bedingungen, unter denen der Übergang zu neuen Lebensformen höchstwahrscheinlich erfolgen muss. Eine Übertragung aus ganz anderen geschichtlichen und auch regionalen Geschehnissen ist natürlich keine schlüssige Argumentation. Die Beispiele wiederlegen aber jene Vorstellungen, nach denen Krisen- und Katastrophensituationen das Schlechteste in den Menschen mobilisieren und fast automatisch neue Machtstrukturen hervorbringen, die unserer konkreten Utopie entgegen stehen.

Survival Utopia

Im Gegenteil: Krisen fordern Kreativität und Innovationskraft heraus. Sie können auch Ideen und Projekte, die unter der bleiernen Last des alten Systems verschüttet wurden, neu beleben. Unsere konkrete Utopie beinhaltet mit Enthierarchisierung, Dezentralisierung, Entfaltung der Individualität und solidarischer Gemeinschaft gerade jene Merkmale, die auch zur Überwindung von Gefahren notwendig sind. Unsere konkrete Utopie muss nicht nur, sondern sie ist gerade im Worst Case die bessere Option. Herrschaftsfreie gesellschaftliche Strukturen, wie sie in diesen utopischen Vorstellungen stecken, sind nicht nur wünschenswert, sondern notwendig.

Die notwendige Entflechtung globaler Machtkonglomerate, die Befreiung von globalen Kapitalverwertungszwängen und den damit verbundenen ökologischen Belastungen ermöglichen eine ökologisch angemessene Re-Regionalisierung, wobei neu zu entwickelnde globale Vernetzungen jeweils ökologisch optimierte Wechselbeziehungen ausbilden können. Die Bemühungen zum »Umweltschutz« richten sich dabei nicht gegen die in den jeweiligen Gebieten lebenden Menschen. Derzeit vollzieht sich bereits ein Paradigmenwechsel im Bereich des »Naturschutzes«. Die Menschen werden nicht mehr aus den Naturschutzgebieten ausgesperrt, sondern Lebens- und Wirtschaftsformen werden erhalten oder neu gestaltet, mit denen die Menschen vor Ort ihre Lebensgrundlagen bewahren und entwickeln können.

Gerade dezentral-vernetzte Strukturen, die der konkreten Utopie zugrunde liegen, werden mit einer besonderen Widerstandsfähigkeit gegenüber Krisen und Crashs verbunden. Denn nicht übergroße Starrheit schützt gegen abrupte Einwirkungen, sondern eine gewisse Flexibilität gegenüber den Belastungen. Als Paradebeispiel für solch eine flexible Widerstandsfähigkeit gilt der Bambus. Man nennt die Fähigkeit, mit Spannkraft Druck abfangen zu können, auch *Resilienz*. Von Großbritannien ausgehend verbreiten sich seit einigen Jahren Projekte – vor allem in Städten –, die eine solche Resilienz gegenüber dem Wandel der Lebensbedingungen, die durch Peak Oil ausgelöst werden, entwickeln. In der *Transition-Town-Bewegung* soll den Veränderungen nicht mit Angst und Erstarrung begegnet werden, sondern mit lebensfrohen gemeinschaftlichen und ökologischen Projekten wie Gemeinschaftsgärten. Vom Gründer der Transition-Town-Bewegung, Rob Hopkin, heißt es dazu: »Wir verstehen unter Resilienz [...], den Schock zu benutzen, um eine soziale Lebensform aufzubauen, die wesentlich stärker, anpassungsfähiger ist als die alte.«[14]

Angesichts des sich verschärfenden Kampfes um Ressourcen wird es darauf ankommen, den unweigerlich aufkommenden Tendenzen in Richtung einer Abgrenzung gegen Andere und der sich verschärfenden Konkurrenz, kooperative Praxen entgegen zu stellen. Was vielleicht zunächst als Überlebensnische beginnt, kann gemeinsam mit anderen zu einem tragenden Netzwerk entwickelt werden, das nicht als »Notregime« verstanden wird, sondern die bereits jetzt vorhandenen Keime für eine neue Lebens- und Wirtschaftsweise zum Blühen bringt. Diese geben den ökologischen Zusammenhängen

---

14 Rob Hopkins, Begründer der Transition-Town-Bewegung, über Peak Oil und die Dynamik von über 200 Transition-Town-Projekten weltweit. http://www.kontext-tv.de/node/21 (abgefragt 5. März 2012)

ihren Raum und beruhen auf individueller Selbstentfaltung sowie auf kooperativen, dezentral-vernetzten Strukturen.

Je stabiler die einzelnen Projekte und Netzwerke untereinander sind, desto »unwirklicher« wird uns die derzeitige politische und wirtschaftliche Verfasstheit der Gesellschaft erscheinen. Die naheliegende Befürchtung, dass wir wohl nicht darauf vertrauen können, dass alte Strukturen verlassen und neue Lebensformen aufgebaut werden, bevor größere Erschütterungen sie praktisch in Frage stellen, kann zur Katastrophenangst werden. Diese Angst kann instrumentalisiert werden, um die vorherrschenden Machtstrukturen weiter zu befestigen – nicht selten dienten inszenierte »Schocktherapien« ganz bewusst dazu, Menschen während einer gewissen Schockstarre Bedingungen aufzuzwingen, die sie normalerweise nicht zugelassen hätten.[15] Auch Naturkatastrophen werden dazu missbraucht, so gibt es den Ausspruch eines Kongress-Abgeordneten anlässlich des Hurrikans Katrina: »Endlich ist New Orleans von den Sozialwohnungen gesäubert. Wir konnten das nicht tun, aber Gott hat es getan.«[16] Die Angst vor diesen das kapitalistische Ungleichheitssystem stabilisierenden Auswirkungen von Katastrophen darf uns aber nicht die Augen verschließen vor dem, was tatsächlich droht.

Der Zustand der Welt ist tatsächlich beängstigend. Aber das, was notwendig ist – ein Weiterleben, das nicht nur ein Überleben ist, sondern das Neuerschaffen einer lebenswerten Welt –, ist nicht nur eine Notwendigkeit, sondern es entspricht auch allen Möglichkeiten, die wir jetzt schon absehen können.

Doc Emmett Brown gibt den Helden aus *Zurück in die Zukunft*, Teil III, folgende Botschaft mit in die Gegenwart:

»Die Zukunft ist noch nicht geschrieben. Die Zukunft ist immer das, was ihr daraus macht. Also gebt euch ein bisschen Mühe!«

Der Text steht unter der Creative Commons-Lizenz »Namensnennung-Weitergabe unter gleichen Bedingungen 3.0«. Der vollständige Lizenztext: http://creativecommons.org/licenses/by-sa/3.0/de.

---

15 Naomi Klein: Die Schock-Strategie. Der Aufstieg des Katastrophen-Kapitalismus. Frankfurt am Main 2009.
16 Zitiert ebd., S. 14.

Christian Siefkes

Freie Quellen oder wie die Produktion zur Nebensache wurde

Küchenfabrikation

Produziert wird in der Küche oder im Badezimmer. In den meisten Haushalten stehen produktive Automaten. Beliebt ist die 3D-Druckerfräse, die einen 3D-Drucker mit einer computergesteuerten Fräsmaschine kombiniert. 3D-Drucker stellen dreidimensionale Gegenstände her, indem sie viele Schichten Bioplastik, Metall oder Keramik übereinander drucken, bis das gewünschte Objekt fertig ist. Typische Haushalts-3D-Drucker können so innerhalb einiger Stunden Gegenstände bis zu einer Größe von 50 mal 40 mal 30 Zentimetern herstellen. Das ist eine ganze Menge; ein Großteil der im Haushalt benötigten langlebigen Dinge lässt sich so fertigen, ob Geschirr, Besteck, Spiele und Spielzeug, oder Werkzeuge. Auch elektrische und elektronische Geräte und Lampen lassen sich produzieren, bis auf die Elektronik und die Leuchten selbst. Ebenso Ersatzteile, wenn etwas kaputtgeht oder nicht passt.

Möbel und andere große Dinge, die sich nicht auf einmal ausdrucken lassen, werden in Teilen hergestellt, die man dann nur noch zusammenschrauben oder zusammenstecken muss. Häufig werden auch vorgefertigte Metall- oder Holzplatten und -stäbe integriert, um Produktionszeit zu sparen und rasch große, solide Gegenstände zusammenzubauen. Die vorgefertigten Teile werden per computergesteuerter (kurz: CNC) Fräse zurechtgeschnitten. Fräsen können auch die Oberfläche des Materials gestalten, Bohrlöcher und andere Aussparungen schneiden und Aufschriften oder Bilder eingravieren.

3D-Drucker brauchen weniger Energie als fast alle früher üblichen Herstellungsverfahren, da sie das benötigte Material nur kurz erhitzen müssen, um es zu verflüssigen. (Dazu kommt die Vorverarbeitung, wo das Bioplastik in die Form eines langen Drahts gepresst und aufgerollt wird, was aber auch nicht viel Energie erfordert.) Sie gehen sehr sparsam mit dem Material um – alles landet im Endprodukt, nichts wird verschwendet oder für Formen gebraucht. Fräsen sind etwas verschwenderischer, da sie einen Teil des Materials entfernen, der aber häufig wiederverwendet werden kann. Da der grundlegende Aufbau von 3D-Druckern und Fräsmaschinen ähnlich ist, werden beide gern in einem Gerät vereint, um Platz zu sparen.

Wer etwas herstellen will, ob für den Eigenbedarf oder als Geschenk, sucht im Netz nach passenden Vorlagen. Oft wird dafür das Programm »thing-get« genutzt, das fast alle Vorlagen kennt und die flexible Suche nach Stichwörtern und nach Kriterien für Material, Größe, Beliebtheit und so weiter erlaubt. Alle Vorlagen sind quellfrei, das heißt jedir[1] kann sie nicht nur verwenden, sondern auch den eigenen Vorstellungen gemäß anpassen und an andere weitergeben. Die meisten Vorlagen sind parametrisierbar, man kann also bestimmte Parameter einstellen, um Größe, Material, Farbe und andere Eigenschaften des gewünschten Objekts zu verändern. So lässt sich aus der gigantischen Menge im Intermesh verfügbarer Vorlagen ein den eigenen Bedürfnissen entsprechender Gegenstand machen.

Hat man Sonderwünsche, für die es noch nichts Passendes gibt, ist es meistens möglich, eine als Ausgangspunkt geeignete Vorlage zu finden und weiterzuentwickeln. Im nächsten Dezentrum oder per Intermesh findet man oft auch Menschen, die einim bei der Entwicklung helfen, weil sie selbst so etwas haben möchten, weil sie die Herausforderung reizt oder sie sich nützlich machen wollen. Die meisten Vorlagen sind, wie Software und andere Werke auch, kollektive Kreationen. Sobald eine neue oder verbesserte Vorlage fertig ist, veröffentlicht man sie, damit auch andere etwas davon haben.

Seltsamerweise galt der Haushalt früher scheinbar als unproduktiver Bereich, wo nur das familiäre Leben und sogenannte reproduktive Arbeiten wie Kochen, Putzen, Kinder betreuen, Alte pflegen stattfanden. Letztere wurden oft den Frauen aufgedrückt, während sich die Männer auf dem Sofa lümmelten oder in die Fabrik oder ins Büro flüchteten. Heute würden sich die Frauen so etwas nicht mehr gefallen lassen.

Das Putzen wird mittlerweile von Haushaltsrobotern erledigt, die langsam durch alle Zimmer krabbeln und klettern, um alle Oberflächen von Staub, Schmutz und Keimen zu befreien. Zum Essen sind vorgekochte Mahlzeiten beliebt, die man oft noch nach eigenen Vorlieben würzt und mit Soßen und anderen Kleinigkeiten anreichert, ansonsten aber nur noch warm machen muss. Um die Kinder und die Alten kümmern sich alle, aber das findet nicht speziell im einzelnen Haushalt statt. Und schon gar nicht in abgetrennten Institutionen, wie es sie früher gegeben haben soll (»Kindergärten«, »Schulen« oder »Altersheime« genannt). Dort kamen die Kinder stundenlang und die Alten sogar jahrelang fast nur mit ihresgleichen und professionellen Betreuirn

---

1   Siehe die Tabelle geschlechtsneutraler Formen im Anhang dieses Texts.

zusammen; vom Rest des Lebens waren sie abgeschnitten. In jedem größeren Haus oder Wohnzusammenhang leben alte Menschen und die anderen Bewohnirn kümmern sich um sie, soweit dies nötig ist. Das ist Gemeinschaftssache, nicht Aufgabe Einzelner, schließlich will jedir weiter teilhaben können, wenn sei irgendwann Pflege braucht, und nicht aus seisen Zusammenhängen herausgerissen werden. Kinder werden nicht nur von ihren Eltern, sondern auch von älteren Kindern und Erwachsenen in der Nachbarschaft betreut. Diese nehmen sie in ihre Projekte mit, wo sie vor Ort lernen können, was die Älteren machen, und sich Fähigkeiten und Kenntnisse aneignen. Oft nehmen Mentorein die Neuen an die Hand, egal ob es Erwachsene sind oder Kinder, die nur mal reinschnuppern wollen.

Daneben gibt es **Lernknoten,** wo sich Leute gezielt zum Lernen und zum Fähigkeitserwerb zusammenfinden. Die unterscheiden sich aber deutlich von den Schulen von einst, wo es nicht darum ging, dass sich Leute gleich welchen Alters mit dem auseinandersetzen, was sie interessiert, sondern wo Kinder zur Beschäftigung mit Themen, auf die sie keinen Einfluss hatten, gezwungen wurden. Dass die Motivation und damit die Freiwilligkeit einer der wichtigsten Faktoren für den Lernerfolg ist, war den Menschen damals wohl nicht klar. Sie scheinen gedacht zu haben, dass Kinder nicht schreiben und nicht rechnen lernen würden, wenn man sie nicht dazu zwingt. Dabei lernten sie doch immer schon und ohne Zwang sprechen, was sicher nicht einfacher ist!

Gartenfarmen und Knotenorte

Essen baut man nicht zuhause an, das wächst in **Gartenfarmen.** Früher haben die Menschen unterschieden zwischen Gärten und Parks, die in erster Linie der Erholung dienten und Farmen, auf denen Agrikultur und Viehzucht betrieben wurden. Heute fällt das zusammen. Alle Gartenfarmen sind allgemein zugänglich. Sie versorgen die Menschen mit Lebensmitteln und erneuerbaren Rohstoffen, sind aber auch Orte der Erholung und Entspannung. Felder, Beete und Gehege werden durch Spielflächen und Badestellen ergänzt.

Je nach Präferenz der Betreiberprojekte werden die unterschiedlichsten landwirtschaftlichen Methoden eingesetzt. Beliebt sind Permakultur sowie Verfahren, die auf hohe Erträge selbst bei kleinen Flächen ausgelegt sind, etwa die biointensive Methode und Hügelkultur. Ebenfalls weit verbreitet, weil arbeitssparend und sehr ertragreich, ist die Pflanzenzucht in anorganischen Nährböden statt in Erde (Hydrokultur). Bei der Aquaponik wird dies mit Fischzucht in Behältern oder offenen Teichen kombiniert. Die Pflanzenbetten werden gelegentlich mit dem nährstoffreichen Wasser aus den Fischbecken getränkt, so dass auf künstliche Nährlösungen verzichtet werden kann.

Zur Verteilung ihrer Produkte wenden die Gartenfarmen das Pub/Sub-Verfahren an. Sie kündigen an, was sie produzieren wollen (»publish«). Wer in einer Gegend wohnt oder sich längere Zeit aufhält, abonniert (»subscribe«) das Programm einer nahe gelegenen Gartenfarm und wird von dieser dann regelmäßig mit frischen Produkten versorgt. Dabei gibt man an, was man gerne mag und was man nicht essen will oder kann (viele Leute essen kein Fleisch). Wenn man mehr braucht, weil Besuchrin kommen oder für ein Fest, sagt man am besten ein paar Tage vorher Bescheid, damit sich die Farm darauf einstellen kann. Ebenso wenn man verreist und das Abo unterbricht.

Anhand der Abos können Gartenfarmen den Bedarf nach ihren Produkten abschätzen und entsprechend produzieren. Wenn mehr nachgefragt wird, als eine Farm produzieren kann, und es nahe gelegene ungenutzte Ländereien gibt, kann sie die Produktion aufstocken und dies dem Ressourcenrat melden. Andernfalls verweist sie die zusätzlichen Abonnentein an Gartenfarmen in der Umgebung.

Die meisten Gartenfarmen haben Koch/Backfabriken auf ihrem Gelände, wo sie Brot backen, Marmeladen und andere Aufstriche vorbereiten und Mahlzeiten vorkochen. Alle Gartenfarmen sind Teil des **Gartennetzes,** das für das überregionale Teilen von Pflanzen, die nur in bestimmten Klimazonen gedeihen, entwickelt wurde. Jede Farm meldet ihren Bedarf für (in ihrer Gegend) »exotische« Pflanzen an. Die Farmen in den passenden Klimazonen teilen diese zusätzlichen Bedürfnisse unbürokratisch untereinander auf und produzieren entsprechend mehr. Dieses weltweite Nehmen und Geben ist für die Beteiligten weniger aufwendig als »exotische« Pflanzen in Gewächshäusern zu züchten (obwohl auch das vorkommt), und angenehmer, als ganz darauf zu verzichten. Auch bei lokalen Engpässen oder Überschüssen springt das Gartennetz ein.

Weitere Anlaufstellen für die Re/produktion werden als **Knotenorte** oder **Dezentren** bezeichnet. Hier finden Dinge statt, die sich nicht gut so stark dezentralisieren lassen wie die häusliche Küchenfabrikation, doch genau wie letztere basieren sie auf den Ideen der Kopierbarkeit und Adaptierbarkeit. Alles wird offengelegt, damit Leute, die passende Knotenorte in ihrer Nähe vermissen oder mit den vorhandenen unzufrieden sind, die anderswo funktionierenden Konzepte aufgreifen und nach eigenen Wünschen anpassen können. Der Sammelbegriff »Knotenort« steht für ganz unterschiedliche Orte, die mal zusammen, mal räumlich getrennt anzutreffen sind – Lern- und Forschungsknoten, Heil- und Pflegeknoten, Vitaminfabriken, Fabhubs, Community-

Cafés und anderes. All diese Orte werden von Freiwilligen betrieben, die sich zusammentun, um sie aufzubauen und in Betrieb zu halten.

Lern- und **Forschungsknoten** kommen oft zusammen vor – in ersteren wird gelernt, in letzteren geforscht und Wissenschaft betrieben. In **Heilknoten** werden Kranke und Unfallopfer behandelt, Operationen durchgeführt und Kinder zur Welt gebracht; hier bekommt man Medikamente und findet Ärzte, die sich um Zähne, Augen und andere bedürftige Körperteile kümmern. **Pflegeknoten** widmen sich der Körperpflege und dem körperlich/geistigen Wohlbefinden – ob Haare schneiden oder Massage. Heil- und Pflegeknoten haben normalerweise auch Teams von mobilen Pflegirn, die sich um besonders pflegebedürftige Kranke und Alte kümmern, und mobile Rettungsteams, die im Notfall erste Hilfe leisten.

In **Vitaminfabriken** werden keine Nahrungsmittel hergestellt, dafür gibt es ja Gartenfarmen. »Vitamine« sind die Zubehörteile für Küchenfabrikation und Fabhubs, die sich nicht effizient dezentraler herstellen lassen – insbesondere elektrische und elektronische Bauteile wie Motoren, Leuchtdioden und Mikrochips. Mikrochips, das Herz jedes Computers, ließen sich bis vor einigen Jahren nur in extrem aufwendig zu errichtenden Halbleiter-Fabs herstellen, von denen es weltweit nur einige Dutzend gab. Manche Leute fürchteten, dass die Betreiberprojekte dieser Fabs zu mächtig werden könnten – dass sie sich zusammentun und den Rest der Welt erpressen könnten mit der Drohung, ihnen sonst den Zugang zur Chips und damit die Teilhabe an der modernen Welt zu verweigern. Diese Sorge war unbegründet, allein schon weil die Fab-Betreibirn ihrerseits ja auch viel zu abhängig von Gartenfarmen und anderen Projekten waren, als dass sie sich gegen alle anderen hätten stellen können – zumal nie so recht klar wurde, was sie mit einer Erpressung letztlich hätten erreichen können.

Inzwischen ist die Gedruckte Elektronik so leistungsfähig geworden, dass sie auch zur Herstellung von Mikrochips sinnvoll eingesetzt werden kann. Elektrodrucker funktionieren ähnlich wie Tintenstrahldrucker, arbeiten aber mit deutlich höherer Auflösung und verdrucken anstelle von Tinte verflüssigte elektronische Funktionsmaterialien (leitfähige Polymere, Silber-Partikel, Kohlenstoff). Für komplexe elektronische Elemente werden mehrere Funktionsschichten übereinander gedruckt. Da es die nötigen Geräte in den meisten Fabhubs gibt, sind die hochspezialisierten Halbleiter-Fabs heute Auslaufmodelle.

Fabhubs ergänzen die häusliche Küchenfabrikation um Maschinen, die größer und vielseitiger sind als das, was man normalerweise zuhause herumstehen hat, und die allen Menschen in ihrer Umgebung zur freien Verfügung stehen. Zur typischen Ausstattung gehört neben großen und schnellen CNC-Fräsmaschinen und 3D-Druckern eine Laserschneidmaschine, die mittels eines starken Laserstrahls beliebige Formen in Metall- und andere Platten schneiden sowie Beschriftungen und Bilder eingravieren kann. Dazu kommen die erwähnten Elektrodrucker sowie Bestückungsautomaten, die elektronische Bauelemente programmgesteuert auf Platinen platzieren und verlöten. Die Platinen selbst werden per CNC-Fräse hergestellt.

Meist gibt es auch einige Geräte zur Anfertigung von Kleidung und anderen Textilien, am beliebtesten sind Strick- und Nähmaschinen. Per CNC-Strickmaschine lassen sich Stoffe der gewünschten Größe und Form herstellen, die dank dem Jacquard-Verfahren beliebige Muster aufweisen können und anschließend per Nähmaschine vollautomatisch zusammengenäht werden. Manche Leute haben kleinere Varianten dieser Maschinen zuhause, aber die meisten gehen dafür in den nächsten Fabhub.

Stigmergische Selbstauswahl

Hinter jeder Gartenfarm und jedem Knotenort steht ein Team von Kümmerirn, von Leuten, die sich um den Ort kümmern und ihn am Laufen halten. Diese Teams finden sich per Selbstauswahl – jedir entscheidet selbst gemäß den eigenen Vorlieben und Interessen, ob, wo und wie sei sich einbringt. Dabei folgt man meist Zeichen, die andere hinterlassen als Hinweis auf Aufgaben, die sie angefangen, aber nicht abgeschlossen haben, oder deren Erledigung sie sich wünschen. Knoten und Farmen sammeln ihre offenen Aufgaben in öffentlich sichtbaren Wunschzetteln und To-do-Listen, die vor allem den Nutzirn des Orts sehr präsent sind und manche von ihnen zum Handeln motivieren, etwa weil ihnen die entsprechende Aktivität Spaß macht oder sie sie erlernen wollen. Oder um Abhilfe zu schaffen, weil sie andernfalls auf etwas verzichten müssten, das ihnen wichtig ist – etwa weil im Fabhub bestimmte Maschinen fehlen oder ausgefallen sind oder weil in der Gartenfarm niemand mehr Marmelade macht.

Oft wird man so von Nutzir eines Orts zu Beitragendir, die selbst einen gelegentlichen Beitrag zum Funktionieren des Projekts leistet – vielleicht nur einmal für ein paar Stunden, vielleicht immer mal wieder, vielleicht auch regelmäßig und intensiv, wenn man an dem Projekt, der Aufgaben oder den Leuten Gefallen gefunden hat. Aber natürlich muss man etwas nicht nutzen, um dazu beitragen zu können – das beliebte Programm »task-list« sammelt etwa alle Hinweise, die Projekte irgendwo in der Welt hinterlassen, so dass man per Schlagwort oder per Filterung nach Region, Aufgabenart, Projektart nach spannenden Aktivitäten suchen kann.

Diese Art der dezentralen Aufgabenaufteilung wird als »Stigmergie« bezeichnet, nach dem griechischen Wort *stigma,* das »Markierung« oder »Hinweis« bedeuten kann. Stigmergie gibt es auch in der Tierwelt, so organisieren sich Ameisen und Termiten auf diese Weise. Aber während Insekten rein instinktiv handeln, beruht die stigmergische Selbstorganisation der Menschheit auf jeder Menge bewusster Entscheidungen, ob es einim individuell sinnvoll vorkommt, bestimmte Hinweise zu hinterlassen oder aufzugreifen. Dass dabei alle ihre eigenen Wünsche, Vorstellungen und Möglichkeiten einbeziehen, sorgt für eine Priorisierung der offenen Aufgaben: Was vielen Menschen ziemlich oder einigen sehr wichtig ist, wird eher erledigt als Dinge, die überall nur Achselzucken hervorrufen. Und weil sich jedir selbst aussucht, wo und wie sei sich einbringt, sind alle motiviert und die unterschiedlichen Stärken und Fertigkeiten der Menschen kommen voll zur Geltung.

Das gilt freilich nur dann, wenn sich jedir frei gemäß den eigenen Präferenzen und individuellen Stärken einbringen kann, ohne durch gesellschaftliche Erwartungen oder fehlende Lernmöglichkeiten eingeschränkt zu werden. Früher war die Vorstellung weitverbreitet, dass bestimmte Dinge eher Frauen, andere eher Männern liegen. Solche Klischees waren selbstverstärkend, weil sie es insbesondere Frauen erschwerten, sich in »Männerbereichen« zu betätigen, und weil die, die sich davon nicht abhalten ließen, große Widerstände überwinden mussten, bevor ihre Beiträge als ebenbürtig wahrgenommen wurden. Und umgekehrt wollten sich viele Männer mit bestimmten Dingen nicht abgeben, weil sie sie für »Frauensache« hielten. Heute achten wir sehr darauf, solchen gesellschaftlichen Zuschreibungen, wenn sie irgendwo noch auftreten, entgegenzuwirken und es allen gleichermaßen zu ermöglichen, sich in den unterschiedlichsten Bereichen zu erproben und zu entfalten.

Früher dachten die Menschen anscheinend, dass die Gesellschaft ohne Zwang nicht funktionieren könnte, weil dann niemand etwas für andere Nützliches machen würde. Zwang wurde in verschiedenen Formen ausgeübt, am häufigsten wohl in Form von »Geld«. Geld war so etwas wie Spielchips. Was wir nur aus Spielen kennen, brauchte man damals zum Überleben. Die meisten konnten es nur als Belohnung für Arbeit bekommen, und wer nicht genug von diesen Geld-Chips hatte, war vom gesellschaftlich produzierten Reichtum ganz oder großteils ausgeschlossen. Das ging so weit, dass immer wieder Menschen verhungert sind, weil es ihnen an Geld fehlte!

Heute machen wir uns da keine Sorgen mehr. Für die meisten Aktivitäten finden sich ohne Weiteres genug Freiwillige zusammen. Wo das nicht der Fall ist, liegt es meist daran, dass die Sache nicht genügend Leuten wichtig ist, sondern nur eine vage Idee, bei der sich niemand hinreichend stark für die Umsetzung begeistern kann, oder Steckenpferd einiger weniger. Dann müssen die Leute, denen es wichtig ist, zusehen wie sie mit weniger Unterstützung über die Runden kommen, oder ganz verzichten. Das ist manchmal ärgerlich, wenn man viel Energie in eine Sache steckt, aus der dann nichts wird, hat aber noch niemand ernsthaft geschadet.

Dass es bei vielen wichtigen Dingen fast nie an Freiwilligen mangelt, hat auch damit zu tun, dass wir so vieles den Maschinen überlassen. Das fing schon früher, im Kapitalismus an, aber damals war es zwiespältig, weil die Leute eben Geld verdienen mussten, und wenn Maschinen ihre Tätigkeiten übernahmen, ging das nicht mehr. Heute haben wir dieses Problem nicht mehr und setzen noch viel stärker auf Automatisierung als damals. Wenn sich für eine Sache nicht genug Freiwillige finden (was früher öfter der Fall war), sind meist schnell Teams von Automatisierirrn zur Stelle, die sich damit beschäftigten, wie sich die Aktivität so ummodeln lässt, dass sie ganz oder teilweise computergesteuerten Geräten anvertraut werden kann. Oft reicht es schon, bestimmte gefährliche, langweilige, übelriechende oder sonst wie unangenehme Seiten einer Tätigkeit auszumerzen, um die Sache für Freiwillige attraktiv zu machen.

Außerdem ist unsere Gesellschaft viel effizienter geworden, was das Volumen an benötigter Arbeit weiter reduziert. Im Kapitalismus war das Ziel ja gar nicht, die benötigten Dinge mit möglichst wenig Aufwand herzustellen, sondern alles drehte sich ums Geld. Der Gelderwerb funktionierte dabei wie ein Wettrennen – man musste sich gegen andere durchsetzen, die dasselbe wollten; je schlechter es den anderen ging, um so größere Chancen für einir selbst. Heute teilen wir Wissen, Software und Neuerungen, weil so alle besser vorankommen und weil die anderen oft ihrerseits weitere Verbesserungen oder Erweiterungen einbringen, auf die man selbst nicht gekommen wäre. Damals hat jedir seis Wissen, so gut es ging, geheimgehalten und sich dagegen gewehrt, dass die anderen es ebenfalls nutzen, um so vor den anderen ins Ziel zu kommen. Das hat zu unheimlich viel Mehrarbeit und Reibungsverlusten geführt.

Zudem haben die Firmen (Firmen waren etwas Ähnliches wie Projekte, aber ganz anders organisiert) versucht, den Leuten einzureden, sie würden die von ihnen hergestellten Dinge unbedingt brauchen, um so mehr Geld verdienen zu können. Und wenn Dinge kaputt gingen, oder manchmal auch schon vorher, wurden sie oft einfach weggeworfen und durch neue ersetzt. Heute setzen wir auf das Baukastenprinzip: Wenn ein Teil kaputt geht oder nicht mehr passt, muss bloß dieses Teil ersetzt oder angepasst werden.

Dass die Arbeit damals in Firmen organisiert war statt in Projekten, ist sicher auch ein Grund dafür, dass sich die Leute nicht vorstellen konnten, dass es ohne Zwang gehen könnte. Bei Firmen gab es eine Leitungsebene, die sagte wo es lang ging, und alle anderen mussten folgen. Dass das tödlich für die Motivation war, ist klar. Man konnte vielleicht mit Glück eine andere Firma finden, die einr aufnahm, aber dann war man wieder in derselben Situation.

Dass sich die Projekte heute am Prinzip des »rough consensus and running code« orientieren, ist gerade die Konsequenz daraus, dass sie Freiwillige organisieren und niemand zwangsverpflichten oder durch Geld bestechen können. Oft gibt es ein Kernteam oder einige Maintainer, die das Projekt gegründet haben oder per Wahl oder Kooptierung bestimmt werden. Diese koordinieren das Ganze, müssen sich aber bei allen wichtigen Entscheidungen rückversichern, dass der Großteil der Beteiligten – nicht nur aktiv Beitragende, sondern auch Nutzirn – einverstanden sind. Ohne diesen groben Konsens wird ein Projekt es nicht weit bringen, weil ihm die Freiwilligen weglaufen. Das zweite Ziel, »lauffähigen Code« zu produzieren, erleichtert die Strukturierung der nötigen Debatten. Es geht um das Finden von Lösungen, die sich in der Praxis bewähren, nicht einfach um individuelle Präferenzen.

Anscheinend fanden die Menschen die Arbeit auch deshalb schlimm, weil sie so viel davon hatten. Die Aufteilung hat offenbar gar nicht funktioniert – einige hatten gar keine Arbeit und deshalb auch kein Geld, andere hatten zu viel Arbeit und deshalb keine Zeit. Heute haben wir alle viel Muße, zum Schlummern, Schlemmen, Spielen, Lesen, Lieben, Forschen, Filme gucken, Baden, in der Sonne liegen oder wonach uns sonst der Sinn steht. Das ist schön, aber den meisten reicht es noch nicht. Sie wollen, wenigstens ein paar Stunden pro Tag oder alle paar Tage mal, etwas machen, was auch anderen nutzt. Sie wollen mit anpacken an der Reproduktion des Alltagslebens; sie wollen etwas für die anderen, für die Community tun, weil andere so viel für sie tun. Sie wollen etwas lernen oder etwas Befriedigendes und zugleich Nützliches tun. Oder sie beteiligen sich an der Produktion eines Guts, das sie selbst gern hätten – »scratching an itch«, sich da kratzen, wo es juckt, nannte das Eric Raymond, einer der Pioniere der quellfreien Software (er sagte damals »Open Source« dazu).

Gut funktionierende Projekte sind so eingerichtet, dass sie dies erleichtern. Sie heißen alle Neulinge willkommen und greifen ihnen bei Bedarf unter die Arme, sie integrieren Beiträge, die in die richtige Richtung gehen, und bemühen sich dort nachzuhelfen, wo es noch nicht passt. Deshalb läuft die Re/produktion heute, ohne dass wir irgendwelche Zwangsmaßnahmen brauchen. Und wenn es mal hakt, reden wir drüber und überlegen uns, wie wir mit der

Situation umgehen können. Ein Lösungsansatz für Schwierigkeiten mit der Aufgabenaufteilung sind die in vielen Gemeinden und in manchen Projekten geführten »Weiße Listen«. Dort kann jedir anonym Aufgaben eintragen, die mangels Freiwilligen immer wieder liegen bleiben oder mit denen die Freiwilligen, die sich darum kümmern, unglücklich sind. Natürlich ist niemand verpflichtet, etwas Bestimmtes zu tun, aber im Nachhinein aus einmal übernommenen Aufgaben wieder herauszukommen, fällt nicht jedim leicht, weil man vielleicht Angst hat, andere zu enttäuschen oder eine schmerzliche Lücke zu hinterlassen. Diese Aufgaben werden bei den wöchentlichen oder monatlichen Versammlungen diskutiert und wenn ein größerer Teil der Beteiligten der Meinung ist, dass sie zu Recht auf der Liste stehen, greift das Rundherum-Verfahren *(round robin)*: Ab sofort sind alle erwachsenen Gemeindemitglieder, alle Projektbeteiligten für diese Aufgaben zuständig. Jedir sollte hin und wieder einen kleinen Teil davon übernehmen, damit sie nicht an Einzelnen hängen bleiben. Oft wird dabei ausgelost, wer wann was macht. Es gibt keine direkten Sanktionen, wenn man die Teilnahme an der Rundherum-Aufteilung verweigert, aber in der Praxis kommt das kaum vor.

Schwieriger wird es, wenn die unbeliebten Aufgaben besondere Fähigkeiten erfordern, die man sich nicht in relativ kurzer Zeit aneignen kann, doch ist das eher selten der Fall. Jedenfalls ist das Ziel, die Weißen Listen möglichst kurz werden zu lassen (am besten ganz leer, also »weiß«), indem die Aufgaben automatisiert oder so umorganisiert werden, dass sie wieder jemand Spaß machen. Oft klappt das gut. Dass die Leute früher oft unglücklich mit dem waren, was sie tun mussten, lag sicher mit daran, dass sie wenig Einfluss auf die Rahmenbedingungen und oft auch wenig Wahlmöglichkeiten hatten. Das ist heute anders.

Maschen und Trassen

Dass die Re/produktion von einer Belastung, der zahllose Menschen einen Großteil ihres Lebens widmen mussten, heute zur relativ mühelosen und meist eher angenehmen Angelegenheit geworden ist, hat auch damit zu tun, dass wir wo möglich auf **Maschennetze** setzen. Maschennetze *(mesh networks)* sind dezentrale Netzwerke, die allen die Teilhabe ermöglichen und so organisiert sind, dass niemand in einseitige Abhängigkeit gerät und sich niemand eine besonders privilegierte Position verschaffen kann.

Das Internet, Vorläufer des **Intermesh,** war das erste globale Netzwerk, das dem Maschennetz-Prinzip schon weitgehend entsprach – es hatte kein privilegiertes Zentrum, sondern war ein Netz vieler Netze. Wenn eine bestimmte Route abgeschaltet wurde, suchten sich die betroffenen Nachrichten einfach einen Weg darum herum. Allerdings hatte es noch zentralisierte Elemente, die seitdem über Bord geworfen wurden – insbesondere DNS, den Dienst, der die im Netz verwendeten Namen bestimmten Rechnern zuordnete.

Auch die Energieversorgung erfolgt per Mesh: In den meisten Gartenfarmen stehen Windräder und fast alle Häuser haben Solarzellen oder Sonnenkollektoren für Solarthermie (die nicht nur Strom erzeugt, sondern auch Wasser aufheizt) auf dem Dach. Sofern die Energie nicht selber genutzt wird, wird sie als Elektrizität ins **Powermesh** eingespeist. Braucht man mehr Energie als gerade lokal verfügbar ist, entnimmt man diese dem Powermesh. Weitere Bausteine für die dezentrale Energieversorgung sind die leistungsfähigen Akkus und Superkondensatoren, die in den meisten Häusern stehen. Die lokale Kontrollsoftware entscheidet jeweils, ob sie den überzähligen Strom ins Netz einspeist oder lokal speichert, auf Basis von Hinweisen aus dem Netz, ob gerade mehr Strom produziert als gebraucht wird oder ob es anderswo Bedarf gibt. Braucht man Strom, entscheidet sie anhand der Hinweise aus dem Netz, ob sie diesen dem Netz oder der lokalen Batterie entnimmt.

Auch andere Energiequellen wie Erdwärme und die verbleibenden Restbestände an Erdgas werden genutzt, doch Sonne und Wind sind die ergiebigsten Quellen. Sie ergänzen sich gut – bei starkem Wind ist es weniger sonnig und umgekehrt. Und die Sonne scheint mittags am intensivsten, wenn der Energiebedarf am höchsten ist. Dank der Meshsoftware kann der Strom meist relativ lokal produziert und verbraucht werden, ohne über lange Strecken transportiert zu werden, was zu Verlusten führt. Solarzellen werden gedruckt (Gedruckte Elektronik), die anderen Komponenten für die Energiegewinnung großteils per 3D-Druck und CNC-Fräsen im Fabhub vervielfältigt.

Die Wasserversorgung ist nach ähnlichen Prinzipien organisiert. Die meisten Gartenfarmen haben Brunnen zur Förderung von Grundwasser, viele Häuser haben Anlagen zum Auffangen von Regenwasser. Das Wasser wird lokal gefiltert und aufbereitet. Die verschiedenen Quellen stehen per Leitungsnetz in Verbindung, so dass bei Bedarf nahe gelegene Quellen angezapft werden können. Die Meshkontrollsoftware sorgt dafür, dass dies gleichmäßig passiert und dass das Wasser nicht unnötig weit transportiert wird; sie sorgt auch für ausreichend starken Druck in den Leitungen. Die Abwässer laufen in der Regel zurück in die Gartenfarmen, die meist über kleinere Kläranlagen verfügen. Der gereinigte Klärschlamm wird großteils als Dünger genutzt, der Rest (wenn die Schadstoffbelastung zu groß ist) zur Energiegewinnung verbrannt.

Um die Zu- und Ableitungen (Strom- und Intermeshkabel, Wasserleitungen, Kanalisation) ebenso wie um die Straßen und Verkehrswege, in die diese integriert sind, kümmern sich die **Trassenprojekte.** Meist werden diese, wie alle Projekte, von Freiwilligen betrieben, die sich per Selbstauswahl zusammenfinden. In manchen Gemeinden werden sie hingegen per Losverfahren besetzt, da sie für das Funktionieren der lokalen Infrastruktur so essenziell sind. In jedem Fall ist es selbstverständlich, dass Entscheidungen des lokalen Trassenprojekts im groben Konsens aller Betroffenen gefällt werden, dass die potenziellen Nutzirn der Infrastruktur in die Meinungsbildungsprozesse eingebunden werden. Denn während andere Projekte geforkt werden können – wenn man sich gar nicht einig wird, können sich die Unzufriedenen absetzen und ein Alternativprojekt aufmachen –, ist dies bei Trassenprojekten kaum praktikabel. Die vorhandenen Trassen müssen ja genutzt, gewartet und ausgebaut werden, alles andere wäre Verschwendung.

Beliebteste Straßenfahrzeuge sind Fahrräder mit Hilfsmotor (Pedelecs) und leichte Elektromobile mit drei oder vier Rädern. Letztere können auf hochgelegten, mit Leitlinien markierten Straßen vollautomatisch fahren – so werden auch Güter von A nach B gebracht. Auf ebenerdigen Seitenstraßen muss ein Mensch hinterm Steuer sitzen, der bei Bedarf eingreifen kann. In den Städten gibt es öffentliche Nahverkehrssysteme, die heute oft als Gondelbahnen gebaut werden, wie sie zuerst in Südamerika (»Metrocable«) aufkamen. Die Zugseile werden dabei meist unter den hochgelegten Straßen angebracht. Für Fernreisen über Land gibt es autonom fahrende Hochgeschwindigkeitszüge (oft Magnetschwebebahnen). Das E-Bike bzw. E-Mobil lässt man dabei am Bahnhof stehen und holt sich am Zielort ein anderes.

Übers Meer braucht es keine Trassenprojekte, um die Schifffahrt kümmern sich viele Projekte, die für große Entfernungen oft Luftkissenboote betreiben. Das geht nicht ganz so schnell wie die Menschen früher, zu Zeiten des reichlichen Öls, gereist sind. Heute ist man von Lissabon bis New York knapp zwei Tage unterwegs; das schnellste Flugzeug, die Concorde, schaffte diese Strecke einst in unter vier Stunden (allerdings nur wenige Jahrzehnte lang). Aber wir haben ja auch mehr Muße als die Menschen damals, und übers Wasser spritzen ist eine schöne Art zu reisen.

Ressourcen und Konflikte

Früher hatten die Leute nicht nur weniger Zeit, sondern auch mehr Sorgen. So scheinen sie geglaubt zu haben, dass die Erde für über acht Milliarden

Menschen viel zu klein wäre. Bei ihrer Lebensweise war sie das wohl auch, aber heute kommen wir ganz gut damit hin. Viele ihrer Probleme hingen wohl damit zusammen, dass sie auf fast alles kleine Zettel geklebt und es als irgendjemands »Eigentum« aufgefasst haben. Was wessen Eigentum war, darum gab es immer Streit; die einen hatten zu wenig und die anderen viel mehr als sie brauchten.

Heute sind wir da entspannter, weil wir wissen, dass wir an die Dinge, die wir brauchen, in der Regel herankommen, wenn wir sie brauchen. Strom, Wasser und Kommunikationskanäle gibt es per Mesh, medizinische Versorgung im nächsten Heilknoten oder bei Bedarf in spezialisierteren Knoten. Zum Lernen wendet man sich an einen Lernknoten, die Verkehrsverbindungen stehen allen frei zur Verfügung. Die persönliche Versorgung mit Lebensmitteln und anderen Gütern des täglichen Bedarfs erfolgt über Gartenfarmen und Fabhubs, sofern man sie nicht gleich zuhause 3D-fertigen kann. Die Bereitstellung der dafür nötigen Vorprodukte (z.B. Plastikdraht-Rollen für 3D-Drucker, Holz- und Metallplatten zum Fräsen, Garn für Strickmaschinen und Webstühle) organisieren **Refeeding-Projekte.** Diese »Nachfüll-Projekte« kümmern sich auch um das Abholen und soweit möglich Recyceln der Abfälle.

Sofern es dabei zu Engpässen kommt, erfolgt die Zuteilung im Rundherum-Verfahren; zuerst werden elementare Bedürfnisse versorgt, wer ausgefallene oder weitergehende Wünsche hat, muss gegebenenfalls warten. Wer sich dabei schlecht behandelt fühlt, kann sich beim örtlichen Konfliktrat beschweren. Engpässe und Klagen sind aber recht selten, wohl auch weil wir heute weniger verschwenden. So haben die Leute früher ganz unterschiedliche elektronische Geräte für verschiedene Zwecke genutzt, obwohl in allen im Kern ein Computer steckte. Heute hat jedir eine kleine Turingbox für unterwegs, die durch variables Zubehör zu Telefon, Kamera, Navigationssystem, Audioplayer, E-Buch-Betrachter, Surftablett oder komplettem Laptop wird, je nachdem was man gerade braucht. Und eine zweite zuhause, die als persönlicher Computer, Intermeshserver, Medienzentrale und zur Steuerung der häuslichen Maschinen dient. Das reicht; man ist flexibel und schleppt weniger Ballast mit sich herum.

In jeder Gemeinde gibt es einen **Ressourcenrat,** der erfasst, was für Ressourcen verfügbar sind – Land, Wohnraum, Rohstoff-Fundstellen – und was davon genutzt wird und was nicht. Wer etwas braucht, z.B. privaten Wohnraum oder Räumlichkeiten oder Land für ein Projekt, fragt beim lokalen Ressourcenrat an, was verfügbar ist, und kann sich dann etwas Passendes aussuchen. Braucht man etwas nicht mehr, meldet man es dem Ressourcenrat als verfügbar.

Die Ressourcenräte sind untereinander sowie mit den Refeeding-Projekten vernetzt (**Ressourcennetz**)**,** um dafür zu sorgen, dass Rohstoffe dort zur Verfügung stehen, wo sie gebraucht werden. Die allgemeine Vereinbarung ist, dass rohstoffreiche Orte mit den anderen teilen (schließlich ist es nicht ihr Verdienst, wenn sie mehr haben als andere), dass aber umgekehrt die anderen Gemeinden Freiwillige schicken, damit die Extraktion der Rohstoffe nicht komplett an einzelnen Gemeinden hängen bleibt. Früher war das nicht immer leicht zu organisieren, da der Bergbau mancherorts zu den unbeliebten Aufgaben gehörte, die sich nur per Weißer Liste bzw. per Los aufteilen ließen. Inzwischen gibt es mehr als genug Freiwillige, da ein Großteil der Ressourcen sowieso recycelt und nicht neu abgebaut wird und da der Bergbau dank verstärkter Automatisierung großteils nur noch in der Koordination und Beaufsichtigung von Maschinen besteht. Sofern dies noch nicht der Fall ist, gibt es genug Leute, die diese Arbeiten als ungewöhnliche Erfahrung und willkommene Abwechslung vom Alltag begrüßen. Früher sind Leute auf Berge geklettert, wenn sie extreme Erfahrungen machen wollten – heute gibt's das auch noch, aber viele gehen stattdessen unter die Erde, was auch für andere nützlich ist.

Die Ressourcenräte sind auch dazu da, drohende Engpässe frühzeitig zu erkennen und nach Möglichkeit für Abhilfe zu sorgen, beispielsweise bei der Bereitstellung von Wohnraum. Werden in einer Gemeinde neue Wohnungen oder Projekträume gebraucht, sucht der Rat den Kontakt zu den lokalen **Bauprojekten.** Diese planen die benötigten Gebäude und koordinieren ihren Bau, falls möglich in Abstimmung mit den künftigen Nutzirn. Viele Bauprojekte setzen auf vorgefertigte Konstruktionselemente (SIPs), die automatisch fabriziert werden und vor Ort nur noch zusammengesetzt werden müssen. Dennoch ist der Bau größerer Gebäude, genau wie andere große Infrastrukturprojekte, noch vergleichsweise arbeitsaufwendig. Daher erfolgt er oft per Community-Sprint, sprich außer den Mitgliedern des Bauprojekts und den künftigen Nutzirn sind auch alle Nachbarein eingeladen, sich zu beteiligen und so die Herausforderung rasch zu bewältigen. Das ist kein Zwang, aber es hat oft den Charakter eines großen Fests – man engagiert sich zusammen und feiert anschließend gemeinsam – und viele machen mit.

Ressourcenräte erfassen auch, welche Flächen nicht genutzt werden, weil sie nach lokaler Tradition als besondere, vielleicht heilige Orte gelten, oder welche Ressourcen nicht abgebaut werden, weil dies gemäß der Auffassung von Gemeindemitgliedern zu zerstörerisch wäre. Gelegentlich gibt es darum Streit, der bis zum Konfliktrat getragen wird, doch in der Regel ist es klar, weil das grobe Konsensprinzip greift: Was vielen missfällt oder einige sehr stark stört, wird nicht gemacht.

Der Materialfluss zwischen Projekten basiert auf Absprachen mit Fabhubs, Vitaminfabriken, Refeeding-Projekten und bei Bedarf spezialisierten Zulieferprojekten über die Bereitstellung von Vorprodukten und Rohstoffen; die Ressourcenräte helfen dies zu koordinieren. Knotenorte und andere Projekte, die besondere Ausstattung benötigen, stellen diese manchmal selbst mit Hilfe nahe gelegener Fabhubs her. Oft gründen sie gemeinsam mit anderen Projekten Zulieferprojekte, die sich am Bedarf der Mutterprojekte orientieren.

Konflikträte sind dazu da, Konflikte zu lösen, wenn die Beteiligten dies selbst nicht schaffen. Während Ressourcenräte und Trassenprojekte in manchen Gemeinden per Los, anderswo aber per Selbstauswahl besetzt werden, werden die Mitglieder des örtlichen Konfliktrats überall ausgelost. Jedes Gemeindemitglied legt seisen Namen in die Losbox, sobald sei sich alt genug fühlt. Fühlt man sich zu alt oder zu krank, entfernt man den Namen wieder. Wer ausgelost wird, fungiert ein Jahr lang als Mitglied des Rats, wobei man bis zu zwölf Monate Zeit hat, das Amt anzutreten, also nicht plötzlich aus anderen Dingen herausgerissen wird. Es gibt keine zweite Amtszeit, sobald man einmal ausgelost wurde, wird der eigene Name für immer aus der Losbox entfernt. Wer Mitglied in einem regulären Konfliktrat war, kann aber noch je einmal für einen Ad-hoc-Konfliktrat, Ressourcenrat oder ein Trassenprojekt ausgelost werden (und umgekehrt), dafür gibt es separate Lostöpfe. Es ist nicht direkt Pflicht, an der Lotterie teilzunehmen oder das Amt anzutreten, gehört aber zum guten Ton.

Konflikträte sind bloß das letzte Mittel, normalerweise versuchen die Beteiligten ihre Konflikte selbst zu lösen, wobei sie bei Bedarf auf die Vermittlung freiwilliger Mediationsteams zurückgreifen können. Nur wenn dies scheitert, kann man sich an den Konfliktrat wenden. Allgemeiner Grundsatz der Konfliktlösung ist, die anderen als Peers, als ebenbürtig zu akzeptieren und ihre Bedürfnisse daher genauso ernst zu nehmen wie die eigenen. Wer dies vergisst, wird von den Menschen in seiser Umgebung freundlich daran erinnert. Meist ist es so möglich, die Konflikte im – eventuell grummeligen – Konsens der Beteiligten beizulegen, ohne den Rat beschäftigen zu müssen. Konflikte drehen sich oft um die Nutzung von Räumen (wer darf, wer muss passen?), die Belästigung oder Sorgen der realen oder potenziellen Nachbarein (die Vitaminfabrik nebenan lärmt bis in die Nacht; was wenn das Chemieprojekt giftige Gase freisetzt?) oder um Verhaltensmuster, die nicht zusammenpassen (manche wollen im Community-Café rauchen, andere leiden unter dem Rauch).

Meist lassen sich Konflikte beilegen, ohne dass jemand ganz passen muss – der zentral gelegene Platz wird dann etwa zum Community-Café oder

Festplatz, das Projekt, das ihn ebenfalls gern genutzt hätte, bekommt stattdessen einen anderen, ebenfalls gut erreichbaren Ort. Rauchen kann man in Community-Cafés und anderen öffentlichen Orten in bestimmten Teilbereichen oder zu bestimmten Zeiten, nicht immer und überall. Um Konflikte um Wohnraum zu mindern, werden die schönsten Orte meist als öffentliche Räume oder Ferienwohnungen genutzt, so dass sie nicht Einzelnen vorbehalten bleiben. Projekte müssen allerdings darauf achten, dass sie Bedenken ihrer potenziellen Nachbarein ausräumen können. Gelingt dies nicht, müssen sie sich abgelegenere Orte suchen, wo sich niemand mehr belästigt oder gefährdet fühlt, oder schlimmstenfalls, wenn diverse Mitglieder der Gemeinde weiterhin große Risiken sehen und bei ihrem Veto bleiben, ganz verzichten.

Wenn sich Projekte oder Einzelpersonen über Entscheidungen des Konfliktrats hinwegzusetzen versuchen, müssen sie nicht nur mit lautstarker öffentlicher Kritik (»flaming«), sondern auch mit Boykott und Ausgrenzung (»shunning«) rechnen. Projekte werden dann etwa von der Versorgung mit Ressourcen und Vorprodukten abschnitten und die potenziellen Beitragenden und Nutzirn bleiben weg. Personen können aus den Projekten, in denen sie aktiv sind, ausgeschlossen werden. Ist ein Konflikt so groß, dass er sich nicht innerhalb einer einzelnen Gemeinde lösen lässt (Gemeinden haben meist etwa 20.000 bis 200.000 Einwohnirn und umfassen einige Dörfer, eine Stadt oder einen Stadtteil), wird ein **Ad-hoc-Konfliktrat** gebildet, dessen Mitglieder unter den Bewohnirn aller betroffenen Gemeinden ausgelost werden.

Früher dachten die Leute scheinbar, dass sich alle gegenseitig die Köpfe einschlagen würden, wenn es nicht starke Autoritäten gibt, die für Gesetz und Ordnung sorgen, und dass jedir in ständiger Sorge um seisen Besitz leben müsste, wenn nicht jedes Stück Natur und jedes Artefakt einer formell verfügungsberechtigten Eigentümir zugeordnet werden kann. Tatsächlich scheinen sie damals selbst, durch die gesellschaftlichen Strukturen, die sie sich gegeben hatten, die Probleme herbeigeführt zu haben, vor denen sie Angst hatten. Heute leben wir ohne Furcht und ohne Not in einer Gesellschaft, die keine Grenzen und keine systematische Ausgrenzung mehr braucht und in der sich alle ihren eigenen, von den anderen beeinflussten, aber nicht bestimmten Vorstellungen gemäß entfalten können. In der die menschliche Vielfalt nicht als Gefahr, sondern als Vorteil gesehen wird, der es ermöglicht, die Re/produktion gemeinsam und selbstorganisiert zu gestalten, neben dem und als Teil dessen, was das Leben schön macht.

Anhang

Geschlechtsneutrale Formen

	männlich	weiblich	neutral
Nominativ	er	sie	sei
Genitiv	sein	ihr	seis
Dativ	ihm	ihr	seim
Akkusativ	ihn	sie	sei
	männlich	**weiblich**	**neutral**
Nominativ	jeder Einzelne	jede Einzelne	jedir Einzelne
Genitiv	jedes Einzelnen	jeder Einzelnen	jedis Einzelnen
Dativ	jedem Einzelnen	jeder Einzelnen	jedim Einzelnen
Akkusativ	jeden Einzelnen	jede Einzelne	jedir Einzelnen
	männlich	**weiblich**	**neutral**
Nominativ	der mobile Pfleger	die mobile Pflegerin	die mobile Pflegir
	die mobilen Pfleger	die mobilen Pflegerinnen	die mobilen Pflegirn
Genitiv	des mobilen Pflegers	der mobilen Pflegerin	der mobilen Pflegir
	der mobilen Pfleger	der mobilen Pflegerinnen	der mobilen Pflegirn
Dativ	dem mobilen Pfleger	der mobilen Pflegerin	der mobilen Pflegir
	den mobilen Pflegern	den mobilen Pflegerinnen	den mobilen Pflegirn
Akkusativ	den mobilen Pfleger	die mobile Pflegerin	die mobile Pflegir
	die mobilen Pfleger	die mobilen Pflegerinnen	die mobilen Pflegirn
	männlich	**weiblich**	**neutral**
Nominativ	der nette Nachbar	die nette Nachbarin	die nette Nachbarei
	die netten Nachbarn	die netten Nachbarinnen	die netten Nachbarein
Genitiv	des netten Nachbars	der netten Nachbarin	der netten Nachbarei
	der netten Nachbarn	der netten Nachbarinnen	der netten Nachbarein
Dativ	dem netten Nachbarn	der netten Nachbarin	der netten Nachbarei
	den netten Nachbarn	den netten Nachbarinnen	den netten Nachbarein
Akkusativ	den netten Nachbarn	die nette Nachbarin	die nette Nachbarei
	die netten Nachbarn	die netten Nachbarinnen	die netten Nachbarein

Einige frühe Projekte

- Das GNU-Projekt, mit dem die (quell)freie Software anfing: www.gnu.org
- Debian, die wohl wichtigste GNU/Linux-Distribution: www.debian.org
- Die Wikipedia, eine stigmergische Enzyklopädie: de.wikipedia.org
- Die Internet Engineering Task Force, die Standards für das Internet setzt und das Prinzip »rough consensus and running code« geprägt hat: www.ietf.org

- RepRap, ein Projekt für quellfreie 3D-Drucker, die viele ihrer eigenen Teile herstellen können: www.reprap.org
- Shapeoko, eine quellfreie CNC-Fräse: www.shapeoko.com
- OSLOOM, Projekt zur Erstellung eines quellfreien automatischen Jacquardwebstuhls: www.osloom.org
- Thingiverse, ein Verzeichnis für 3D-druckbare und andere quellfreie Dinge: www.thingiverse.com
- Das Airbike, ein 3D-gedrucktes Fahrrad: www.eads.com/eads/int/en/news/press.20110307_eads_airbike.html
- Ein 3D-druckbares Windrad: www.thingiverse.com/thing:28773
- Arduino und Raspberry Pi, zwei quellfreie Einplatinen-Computer: www.arduino.cc, www.raspberrypi.org
- FreedomBox, ein Debian-basiertes Betriebssystem für persönliche Mini-Webserver: freedomboxfoundation.org
- Arduino-basierte Aquaponik: www.youtube.com/watch?v=3IryIOyPfTE
- Berliner Projekt, das Fahrräder zu Pedelecs umrüstet: elektronenrad.de
- Zwei Elektroleichtfahrzeuge: www.twike.com, www.gemcar.com

Dieser Text wird unter den Bedingungen der »Creative Commons Namensnennung – Weitergabe unter gleichen Bedingungen 3.0 Deutschland«-Lizenz (»CC-BY-SA«) veröffentlicht. Der vollständige Lizenztext: http://creativecommons.org/licenses/by-sa/3.0/de.

Michael Mayer

Der Anspruch der Toten[1]

»Die Toten leben ganz eigen
Sie reden so still und klar.«
Lied

1.

»Gehören die Toten uns, oder gehören wir den Toten?«[2] Die Frage verstört. Sie macht keinen Sinn, eine Antwort scheint unmöglich. Sie findet sich in einem Buch des französischen Philosophen Gilles Deleuze mit dem Titel »Das Zeit-Bild. Kino 2«, das sich bekanntlich der Struktur und Entwicklung des modernen Films widmet. Was aber sollte der Film mit dieser Frage zu tun haben? Ebenso wie ihr Inhalt überrascht auch der Kontext der Frage. Die Alternative aber, in die sie zwingt, mutet schon auf den ersten Blick abwegig an. Gilt doch die bloße Möglichkeit des »Gehörens« an den Begriff einer Person gebunden, einer natürlichen oder juristischen, der überhaupt etwas »gehören« kann. Ihre Existenz, ihre Präsenz und Repräsentierbarkeit müsse gegeben und vorgegeben sein, um von Besitz, Eigentum, der Zu- und Aneignung von Inventar, Objekten und Immobilien sprechen zu können. Begriff einer Person, die im System des Rechts und der zivilen Rechtsordnung abbildbar wäre. Die Toten jedenfalls scheinen kein Recht und keine Rechte zu haben, keine Menschenrechte und auch keine Menschenwürde, mithin das, was Hannah Arendt einmal schlichtschön das »Recht, Rechte zu haben«[3] nannte.

»Gehören die Toten uns, oder gehören wir den Toten?« Deleuzes Frage ist offensichtlich schon entschieden noch bevor sie gestellt wurde. Wenn überhaupt, gehören die Toten *uns*, also Personen, die alle Voraussetzungen

---

1 Eine erste Fassung meines Beitrags ist erschienen unter dem Titel: Memento. Zur Präsenz der Toten an der Schnittstelle zwischen Fotografie und Film, in: Nadja Bohrer/Samuel Sieber/Georg Christoph Tholen (Hg.): Blickregime und Dispositive audiovisueller Medien, Bielefeld 2011, S. 31–46. Die hier abgedruckte Fassung weicht hiervon in Form, Inhalt, Umfang wie auch in der theoretischen Stoßrichtung ab.
2 Gilles Deleuze: Das Zeit-Bild. Kino 2, Frankfurt/M. 1991, S. 102.
3 Hannah Arendt: Elemente und Ursprünge totaler Herrschaft. Antisemitismus, Imperialismus, totale Herrschaft. 6. Aufl., München 1966, S. 614 und passim.

erfüllen, um rechtsgültig im Besitz von Besitzrechten sein zu können. Was ein Blick auf jüngere Entwicklungen zu bestätigen scheint: Der zunehmende Bedarf der Transplantationsmedizin nach Organen, Knochen, Haut und Bindegewebe, zuletzt nach Gesichtern Verstorbener; die zeitnah damit einsetzenden Versuche zur Verrechtlichung des Sterbens durch die Bestimmung des Hirntods;[4] die Debatten zu aktiver Sterbehilfe und Beihilfe zum Suizid scheinen ein »Recht auf die Toten« im Gefolge zu haben, das *wir*, die Lebenden, wie selbstverständlich erheben zu können glauben. Michel Foucaults Begriff der »Biomacht« und »Biopolitik«,[5] der die Heraufkunft eines neuen politischen *Nomos* anzeigte, dem es nicht mehr im antiken Sinne um das *gute Leben*, sondern um das *Leben als solches*, das *nackte Leben*[6] zu tun ist, macht vor dem Tod nicht halt. Der »Bio-« folgt die »Thanatopolitik« auf dem Fuße: Der Tod wird ebenso zum Gegenstand eines juridisch-administrativen Diskurses wie die Toten selbst.

Dieses durch die Verschmelzung ökonomischer, gesundheitspolitischer und szientifischer Interessen zu einem einzigen medizinisch-industriellen Komplex gleichsam institutionalisierte »Recht auf die Toten« bleibt indes bei ihrer physischen Vernutzung nicht stehen. Es weitet sich auf ihre symbolische Indienstnahme als Mittel eines pädagogisch-moralischen, zuletzt musealen Diskurses gesellschaftlicher Erinnerungspolitik aus. Die Konsequenzen sind nicht minder bedeutsam. Ein Beispiel: Im Herbst 2007 rechtfertigte Zahi Hawass, zu diesem Zeitpunkt Ägyptens oberster Verwalter der Altertümer, die Abnahme der Mumienbinden Tutanchamuns, die das Antlitz des Pharaos seit seiner Bestattung vor über dreitausend Jahren verhüllten, mit dem »Recht« von Touristen, dem Herrscher »ins Gesicht zu schauen«.[7] Dieses Recht auf Sichtbarkeit des Gesichts, das (nicht nur) die Entschleierung des Antlitzes Toter zu erzwingen scheint, steht in einem engen Kontext zu Freuds Schautrieb, einem Abkömmling des Bemächtigungstriebs. Dessen Effekte kommentiert Ingeborg Bachmann in ihrem Romanfragment »Der Fall Franza« anlässlich der Zurschaustellung der altägyptischen Könige in einem Kairoer Museum folgendermaßen: »Franza [...] blinzelte mit fast geschlossenen Augen zu dem dritten Amenhôtep [...]. Sie krümmte sich plötzlich, es riss ihr den Kopf nach unten, und sie erbrach sich vor dem Mumienzimmer. Ein Gerinn-

---

4 Vgl. Alard von Kittlitz: Hirntod, in: Frankfurter Allgemeine Zeitung, 18.8.2012.
5 Vgl. Michel Foucault: Die Geburt der Biopolitik. Geschichte der Gouvernementalität II. Vorlesung am Collège de France 1978–1979, Frankfurt/M. 2006.
6 Vgl. Giorgio Agamben: Homo Sacer. Die souveräne Macht und das nackte Leben, Frankfurt/M. 2002.
7 Frankfurter Allgemeine Zeitung, 6.11.2007.

sel aus Tee und kleinen Brotbrocken war auf dem Boden, Franza war erleichtert, es würgte sie noch ein paarmal: ich habe euch, euch Leichenschändern, wenigstens vor die Füße gespien.«[8]

Franzas Erbrechen im altägyptischen Museum stellt nicht nur einen körperlichen Kollaps dar, sondern eine Geste, die offensichtlich der verdinglichenden Inbesitznahme der Mumien gilt. Denn Tote sind keine Dinge. Weder als physischer Rest, als Leichnam, dem all die Liturgien öffentlichen Betrauerns, der Ehrerbietung und Bestattung gelten, noch als metaphysisches Substrat des individuellen oder kollektiven Gedächtnisses. Sie sind keine Gegenstände unter anderen, auch wenn die Leiche sich ja nicht wehren könnte, der gegenständlichen Ordnung zugeschlagen zu werden. Der Berliner Kulturwissenschaftler Thomas Macho fand hierfür den glücklichen Ausdruck »Leichenparadox« und spielt damit auf jene unheimliche Verdopplung des toten Körpers an, der mit dem Menschen, den man kannte, identisch und zugleich nicht identisch ist, der also ein Mensch ist *und* ein Ding. Dementsprechend wären die Toten »Dingmenschen, die als Organe des sozialen Körpers versagen, indem sie nicht angesprochen und motiviert werden können, gleichwohl als Individuen aber lokalisierbar und identifizierbar bleiben.«[9]

Doch wo steht eigentlich geschrieben, dass Tote nicht angesprochen werden können? Wer schreibt vor, dass wir nur *über* sie und nicht auch *mit* ihnen sprechen und zuweilen auch sprechen müssen? Sind sie, diese »Dingmenschen«, nicht insoweit »menschlich«, als sie die Anrede, den Anruf, das Flehen und Bitten und Betteln gerade nicht verweigern? Und geben sie nicht manchmal sogar Antwort? Haben sie, die Toten, nicht auch einen Anspruch an uns, die kommenden Toten?

»Gehören die Toten uns, oder gehören wir den Toten?« Die Frage ist damit wieder offen, so verstörend wie zu Beginn. Doch was wäre, wenn die Konjunktion »oder«, die die beiden Hauptsätze verbindet, einmal keine Alternative anzeigte, sondern vielmehr eine »Konjunktion« im semantischen Sinne, eine Verbindung eigener Art? Was heißt dann überhaupt »gehören«?

Halten wir vorab fest, dass die agonale Konfrontation, die die Frage von Gilles Deleuze zu suggerieren scheint, ihre verstörende Energie aus seiner unterschwelligen Auseinandersetzung mit einem Film des französischen Regisseurs François Truffaut bezieht, der unter dem Titel »La Chambre Verte« (dt.

---

8   Ingeborg Bachmann: Der Fall Franza. Unvollendeter Roman, in: Der Fall Franza. Requiem für Fanny Goldmann, München 1979, S. 121f.
9   Thomas Macho: Wir erfahren Tote, keinen Tod, in: Rainer Beck (Hg.): Der Tod. Ein Lesebuch von den letzten Dingen, München 1995, S. 293–299, hier: S. 296.

»Das grüne Zimmer«) 1978 in die Kinos kam.[10] Basierend vor allem auf einer Erzählung Henry James',[11] handelt er von dem Journalisten Julien Davenne nach dem Ende des Ersten Weltkrieges – gespielt von Truffaut selbst –, der das Verhältnis zu den Toten *gegen* das der Lebenden stellt. Nach dem Tod von vielen seiner Freunde und Kameraden, dem massenhaften und durch die überkommenen Ritualformen der Bestattung und des Gedenkens nicht mehr zu bewältigenden Sterben in den Stellungsgräben des Ersten Weltkrieges, vor allem aber nach dem Tod seiner Frau verweigert sich Davenne zunehmend den Lebenden wie dem Leben selbst. Die sich schüchtern abzeichnende Liebe zu Cécilia Mandel (Nathalie Baye), in der er eine Geistesverwandte zu erkennen glaubt, scheitert an seiner Rigorosität.

Sequenz 1 – Truffaut: *Das grüne Zimmer:*
In der ersten Sequenz des Films sieht man Davenne, wie er einem Freund, Gérard Mazet (Jean-Pierre Moulin), beisteht, der seinerseits gerade seine Frau Geneviève verlor und sich verzweifelt weigert, den Sarg schließen und den aufgebahrten Leichnam abholen zu lassen. Der seelsorgerische Zuspruch des anwesenden Priesters, der die Auferstehung von den Toten am Tag des Jüngsten Gerichts zum Trost feilbietet, erreicht den Trauernden nicht. Und er empört Davenne: Wer einen geliebten Menschen verlor, wünsche ihn »jetzt« wieder zu sehen und nicht erst am Ende aller Zeiten. Nachdem Davenne den Priester wie die anwesende Trauergemeinde kurzerhand aus dem Totenzimmer geworfen hat, wendet er sich direkt an Mazet: »Für die Gleichgültigen sind Genevièves Augen jetzt geschlossen. Aber für Sie, Gérard, bleiben sie für immer offen. Denken Sie nicht, Sie hätten sie verloren. Denken Sie vielmehr, dass Sie sie jetzt nicht mehr verlieren können. Widmen Sie ihr all ihre Gedanken, alles, was Sie tun, Ihre ganze Liebe, und Sie werden sehen, dass die Toten uns gehören, wenn wir bereit sind, ihnen zu gehören. Glauben Sie mir, Gérard, unsere Toten können weiterleben.«

Eine Einlassung mit Folgen: Noch vor allem anderen arbeiten Davennes Worte am Sinn des »Gehörens« selbst, überführen das Entweder-Oder, das Deleuzes Initialfrage zu charakterisieren schien, in die Form einer Verschränkung, einer Wechselseitigkeit, die die Elemente ihrer Beziehung nicht als schon gegeben voraussetzt. Seine Bemerkung: »dass die Toten uns gehören, wenn wir bereit sind, ihnen zu gehören«, verschiebt den Sinn des »Gehörens« von einer bloßen Besitzanzeige, der die Beziehung zum Objekt akzidentiell ist, zu

---

10 François Truffaut: Das grüne Zimmer, Frankreich 1978.
11 Henry James: Der Altar der Toten, Hanau 1949.

einer »Zusammengehörigkeit«, der die Beziehung zwischen den Momenten wesentlich wird. *Wesentlich* aber heißt hier: dass die Lebenden ohne die Toten nicht sind und sein können, was sie zu sein haben, sowenig wie die Toten ohne die Lebenden. *Wesentlich* heißt hier: dass der Riss, der die Lebenden und die Toten trennt, zugleich eine Beziehung ganz eigener Art anzeigt, die diese Trennung gerade nicht verdeckt, sondern als Beziehung vollzieht. *Wesentlich* heißt hier: dass das gegen Tod der Toten immunisierte Leben eine »Abstraktion« im Sinne Hegels Sinne darstellt, eine »Unwahrheit«.

Vom Gehören zur »Zusammengehörigkeit«[12] also, vom Eigentum zu einem »Ereignis«,[13] das Martin Heidegger als Grundwort seines späten Philosophierens einführte und dessen Logik die überlieferte einwertige Ontologie als eine Theorie einander gleichgültiger Momente radikal infrage stellen sollte. Die Beziehung zwischen den Lebenden und den Toten ließe sich also nicht aufkündigen oder auch nur marginalisieren, ohne das Leben und den Tod, die Lebenden und die Toten zu korrumpieren. Und vielleicht ist deren Separation eine der unerschöpflichen Ressourcen des Inhumanen selbst. Die entscheidende Frage lautet deshalb nicht, wer hier über wen und über was Eigentümer ist und warum. Die entscheidende Frage lautet: »Halten wir unsere Liebe zu ihnen (den Toten; M. M.) *gegen* die Lebenden aufrecht oder *für* und gemeinsam *mit* dem Leben?«[14] (Hervorh. M. M.)

2.

Ich möchte diese Frage anhand einer Sequenz aus Wayne Wangs Film »Smoke«[15] (Drehbuch: Wayne Wang und Paul Auster) eingehender diskutieren. Der Film erzählt die Geschichte mehrerer Menschen im New Yorker Stadtteil Brooklyn. Hauptfigur ist Augustus Wren (Harvey Keitel), »Auggie« genannt, in dessen Tabakladen die Fäden der verschiedenen Episoden zusammenlaufen. An einem Abend, als Auggie sein Geschäft gerade schließen will,

---

12 Martin Heidegger: Der Satz der Identität, in: Identität und Differenz, 6. Aufl., Pfullingen 1978, S. 9–31, hier: 20 ff.
13 Martin Heidegger: Protokoll zu einem Seminar über den Vortrag ›Zeit und Sein‹, in: Zur Sache des Denkens, 2. Aufl., Tübingen 1976, S. 27–60 , hier: S. 46f. Zur Datierung des Ereignisses siehe auch: Dieter Thomä: Die Zeit des Selbst und die Zeit danach. Zur Kritik der Textgeschichte Martin Heideggers 1910–1976, Frankfurt/M. 1990, S. 776f.
14 Deleuze: Das Zeit-Bild, S. 102.
15 Smoke. Regie: Wayne Wang. USA 1995.

kommt ein Stammkunde, Paul Benjamin (William Hurt), herangeeilt, um sich noch Zigaretten zu kaufen.

Sequenz 2 – Wang: *Smoke*:
Auggie öffnet nochmals den Laden und bittet Paul herein. Beim Anblick eines auf dem Tresen liegenden Fotoapparats kommen die Männer ins Gespräch. Paul erfährt, dass Auggie seit Jahren mit dieser Kamera jeden Morgen um die exakt gleiche Uhrzeit die exakt gleiche Straßenkreuzung vor seinem Laden ablichtet. Paul nimmt erstaunt zur Kenntnis, dass Auggie nicht nur jemand sei, »der einfach nur Zigaretten verkauft«. In der nächsten Einstellung sieht man Auggie, der Paul die Bilder im Hinterzimmer seines Ladens zeigt. Paul ist sichtlich beeindruckt, zugleich verstört. Er versteht das Anliegen nicht. Die Bilder seien doch alle gleich. »Sie sind alle gleich«, antwortet Auggie, »aber trotzdem unterscheiden sie sich. Es gibt die hellen Morgen und die dunklen Morgen, es gibt das Sommerlicht und das Herbstlicht, die Wochentage und die Wochenenden. Du siehst Leute in Mänteln und Gummistiefeln und welche in Shorts und T-Shirts. Manchmal sind es die gleichen Leute, manchmal andere und manchmal werden die neuen zu alten und die alten verschwinden. Die Erde dreht sich um die Sonne und jeden Tag trifft das Licht der Sonne in einem anderen Winkel auf die Erde auf. [...] Morgen und Morgen und wieder Morgen. So kriecht mit kleinem Schritt die Zeit voran.« Paul solle sich beim Anschauen Zeit lassen. Während dieser die Aufnahmen nun geduldiger ansieht, stößt er plötzlich auf eine Fotografie seiner Frau Ellen, die vor Jahren (wie man erst in einer späteren Szene erfahren wird) bei einem Überfall zufällig getötet worden war. »Du liebe Güte! Sieh mal, das ist Ellen!« Paul ist überwältigt und ringt mit den Tränen. Auggie, sichtlich gerührt, legt einen Arm auf Pauls Schulter. In der letzten Einstellung der Sequenz sieht man Auggie, wie er am Morgen eine seiner Aufnahmen macht.

Auggie Wrens Projekt, jeden Morgen zum exakt gleichen Zeitpunkt die exakt gleiche Straßenecke mit exakt derselben Kamera und Kameraeinstellung in Brooklyn abzulichten, gibt sein »Lebenswerk« als Inszenierung einer Serialität zu erkennen, in der das Immergleiche als Immerneues wiederkehrt. Als Serie erkunden diese Bilder das Wesen einer Zeitlichkeit, die linear voranschreitet und zyklisch geschlossen anmutet. »Morgen und Morgen und wieder Morgen. So kriecht mit kleinem Schritt die Zeit voran.«[16] Die Ungleichheit in der

---

16 Die Worte referieren auf ein Zitat aus Shakespeares Macbeth: »Tomorrow and tomorrow and tomorrow creeps in this petty pace from day to day to the last syllable of recorded time.« 5. Akt, 5. Szene.

Gleichheit, die Gleichheit in der Ungleichheit aber offenbart sich der Gleichgültigkeit allein, dem maschinellen Auge, der Kamera. Ihre Unbestechlichkeit gegenüber Sensation und Situation, gegenüber Figur und Kulisse, Wesentlichem und Unwesentlichem arbeitet einer Ataraxie des Blicks vor, die Jean Baudrillard in seinem letzten Text als den Wunsch beschreibt, »nicht mehr da zu sein«; sprich: zu sehen ohne ein Ich, das sieht. »Das kann der Wunsch sein, zu sehen, wie die Welt in unserer Abwesenheit aussieht (Photographie)«.[17]

Dass dieser Wunsch nach der Abwesenheit des Betrachters, des Subjekts, des Ich bizarr anmuten mag, sagt noch nichts über seine Realisierbarkeit. Die letzte Einstellung der Szene aus »Smoke« verrät dessen technische Installationsbedingung: Auggie schaut erst nach der Aufnahme durch den Sucher der Kamera. Was *da* in diesem einen ausgezeichneten Augenblick zu sehen ist, enthüllt sich dem menschlichen Auge in konstitutiver Nachträglichkeit. Ihr entspricht die konstitutive Kontingenz des Motivs, die durch die exakte Fixierung des Aufnahmezeitpunkts wie der Kameraposition und -perspektive bedingt ist.

Das klare Reglement beherrscht auch die Anforderungen an den Betrachter. Auggies Ratschlag an Paul, sich beim Ansehen der Bilder Zeit zu lassen (»Du kommst nie dahinter, wenn Du nicht langsamer machst, mein Freund«), zielen auf deren Wahrnehmungsbedingung, auf Lang- und auf Gleichmut und gleichmütige Rhythmisierung. Diese Entspannung aber, oder mit Freud zu reden, diese gleichbleibende Aufmerksamkeit, die Auggie von Paul verlangt, bedingt die nun folgende Szene. Denn genau in dem Moment, in dem Paul Benjamin sich entspannt und auf die Bilder einzulassen beginnt, kommt es zu einer Art Eklat, zum Zerplatzen der (gleichförmigen) Zeit: »Du liebe Güte! Sieh mal, das ist Ellen!« Indem Paul plötzlich seine Frau erkennt, entblößt sich noch eine andere, eine verborgene und geheime Seite der Photographie: die eines Traumas und einer Trauer und einer Zeit, die aus den Fugen gerät.

Die Ähnlichkeiten zu dem, was Roland Barthes in seinem letzten Buch, »Die helle Kammer« (1980), das sich ganz der Photographie verschrieben hat, unter dem Stichwort »punctum der Zeit«[18] verhandelte, sind verblüffend. Lautet doch der stumme Bescheid, den das Photo hier Paul erteilt, im Kern: »Sie ist tot und sie wird sterben.« Genau mit dieser Formel untertitelte Barthes eine Photographie Alexander Gardners des wegen Mordes zum Tode Verurteilten

---

17 Jean Baudrillard: Warum ist nicht alles schon verschwunden? Berlin 2008, S. 13f.
18 Roland Barthes: Die helle Kammer. Bemerkung zur Photographie, 2. Aufl., Frankfurt/M. 1986, S. 95–107 und passim.

Lewis Payne (1865) vor dessen Hinrichtung: »Er ist tot und er wird sterben.«[19] Was Paul auf dem Photo erblickt; genauer: was ihm aus dem Photo schlagartig entgegenschießt, ihn fassungslos macht, ihn »punktiert«, ist Ellen selbst, die zum Zeitpunkt der Aufnahme noch lebte und sterben wird und die zum Zeitpunkt, an dem er die Aufnahme ansieht, längst tot ist. In die Situation der zwei Männer, die in gelöster Stimmung eine Photoserie betrachten, bricht unvermutet die Tote ein – *als* Tote, deren Präsenz nichts als der Hohlraum ihrer absoluten Abwesenheit ist. Die Tote wird *als* Tote Gegenwart.

Diese verstörende Anwesenheit einer Abwesenden, einer Toten, thematisiert Roland Barthes in seinem Buch aber nicht nur spekulativ. Der zweite Teil von »Die helle Kammer« beginnt mit folgenden Worten: »An einem Novemberabend, kurz nach dem Tod meiner Mutter, ordnete ich Photos.«[20] Mit solchen Worten konstruiert man keine Theorie. Mit solchen Worten erzählt man eine Geschichte. Roland Barthes' letztes, nur kurz vor seinem eigenen Unfalltod publiziertes Buch hat seinen Fluchtpunkt in einer Situation, die es eigens thematisiert: den Tod der Mutter. Er ist der konkrete Anlass seines Entstehens. Indem er das Wesen der Photographie *begrifflich* untersucht, erzählt Barthes *literarisch* eine Geschichte. Es ist die eines Todes, einer absoluten Trennung, die zugleich in der Trauer und als Trauer den Sohn mit der verstorbenen Mutter auf rätselhafte Weise verbindet. In dem 2009 postum erschienenen »Tagebuch der Trauer« notiert Barthes: »Trauer: Ich habe erfahren, dass sie unveränderlich und sporadisch ist: *Sie vergeht nicht,* weil sie nicht andauernd ist.«[21]

3.

Die Episode aus »Smoke« zeigt also zweierlei in gegenläufiger Richtung: Wie *zum einen* durch Auggie Wrens Bilderserien die Photographie im Film filmisch arrangiert und mit der Zeit als vergehende Gegenwart schließlich Vergänglichkeit überhaupt thematisch wird, wird *zum anderen* der Film im Film durch Paul Benjamins unerwartete Konfrontation mit der Aufnahme seiner Frau mit einem genuin photographischen Ereignis konfrontiert. Das photografische *punctum-der-Zeit* greift auf den Film über. Als *punctum-der-Toten* unterbricht es den Zirkel der Lebenden, stört die Zirkularität ihres Austauschs

---

19 Barthes, Die helle Kammer, S. 107.
20 Ebd., S. 73.
21 Roland Barthes: Tagebuch der Trauer, München 2010, S. 105.

untereinander, öffnet ihn auf ein Anderes, das sich als anwesende Abwesenheit der Assimilation radikal verweigert.

In einem Text aus dem Jahre 1980, der Roland Barthes, seinem Tod und seinem letzten Buch gewidmet ist, sollte Jacques Derrida daraus ein ethisches Regulativ machen: »Man muss den Umgang der Überlebenden unterbrechen, den Schleier zum Anderen zerreißen, dem toten Anderen, der *in uns* ist, aber als Anderer.«[22] Als Anderer in uns wäre der Andere als Toter Adressat einer Anrede, die, so Derrida, in der Praxis der »Grabrede« exemplarisch gewesen sei, da sie ihn noch unmittelbar anzusprechen ermöglichte.[23] Rund 15 Jahre nach dieser Notiz wird sich dieses Regulativ zum moralischen Gesetz verdichten. Als Derrida am 27. Dezember 1995 auf dem Friedhof von Pantin seine Grabrede auf Emmanuel Lévinas hielt, sprach er vom »Gesetz der Redlichkeit«: »[...] geradeheraus reden, sich direkt *an* den Anderen wenden und *für* den Anderen reden, den man geliebt und bewundert hat, noch bevor man *von* ihm spricht«.[24]

Wer also hat gesagt, dass Tote nicht angesprochen werden können? Wer schreibt vor, dass wir nur *über* sie und nicht auch *mit* ihnen sprechen und zuweilen auch sprechen müssen? Der Vorbehalt jedenfalls, den ich gegen Thomas Macho andeutete, wendet sich entschiedener noch gegen eine These, die seinem eingangs zitierten Text als Titel dient: »Wir erfahren Tote, keinen Tod.«[25] Tatsächlich steht und fällt dieses Behauptung mit einer Entscheidung, die womöglich so alt ist wie die Philosophie selbst: den Tod und den Begriff des Todes immer nur aus der Perspektive der ersten Person Singular zu thematisieren. So als realisierte ich den Tod immer nur als *meinen eigenen* Tod. Der Tod des Anderen gilt allenfalls als Anwendungsfall, als empirischer, abgeleiteter Modus dieses einen Todes, dessen eigentlicher Sinn sich ausschließlich aus der Binnenperspektive des Ich, das ihn zu sterben hat, erschließen soll. Von Sokrates über Heidegger und darüber hinaus scheint es eine Art stillschweigende Vorentscheidung zu geben, eine Art Vorurteil: die apriorische Verengung des Fragesinns nach dem Tod überhaupt ausschließlich auf die Jemeinigkeit je meines Todes.[26]

Schematisieren wir: Wenn der Andere nicht nur ein *anderes Ich* ist (Ebene der transzendentalen Gleichheit und Universalität), sondern auch *anders als*

---

22 Jacques Derrida: Die Tode des Roland Barthes, Berlin 1987, S. 32.
23 Ebd., S. 31f.
24 Jacques Derrida: Adieu. Nachruf auf Emmanuel Lévinas, München/Wien 1999, S. 10.
25 Macho: Wir erfahren Tote.
26 Vgl. Michael Mayer: Totenwache, Wien 2001.

ich (Ebene der quasi-transzendentalen Differenz und Singularität), dann ist sein Tod nicht nur der *Tod eines Anderen* (anderes Ich), sondern ein *anderer Tod* (anders als Ich). Und dieser *andere Tod des Anderen* ist der Tod selbst, der mich zwar anders als mein eigener betrifft. Doch er trifft mich, er verwundet mich, sticht mir mitten ins Herz. Er ist tödlich und er tötet mich, ohne mich zu töten. »Ich« ist der Überlebende dieses Todes. *Dass es schrecklicher sein könnte, wenn der Mensch, den ich liebe, stirbt als wenn ich selbst stürbe*, offenbart die Urszene des Ethischen überhaupt. Und wenn Lévinas in einer Vorlesung aus dem Jahre 1975 seine Ethik radikaler Alterität ausdrücklich auf den Anderen als den Toten ausdehnt, tut er das unterm Geleit eines der ungeheuerlichsten Sätze in der Geschichte der abendländischen Philosophie: »Der Tod des Anderen ist der erste Tod.«[27]

Und wenn er dieser erste Tod ist, die Primarität des Todes überhaupt im Ausgang des Anderen, dann erfahren wir seinen Tod *als Tod selbst*. Wir erfahren Tote, und wir erfahren *Tode* - selbst wenn wir sie auf eine Weise »erfahren«, die mit den gebräuchlichen Schemata der Erfahrung, der Wahrnehmung und Wirklichkeit nicht mehr in Einklang zu bringen ist. Selbst wenn das, was hier »Erfahrung« heißt, einem Trauma gleicht, ein Trauma *ist*. In einem Gespräch mit Angelo Schwarz 1977 sagte Roland Barthes das so: »Will man wirklich auf ernster Ebene von der Fotografie sprechen, so muss man sie zum Tod in Beziehung bringen. Es stimmt, das Foto ist ein Zeuge, aber ein Zeuge dessen, was nicht mehr ist. Selbst wenn das Subjekt noch lebt, wurde dennoch ein Moment des Subjekts fotografiert, und dieser Moment ist nicht mehr. Und das ist ein gewaltiges Trauma für die Menschheit, ein Trauma, das sich ständig erneuert. Jeder Akt der Lektüre eines Fotos [...] ist implizit und in verdrängter Form ein Kontakt mit dem, was nicht mehr ist, das heißt mit dem Tod. Ich glaube, so müsste man an das Rätsel der Fotografie herangehen, so jedenfalls erlebe ich die Fotografie: als ein faszinierendes und trauervolles Rätsel.«[28]

Mit und auch gegen Roland Barthes und ohne dies hier näher zu diskutieren, gehe ich davon aus, dass dieses Trauma, das punctum-der-Toten, ihre Bildwerdung, nicht nur in der Photographie seinen privilegierten Ort hat. Zumindest fällt auf, dass beispielsweise das gegenwärtige Kino von Protagonisten bevölkert wird, die nicht durch ihren eigenen, sondern durch den

---

27 Emmanuel Lévinas: Gott, der Tod und die Zeit, Wien 1996, S. 53.
28 Roland Barthes: Über Fotografie. Interview mit Angelo Schwarz (1977) und Guy Mandery (1979), in: Herta Wolf (Hg.): Paradigma Fotografie. Fotokritik am Ende des fotografischen Zeitalters, Bd. 1, Frankfurt a. M., S. 82–88, hier: S. 85.

Tod des Anderen versehrt sind, verletzt und verwirrt. Von Susanne Biers »Things We lost in the Fire« (2007), über Jonathan Demmes »Rachels Hochzeit« (2008), Christopher Nolans »Memento« (2000), David Lynchs »Lost Highway« (1997), Antonio Luigi Grimaldis »Stilles Chaos« (2008), Marc Forsters »Monster's Ball« (2001), Atom Egoyans »Das süße Jenseits« (1997), sein »Exotica« (1994) oder »Ararat« (2002), zuletzt auch Caroline Links »Im Winter ein Jahr« (2008), Yojiro Takitas »Nokan« (2008) oder Marie Miyayamas »Der rote Punkt« (2008) etc: Immer ist es auch ein spezifischer Typus, der diese Filme behaust, von ihren Toten behauste Figuren als Exempel und Exemplare einer besonderen, anderen und neuen Art von Subjektivität, eines schizoiden Subjekts, das in den Brechungen der Erzähllogik, in der Schwächung der optisch-akustischen Anschlüsse und Verkettungen sein Pendant zu haben scheint. Diese bis zum Wahnsinn, bis zur schieren Idiotie in ihre Trauer versponnenen »Helden« haben den Tod überlebt, den des Anderen, den anderen Tod. Ihr Selbstverhältnis ist trübe, getrübt, die Trauerarbeit unvollendet, ihr innerer Monolog unterbrochen. An dessen Stelle aber könnte etwas Unerwartetes treten, eine Art Zwiesprache, eine Art innerer Dialog. Er mag stören und verstören, verrückt anmuten, verrückt sein, wider allen »gesunden Menschenverstand«. Aber zugleich könnte solche Zwiesprache die einzig ethisch überhaupt legitime Antwort auf einen Anspruch darstellen, den die *schon gestorbenen Lebenden* an die *noch lebenden Sterblichen* richten.

»Billig«, so Walter Benjamin, sei »dieser Anspruch nicht abzufertigen«.[29] Es ist ihr Anspruch auf Zugehörigkeit. Die »Sieger« aber, vor deren Geschichte und Geschichtsschreibung Benjamin *verzweifelt* warnte, sind diesem Anspruch gegenüber ja nicht nur taub. Sie wollen ihn auslöschen als hätte es ihn nie gegeben. Es gibt einen Krieg gegen die Toten, einen unerklärten und unerklärlichen Krieg, an dem das Leben selbst zuschanden zu gehen droht. »Nur dem Geschichtsschreiber«, so Benjamin, »wohnt die Gabe bei, im Vergangenen den Funken der Hoffnung anzufachen, der davon durchdrungen ist: auch die Toten werden von dem Feind, wenn er siegt, nicht sicher sein. Und dieser Feind hat zu siegen nicht aufgehört.«[30]

Gehören die Toten uns, oder gehören wir den Toten? Und wenn sie uns gehören und nur uns, wenn wir ihnen gehören, gehören dann die Lebenden, gehört dann das Leben selbst noch dazu oder nicht? Ist womöglich die Bezie-

---

29 Walter Benjamin: Über den Begriff der Geschichte, in: Gesammelte Schriften, Werkausgabe, Bd. 2., hg. v. Rolf Tiedemann u. Hermann Schweppenhäuser, Frankfurt/M. 1980, S. 691–704, hier: S. 694.
30 Ebd., S. 695.

hung zu den Toten Indiz, Merkmal, vielleicht sogar Bedingung des »guten Lebens«? Des ganzen Guten eines Lebens, das mehr und anderes wäre als das reine, bloße und nackte Leben, das *absolute Leben*? Derrida sagt es so: »Unaufhörlich muss daran erinnert werden, dass dieses absolut Böse (das absolute Leben, das vollkommen gegenwärtige Leben, nicht wahr, das den Tod nicht kennt und nichts mehr von ihm wissen will) stattfinden kann.«[31]

Und unaufhörlich muss daran erinnert werden, dass dieses absolut Böse stattgefunden hat. Und dass es, machen wir uns nichts vor, im Begriff ist stattzufinden, in diesem Augenblick! Was sich in Derridas Note vor und nach der Klammer abspielt, die Übersetzung des absoluten Bösen in das absolute Leben, die Über-, ja Gleichsetzung des Bösen als eines Lebens, das sich *absolutiert*, ablöst aus jedweder Zusammengehörigkeit von Leben und Tod, der Lebenden und der Toten, skizziert *en miniature* die Dystopie einer Bio- als Thanatopolitik, die in der egothanatologischen Exklusion der Toten ihren äußersten Fluchtpunkt hat, in der Exklusion und schließlich in ihrer Vernichtung. Und womöglich zielte die *Shoah* genau darauf. Ihr Sinn war doch nicht der Massenmord allein, der Völkermord großen Stils. Die Menschen sollten verschwinden, *als hätte es sie nie gegeben*. Wer aber glaubt, mit Hinweis auf die *Singularität* der *Shoah* sich die Frage ihrer *Exemplarität* ersparen zu können, arbeitet stillschweigend schon mit an jenem aufreizend »guten Gewissen«, mit dem die »Epoche nach Auschwitz« die Toten zum Mittel und Material ihrer Selbstrechtfertigung herrichtet. Auch das ist eine Geschichte der Sieger.

Der dystopischen Negativität aber ist womöglich vexierbildlich ein utopischer Negativismus[32] eingeschrieben, der in den Figurationen des Desasters das Andere eines Gelingens auszulesen vermag, das die *Socialitas* sozialistischer Politik auf dem Recht der Toten auf Zugehörigkeit gründet, auf *Gehör*. Neigt sich doch Benjamins Hoffnung kontrafaktisch wie kontraintuitiv dem Vergangenen nur zu, weil sie Hoffnung ist und einzig sein kann umwillen der Hoffnungslosen. Wer, wie Herbert Marcuse in einer wirkungsgeschichtlich fatalen Umdeutung, in ihnen nurmehr die Ausgebeuteten, Unterdrückten, die Deklassierten, sprich die möglichen Protagonisten der Großen Weigerung erkennen will,[33] verreißt nicht nur eine Pointe. Erst die Referenz, die Ben-

---

31 Jacques Derrida: Marx' Gespenster. Der verschuldete Staat, die Trauerarbeit und die neue Internationale, Frankfurt a. M. 1995, S. 275.
32 Zum Begriff des Negativismus vgl. Michael Theunissen: Können wir in der Zeit glücklich sein? In: Negative Theologie der Zeit, Frankfurt/M. 1991, S. 37–86, hier: S. 55f und passim; ders.: Das Selbst auf dem Grunde der Verzweiflung. Kierkegaards negativistische Methode, Frankfurt/M. 1991, S. 17f, 31–34 und passim
33 Herbert Marcuse: Der eindimensionale Mensch, Neuwied 1978, S. 268.

jamins atemberaubende Schlussformel seines Wahlverwandtschaften-Essays mit Dante Alighieris »Göttlicher Komödie« stillschweigend unterhält, macht sie *politisch* lesbar. Dass nämlich, wie im dritten Gesang intoniert, die in die Hölle eintreten alle Hoffnung lassen müssen, quittiert jene Maxime als marxistisch-messianischen Hauptsatz, als die eigentlich ethische Verhältnisbestimmung der Lebenden und der Toten: »Nur um der Hoffnungslosen willen ist uns die Hoffnung gegeben.«[34]

---

34 Walter Benjamin: Goethes Wahlverwandtschaften, in: Gesammelte Schriften, Werkausgabe, Bd. 1, S. 123–201, hier: S. 201.

Die Autor_innen

BINI ADAMCZAK und GUIDO KIRSTEN (beide 1979 o.O.) sind ein verstreutes Duo, das (zu selten) zusammen musiziert, diskutiert und diniert. Bini lebt in Kreuzberg und ist unter anderem Autorin (*Theorie der polysexuellen Oekonomie*, Frankfurt 2005; *Gestern Morgen*, Münster 2007), Performerin (*Little red*, Amsterdam 2006; *Communist Correspondance Committee*, Brüssel 2007) und bildende Künstlerin (*Perverser Universalismus*, Wien 2006; *Mirrors & Masks*, Oslo 2012). Zuletzt schrieb sie (mit Austromex) ein Theaterstück über She Guevara, bastelte (mit der jour fixe initiative berlin) an einer Veranstaltungsreihe zur Krise und (mit kitchen politics) an einer Buchreihe zu Queerfeminismus. Nebenbei hängt sie, achja (alleine), an ihrer Dissertation zu Beziehungsweisen. Guido ist im bürgerlichen Leben Filmwissenschaftler an der Universität Zürich, wohnt in der teuersten Stadt der Welt und sehnt sich nach Berlin. Er hat eine Doktorarbeit zum *Realismus im Film* geschrieben, ein Buch zum chinesischen Kino herausgegeben (mit Karl Sierek, Marburg 2011) und ist seit 2007 Redakteur und Herausgeber der film- und fernsehwissenschaftlichen Zeitschrift *montage AV*. Beide versuchen trotzdem dem Motto treu zu bleiben: Kommunismus heißt wenig arbeiten.

BILL ASHCROFT hat als einer der Autoren von *The Empire Writes Back: Theory and Practice in Post-colonial Literatures* die Disziplin der Postcolonial Studies mitbegründet. Er ist außerdem Mitherausgeber des *The Post-colonial Studies Reader* und lehrt an University of New South Wales in Sidney Literaturwissenschaft. Zurzeit arbeitet er an einem umfassenden Projekt mit dem Titel *Future Thinking: Utopianism in Post-colonial Literatures*.

WILLI HAJEK lebt in Berlin. Er ist Mitarbeiter bei tie global und im Kollektiv Denkklima, tätig in der gewerkschaftlichen Bildungsarbeit und engagiert im europäischen Netzwerk der BasisgewerkschafterInnen.

KLAUS HOLZ lebt in Berlin, ist Soziologe und befasst sich mit Fragen des Antisemitismus, des Nationalismus und der Kritischen Theorie. Zu seinen letzten Veröffentlichungen zählt: *Nationaler Antisemitismus. Wissenssoziologie einer Weltanschauung* (Studienausgabe 2010).

MICHAEL KOLTAN verdient sein Geld als Softwareentwickler. Er musiziert und philosophiert in Freiburg im Breisgau und engagiert sich im Archiv für soziale Bewegungen.

MIKE LAUFENBERG lebt in Berlin, wo er als Soziologe am Zentrum für Interdisziplinäre Frauen- und Geschlechterforschung der Technischen Universität arbeitet. Als Mitglied der Gruppe »Kitchen Politics. Queerfeministische Interventionen« gibt er im Verlag edition assemblage die gleichnamige Buchreihe mit heraus. Seine weiteren Forschungs- und politischen Interessensfelder sind Biopolitik im globalen Kapitalismus, Altern & Reproduktion, Medizin, Technologie & Gesellschaft.

MICHAEL MAYER, Studium der Philosophie, Pädagogik, Psychologie, Soziologie und Religionswissenschaft/Theologie in Freiburg im Breisgau und Berlin, schreibt für verschiedene Organe und lehrt Medienwissenschaft an der Universität Potsdam. Letzte Veröffentlichungen: *Humanismus im Widerstreit. Versuch über Passibilität* (München 2012); *Tarkowskijs Gehirn. Über das Kino als Ort der Konversion* (Bielefeld 2012).

FELICITA REUSCHLING lebt und arbeitet in Berlin an verschiedenen Baustellen: Sie kuratiert (häufig kollaborativ) thematische Ausstellungen, Filmreihen und Diskussionsveranstaltungen, forscht und schreibt zu den sich daraus entwickelnden Fragestellungen meist vor dem Hintergrund des Spannungsverhältnisses zwischen Feminismus und Marxismus, z. B. Ausstellung *Beyond ReProduction Mothering* (2011), Veranstaltungsreihe *The unfinished feminist revolution* (2012), Filmreihe: *Counterplanning from the kitchen* (2013).

ANNETTE SCHLEMM, Physikerin und Philosophin, lebt in Jena und bloggt auf http://philosophenstuebchen.wordpress.com.

BERN(H)ARD SCHMID, 1971 in Süddeutschland geboren, lebt seit 1995 dauerhaft in Paris. Er unterrichtet Arbeitsrecht und ist als juristischer Berater bei einer NGO zur Rassismusbekämpfung tätig. Nebenberuflich freier Journalist und Publizist. Veröffentlichungen u. a. zur Extremen Rechten, zu Algerien und den Revolten in den arabischsprachigen Ländern.

THOMAS SEIBERT, Philosoph, Aktivist der Interventionistischen Linken (IL), Mitglied im Wissenschaftlichen Beirat der Rosa Luxemburg Stiftung. Zuletzt erschien von ihm: *alle zusammen. jede für sich. die demokratie der plätze* (zus. mit Michael Jäger, Hamburg 2012). Lebt in Frankfurt am Main.

CHRISTIAN SIEFKES lebt als Softwareentwickler und Autor in Berlin. Er beschäftigt sich mit dem emanzipatorischen Potenzial von Freier Software und anderen Formen commonsbasierter Peer-Produktion. Bloggt auf keimform.de; Veröffentlichungen u. a.: *Beitragen statt tauschen* (Neu-Ulm 2008), *Das gute Leben produzieren* (Streifzüge 51, 2011). Der Autor dankt den Teilnehmirn der von Brigitte Kratzwald angeregten »Zeitreise« auf dem BUKO-Seminar »Wirtschaften für die Welt von morgen« im Frühjahr 2012 und den Beteiligten des World-Cafés zum Thema »Produktionsstrukturen transformieren« auf dem Keimform/RLS-Workshop »COM'ON!« im Dezember 2011. Manche der dort diskutierten Ideen sind direkt in den Text eingeflossen.

KRUNOSLAV STOJAKOVIĆ lebt in Berlin, arbeitet für die Rosa-Luxemburg-Stiftung und promoviert an der Universität Bielefeld zur linksradikalen Kulturszene im sozialistischen Jugoslawien.

VOLKER WEISS, Historiker, Literaturwissenschaftler und Publizist, unterrichtet am Historischen Seminar der Universität Hamburg. Publikationen: *Arthur Moeller van den Bruck und der Wandel des Konservatismus* (Paderborn 2012); *Deutschlands Neue Rechte. Angriff der Eliten – Von Spengler bis Sarrazin.* (Paderborn 2011); *Die Dynamik der europäischen Rechten. Geschichte, Kontinuitäten und Wandel.* (Herausgegeben mit Claudia Globisch und Agnieszka Pufelska, Wiesbaden 2011).